普通高等教育经管类专业"十三五"规划教材

Excel在财务管理中的应用

（第四版）

韩良智　编著

清华大学出版社

北　京

内 容 简 介

本书结合大量的实例介绍了以 Excel 为工具建立各种财务管理模型的方法。全书包括 14 章内容,第 1 章首先介绍了 Excel 操作方面的一些基础知识,其余各章分别介绍运用 Excel 的公式、函数、图表以及使用单变量求解工具、规划求解工具、模拟运算表、数据透视表和数据透视图等数据分析和处理工具建立各种财务管理模型的方法。本书所介绍的财务管理模型涉及资金时间价值的计算、内部长期投资决策、投资项目的风险分析与处置、证券投资分析与决策、资本成本与资本结构、筹资预测与决策分析、流动资产管理、销售收入管理、成本费用管理、利润管理、财务报表分析与预测、企业价值评估、期权定价模型及其应用等方面,这些模型均具有较强的实用性,可用于高效地解决多种不同的财务管理问题。

本书将财务知识与计算机知识有机地结合在一起,内容体系比较完整,并且注重实用性,实例丰富,图文并茂,讲解深入浅出,操作步骤明确,具有易学易懂的特点。本书可供高等院校会计学专业和经济管理类其他专业的学生作为教材或参考书使用,也可供企事业单位从事财务管理及相关领域实际工作的各类人员阅读和使用。

本书配套的电子课件和实例源文件可以到 http://www.tupwk.com.cn/downpage 网站下载,也可以通过扫描前言中的二维码下载。

图书在版编目(CIP)数据

Excel 在财务管理中的应用 / 韩良智编著. —4 版. —北京:清华大学出版社,2021.1 (2021.8重印)
(普通高等教育经管类专业"十三五"规划教材)
ISBN 978-7-302-57102-5

Ⅰ. ①E… Ⅱ. ①韩… Ⅲ. ①表处理软件—应用—财务管理—高等学校—教材 Ⅳ. ①F275-39

中国版本图书馆 CIP 数据核字(2020)第 251134 号

责任编辑:胡辰浩
封面设计:周晓亮
版式设计:孔祥峰
责任校对:成凤进
责任印制:杨 艳

出版发行:清华大学出版社
网　　址:http://www.tup.com.cn,http://www.wqbook.com
地　　址:北京清华大学学研大厦 A 座　　　　　邮　编:100084
社 总 机:010-62770175　　　　　　　　　　邮　购:010-62786544
投稿与读者服务:010-62776969,c-service@tup.tsinghua.edu.cn
质 量 反 馈:010-62772015,zhiliang@tup.tsinghua.edu.cn
印 装 者:小森印刷霸州有限公司
经　　销:全国新华书店
开　　本:185mm×260mm　　印　张:22.75　　字　数:568 千字
版　　次:2009 年 8 月第 1 版　　2021 年 1 月第 4 版　　印　次:2021 年 8 月第 2 次印刷
定　　价:79.00 元

产品编号:075390-01

前　言

  Excel 是一种功能强大的电子表格软件，能为人们解决各种管理问题提供极大的帮助。随着我国社会主义市场经济的建立和发展，企业的理财环境发生了巨大的变化，财务活动的内容日益丰富也日渐复杂，财务管理人员仅靠传统的手工计算方法已无法满足及时有效地做好财务管理工作的需要。Excel 是一种能够使财务管理工作变得轻松和高效的软件工具，熟练掌握运用 Excel 建立各种财务管理模型的方法，有助于财务管理人员在复杂多变的理财环境中迅速准确地做出判断，合理地做出决策，从而高效地开展财务管理工作。

  本书的第一版自 2009 年出版以来，受到了广大读者的欢迎，被许多高等院校选为教材。为了更好地满足读者的需要，作者针对本书第一版的不足之处进行改进，在此基础之上出版本书的第二版、第三版和第四版。本书第四版结合大量的实例，系统翔实地介绍了以 Excel 为工具建立各种财务预测、决策、计划和分析等模型的方法。全书包括 14 章内容：第 1 章介绍了 Excel 操作方面的一些基础知识，包括输入和编辑数据、管理工作簿和工作表、打印管理等；其余各章分别介绍运用 Excel 的公式、函数、图表以及使用单变量求解工具、规划求解工具、模拟运算表、数据透视表和数据透视图等数据分析和处理工具建立各种财务管理模型的方法。与第三版教材相比，第四版教材中删掉了第 3 章中举债融资条件下的投资决策模型，改进了第 4 章中投资项目的敏感性分析模型，并在第 12 章中新增了一节财务数据图解分析的内容，其他几章涉及的主要是日期数据和部分数据表数据的更新问题。本书所介绍的财务管理模型涉及资金时间价值的计算、内部长期投资决策、投资项目的风险分析与处置、证券投资分析与决策、资本成本与资本结构、筹资预测与决策分析、流动资产管理、销售收入管理、成本费用管理、利润管理、财务报表分析与预测、企业价值评估、期权定价模型及其应用等方面，这些模型均具有较强的实用性，可用于高效地解决多种不同的财务管理问题。

  本书将财务知识与计算机知识有机地结合在一起，内容体系比较完整，并且注重实用性，实例丰富，所介绍的财务管理模型基本涵盖了现代企业财务管理定量分析的各个方面。本书对财务管理的基本理论和基本方法的介绍深入浅出，对 Excel 知识的介绍言简意赅且图文并茂，操作步骤明确。通过阅读本书，读者能够掌握以 Excel 为工具建立各种财务模型的方法，并且轻松自如地在实际工作中加以运用。

  本书可供高等院校会计学专业和经济管理类其他专业的学生作为教材或参考书使用，也可供企事业单位从事财务管理及相关领域实际工作的各类人员阅读和使用。

  在编辑和出版本书的过程中，作者得到了清华大学出版社的大力支持和帮助，在此表示衷心感谢。此外，作者在编写本书的过程中还参考了大量的文献资料，在此一并向这些文献的作者表示感谢。

由于作者水平有限,不当之处在所难免,恳请读者批评指正。我们的邮箱是 huchenhao@263.net,电话是 010-62796045。

本书配套的电子课件和实例源文件可以到 http://www.tupwk.com.cn/downpage 网站下载,也可以扫描下方的二维码下载。

韩良智

北京科技大学经济管理学院

2020 年 8 月

目　　录

第1章

Excel基础知识

1.1 中文版Excel 2010概述

Microsoft Excel 2010 是 Microsoft Office 2010 办公软件家族中的一员，是一个功能强大、操作简便、具有人工智能特性的电子表格系统。Excel 2010 强大的数据处理功能、大量的函数以及多种多样的分析工具，能够帮助财务管理人员卓有成效地从事财务管理工作，即通过建立财务预测、分析和决策模型等方法，为做出科学合理的决策提供依据，为提高企业经济效益服务。

本章主要介绍 Excel 2010 的基础知识。通过阅读本章，读者可以快速掌握 Excel 的一些基本操作，并学会如何解决具体操作过程中可能遇到的实际问题。

1.1.1 Excel 2010的启动与退出

1. Excel 2010的启动

在使用 Excel 2010 之前，首先需要启动 Excel 程序，使 Excel 处于工作状态。启动 Excel 的方法主要有以下两种。

- 在Windows 7操作环境下，用鼠标单击桌面左下角的【开始】按钮，在菜单中单击【所有程序】命令，并在【所有程序】菜单中单击Microsoft Office选项，再单击其中的Microsoft Excel 2010命令。以这种方式启动Excel 2010后，系统将自动创建一个名为"工作簿1"的新工作簿。在Excel中创建的文件就是工作簿，它的扩展名一般为.xlsx，对于启用宏的工作簿，其扩展名为.xlsm。
- 双击任意一个扩展名为.xlsx的Excel文件，则系统自动启动Excel，并打开该Excel文件。

在 Excel 2010 中可以同时打开多个工作簿，每个工作簿对应一个窗口。

2. Excel 2010的关闭与退出

如果仅希望关闭当前 Excel 工作窗口但不退出系统，可按以下 3 种方法操作。

- 在Excel【文件】菜单中执行【关闭】命令。
- 按Ctrl+W组合键。
- 单击Excel窗口右上角的【关闭窗口】命令按钮 ⊠ 。

如果希望关闭当前 Excel 工作窗口并同时退出系统，可按以下 3 种方法操作。

- 在Excel【文件】菜单中执行【退出】命令。
- 按Alt+F4组合键。
- 单击Excel窗口右上角的【关闭】命令按钮 ⊠ 。

如果在关闭或退出 Excel 时尚有已修改未保存的文件，则系统会打开一个提示对话框，询问用户是否保存文件。若在对话框中选择【保存】，则保存该文件后关闭或退出 Excel；若选择【不保存】，则不保存该文件关闭或退出 Excel；若选择【取消】，则返回到 Excel 工作窗口。

1.1.2　Excel 2010的窗口结构

在启动 Excel 2010 之后，屏幕上会出现工作窗口。Excel 的操作窗口主要包括快速访问工具栏、标题栏、功能区、公式编辑栏、工作表格区、滚动条、工作表标签、状态栏等部分，如图 1-1 所示。

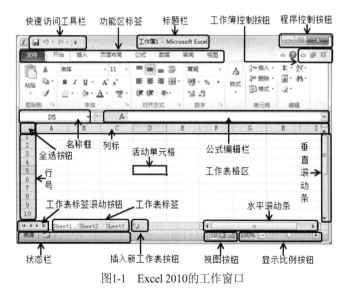

图1-1　Excel 2010的工作窗口

Excel 窗口结构中各部分的主要功能如下所述。

1．快速访问工具栏

快速访问工具栏可用于放置一些常用工具，在默认的情况下，快速访问工具栏上包括【保存】、【撤销】和【恢复】3 个按钮。根据需要，可以在快速访问工具栏上添加其他按钮。具体操作方法是，单击快速访问工具栏右边的倒三角形图标，在展开的下拉菜单中选择【其他命令】，然后在打开的【Excel 选项】对话框的【快速访问工具栏】选项卡中进行相应的设置。

默认情况下，快速访问工具栏显示在功能区标签的上方。单击快速访问工具栏右边的倒三角形图标，在展开的下拉菜单中选择【在功能区下方显示】命令，可使其显示在功能区的下方。

2．功能区

功能区用于放置编辑文档时所需的命令按钮。功能区分为【文件】、【插入】、【页面布局】、【公式】、【数据】、【审阅】、【视图】等选项卡，每个选项卡中有若干个功能组，每个功能组中有若干个相关的命令。在某些功能组右下角有【对话框启动器】按钮，单击该按钮可以打开相应的对话框，其中包含该功能组中的相关设置命令。

用户根据需要还可以自定义功能区，方法是，单击【文件】菜单中的【选项】命令，然后在打开的【选项】对话框的【自定义功能区】选项卡中进行相应的设置。

如果用户希望最大限度地显示工作表的编辑区，可以将功能区隐藏起来，操作方法是，单击工作簿右上角区域的功能区最小化按钮 ︿；再次单击这个按钮可以使已经隐藏起来的功能区重新显示出来。

3．名称框

在工作表处于等待输入数据的状态下，名称框中显示的是当前活动单元格的地址或单元格区域的名称；而在输入和编辑数据的过程中，在名称框中显示的是最近调用过的函数名称。

4．公式编辑栏

公式编辑栏可用于输入或修改工作表或图表中的数据。它由以下几个部分组成。

- 复选框：在工作表处于等待输入数据的状态下，在名称框和公式编辑栏之间只有插入函数按钮；而在输入和编辑数据的过程中，在名称框和插入函数按钮之间会出现复选框 ×✓，用于控制数据的输入，单击 ✓ 可确认输入，单击 × 将放弃输入。
- 插入函数按钮 *fx*：单击此按钮可打开【插入函数】对话框，从而可选择需要插入的函数。
- 数据区：用于输入或编辑单元格中的数据。

5．工作表标签

工作表标签用于标识一个工作簿中的各工作表的名称。Excel 的工作簿由工作表组成，默认情况下打开一个工作簿时会自动打开 3 个工作表，标签名分别为 Sheet1、Sheet2、Sheet3。在 Excel 2003 系统中，一个工作簿最多只能容纳 255 个工作表，而在 Excel 2010 系统中，一个工作簿可容纳的工作表数量远远超过了 255 个的限制，往往可达 5400 多个，当然可以容纳工作表的数量会受到可用内存的限制。目前正在使用中的工作表称为活动工作表。在标签栏中单击某一工作表的名称，可以实现工作表的切换。单击工作表标签左侧的左右标签滚动按钮，可查看左右侧的工作表标签。

6．工作表格区

工作表格区是由方格组成的用于记录数据的区域，每个方格称为一个单元格。单元格是工作表的基本单位，在单元格内可存放数字、字符串、公式等。每个单元格都有其名称，单元格的名称又可称为单元格地址，反映了单元格在工作表中的具体位置。单元格地址可用列标和行号来标示，列标分别以 A、B、C…等字母表示，列标的范围从 A~Z、AA~AZ、BA~BZ，直到 XFD 为止，最多 16384 列。行号分别以数字 1、2、3…等数字表示，最多 1048576 行。如 B5 表示第 2 列(B 列)第 5 行处的单元格。单元格名称还可以通过自定义的方法来命名。工作表格区是屏幕中最大的区域，所输入的信息都存储在其中。

7. 滚动条

滚动条分为垂直滚动条和水平滚动条。移动垂直滚动条，可显示溢出屏幕上、下的文本；移动水平滚动条，可显示溢出屏幕左、右的文本。

8. 状态栏

状态栏中显示当前所处状态的有关信息。例如，在打开工作表等待输入数据时，状态栏中显示的是【就绪】状态；在输入公式的过程中，状态栏中显示的是【输入】状态；在编辑公式的过程中，状态栏中显示的是【编辑】状态。

9. 视图按钮

视图按钮包括【普通】、【页面布局】和【分页预览】3 个按钮。默认情况下，工作表格区是以普通视图方式显示的。依次单击【页面布局】和【分页预览】按钮，工作表格区将分别以【页面布局】和【分页预览】方式显示。

10. 显示比例按钮

默认情况下，工作表格区是以 100%比例显示的。单击一次显示比例按钮左端的缩小按钮，工作表格区的显示比例将会缩小 10%；单击一次显示比例按钮右端的增大按钮，工作表格区的显示比例将会增大 10%。通过将显示比例按钮中间的滑块拖动到适当的位置，也可以相应地调节工作表格区的显示比例。

1.2 管理工作簿

工作簿是 Excel 2010 专门用来计算和存放数据的文件，在一个工作簿中可以建立多个工作表，从而可以完成不同的任务。管理工作簿主要包括新建、打开、保存和关闭工作簿等操作。

1.2.1 新建工作簿

新建工作簿主要包括以下两种情况。

1. 新建空白工作簿

新建空白工作簿的方法主要有以下几种。

- 单击桌面左下角的【开始】按钮，在【所有程序】中找到Microsoft Office Excel文件夹之下的Microsoft Office Excel 2010，单击该命令，系统会自动打开一个新的空白工作簿。
- 在已经打开的某个Excel工作簿中，单击【文件】菜单中的【新建】命令，并在【可用模板】中选择【空白工作簿】，如图1-2所示，然后单击右边的【创建】按钮。

图1-2　新建空白工作簿的设置

- 按下Ctrl+N组合键，系统会直接新建一个空白工作簿。
- 如果经常执行新建工作簿的操作，也可以将【新建】按钮设置在快速访问工具栏中，设置的方法是：在【文件】菜单中执行【选项】命令，并在【Excel选项】对话框中选择【快速访问工具栏】选项卡，然后在左边的【常用命令】所对应的列表框中选择【新建】命令，如图1-3所示，单击中间区域的【添加】按钮后，【新建】命令就会显示在右边的列表框中，最后单击【确定】按钮，则【新建】按钮就会显示在快速访问工具栏上。以后再单击这个按钮，系统会直接新建一个空白工作簿。

图1-3　【Excel 选项】对话框的设置

2. 使用模板创建工作簿

使用模板创建工作簿主要包括以下两种情况。

- 使用样本模板建立具有特定格式的工作簿。具体操作步骤是：单击【文件】菜单中的【新建】命令，在如图1-2所示的【新建】选项卡的【可用模板】中单击【样本模板】命令，则【新建】选项卡上会显示可用模板，如图1-4所示，从中选择某种需要的模板，单击右边的【创建】命令，或者双击所选择的模板。例如，双击【销售报表】后，所创建的工作簿如图1-5所示。

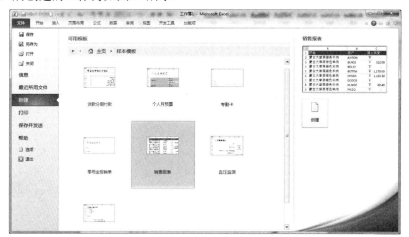

图1-4　选择可用模板

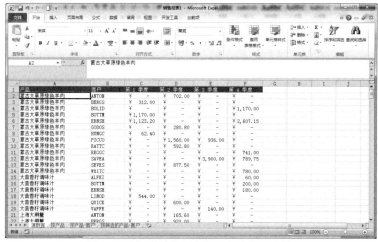

图1-5　选择【销售报表】后创建的工作簿

- 使用Office.com模板建立具有特定格式的工作簿。具体操作步骤是：单击【文件】菜单中的【新建】命令，在如图1-2所示的【新建】选项卡【Office.com模板】区域中选择所需要的模板。例如单击【库存控制】命令，则系统会自动加载网上的模板，【新建】选项卡上会显示可用的库存控制模板，如图1-6所示，从中选择某种需要的模板，单击右边的【下载】命令，或者双击所选择的模板。例如，双击【设备资产清单】后，所创建的工作簿如图1-7所示。

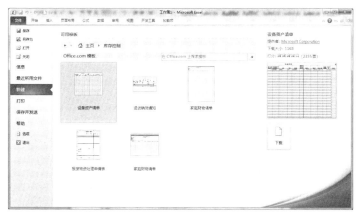

图1-6　可用的【库存控制】模板

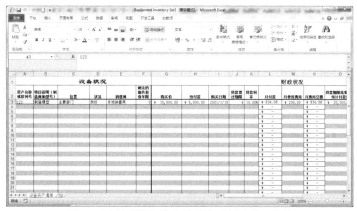

图1-7　选择【设备资产清单】后创建的工作簿

1.2.2　打开已有工作簿

打开已有工作簿的方法主要有以下两种。

- 单击【文件】菜单中的【打开】命令或按Ctrl+O组合键，系统会弹出【打开】对话框，在该对话框中找到需要打开的文件的路径和文件名，再单击该对话框中的【打开】命令即可。
- 用鼠标双击需要打开的工作簿图标，可直接打开工作簿。

1.2.3　保存工作簿

保存工作簿的方法主要有以下 3 种。

- 单击快速访问工具栏中的【保存】按钮 。
- 单击【文件】菜单中的【保存】按钮。
- 按Ctrl+S组合键。

按上述方法执行有关保存的命令以后，在第一次保存某文件的情况下，系统都会弹出【另存为】对话框，如图 1-8 所示。在该对话框中设置保存文件的位置、希望保存的文件名，以及保存文件的类型以后，单击【保存】按钮，即可保存该文件。

图1-8 【另存为】对话框

1.2.4 并排比较工作簿

利用 Excel 的并排比较工作簿功能可以很方便地将两个工作簿中不同工作表的数据显示在同一个窗口中进行比较。例如，当用户打开工作簿 1 和工作簿 2 两个工作簿，并且当前的活动工作簿为工作簿 2 时，为了将两个工作簿进行并排比较，具体做法是：在【视图】选项卡【窗口】功能组中单击【并排查看】命令，系统就会自动将这两个工作簿进行并排显示，如图 1-9 所示。

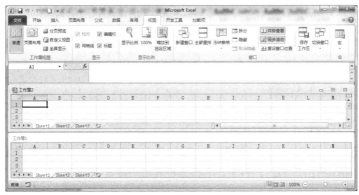

图1-9 并排查看工作簿

若用户打开两个以上的工作簿，例如打开工作簿 1、工作簿 2 和工作簿 3 这 3 个工作簿，并且当前的活动工作簿为工作簿 3，则在执行【并排查看】命令后，系统会弹出【并排比较】对话框，等待用户选择要将工作簿 1 和工作簿 2 中的哪个工作簿与工作簿 3 进行并排比较，如图 1-10 所示。

若要取消并排比较，可再次在【视图】选项卡【窗口】功能组中单击【并排查看】命令，则系统就会关掉一个工作

图1-10 【并排比较】对话框

簿，并返回到当前的活动工作簿。也可以直接将不需要使用的工作簿关闭，返回到当前的活动工作簿。

1.3　输入和编辑数据

1.3.1　选取单元格

打开一个新的 Excel 工作簿以后，默认状态下系统会自动打开 3 张工作表，选取某一个工作表，就可以在其中输入数据了。为了输入数据，首先需要选取单元格。选取单元格包括选取单个的单元格和选取单元格区域两种情况。

1. 选取单个的单元格

选取某一个单元格主要有以下两种方法。

- 直接利用鼠标选取。将鼠标指针对准某个单元格，单击左键，就可以选取该单元格。被选择的单元格的边框就会变黑变粗，同时该单元格的列标和行号会变色以突出显示，并且该单元格成为当前的活动单元格。
- 利用【定位】命令选取。当工作表中的数据非常多时，可以通过执行【定位】命令来快速地选取单元格。例如，要选取单元格F100，具体步骤如下。

01 按 F5 功能键，或者按 Ctrl+G 组合键，系统将会打开【定位】对话框。

02 在【定位】对话框的【引用位置】栏中输入要定位的单元格名称 F100，如图 1-11 所示。

03 单击【确定】按钮，则单元格 F100 被选中，并成为当前的活动单元格。

如果需要选取满足特定条件的单元格，例如要选取含有某个数据、公式或文本的单元格，可在如图 1-11 所示的【定位】对话框中单击【定位条件】按钮，打开【定位条件】对话框，如图 1-12 所示，根据需要选择其中的有关项目，并单击【确定】按钮，就可以按照选定的条件高效地选定单元格。

图1-11　【定位】对话框　　　　　图1-12　【定位条件】对话框

2. 选取单元格区域

选取单元格区域主要包括选取整行或整列、选取连续的单元格区域、选取不连续的单元格区域、选取工作表的所有单元格这 4 种情况。

(1) 选取整行或整列

选取整行或整列的具体方法是：单击行号，可以选取整行；单击列标，可以选取整列。

（2）选取连续的单元格区域

选取连续的单元格区域的具体方法是：首先单击要选取的单元格区域左上角的第一个单元格，然后按住鼠标左键不放，向右下方拖动鼠标直到要选取的单元格区域的右下角的最后一个单元格为止，松开鼠标之后，单元格区域的选取就完成了。如果拟选取的单元格区域很大，用上述的鼠标拖动的方法进行选取是比较不方便的。在这种情况下，可以首先单击要选取的单元格区域左上角的第一个单元格，然后按住 Shift 键不放，再用鼠标单击拟选取区域右下角的最后一个单元格，最后松开 Shift 键和鼠标，这样可以快速、方便地选取连续的单元格区域。

（3）选取不连续的单元格区域

选取不连续的单元格区域的具体方法是：首先单击要选取的单元格区域的第一个单元格或单元格区域，然后按住 Ctrl 键不放，再用鼠标逐次单击要选取的每一个单元格或单元格区域，最后松开 Ctrl 键和鼠标，就选取了不连续的单元格区域。

（4）选取工作表的所有单元格

选取工作表的所有单元格的具体方法是：单击工作表左上角的【全选】按钮，就可以选取当前工作表中的全部单元格，即选取整张工作表区域。

1.3.2　输入数据的一般方法

1. 数据的类型

在 Excel 中使用的数据类型主要包括以下几种。

- 文本型数据。文本型数据是指以文本或字符串形式存储的数据，它可以由字母、汉字、数字组成。文本型数据主要用来作为数据表的标签，从而可以直观地反映数据表的含义。
- 数值型数据。数值型数据是由数字组成的在Excel工作表中直接参加运算的数据，是Excel中所使用的主要的数据。
- 日期和时间型数据。日期型数据是用来表示年、月、日方面信息的数据，如2020年11月15日。时间型数据是用来表示具体时间即小时、分、秒方面信息的数据，如11：20。在Excel中，日期和时间型数据既可以作为文字说明，也可以直接参加运算。

2. 输入数据的基本方法

在 Excel 工作表的单元格中输入数据的方法主要有以下两种。

- 单击或双击选中要输入数据的单元格，直接在单元格中输入数据。
- 单击要输入数据的单元格，然后将光标定位在公式编辑栏中，并在公式编辑栏中输入数据。

3. 输入几种不同类型的数据应注意的问题

（1）输入文本型数据

文本型数据在单元格中的默认对齐方式是左对齐。一个单元格中最多可以容纳 32767 个字符，其中单元格中只能显示 1024 个字符，但编辑栏中可以显示全部的 32767 个字符。如果在一个单元格中输入的字符串较长，单元格的宽度不够，则文本将自动覆盖右边的单元格，但实际上它仍是本单元格的数据。

当需要在单元格内输入多行文本时，可以在输入完每行文本后，按 Alt+Enter 组合键进行换行操作。

(2) 输入数值型数据

数值在单元格内的默认对齐方式是右对齐。在输入正数时，前面的"+"号可以省略；输入负数时，应在输入数值前先输入负号或将输入的数值放在括号内，例如可以输入"-5"，也可以输入"(5)"。

(3) 输入日期和时间型数据

输入日期的格式一般为：年/月/日，或年-月-日，或月/日，或月-日。例如，要输入 2020 年 11 月 15 日这个日期，可以采用以下几种方式输入：2020/11/15，2020-11-15，20/11/15，20-11-15，11/15 (表示当前年份的 11 月 15 日，即 2020 年 11 月 15 日)等。

输入时间的格式一般为：时：分：秒，如输入 15 点 30 分，可以输入 15：30，或 3：30　PM。值得注意的是，在 3：30 和 PM 之间必须有一个空格。

另外，按组合键 Ctrl+；可以直接输入系统当前的日期；按组合键 Shift+Ctrl+：可以直接输入系统当前的时间。

1.3.3　特殊数据的输入方法

1. 在单元格区域中输入相同的数据

在单元格内输入相同数据的简便方法是，首先选取单元格区域，然后直接输入数据，最后同时按 Ctrl+Enter 组合键或 Ctrl+Shift+Enter 组合键，这样就在所选取的单元格区域内输入了相同的数据。

2. 在单元格区域中输入序列数据

对于一些有规律的数据，如等差序列、等比序列、日期序列等，可以采用填充复制方法输入。

例如，要在单元格 A1:A50 中输入 2、4、6…100 这 50 个数，就可以采用等差序列输入方法，具体步骤如下。

(1) 在 A1 单元格中输入"2"。

(2) 选中 A1 单元格，在【开始】选项卡【编辑】功能组中单击【填充】命令，然后在下拉列表中选择【序列】命令，打开【序列】对话框。

(3) 在【序列产生在】区域中选择【列】单选按钮，在【类型】区域中选择【等差序列】单选按钮，在【步长值】栏中输入"2"，在【终止值】栏中输入"100"，如图 1-13 所示。

(4) 单击【确定】按钮，这样就在单元格区域 A1:A50 中输入了 2、4、6…100 这 50 个序列数据。

以这种方式还可以输入等比序列和日期序列等。

在输入等差序列时，还可以采用简便的填充序列的方法进行输入。例如，要在单元格区域

A1:A50中输入2、4、6…100这50个序列数据，具体的操作方法是：首先分别在单元格A1和A2中输入2和4，然后选择单元格区域A1:A2，则在单元格区域右下角出现一个叫填充柄的黑色小方块，如图1-14所示，将鼠标指针对准填充柄，按住左键不放，向下拖动鼠标，则序列6、8、10…就自动填充在鼠标经过的单元格区域，直到单元格A50时松开鼠标，这样就在单元格区域A1:A50中输入了2、4、6…100这50个序列数据。

图1-13　【序列】对话框

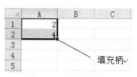

图1-14　填充数据

3. 使用自定义序列输入数据

Excel提供了一些常用的自定义序列，如日期、星期等，用户可以利用填充的方式快速输入这些自定义序列。例如，在某个单元格中输入星期一，然后选取该单元格，将鼠标指针对准填充柄，按住左键不放，向右或向下拖动鼠标，则序列星期二、星期三、星期四……就自动填充在鼠标经过的单元格区域。

此外，用户也可以根据需要自定义新的序列，以便使用自定义序列快速填充数据。建立自定义序列的具体步骤如下所述。

01 在【文件】菜单中单击【选项】命令，然后在系统打开的【Excel选项】对话框中单击【高级】选项卡，并在【常规】区域中找到【编辑自定义列表】按钮，如图1-15所示。

02 单击【编辑自定义列表】按钮，打开【自定义序列】对话框。在该对话框左边的【自定义序列】列表框中默认已选中了【新序列】，将光标定位到右边的【输入序列】列表框中，输入要建立的自定义序列，例如这里输入的是"生产部""销售部""财务部""企管部"和"总务部"，输入数据的过程中，各项数据之间可以用半角字符的逗号间隔，或者每输入完一项数据之后回车换行，再输入下一项数据，各项数据输入完成之后的【自定义序列】对话框如图1-16所示。

图1-15　【Excel选项】对话框——【高级】选项卡

图1-16　【自定义序列】对话框

03 单击【添加】按钮，在【自定义序列】对话框左边的【自定义序列】列表框中就出现了所添加的自定义序列；单击【确定】按钮，系统会回到【Excel 选项】对话框；再单击这个对话框中的【确定】按钮，就建立了所设置的自定义序列。

建立上述的自定义序列以后，只要在工作表的某个单元格中输入"生产部"，然后选中这个单元格，将鼠标指针对准右下角的填充柄按住左键不放向某个方向拖动，就可以将上述建立的自定义序列自动填充到相应的单元格区域内。

1.3.4　编辑数据

编辑数据主要包括修改数据、移动数据、复制数据、删除数据、查找与替换数据等操作。具体方法如下所述。

1. 修改数据

修改单元格中数据的方法主要有以下两种。

- 在公式编辑栏中修改数据。具体方法是，选取拟修改数据的单元格，单击公式编辑栏，使光标定位在公式编辑栏中，然后在公式编辑栏中修改数据，最后按回车键确认所做的修改。
- 在单元格中修改数据。具体方法是，将鼠标指针对准拟修改数据的单元格，双击鼠标左键，或者选取拟修改数据的单元格，然后按一下F2功能键，这时光标会出现在所选取的单元格中，再对数据进行修改，最后按回车键进行确认。

2. 移动数据

移动数据的方法主要有以下两种。

- 利用菜单命令操作。选取要移动数据的单元格或单元格区域，单击【开始】选项卡【剪贴板】功能组中的【剪切】命令，或按Ctrl+X组合键，然后把光标移到目标单元格位置，单击【开始】选项卡【剪贴板】功能组中的【粘贴】命令，或按Ctrl+V组合键。
- 直接用鼠标拖动。选取要移动数据的单元格或单元格区域，将鼠标指向所选单元格或单元格区域的黑色边框(注意要避开填充柄)，按住鼠标左键并拖动鼠标至目标单元格位置，然后释放鼠标。

3. 复制数据

复制数据的方法主要有以下两种。

- 利用【复制】和【粘贴】命令操作。选取要复制数据的单元格或单元格区域，单击【开始】选项卡【剪贴板】功能组中的【复制】命令，或按Ctrl+C组合键，然后把光标移到目标单元格位置，单击【开始】选项卡【剪贴板】功能组中的【粘贴】命令，或按Ctrl+V组合键。
- 利用多重剪贴板操作。具体方法是，单击【开始】选项卡【剪贴板】功能组中右下角的对话框启动器按钮，则系统会打开Office剪贴板，然后选取要复制数据的单元格或单元格区域，单击【开始】选项卡【剪贴板】功能组中的【复制】命令，或按Ctrl+C组合键，则要复制的数据就会出现在剪贴板上，然后选取目标单元格，单击剪贴板上要粘贴的数据即可。

例如，要将单元格区域A1:A4中的数据复制到单元格区域C1:C4中，在打开剪贴板任务窗格后，选取单元格区域A1:A4，单击【开始】选项卡【剪贴板】功能组中的【复制】命令或按Ctrl+C组合键，则要复制的数据就会出现在剪贴板上，如图1-17所示；然后选取单元格C1，再将鼠标指针对准剪贴板上要粘贴的项目，单击左键，则在单元格区域C1:C4中就复制了单元格区域A1:A4中的数据。以这种方式复制数据时，可以首先将要复制的多项数据依次复制到剪贴板上，然后在需要时，可选取目标单元格，再用鼠标单击剪贴板上的要粘贴的数据即可。

如果要删除剪贴板上的某项数据，可在剪贴板上单击该项数据，然后在弹出的下拉菜单中执行【删除】命令，如图1-18所示。如果要删除剪贴板上的全部数据，可单击剪贴板上的【全部清空】按钮。

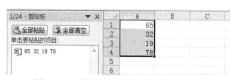

图1-17 利用剪贴板复制和粘贴数据

图1-18 剪贴板上数据的下拉菜单

4. 清除单元格内容

删除单元格中的数据的具体方法是：首先选取需要清除数据的单元格或单元格区域，然后在【开始】选项卡【编辑】功能组中执行【清除】命令，再根据需要选择【清除】子菜单中的不同项目。

在【清除】子菜单中有几种不同的清除方式可供选择，如图1-19所示，其中【全部清除】表示清除数据及格式；【清除格式】表示仅清除格式而保留数据；【清除内容】表示仅清除数据而保留格式；【清除批注】表示仅清除批注；【清除超链接】表示仅清除超链接。

如果只希望删除单元格中的内容，也可在选取单元格后，直接按Delete键。

图1-19 【清除】下拉菜单

5. 查找和替换

利用查找和替换功能可以快速定位所需要查找的信息，或对需要替换的单元格数据进行替换。

(1) 查找

使用查找功能有两种方法：选择要查找数据的单元格区域，在【开始】选项卡【编辑】功能组中单击【查找和选择】按钮，然后在下拉菜单中选择【查找】命令，或者按Ctrl+F组合键，打开【查找和替换】对话框，如图1-20所示，在【查找内容】栏中输入要查找的内容，不断单击【查找下一个】按钮，则含有要查找内容的单元格就会依次成为活动单元格。

(2) 替换

选择要查找数据的单元格区域，在执行查找命令之后，单击如图1-20所示的【查找和替换】对话框中的【替换】选项卡，或直接按Ctrl+H组合键，打开【查找和替换】对话框的【替换】选项卡，如图1-21所示，然后在【查找内容】栏中输入要查找的内容，在【替换为】栏中输入要替换的内容，单击【全部替换】按钮，就会自动将所选单元格区域中所有要替换的单元格中的内容全部替换；若单击【替换】按钮，就会逐个地将所选单元格区域中所有要替换的单元格中的内容进行替换。

图1-20　【查找和替换】对话框——【查找】选项卡　　图1-21　【查找和替换】对话框——【替换】选项卡

6. 为单元格添加批注

为单元格添加批注有助于用户更好地记忆和理解单元格中的信息，为输入数据或编辑数据提供方便。为单元格添加批注的具体方法是，首先选择要添加批注的单元格，然后在【审阅】选项卡【批注】功能组中单击【新建批注】命令，或者在选择要添加批注的单元格后单击鼠标右键，在弹出的快捷菜单中执行【插入批注】命令，这时在所选单元格的右边会出现一个批注框，同时会在该单元格右上角出现一个小红点，如图 1-22 所示。

根据需要在批注框中输入有关的内容后，用鼠标单击批注框以外的任意单元格，批注框就会隐藏起来。以后当鼠标指针移到该单元格所在的位置时，系统就会显示该单元格的批注框，从而可查看其中的内容，如图 1-23 所示。

图1-22　为单元格添加批注　　　　　图1-23　查看单元格的批注

如果需要对批注的内容进行编辑，应首先选择要编辑批注的单元格，然后在【审阅】选项卡【批注】功能组中单击【编辑批注】命令，或者在选择要编辑批注的单元格后单击鼠标右键，在系统弹出的快捷菜单中执行【编辑批注】命令，使批注框处于编辑状态，如图 1-24 所示，此后即可编辑其中的内容。

如果还希望对批注的格式进行设置，应将鼠标指针对准如图 1-24 所示的批注框，单击右键，在系统弹出的快捷菜单中执行【设置批注格式】命令，则系统会弹出【设置批注格式】对话框，如图 1-25 所示，根据需要在其中选择相应的项目进行设置即可。

图1-24　处于编辑状态的批注框　　　　图1-25　【设置批注格式】对话框

如果需要删除批注，应首先选择要删除批注的单元格，然后在【审阅】选项卡【批注】功能组中单击【删除】命令，或者在选择要删除批注的单元格后单击鼠标右键，在系统弹出的快捷菜单中执行【删除】命令。

正常情况下，为单元格插入的批注框是处于隐藏状态的，只有当鼠标指针移动到含有批注的单元格上时，才会显示批注。如果希望始终显示批注，应首先选择已设置批注的单元格，然后在【审阅】选项卡【批注】功能组中单击【显示/隐藏批注】命令，就会使所设置的批注始终显示在工作表中；再次单击【显示/隐藏批注】命令，所设置的批注就会隐藏起来。也可以在选择已设置批注的单元格后单击鼠标右键，并在快捷菜单中执行【显示/隐藏批注】命令来实现这一效果。

1.4 管理工作表

1.4.1 使用多张工作表

1. 选定工作表

在 Excel 工作簿中选定工作表主要包括以下 4 种情况。

- 选定一个工作表。在工作表标签栏中单击某工作表的标签，即可以选定该工作表，使其成为当前的活动工作表。
- 选定多个相邻的工作表。具体的操作方法是，单击要选定的第一个工作表标签，然后按住Shift键，再单击要选定的最后一张工作表标签，即可以选定连续的多个工作表。
- 选定多个不相邻的工作表。具体的操作方法是，单击要选定的第一个工作表标签，然后按住Ctrl键，再单击要选定的其他工作表标签，即可以选定连续的多个工作表。

- 选定所有工作表。具体的操作方法是，在工作表标签处单击鼠标右键，则系统会弹出快捷菜单，如图1-26所示。在其中选择【选定全部工作表】命令，即可选定全部工作表。

图1-26 使用工作表的快捷菜单

2. 切换工作表

当一个 Excel 工作簿中有很多个工作表时，往往会有一些工作表的标签不能在当前屏幕上显示。这种情况下，可以通过以下两种方式查看没有在当前屏幕中显示的工作表标签，从而实现在不同工作表之间的切换。

- 利用快捷键操作。按下组合键Ctrl+PageUp，可切换到当前工作表的前一张工作表，使其成为当前的活动工作表；按下组合键Ctrl+PageDown，可切换到当前工作表的后一张工作表，使其成为当前的活动工作表。
- 利用标签滚动按钮进行操作。分别单击标签滚动按钮 ⏮ ◀ ▶ ⏭ 中的各个按钮，可以查看当前工作簿的第一个工作表、当前活动工作表的前一个工作表、当前活动工作表的后一个工作表和当前工作簿的最后一个工作表的标签，再根据需要单击某一个工作表的标签，从而使其成为当前的活动工作表。

3. 插入工作表

在默认状态下，打开一个 Excel 工作簿时，系统会自动打开 3 个工作表，标签名分别为 Sheet1、Sheet2、Sheet3。用户还可以根据需要在已打开的工作簿中插入新工作表，以处理更多的数据或完成各项不同的任务。具体方法主要有以下两种。

- 利用【插入工作表】按钮进行操作。单击标签滚动按钮右边的【插入工作表】按钮，即可以在当前工作簿的最后一个工作表之后插入一个新的工作表。
- 利用快捷菜单命令进行操作。在工作表标签处单击鼠标右键，在弹出的快捷菜单中选择【插入】命令，则系统会弹出【插入】对话框，如图1-27所示。在其中的【常用】选项卡上选择【工作表】，然后单击【确定】按钮，这样可在当前工作表的前面插入一个新的工作表。

图1-27　【插入】对话框

4. 删除工作表

对于某些不再需要的工作表，可以将其从当前工作簿中删除。删除工作表的方法主要有以下两种。

- 利用主菜单命令进行操作。具体的操作方法是，选定要删除的工作表，在【开始】选项卡【单元格】功能组中单击【删除】命令，然后在下拉菜单中选择【删除工作表】命令。
- 利用快捷菜单命令进行操作。具体的操作方法是，选定要删除的工作表，将鼠标指针对准工作表的标签单击右键，在弹出的快捷菜单中选择【删除】命令。

按以上两种方式操作以后，系统都会弹出提示信息对话框，如图 1-28 所示。单击该对话框中的【删除】按钮，即可将选定的工作表删除。

5. 移动或复制工作表

移动或复制工作表的方法主要有以下两种。

- 使用菜单命令进行操作。具体的操作步骤是，首先单击准备移动或复制的工作表标签，然后单击鼠标右键，在弹出的快捷菜单中选择【移动或复制工作表】命令，则系统会弹出【移动或复制工作表】对话框，如图1-29所示。

图1-28　提示信息对话框 　　　　　图1-29　【移动或复制工作表】对话框

在【移动或复制工作表】对话框中，选择目标工作簿和放置所移动或复制的工作表的位置。如果需要移动工作表，则不选择【建立副本】复选框，只需要单击【确定】按钮，即可将选定的工作表移动到指定的位置。而如果需要复制工作表，则需要先选择【建立副本】复选框，然后再单击【确定】按钮，才可将选定的工作表复制到指定的位置。

需要注意的是，若在目的工作簿中有与所移动或复制的工作表名称相同的工作表，则移动或复制过去的工作表的名称将会发生变化。例如，若将 Book1 工作簿中的 Sheet3 工作表移动到 Book2 工作簿的 Sheet3 工作表之前，则移动过去的工作表的名称将会变为 Sheet3(2)。

- 直接用鼠标拖动。具体的操作步骤是，首先用鼠标对准要移动或复制的工作表标签单击左键，并按住左键不放，当选取的工作表标签的左上角出现一个向下的黑色三角形时，拖动鼠标，即可将工作表移动到黑色三角形所指示的位置上。如果需要复制工作表，应在按住Ctrl键的同时拖动鼠标，即可在黑色三角形所指示的位置上复制一张工作表。

6. 重新命名工作表

默认情况下，打开一个新的 Excel 工作簿时，系统自动打开的 3 张工作表的标签名称分别是 Sheet1、Sheet2、Sheet3。用户还可以根据需要，对工作表进行重新命名。对工作表进行重命名的方法主要有以下两种。

- 利用菜单命令进行操作。具体的操作方法是，在需要重命名的工作表标签上单击鼠标右键，在弹出的快捷菜单中选择【重命名】命令，使工作表标签处于编辑状态，这时工作表的标签会反黑显示，然后修改工作表的名称，再用鼠标单击所修改工作表标签以外的其他地方，结束重命名操作。
- 直接利用鼠标操作。具体的操作方法是，在需要重命名的工作表标签上双击鼠标左键，直接进入工作表标签的编辑状态，这时工作表的标签会反黑显示，然后修改工作表的名称，再用鼠标单击所修改工作表标签以外的其他地方，结束重命名操作。

7. 为工作表添加链接

如果一个工作簿中有很多个工作表，从中查找某个工作表不太方便，可以插入一个新工作表作为目录页，并通过在目录页上对相应的单元格设置超链接来起到一种导航作用。例如，在如图 1-30 所示的工作簿中有 4 个工作表，其中在"目录"工作表的 A2、A3、A4 单元格中的文字分别对其余 3 个工作表的标签名称做了说明。

如果希望在如图 1-30 所示的工作簿的"目录"工作表中单击 A2 单元格时，系统能自动进入"资产负债表"工作表，可以按以下步骤进行设置。

01 选择"目录"工作表中的 A2 单元格，单击鼠标右键，在快捷菜单中选择"超链接"命令，则系统会打开【插入超链接】对话框。

02 在【插入超链接】对话框中，在左边的【链接到】区域中选择【本文档中的位置】，在中间的【或在此文档中选择一个位置】列表框中选择【资产负债表】，如图 1-31 所示。

图1-30 某个工作簿含有4个工作表　　　　图1-31 【插入超链接】对话框的设置

03 单击【确定】按钮，就对"目录"工作表中的 A2 单元格设置好了超链接，以后每次单击该单元格，就会进入"资产负债表"工作表。

04 按照上述步骤再分别对"目录"工作表中的 A3 和 A4 单元格设置超链接，分别将这两个单元格链接到当前工作簿的"利润表"和"现金流量表"，即完成了导航功能的设置。

1.4.2 调整行、列和单元格

1. 插入行、列或单元格

(1) 插入行

插入行可分为一次插入一行和一次插入多行两种情况。

① 一次插入一行。

在某行的上方一次插入一行的方法主要有以下 3 种。

- 选择某一行或该行中的任意一个单元格，然后在【开始】选项卡【单元格】功能组中单击【插入】命令，再在下拉菜单中选择【插入工作表行】命令。

- 在某一行的行号上单击鼠标右键，从弹出的快捷菜单中选择【插入】命令。

- 在某一行的任意一个单元格上单击鼠标右键，从弹出的快捷菜单中选择【插入】命令，打开【插入】对话框，在该对话框中选择【整行】单选按钮，如图1-32所示，最后单击【确定】按钮。

图1-32 【插入】对话框

② 一次插入多行。

在某行的上方一次插入多行的方法主要有以下 3 种。

- 选择多行或在同一列中选择多个单元格，然后在【开始】选项卡【单元格】功能组中单击【插入】命令，再在下拉菜单中选择【插入工作表行】命令，则会插入与所选行或单元格数量相同的行。

- 选择多行，单击鼠标右键，从弹出的快捷菜单中选择【插入】命令，则会插入与所选行的数量相同的行。
- 在同一列中选择多个单元格，单击鼠标右键，从弹出的快捷菜单中选择【插入】命令，再从如图1-32所示的【插入】对话框中选择【整行】命令，最后单击【确定】按钮，则会插入与所选单元格数量相同的行。

(2) 插入列

在某一列的左方插入列可分为一次插入一列和一次插入多列两种情况。

① 一次插入一列。

在某列的左侧一次插入一列的方法主要有以下3种。

- 选择某一列或该列中的任意一个单元格，然后在【开始】选项卡【单元格】功能组中单击【插入】命令，再在下拉菜单中选择【插入工作表列】命令。
- 在某一列的列标上单击鼠标右键，从弹出的快捷菜单中选择【插入】命令。
- 在某一列的任意一个单元格上单击鼠标右键，从弹出的快捷菜单中选择【插入】命令，再从图1-32所示的【插入】对话框中选择【整列】命令，最后单击【确定】按钮。

② 一次插入多列。

在某列的左侧一次插入多列的方法主要有以下3种。

- 选择多列或在同一行中选择多个单元格，然后在【开始】选项卡【单元格】功能组中单击【插入】命令，再在下拉菜单中选择【插入工作表列】命令，则会插入与所选列或单元格数量相同的列。
- 选择多列，单击鼠标右键，从弹出的快捷菜单中选择【插入】选项，则会插入与所选列的数量相同的列。
- 在同一行中选择多个单元格，单击鼠标右键，从弹出的快捷菜单中选择【插入】命令，再从图1-32所示的【插入】对话框中选择【整列】命令，最后单击【确定】按钮，则会插入与所选单元格数量相同的列。

(3) 插入单元格

插入单元格主要有以下两种方法。

- 利用功能区中的命令操作。具体操作方法是，首先选择某个单元格，然后在【开始】选项卡【单元格】功能组中单击【插入】命令，再在下拉菜单中选择【插入单元格】命令。
- 利用快捷菜单操作。具体操作方法是，首先选择某个单元格，然后单击鼠标右键，从弹出的快捷菜单中选择【插入】命令，则系统会弹出如图1-32所示的【插入】对话框，在该对话框中根据需要选择【活动单元格右移】或【活动单元格下移】单选按钮，最后单击【确定】按钮。

2. 删除行、列或单元格

删除行、列或单元格的方法主要有以下几种。

- 选择要删除的行或列，在【开始】选项卡【单元格】功能组中单击【删除】命令，若在下拉菜单中选择【删除工作表行】命令，可删除所选择的行；若在下拉菜单中选择

【删除工作表列】命令，可删除所选择的列。

- 选择要删除的行或列，在其上单击鼠标右键，从弹出的快捷菜单中选择【删除】命令。
- 选择要删除的单元格，在【开始】选项卡【单元格】功能组中单击【删除】命令，若在下拉菜单中选择【删除单元格】命令，则系统会打开如图1-33所示的【删除】对话框，再根据需要从中选择某一个单选按钮，最后单击【确定】按钮。
- 选择要删除的单元格后单击鼠标右键，从系统弹出的快捷菜单中选择【删除】命令，同样也可以打开如图1-33所示的【删除】对话框，再根据需要从中选择某一个单选按钮，最后单击【确定】按钮。

图1-33　【删除】对话框

3. 设置行高和列宽

(1) 设置行高

在默认状态下，工作表的行高都是一样的。用户可以根据需要重新设置或调整行高。设置工作表行高的方法主要包括以下几种。

- 设置行高数值。具体的操作方法是，选择要调整行高的单元格或单元格区域，在【开始】选项卡【单元格】功能组中单击【格式】命令，然后在下拉菜单中选择【行高】命令，如图1-34所示，打开【行高】对话框，如图1-35所示，在其中输入拟设置的行高数值，然后单击【确定】按钮。
- 自动调整行高。具体操作方法是，选择要调整行高的单元格或单元格区域，在【开始】选项卡【单元格】功能组中单击【格式】命令，然后在下拉菜单中选择【自动调整行高】命令，则Excel会根据单元格中的内容自动调整所选单元格的行高。
- 直接利用鼠标操作。具体的操作方法是，选中拟调整行高的某一行或若干行，将鼠标指针对准所选行的行号区域的下边界线，当鼠标指针变为一条水平黑线和两个反向垂直箭头形状时，按住鼠标左键不放并上下拖动，就可以相应地调整行高。另外，在选择要调整行高的单元格或单元格区域之后，将鼠标指针对准这些单元格的行号区域的下边界线双击左键，也可以根据单元格中的内容自动调整行高。

图1-34　执行【行高】命令

图1-35　【行高】对话框

(2) 设置列宽

在默认状态下，工作表的列宽都是一样的。用户可以根据需要重新设置或调整列宽。设置工作表列宽的方法主要包括以下几种。

- 设置列宽数值。具体的操作方法是，选择要调整列宽的单元格或单元格区域，在【开始】选项卡【单元格】功能组中单击【格式】命令，然后在下拉菜单中选择【列宽】命令，如图1-36所示，打开【列宽】对话框，如图1-37所示，在其中输入新的列宽数值，然后单击【确定】按钮。

- 自动调整列宽。具体操作方法是，选择要调整列宽的单元格或单元格区域，在【开始】选项卡【单元格】功能组中单击【格式】命令，然后在下拉菜单中选择【自动调整列宽】命令，则Excel会根据单元格中的内容自动调整所选列的列宽。
- 直接利用鼠标操作。具体的操作方法是，选中拟调整列宽的某一列或若干列，将鼠标指针对准所选列的列标区域的右边界线，当鼠标指针变为一条垂直黑线和两个反向水平箭头形状时，按住鼠标左键不放并左右拖动，就可以相应地调整列宽。另外，在选择要调整列宽的单元格或单元格区域之后，将鼠标指针对准这些单元格的列标区域的右边界线双击左键，也可以根据单元格中的内容自动调整列宽。

图1-36 执行【列宽】命令   图1-37 【列宽】对话框

1.4.3 设置工作表格式

1. 设置单元格格式

为了设置单元格格式，首先需要选择拟设置格式的单元格或单元格区域，然后在【开始】选项卡【单元格】功能组中单击【格式】命令，再从下拉菜单中选择【设置单元格格式】命令，或者在所选择的单元格或单元格区域中单击鼠标右键，然后在快捷菜单中选择【设置单元格格式】命令，可以打开如图1-38所示的【设置单元格格式】对话框，可以根据需要在此对话框中分别对所选择的单元格或单元格区域的数字格式、对齐方式、字体、边框、填充以及单元格保护等进行相应的设置，具体操作方法如下所述。

(1) 设置数字格式

在【设置单元格格式】对话框的【数字】选项卡中选择要设置的数字类型，例如，在【分类】列表框中选择【数值】，则【设置单元格格式】对话框如图1-39所示，可以根据需要在其中输入小数位数、选择是否使用千分位分隔符以及负数的显示格式，单击【确定】按钮后即可完成相应的设置。

图1-38 【设置单元格格式】对话框   图1-39 设置数值型数字页面

对于一些简单的数字格式的设置，可以直接单击【开始】选项卡上的相应命令按钮来完成。例如，单击【开始】选项卡【数字】功能组中的 % 按钮，可以将数字设置成百分数格式；单击【开始】选项卡【数字】功能组中的 ⁰.⁰ 或 .⁰⁰ 按钮，可以分别增加或减少小数的位数。

(2) 设置对齐方式

在【设置单元格格式】对话框中单击打开【对齐】选项卡，如图 1-40 所示，在该选项卡中可以根据需要设置文本的水平或垂直对齐方式，还可以根据需要设置文本自动换行、合并单元格、文字方向等，单击【确定】按钮后即可完成相应的设置。

对于一些简单的对齐方式的设置，可以直接单击【开始】选项卡上的相应命令按钮来完成。例如，单击【开始】选项卡【对齐方式】功能组中的 ≡ ≡ ≡ 这 3 个按钮，可以分别实现对所选择的单元格进行左对齐、居中对齐和右对齐设置；单击【开始】选项卡【对齐方式】功能组中的 按钮，可以实现对所选取的单元格区域进行合并及居中设置。而再次单击该按钮，可取消合并及居中设置。

(3) 设置字体

在【设置单元格格式】对话框中单击打开【字体】选项卡，如图 1-41 所示，可以根据需要在其中选择相应的字体、字形、字号、字体颜色等有关的项目，单击【确定】按钮后即可完成相应的设置。

对于一些简单的字体的设置，可以直接单击【开始】选项卡上的相应命令按钮来完成。例如，单击【开始】选项卡【字体】功能组中的 **B** *I* <u>U</u> 这 3 个按钮，可以分别实现将所选择的数据设置为加粗、倾斜和带有下画线的格式。

图1-40　【对齐】选项卡

图1-41　【字体】选项卡

(4) 设置边框

在【设置单元格格式】对话框中单击打开【边框】选项卡，如图 1-42 所示，在该选项卡中可以根据需要设置边框的格式。

对于一些简单的边框的设置，可以在【开始】选项卡【字体】功能组中单击边框按钮 右边的下拉按钮，然后在展开的如图 1-43 所示的下拉菜单中选择需要的项目进行设置。

图1-42　【边框】选项卡

（5）设置填充背景

在【设置单元格格式】对话框中单击打开【填充】选项卡，如图1-44所示。在该选项卡的【背景色】区域选择某种颜色，单击【确定】按钮之后可完成对所选择的单元格或单元格区域背景颜色的设置。若希望对所选择的单元格或单元格区域设置某种图案样式，可在【填充】选项卡对话框中单击【图案样式】右边的下拉按钮，并在展开的下拉列表中选择某种图案样式完成设置。若

图1-43　【边框】按钮下拉选项

在【填充】选项卡对话框中单击【填充效果】按钮，打开如图1-45所示的【填充效果】对话框，在该对话框中可以将所选择的单元格或单元格区域设置为某种渐变的填充颜色或底纹样式。

如果只需要设置单元格的填充颜色，也可以在【开始】选项卡【字体】功能组中单击填充按钮右边的下拉按钮，然后在展开的下拉列表中选择需要的项目进行设置。

图1-44　【填充】选项卡

图1-45　【填充效果】对话框

对单元格格式进行设置除了上述各项操作之外，还可以设置保护单元格，这个问题将在1.4.4节加以介绍。

2. 自动套用格式

Excel 2010提供了多种工作表格式，用户可以使用自动套用格式功能直接建立具有一定格式的工作表，具体步骤如下。

01 选取要自动套用格式的单元格区域，如图1-46所示。

02 在【开始】选项卡【样式】功能组中单击【套用表格格式】命令，然后在展开的下拉列表中选择某种表格样式，例如这里选择【表样式中等深浅2】，则系统会打开【套用表格格式】对话框，如图1-47所示。

	A	B	C	D	E	F
1	年度	2016	2017	2018	2019	2020
2	营业收入	314.58	417.12	520.03	523.34	588.75
3	营业成本	256.43	349.06	438.78	439.90	491.34
4	营业税金及附加	1.40	1.97	3.06	3.69	4.85
5	销售费用	36.18	43.24	49.53	47.39	51.90
6	管理费用	12.95	16.19	20.67	22.63	27.10
7	财务费用	0.91	1.32	0.64	2.56	1.20
8	资产减值损失	0.50	6.57	5.94	7.14	6.38
9	公允价值变动损益	0.29	-0.22	0.08	-1.07	0.32
10	投资收益	2.37	4.33	1.39	0.50	-0.80
11	营业利润	6.86	2.88	2.88	-0.55	5.50

图1-46　选取单元格区域

图1-47　【套用表格格式】对话框

03 单击【确定】按钮，即可得到套用所选格式后的数据表，如图 1-48 所示。

在如图 1-48 所示的数据表中，不仅数据表所在的单元格区域被设置成了隔行着色的填充背景，而且数据表的列标题处还自动建立了筛选状态，实质上此时的数据表已经被设置为列表状态，在这种状态之下可以很方便地对表中的数据进行管理。

	A	B	C	D	E	F
1	年度	2016	2017	2018	2019	2020
2	营业收入	314.58	417.12	520.03	523.34	588.75
3	营业成本	256.43	349.06	438.78	439.90	491.34
4	营业税金及附加	1.40	1.97	3.06	3.69	4.85
5	销售费用	36.18	43.24	49.53	61.90	51.90
6	管理费用	12.95	16.19	20.67	22.63	27.10
7	财务费用	0.91	1.32	0.64	2.56	1.20
8	资产减值损失	2.50	6.57	5.94	7.14	6.38
9	公允价值变动损益	0.29	-0.22	0.08	-1.07	0.32
10	投资收益	2.37	4.33	1.39	0.50	-0.80
11	营业利润	6.86	2.88	2.88	-0.55	5.50

图1-48　套用【表样式中等深浅2】格式后的数据表

04 如果不再需要已经套用的表格样式，可选中如图 1-48 所示的数据表，然后在【开始】选项卡【样式】功能组中单击【套用表格格式】命令，再在展开的下拉列表中选择最下边的【清除】命令，则数据表所在的单元格区域的背景颜色即可被清除掉，但是执行这个命令之后，数据表依然处于列表状态，列标题处的自动筛选状态也依然存在。

若想将数据表的列表状态清除，应选中数据表或在数据表中选择某个单元格，这时在功能区将会出现【表格工具】选项卡，在该选项卡的【工具】功能组中单击【转换为区域】命令，则系统会弹出如图 1-49 所示的警示对话框，在此对话框中单击【是】按钮，即可将数据表的列表状态清除，此时列标题处的自动筛选状态也会随之消失。

图1-49　将数据表转换为区域的警示对话框

3. 使用条件格式

在 Excel 2010 中，有多种不同的条件格式可以利用。通过使用条件格式，可以将满足一定条件的单元格区域按设定的特别格式显示出来，从而可以方便用户查看特别关注的数据。例如，在如图 1-50 所示的数据表中存放的是一家公司全年 12 个月的销售额数据，对该数据表按几种不同的要求设置条件格式的具体操作步骤如下所述。

(1) 突出显示单元格规则设置

01 选择如图 1-50 所示的数据表中的 B2:B13 单元格区域，在【开始】选项卡【样式】功能组中单击【条件格式】，然后在其下拉菜单中选择【突出显示单元格规则】下拉菜单中的【大于】命令，如图 1-51 所示。

	A	B
1	月份	销售额
2	1月	6369
3	2月	8453
4	3月	4689
5	4月	6356
6	5月	5305
7	6月	4579
8	7月	8213
9	8月	8385
10	9月	5048
11	10月	4468
12	11月	5138
13	12月	5018

图1-50　某公司销售数据表

图1-51　【突出显示单元格规则】下拉菜单

02 在系统打开的【大于】对话框中，在左边的编辑框中输入"6000"，在右边的列表框中选择【浅红填充色深红色文本】，如图 1-52 所示。

03 单击【确定】按钮，则数据表中数值大于 6000 的单元格即按设定的格式显示，如图 1-53 所示。

图1-52　【大于】对话框的设置

图1-53　大于6000的数据按设定格式显示

(2) 项目选取规则设置

01 选择如图 1-50 所示的数据表中的 B2:B13 单元格区域，在【开始】选项卡【样式】功能组中单击【条件格式】，然后在其下拉菜单中选择【项目选取规则】下拉菜单中的【低于平均值】命令，如图 1-54 所示。

02 在系统打开的【低于平均值】对话框中，在下拉列表框中选择某种格式，例如，选择【绿填充色深绿色文本】，单击【确定】按钮，则数据表中数值低于平均值的单元格即按设定的格式显示，如图 1-55 所示。

图1-54　【项目选取规则】下拉菜单

图1-55　低于平均值的数据按设定格式显示

(3) 数据条设置

选择如图 1-50 所示的数据表中的 B2:B13 单元格区域，在【开始】选项卡【样式】功能组中单击【条件格式】，然后在其下拉菜单中选择【数据条】下拉菜单中的某种格式的数据条，例如，这里选择【渐变填充】区域中的【绿色数据条】命令，如图 1-56 所示，则数据表中的数据即按数值的大小显示为不同长度的数据条格式，如图 1-57 所示。

(4) 色阶设置

选择如图 1-50 所示的数据表中的 B2:B13 单元格区域，在【开始】选项卡【样式】功能组中单击【条件格式】，然后在其下拉菜单中选择【色阶】下拉菜单中的某种色阶，例如，这里选择【红-白-绿色阶】，如图 1-58 所示，则数据表中的数据即按数值由大到小依次按红-白-绿色阶显示格式，如图 1-59 所示。

图1-56　【数据条】下拉菜单

<table>
<tr><td></td><td>A</td><td>B</td></tr>
<tr><td>1</td><td>月份</td><td>销售额</td></tr>
<tr><td>2</td><td>1月</td><td>6369</td></tr>
<tr><td>3</td><td>2月</td><td>8453</td></tr>
<tr><td>4</td><td>3月</td><td>4689</td></tr>
<tr><td>5</td><td>4月</td><td>6356</td></tr>
<tr><td>6</td><td>5月</td><td>5305</td></tr>
<tr><td>7</td><td>6月</td><td>4579</td></tr>
<tr><td>8</td><td>7月</td><td>8213</td></tr>
<tr><td>9</td><td>8月</td><td>8385</td></tr>
<tr><td>10</td><td>9月</td><td>5048</td></tr>
<tr><td>11</td><td>10月</td><td>4468</td></tr>
<tr><td>12</td><td>11月</td><td>5138</td></tr>
<tr><td>13</td><td>12月</td><td>5018</td></tr>
</table>

图1-57　按选定的数据条格式显示数据

图1-58　【色阶】下拉菜单

<table>
<tr><td></td><td>A</td><td>B</td></tr>
<tr><td>1</td><td>月份</td><td>销售额</td></tr>
<tr><td>2</td><td>1月</td><td>6369</td></tr>
<tr><td>3</td><td>2月</td><td>8453</td></tr>
<tr><td>4</td><td>3月</td><td>4689</td></tr>
<tr><td>5</td><td>4月</td><td>6356</td></tr>
<tr><td>6</td><td>5月</td><td>5305</td></tr>
<tr><td>7</td><td>6月</td><td>4579</td></tr>
<tr><td>8</td><td>7月</td><td>8213</td></tr>
<tr><td>9</td><td>8月</td><td>8385</td></tr>
<tr><td>10</td><td>9月</td><td>5048</td></tr>
<tr><td>11</td><td>10月</td><td>4468</td></tr>
<tr><td>12</td><td>11月</td><td>5138</td></tr>
<tr><td>13</td><td>12月</td><td>5018</td></tr>
</table>

图1-59　按选定的色阶格式显示数据

(5) 图标集设置

选择如图 1-50 所示的数据表中的 B2:B13 单元格区域，在【开始】选项卡【样式】功能组中单击【条件格式】，然后在其下拉菜单中选择【图标集】下拉菜单中的某种图标，例如，这里选择【方向】区域中的【三向箭头(彩色)】，如图 1-60 所示，则数据表中的数据即根据数值大小按设定的格式显示，这种情况下显示数据的规则是，与 B2 单元格的数据近似相等的单元格数据用黄色的水平箭头表示，大于 B2 单元格数据的单元格用绿色的上箭头表示，小于 B2 单元格数据的单元格用红色的下箭头表示，如图 1-61 所示。

图1-60　【图标集】下拉菜单

<table>
<tr><td></td><td>A</td><td>B</td></tr>
<tr><td>1</td><td>月份</td><td>销售额</td></tr>
<tr><td>2</td><td>1月</td><td>⇒ 6369</td></tr>
<tr><td>3</td><td>2月</td><td>⇑ 8453</td></tr>
<tr><td>4</td><td>3月</td><td>⇓ 4689</td></tr>
<tr><td>5</td><td>4月</td><td>⇒ 6356</td></tr>
<tr><td>6</td><td>5月</td><td>⇓ 5305</td></tr>
<tr><td>7</td><td>6月</td><td>⇓ 4579</td></tr>
<tr><td>8</td><td>7月</td><td>⇑ 8213</td></tr>
<tr><td>9</td><td>8月</td><td>⇑ 8385</td></tr>
<tr><td>10</td><td>9月</td><td>⇓ 5048</td></tr>
<tr><td>11</td><td>10月</td><td>⇓ 4468</td></tr>
<tr><td>12</td><td>11月</td><td>⇓ 5138</td></tr>
<tr><td>13</td><td>12月</td><td>⇓ 5018</td></tr>
</table>

图1-61　按图标集格式显示数据

(6) 设置多个条件格式

仍以如图 1-50 所示的数据表为例，假定希望对表中的数据设置两个条件格式，将数值大于

8000 的单元格设置为橙黄色填充背景，将数值小于 5000 的单元格设置为浅蓝色填充背景，具体操作步骤如下所述。

01 选择如图 1-50 所示的数据表中的 B2:B13 单元格区域，在【开始】选项卡【样式】功能组中单击【条件格式】，然后在其下拉菜单中选择【管理规则】命令，打开【条件格式规则管理器】对话框，如图 1-62 所示。

02 在【条件格式规则管理器】对话框中单击【新建规则】按钮，打开【新建格式规则】对话框，在该对话框的【选择规则类型】列表框中选择【只为包含以下内容的单元格设置格式】，在【只为满足以下条件的单元格设置格式】区域下，左边的列表框中保持默认的【单元格值】不动，中间的列表框中选择【大于】，右边的编辑框中输入"8000"，如图 1-63 所示。

图1-62 【条件格式规则管理器】对话框

图1-63 【新建格式规则】对话框的设置

03 单击【新建格式规则】对话框上的【格式】按钮，在系统打开的【设置单元格格式】对话框的【填充】选项卡中选择橙黄色，如图 1-64 所示。

04 单击【设置单元格格式】对话框的【确定】按钮，可回到【新建格式规则】对话框，再单击该对话框的【确定】按钮，可回到【条件格式规则管理器】对话框，如图 1-65 所示。

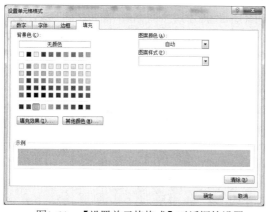

图1-64 【设置单元格格式】对话框的设置

图1-65 设置一个条件格式后的【条件格式规则管理器】对话框

05 单击【条件格式规则管理器】对话框中的【新建规则】按钮，再次打开【新建格式规则】对话框，按照与上述过程类似的步骤将数值小于 5000 的单元格设置为浅蓝色填充背景格式，设置两个条件格式后的【条件格式规则管理器】对话框如图 1-66 所示，单击【确定】按钮后，即可得到按所设置的两个条件显示相应格式的数据表，如图 1-67 所示。

图1-66　设置完成的【条件格式规则管理器】对话框　　　图1-67　按两个条件显示格式的数据表

对某个单元格区域设置条件格式以后，如果不再需要所设置的条件格式，可将其清除。具体操作方法是，选择已设置条件格式的单元格区域，在【开始】选项卡【样式】功能组中单击【条件格式】，然后在其下拉菜单中选择【清除规则】子菜单中的【清除所选单元格的规则】命令。如果在【清除规则】子菜单中选择【清除整个工作表的规则】命令，则可以将当前工作表中的所有条件格式全部清除掉。

4. 取消与恢复网格线

默认状态下，在工作表中是有很多网格线的，这样会便于选择单元格。如果不需要显示网格线，以便使所设计的工作表页面更为清晰美观，可以将网格线隐藏起来。具体操作方法是：在【视图】选项卡【显示】功能组中，单击【网格线】左边的复选框以去掉其中的"√"，则网格线即被隐藏起来。若想恢复显示网格线，只需单击【网格线】左边的复选框以使其中重新显示"√"即可。

1.4.4　保护单元格与保护工作表

1. 保护单元格

在默认的情况下，Excel 工作表中的所有单元格都被设置为锁定即受到保护的状态，但是这项设置只有在执行保护工作表命令之后才能真正发挥其应有的作用。如果希望只对工作表中的含有重要数据或公式的一部分单元格设置保护，其余的单元格不设置保护，操作步骤如下所述。

01　单击工作表左上角的【全选】按钮，在快捷菜单中选择【设置单元格格式】命令，打开【设置单元格格式】对话框，单击打开【保护】选项卡，如图 1-68 所示。

02　单击【保护】选项卡中的【锁定】复选框，从而清除其中的"√"，然后单击【确定】按钮，这样可以将所选工作表中的全部单元格设置为不被锁定的状态。

03　选择需要设置保护的含有重要数据或公式的单元格区域，打开如图 1-68 所示的【设置单元格格式】的【保护】选项卡，然后单击【锁

图1-68　【保护】选项卡

定】复选框从而使其中出现"√",再单击【确定】按钮,这样可以将所选择的单元格区域设置为锁定状态。

这样,在执行保护工作表命令之后,就可以把含有重要数据或公式的单元格区域保护起来,以防止不希望发生的对这些单元格数据进行移动、修改、删除等操作的出现,而其他单元格依然可以正常使用。

如果希望只将工作表中允许用户输入数据的单元格区域设置为不被锁定状态,其余单元格都保持锁定状态,可首先选择不希望被锁定的单元格区域,然后打开如图 1-68 所示的对话框,再单击【锁定】复选框从而清除其中的"√",最后单击【确定】按钮。这样在执行保护工作表命令之后,就可以使所选择的单元格区域不受到保护,能允许用户随意输入或编辑数据,而其余的单元格均受到保护。

如果要隐藏单元格中的数据,可在选择拟隐藏数据的单元格区域后,打开如图 1-68 所示的对话框,再单击【隐藏】复选框从而使其中显示"√",最后单击【确定】按钮。完成这项操作之后,也要进一步执行保护工作表命令才能使其发挥应有的作用。

2. 保护工作表

对工作表中的单元格设置保护之后,为了使其发挥作用,需要进一步保护工作表。设置工作表保护的具体操作步骤如下所述。

01 单击【审阅】选项卡【更改】功能组中的【保护工作表】命令,则系统会弹出【保护工作表】对话框,在该对话框的【取消工作表保护时使用的密码】栏中输入密码,并根据需要在【允许此工作表的所有用户进行】列表框中选择相应的项目,如图 1-69 所示。

02 单击【确定】按钮,则系统会弹出【确认密码】对话框,重新输入密码,如图 1-70 所示。

图1-69　【保护工作表】对话框的设置

图1-70　【确认密码】对话框

03 单击【确定】按钮,如果两次输入的密码完全一致,则保护工作表就设置完成了,否则需要重新确认密码。

在被保护的工作表中,如果用户想要修改受到保护的单元格中的数据,则系统会弹出警示对话框,如图 1-71 所示。

图1-71　【警示】对话框

如果用户确实需要对受到保护的单元格中的数据进行修改，则必须撤销对工作表的保护。具体方法是，首先单击如图 1-71 所示的对话框中的【确定】按钮，然后在【审阅】选项卡【更改】功能组中单击【撤销工作表保护】命令，则系统会弹出【撤销工作表保护】对话框，在其中输入保护工作表时所设置的密码，如图 1-72 所示，再单击【确定】按钮，即撤销了对工作表的保护，此后就可以对工作表中的所有单元格的数据进行编辑了。

图1-72　【撤销工作表保护】对话框

建议用户在对工作表进行保护之前，最好能对原工作簿或工作表进行备份，以防止因遗忘密码而不能修改数据所带来的不必要的麻烦。

1.4.5　隐藏与显示

1. 隐藏与显示行

(1) 隐藏行

隐藏行的方法主要有以下两种。

- 利用菜单命令操作。具体方法是，选择要隐藏的行，在【开始】选项卡【单元格】功能组中单击【格式】命令，然后在下拉菜单中的【可见性】区域下选择【隐藏和取消隐藏】子菜单中的【隐藏行】命令。
- 直接利用鼠标拖动。具体方法是，将鼠标指针对准要隐藏行的下边界线，按住鼠标左键向上拖动，直到它与上面相邻行的边界线重合，即可将行隐藏起来。

例如，在如图 1-73 所示的数据表中要隐藏第 3 至 6 行，可以首先选取这 4 行，然后在【开始】选项卡【单元格】功能组中单击【格式】命令，再在下拉菜单中的【可见性】区域下选择【隐藏和取消隐藏】子菜单中的【隐藏行】命令，则所选取的 4 行就被隐藏起来了；或者将鼠标指针对准第 6 行的下边界线，当鼠标指针变成两个黑色反向箭头时，按住鼠标左键并将此边界线向上拖动，直到与第 2 行的下边界线重合时为止，同样也可以将第 3 至 6 行隐藏起来。隐藏行之后的工作表如图 1-74 所示。

	A	B	C	D	E	F	G	H
1	月份	1月	2月	3月	4月	5月	6月	上半年合计
2	营业收入	56942	55696	56132	55399	58825	58430	341424
3	营业成本	34165	35088	34802	33239	37648	35648	210590
4	营业税金及附加	2847	2228	2807	2770	2961	2922	16535
5	销售费用	4555	5570	5613	4986	4706	5260	30690
6	管理费用	2847	1671	2807	2772	2921	2922	15940
7	营业利润	12528	11139	10103	11632	10589	11678	67669

图1-73　数据表

	A	B	C	D	E	F	G	H
1	月份	1月	2月	3月	4月	5月	6月	上半年合计
2	营业收入	56942	55696	56132	55399	58825	58430	341424
7	营业利润	12528	11139	10103	11632	10589	11678	67669

图1-74　隐藏第3至6行后的数据表

值得注意的是，在打印工作表时，被隐藏的行是不会被打印出来的。

(2) 重新显示行

对于已经隐藏的行，可以通过取消隐藏命令将其重新显示出来，具体步骤是：首先在有隐藏行的数据表中任选一列，或者在数据表的某列中选择能够跨越已经隐藏行的某个单元格区域，例如在如图 1-74 所示的数据表中选择 B 列，或者选取单元格区域 B2:B7，然后在【开始】选项卡【单元格】功能组中单击【格式】命令，再在下拉菜单中的【可见性】区域下选择【隐藏和取消隐藏】子菜单中的【取消隐藏行】命令，则被隐藏的第 3 至 6 行就会重新显示出来。

2. 隐藏与显示列

(1) 隐藏列

隐藏列的方法主要有以下两种。

- 利用菜单命令操作。具体方法是，选择要隐藏的列，在【开始】选项卡【单元格】功能组中单击【格式】命令，然后在下拉菜单中的【可见性】区域下选择【隐藏和取消隐藏】子菜单中的【隐藏列】命令。
- 直接利用鼠标拖动。具体方法是，将鼠标指针对准要隐藏列的右边界线，按住鼠标左键向左拖动，直到它与左边相邻列的边界线重合，即可将列隐藏起来。

例如，在如图 1-73 所示的数据中要隐藏 B 至 G 列，可以首先选取这 6 列，然后在【开始】选项卡【单元格】功能组中单击【格式】命令，再在下拉菜单中的【可见性】区域下选择【隐藏和取消隐藏】子菜单中的【隐藏列】命令，则所选取的 6 列就被隐藏起来了；或者将鼠标指针对准 G 列的右边界线，当鼠标指针变成两个黑色反向箭头时，按住鼠标左键并将此边界线向左拖动，直到与 A 列的右边界线重合时为止，同样也可以将 B 至 G 列隐藏起来。隐藏列之后的数据表如图 1-75 所示。

值得注意的是，在打印工作表时，被隐藏的列同样也不会被打印出来。

	A	H
1	月份	上半年合计
2	营业收入	341424
3	营业成本	210590
4	营业税金及附加	16535
5	销售费用	30690
6	管理费用	15940
7	营业利润	67669

图1-75　隐藏B至G列后的数据表

(2) 重新显示列

对于已经隐藏的列，可以通过取消隐藏命令将其重新显示出来，具体步骤是：首先在有隐藏列的数据表中任选一行，或者在数据表的某行中选择能够跨越已经隐藏列的某个单元格区域，例如，在如图 1-74 所示的数据表中选择第 2 行，或者选取单元格区域 A2:H2，然后在【开始】选项卡【单元格】功能组中单击【格式】命令，再在下拉菜单中的【可见性】区域下选择【隐藏和取消隐藏】子菜单中的【取消隐藏列】命令，则被隐藏的 B 至 G 列就会重新显示出来。

3. 隐藏与显示工作表

(1) 隐藏工作表

对于包含重要数据或者暂时不用的工作表，可将其隐藏起来，以避免由于误操作造成的数据丢失或被修改。隐藏工作表的具体方法是：首先选择要隐藏的工作表，例如，在如图 1-76 所示的工作簿中有 5 张工作表，若要隐藏其中的 Sheet2 和 Sheet4 工作表，应首先选取这两张工作表，然后在【开始】选项卡【单元格】功能组中单击【格式】命令，再在下拉菜单中的【可见性】区域下选择【隐藏和取消隐藏】子菜单中的【隐藏工作表】命令，则所选择的两张工作表就被隐藏起来了，如图 1-77 所示。

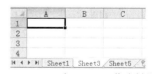

图1-76　含有5张工作表的工作簿　　　　图1-77　Sheet2和Sheet4工作表被隐藏

(2) 重新显示工作表

当用户希望使用被隐藏起来的工作表时，可以通过执行取消隐藏命令使其重新显示出来。具体操作步骤如下。

01 在【开始】选项卡【单元格】功能组中单击【格式】命令，再在下拉菜单中的【可见性】区域下选择【隐藏和取消隐藏】子菜单中的【取消隐藏工作表】命令，则系统会弹出【取消隐藏】对话框，如图 1-78 所示。

02 在【取消隐藏】对话框中选取要取消隐藏的工作表，然后单击【确定】按钮，则所选取的工作表就会重新显示出来。

图1-78　【取消隐藏】对话框

1.4.6　划分窗口

1. 重排窗口

用户需要的数据有时会存放在两个不同的工作表中，为了便于对两个工作表中的数据进行比较分析，可以利用重排窗口功能将两个工作表同时显示出来。

例如，要把 "B 公司财务报表" 工作簿中的 "资产负债表" 和 "利润表" 两个工作表同时显示出来，具体操作方法是：首先打开 "B 公司财务报表" 工作簿，激活 "资产负债表" 工作表后，在【视图】选项卡【窗口】功能组中单击【新建窗口】命令，则系统会自动新建一个窗口；然后激活 "利润表" 工作表，在【视图】选项卡【窗口】功能组中单击【全部重排】命令，则系统就会弹出一个【重排窗口】对话框(见图 1-79)，根据需要选择排列方式，例如，这里选择【水平并排】单选按钮，再单击【确定】按钮，即可得到重排窗口后的结果，如图 1-80 所示。

图1-79　【重排窗口】对话框　　　　　图1-80　重排后的窗口

如果不再需要某个窗口，则单击该窗口右上角的【关闭】按钮，即可将其关闭。

2. 拆分窗口

在一个工作表中存有大量数据的情况下，为了能够同时查看该工作表中不同区域的数据，可利用拆分功能将工作表拆分成几个窗口。拆分工作表的具体方法是，首先在拟进行拆分的工作表中选取某一行、某一列或某个单元格，然后在【视图】选项卡【窗口】功能组中执行【拆分】命令。在选择某一行的情况下，执行上述命令后，会在所选行的上边出现一个水平拆分条，将工作表拆分成上下两个部分；在选择某一列的情况下，执行上述命令后，会在所选列的左边出现一个垂直拆分条，将工作表拆分成左右两个部分；在选择某个单元格的情况下，执行上述命令后，会在所选取的单元格的左边和上边出现两个拆分条，从而将工作表拆分成 4 个部分。

例如，在如图 1-81 所示的工作表中选择第 3 行，按照上述方法执行拆分命令以后，会在该行的上边出现一个拆分条，将工作表拆分成两个部分，如图 1-82 所示，从而可以使用户在查看溢出屏幕下方的数据时数据表的列标题始终保持可见状态。

	A	B	C	D	E
1	食品行业上市公司盈利能力指标				
2	股票代码	股票名称	净资产收益率(%)	净利率(%)	毛利率(%)
3	000848	承德露露	33.03	12.68	38.1821
4	000895	双汇发展	26.89	8.58	19.4309
5	600695	大江股份	25.82	36.02	7.4841
6	600887	伊利股份	19.76	6.67	28.6656
7	300146	汤臣倍健	18.88	28.44	64.6971
8	002570	贝因美	18.42	11.78	61.4172

图1-81　拆分前的工作表

	A	B	C	D	E
1	食品行业上市公司盈利能力指标				
2	股票代码	股票名称	净资产收益率(%)	净利率(%)	毛利率(%)
51	002143	高金食品	-5.17	-0.68	4.6252
52	600962	国投中鲁	-10.46	-7.52	10.2871
53	600429	三元股份	-14.35	-5.98	21.2909
54	600186	莲花味精	-55.84	-15.11	2.4019
55	000972	新中基	-798.82	-38.29	11.3824

图1-82　拆分后的工作表

对于已经拆分窗口的工作表，取消拆分的方法主要有以下两种。

- 利用菜单命令操作。具体方法是，在【视图】选项卡【窗口】功能组中再次执行【拆分】命令。
- 直接利用鼠标操作。具体方法是，将鼠标指针对准要取消拆分的水平或垂直拆分条，双击鼠标左键。

3. 冻结窗格

利用冻结窗格命令，可以将工作表中的某个单元格区域冻结，从而使该区域成为查看数据过程中作为参照的数据区域。冻结窗格的具体方法是，选取某个单元格，在【视图】选项卡【窗口】功能组中单击【冻结窗格】命令，然后可以根据需要在下拉菜单中分别选择【冻结拆分窗格】、【冻结首行】或【冻结首列】命令。

例如，在如图 1-83 所示的数据表中选择 C3 单元格，在【视图】选项卡【窗口】功能组中单击【冻结窗格】命令，然后在下拉菜单中选择【冻结拆分窗格】命令，则该单元格左上角的单元格区域就被冻结了，这样在查看溢出屏幕下方或右方数据的过程中，左上角的单元格区域始终不动，同时数据表中可见单元格区域中的行和列标题也保持可见状态，冻结窗格后的数据表如图 1-84 所示。

对于已经冻结窗格的工作表，取消冻结的方法是，在【视图】选项卡【窗口】功能组中单击【冻结窗格】命令，然后在下拉菜单中选择【取消冻结窗格】命令。

	A	B	C	D	E
1	食品行业上市公司盈利能力指标				
2	股票代码	股票名称	净资产收益率(%)	净利率(%)	毛利率(%)
3	000848	承德露露	33.03	12.68	38.1821
4	000895	双汇发展	26.89	8.58	19.4309
5	600695	大江股份	25.82	36.02	7.4841
6	600887	伊利股份	19.76	6.67	28.6656
7	300146	汤臣倍健	18.88	28.44	64.6971
8	002570	贝因美	18.42	11.78	61.4172
9	000639	西王食品	15.62	7.45	24.6988
10	002507	涪陵榨菜	13.54	16.62	39.6187
11	000893	东凌粮油	13.38	1.44	2.5462
12	002661	克明面业	12.23	7.11	23.2509

图1-83　冻结窗格前的工作表

	A	B	E	F	G
1	食品行业上市公司盈利				
2	股票代码	股票名称	毛利率(%)	净利润(百万元)	每股收益(元)
42	002515	金字火腿	38.2746	22.5918	0.1576
44	300175	朗源股份	15.1186	17.481	0.0371
45	000930	中粮生化	9.3625	50.7175	0.0525
46	600866	星湖科技	6.8966	20.2351	0.0367
47	600737	中粮屯河	9.5065	80.3172	0.0391
48	002387	黑牛食品	35.2965	14.5708	0.0465
49	300138	晨光生物	12.9835	10.494	0.0584
50	600191	华资实业	-7.2847	6.8716	0.0141
51	002143	高金食品	4.6252	-24.1944	-0.1159
52	600962	国投中鲁	10.2871	-93.6679	-0.3572

图1-84　冻结窗格后的工作表

1.5　打印管理

对工作表设计完毕以后，用户也许还需要将工作表打印出来。为了使打印的数据表能够令人满意，在打印工作表之前往往还需要进行相应的设置，如页面设置、分页设置、设置打印区域等。

1.5.1　页面设置

页面设置的内容主要包括页面、页边距、页眉与页脚、工作表的设置。单击【页面布局】选项卡【页面设置】功能组中的对话框启动器按钮 ，可以打开【页面设置】对话框，其中有4 个选项卡，可分别实现对页面的各项设置，具体设置方法如下所述。

1. 设置页面

对页面进行设置的具体方法是，单击【页面设置】对话框中的【页面】选项卡，打开【页面】对话框，如图 1-85 所示。

在图 1-85 所示的【页面设置】对话框的【页面】选项卡中，可以进行如下项目的设置。

图1-85　【页面设置】对话框的【页面】选项卡

- 打印方向：可以选择纵向或横向打印。
- 缩放比例：可以对要打印的内容进行缩小或放大，或进行调整，以便使要打印的内容刚好在指定的打印纸上完整地打印出来。
- 纸张大小：单击【纸张大小】选择框右边的下拉箭头，可以打开下拉列表框，从中可选择需要的纸张类型。
- 打印质量：可以对打印质量进行设定。
- 起始页码：可以改变打印文件的起始页码。

2. 设置页边距

在【页面设置】对话框中，单击打开【页边距】选项卡，如图 1-86 所示。在该选项卡中，可以设置打印页面的上、下、左、右边距，设置页眉、页脚的边距以及设置居中方式等。

3. 设置页眉和页脚

在【页面设置】对话框中，单击打开【页眉/页脚】选项卡，如图 1-87 所示。

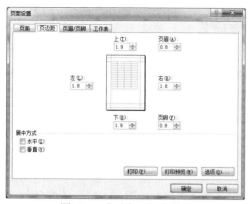

图1-86 【页边距】选项卡

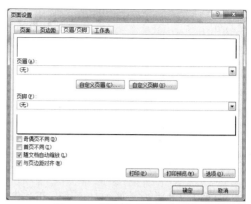

图1-87 【页眉/页脚】选项卡

在该选项卡中，用户可以设置拟打印文件的页眉和页脚信息。设置页眉和页脚信息的具体方法如下所述。

- 单击 页眉(A)：选项框右边的下拉按钮，可从弹出的下拉列表框中选择所需要的页眉样式。
- 单击 页脚(F)：选项框右边的下拉按钮，可从弹出的下拉列表框中选择所需要的页脚样式。
- 单击【自定义页眉】按钮，系统会弹出【页眉】设置对话框，如图1-88所示。该对话框中各按钮的功能说明如图1-89所示。在【页眉】设置对话框中输入有关的信息，然后单击【确定】按钮，即可完成自定义页眉的设置。
- 单击【自定义页脚】按钮，系统会弹出【页脚】设置对话框，如图1-90所示。该对话框中各按钮的功能说明同样如图1-89所示。在【页脚】设置对话框中输入有关的信息，然后单击【确定】按钮，即可完成自定义页脚的设置。

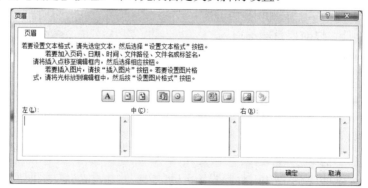

图1-88 【页眉】设置对话框

图1-89 对话框中各按钮的功能

图1-90 【页脚】设置对话框

4. 设置工作表

在【页面设置】对话框中，单击打开【工作表】选项卡，如图 1-91 所示。

在该对话框中，主要可以进行以下几方面的设置。

图1-91 【工作表】选项卡

- 打印区域设置：若需要对工作表的部分内容进行打印，则可以在此栏中输入需要打印的数据区域。
- 打印标题设置：当工作表含有行列标志时，可以通过【顶端标题行】和【左端标题列】的设置(输入【顶端标题行】和【左端标题列】所在的单元格区域)，使其出现在每一页打印出的工作表中。
- 打印设置：对是否打印网格线、是否打印行号和列标、是否打印批注等进行设置。
- 打印顺序设置：可以选择【先列后行】或是【先行后列】的打印顺序。

除了可以按上述方法在【页面设置】对话框的各选项卡上对页面进行设置以外，也可以在【页面布局】选项卡【页面设置】功能组中分别单击【页边距】、【纸张方向】、【纸张大小】、【打印区域】、【打印标题】等命令，完成相应的设置。

例如，选择某个单元格区域，在【页面布局】选项卡【页面设置】功能组中单击【打印区域】命令，然后在下拉菜单中选择【设置打印区域】命令，即可将所选择的单元格区域设置为打印区域。

1.5.2 分页设置

当要打印的数据表中的内容较多时，执行【打印】命令以后，系统会自动在工作表中插入分页符。但有时自动插入的分页符有可能不能完全满足用户的需求，这种情况下用户可以自己设置分页符，也可以根据需要对已有的分页符进行调整，直到达到满意的效果为止，而在不需要分页符时还可以将其删除。

1. 插入分页符

插入分页符的具体方法是，首先选定拟作为新起页的左上角的单元格，然后在【页面布局】选项卡【页面设置】功能组中单击【分隔符】命令，再在下拉菜单中执行【插入分页符】命令。如果选定的单元格在打印区域的第一行，则系统会在选定的单元格的左边插入垂直分页符；如果选定的单元格在打印区域的第一列，则系统会在选定的单元格的上边插入水平分页符；而如果选定的单元格在打印区域的其他位置，则系统会在选定的单元格的左边和上边同时插入水平分页符和垂直分页符。

例如，在如图 1-92 所示的工作表中选择 E11 单元格，然后在【页面布局】选项卡【页面设置】功能组中单击【分隔符】命令，再在下拉菜单中执行【插入分页符】命令，则在该单元格的上边和左边分别出现两条虚线，即同时插入了水平分页符和垂直分页符，插入分页符后的效果如图 1-92 所示。

	A	B	C	D	E	F	G
1	食品行业上市公司盈利能力指标						
2	股票代码	股票名称	净资产收益率(%)	净利率(%)	毛利率(%)	净利润(百万元)	每股收益(元)
3	000848	承德露露	33.03	12.68	38.1821	333.9401	0.8318
4	000895	双汇发展	26.89	8.58	19.4309	3858.1971	1.7532
5	600695	大江股份	25.82	36.02	7.4841	105.1857	0.1474
6	600887	伊利股份	19.76	6.67	28.6656	3187.2396	1.5601
7	300146	汤臣倍健	18.88	28.44	64.6971	421.6863	1.2853
8	002570	贝因美	18.42	11.78	61.4172	721.0464	1.1282
9	000639	西王食品	15.62	7.45	24.6988	180.9486	0.9608
10	002507	涪陵榨菜	13.54	16.62	39.6187	140.6471	0.9074
11	000893	东凌粮油	13.38	1.44	2.5462	145.5445	0.5355
12	002661	克明面业	12.23	7.11	23.2509	87.1323	1.0487
13	002481	双塔食品	11.32	15.18	25.5432	113.0419	0.2616
14	600872	中炬高新	9.97	9.18	31.2931	212.8378	0.2671
15	002557	洽洽食品	9.8	8.53	27.7407	255.1819	0.7549
16	600597	光明乳业	9.49	2.49	34.7463	406.0405	0.3315
17	002650	加加食品	9.27	9.64	27.2243	161.8805	0.7026
18	000795	易食股份	9.07	7.15	47.6627	46.2746	0.1876
19	000529	广弘控股	8.84	4.35	12.9815	80.4688	0.1378

图1-92　插入分页符

2. 分页调整

在要打印的工作表中插入分页符以后，如果认为所设置的分页不理想，还可以进行分页调整。进行分页调整的具体步骤如下。

01 在【视图】选项卡【工作簿视图】功能组中单击【分页预览】命令，则系统会弹出【欢迎使用"分页预览"视图】对话框，如图1-93所示，这时Excel的普通视图将变为分页预览视图，如图1-94所示。

图1-93　【欢迎使用"分页预览"视图】对话框

图1-94　调整前的分页预览视图

02 单击【欢迎使用"分页预览"视图】对话框中的【确定】按钮，就可以在分页预览视图页面对分页符进行所需要的调整了。

03 将鼠标指针对准要调整位置的分页符，将其拖动至需要的位置，即可完成分页调整。例如，对如图1-94所示的分页预览页面的分页符进行调整后的结果如图1-95所示。

04 对分页符进行调整以后，在【视图】选项卡【工作簿视图】功能组中单击【普通】命令，则又可回到普通的Excel视图页面。

3. 删除分页符

对工作表进行分页设置以后，如果不再需要原来设置的分页符，可将其删除。具体方法是，首先单击工作表左上角的全选按钮，选取整个工作表，然后在【页面布局】选项卡【页面设置】功能组中单击【分隔符】命令，再在下拉菜单中执行【删除分页符】或【重设所有分页符】命令，则原来设置的所有分页符就会被删除。

图1-95　调整后的分页预览视图

1.5.3　打印预览

为了使打印的工作表取得完美的效果，在完成对工作表的打印设置和分页设置以后，在正式打印工作表之前，还可以利用 Excel 的预览功能事先预览打印效果。具体方法是，在【文件】菜单中选择【打印】命令，则在【打印】选项卡的右半部分就会出现打印预览视图，如图 1-96 所示。

图1-96　【打印】选项卡中的打印预览效果

实际上，在前述的对页面进行设置的过程中，每个对话框中均有一个【打印预览】按钮。通过单击此按钮，即可以随时查看页面设置的实际效果。如果发现有什么不满意之处，可以重新进行设置。

在打印预览的效果达到满意程度之后，单击如图 1-96 所示的【打印】选项卡上的【打印】按钮，即可完成打印输出。

第2章

资金时间价值的计算

2.1 终值的计算

2.1.1 单利终值计算与分析模型

终值是指现在的一笔资金在一定时期之后的本利和或未来值。一笔现金流的单利终值是指现在的一笔资金按单利的方法只对最初的本金计算利息，而不对各期产生的利息计算利息，在一定时期以后所得到的本利和。单利终值的计算公式为

$$F_S = P + P \cdot i_S \cdot n = P \cdot (1 + i_S \cdot n)$$

式中：F_S 为单利终值；P 为现有资金；i_S 为单利年利率；n 为计息期限。

【例 2-1】某企业在银行存入 30000 元，存期 10 年，银行按 6%的年利率单利计息。要求建立一个单利终值计算与分析模型，并使该模型包括以下几个功能：①计算这笔存款在 10 年末的单利终值；②分析本金、利息和单利终值对计息期限的敏感性；③绘制本金、利息和单利终值与计息期限之间的关系图。

建立单利终值计算与分析模型的具体步骤如下所述。

1. 计算存款在10年末的单利终值

01 打开一个新的 Excel 工作簿，在 Sheet1 工作表的单元格区域 A1:B4 输入已知条件，并在单元格区域 D1:E2 设计计算结果输出区域的格式，如图 2-1 所示。

02 选取单元格 E2，输入公式 "=B2*(1+B3*B4)"。输入公式的具体步骤是：①输入等号 "="；②直接输入 B2 或用鼠标对准单元格 B2 单击左键拾取该单元格；③输入乘号 "*"；④输入单括号 "("；⑤输入 "1"；⑥输入加号 "+"；⑦输入 B3 或用鼠标拾取 B3；⑧输入乘号 "*"；⑨输入 B4 或用鼠标拾取 B4；⑩输入单括号 ")"。按回车键确认以后，在单元格 E2 中会得到公式的计算结果，即单利终值为 48000 元。此时在公式编辑栏中显示的是输入的公式，在名称栏中显示的是当前活动单元格的名称，如图 2-2 所示。

图2-1　已知条件和计算结果区域

图2-2　输入公式以后返回的结果

如果在单元格中输入公式以后发现公式有错误，需要对公式进行修改，应选取该单元格，然后将光标定位在公式编辑栏中，再修改公式；或者在选取该单元格之后，按 F2 键，或者直接将鼠标指针对准该单元格双击左键，使光标定位在单元格中，再修改公式。

03 在显示计算结果和显示计算公式状态之间进行切换。如果用户希望在单元格 E2 中显示的是该单元格中输入的计算公式而不是公式的计算结果，应在【公式】选项卡【公式审核】功能组中执行【显示公式】命令，则在单元格 E2 中就会显示该单元格中输入的公式，如图 2-3 所示。

如果希望回到在单元格中显示计算结果的状态，应在【公式】选项卡【公式审核】功能组中再次执行【显示公式】命令。

此外，利用组合键 Ctrl+` 也可以实现在显示计算公式和显示计算结果状态之间的快速切换，即按一次该组合键，将转换到在单元格中显示计算公式的状态；再按一次该组合键，则会重新回到在单元格中显示计算结果的状态。

04 公式审核。在单元格 E2 中输入公式以后，为了方便检查所输入公式的正确性，可以首先选取单元格 E2，然后在【公式】选项卡【公式审核】功能组中执行【追踪引用单元格】命令，则在该单元格与该单元格中的公式所引用的单元格之间就会出现追踪引用的箭线，如图 2-4 所示。

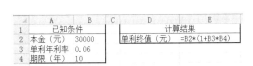

图2-3　单元格中显示公式的状态

图2-4　追踪引用单元格的结果

如果在执行【追踪引用单元格】命令以后，不再需要追踪引用的箭线，应在【公式】选项卡【公式审核】功能组中执行【移去箭头】命令。

追踪引用单元格的另外一种简便的做法是，选取含有公式的单元格，然后将光标定位在公式编辑栏中，则系统会自动将公式所引用的单元格用不同颜色的框线框起来，同时公式编辑栏中的公式所引用的各个单元格地址名称也相应地用不同的颜色来表示。通过将公式编辑栏中单元格地址名称的颜色与所引用的单元格周围框线的颜色进行对比，可以直观地看出在公式中的某个位置引用了哪个单元格。例如，选取单元格 E2，然后将光标定位在公式编辑栏中之后的状态如图 2-5 所示。

如果需要了解某个单元格中的数据被哪个单元格中的公式所引用，应首先选取该单元格，然后在【公式】选项卡【公式审核】功能组中执行【追踪从属单元格】命令。例如，选取单元格 B4，执行【追踪从属单元格】命令以后，会在单元格 B4 和 E2 之间出现一条箭线，如图 2-6 所示。

图2-5　以不同颜色反映的公式所引用的单元格

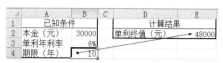

图2-6　追踪从属单元格的结果

如果在执行【追踪从属单元格】命令以后，不再需要追踪从属单元格的箭线，同样应在【公式】选项卡【公式审核】功能组中执行【移去箭头】命令。

2. 本金、利息和单利终值对计息期限的敏感性分析

01 在单元格区域 A6:K10 设计分析表格的格式，如图 2-7 所示。

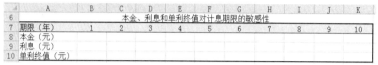

图2-7　设计敏感性分析表格的格式

在如图 2-7 所示的数据表中，第 6 行的标题文字实质上是存放在 A6 单元格中的。将这行文字设置成在单元格区域 A6:K6 的中间显示的效果，可以通过以下两种操作方法实现。

- 合并后居中设置。选择单元格区域A6:K6，单击【开始】选项卡【对齐方式】功能组中的【合并后居中】命令。这样设置以后，数据表的A至K列的数据操作会受到一定限制，例如，无法将其中的某一列剪切后放置到其他位置，因而不便于对数据表灵活地进行管理。

- 跨列居中设置。选择单元格区域A6:K6，单击鼠标右键，在快捷菜单中执行【设置单元格格式】命令，然后在系统打开的【设置单元格格式】对话框中单击打开【对齐】选项卡，再在【文本对齐方式】区域下的【水平对齐】下拉列表中选择【跨列居中】命令，如图2-8所示，最后单击【确定】按钮。这样设置以后，数据表的A至K列的数据操作不会受到任何限制，因而更便于灵活地管理数据表。

图2-8　跨列居中设置

02 选取单元格 B8，输入公式"=$B$2"；选取单元格 B9，输入公式"=$B$2* $B$3*B7"；再选取单元格 B10，输入公式"=B8+B9"。所得的计算结果如图 2-9 所示。

	B10		▼		f_x	=B8+B9					
	A	B	C	D	E	F	G	H	I	J	K
6				本金、利息和单利终值对计息期限的敏感性							
7	期限（年）	1	2	3	4	5	6	7	8	9	10
8	本金（元）	30000									
9	利息（元）	1800									
10	单利终值（元）	31800									

图2-9　在单元格区域B8:B10中输入公式

这里，在单元格 B8 输入的公式中引用的单元格$B$2 以及在单元格 B9 输入的公式中引用的单元格$B$2 和$B$3 采用的是绝对引用的方式，即在单元格的列标和行号的前面都加上"$"符号，这种引用方式可以保证在将单元格 B8 和 B9 中的公式复制到其他单元格时，所引用的单元格地址保持不变，例如，将单元格 B8 中的公式复制到单元格 C8 以后，在该单元格中所得到的公式依然为"=$B$2"。而在单元格 B9 的公式中引用的单元格 B7 以及在单元格 B10 的公式中引用的单元格 B8 和 B9 采用的是相对引用的方式，即在单元格的列标和行号的前面都不加上"$"符号，这种引用方式可以保证在将单元格 B9 和单元格 B10 中的公式复制到其他单元格时，所引用的单元格地址发生变化，但是粘贴公式的单元格与所引用的单元格之间的相对地址保持不变，例如，将单元格 B9 中的公式复制到单元格 C9 后，在单元格 C9 中所得到的公式为"=$C$2*$C$3*C7"；将单元格 B10 中的公式复制到单元格 C10 后，在单元格 C10 中所得到的公式为"=C8+C9"。

对引用的单元格设置绝对引用的快捷方式是利用 F4 功能键操作。例如，为了在单元格 B8 中输入公式"=$B$2"，可以首先选取单元格 B8，然后输入"=B2"(可用鼠标拾取 B2)，此时光标是定位在公式中引用的 B2 单元格名称后边的，按一次 F4 键，则 B2 变为绝对引用的形式$B$2；如果按两次 F4 键，则会从$B$2 变为 B$2，即相对引用列而绝对引用行的形式，在复制公式的过程中所引用的单元格的列标改变但行号不变；如果按 3 次 F4 键，则会从 B$2 变为$B2，即绝对引用列而相对引用行的形式，在复制公式的过程中所引用的单元格的行号改变但列标不变；如果按 4 次 F4 键，则会从$B2 变为 B2，即又回到最初的相对引用的形式。

03 选取单元格区域 B8:B10，将鼠标指针对准该单元格区域右下角的黑色小方块，按住左键向右拖动直到 K 列，则在单元格区域 C8:K10 中自动填充了计算公式。将单元格区域 B8:B10 中的公式复制到单元格区域 C8:K10 中的另外一种方法是，在选取单元格区域 B8:B10 后，按 Ctrl+C 组合键或单击【开始】选项卡【剪贴板】功能组中的【复制】命令，然后再选取单元格区域 C8:K10，按 Ctrl+V 组合键或单击【开始】选项卡【剪贴板】功能组中的【粘贴】命令。复制公式以后最终得到的计算结果如图 2-10 所示。

	A	B	C	D	E	F	G	H	I	J	K
6				本金、利息和单利终值对计息期限的敏感性							
7	期限（年）	1	2	3	4	5	6	7	8	9	10
8	本金（元）	30000	30000	30000	30000	30000	30000	30000	30000	30000	30000
9	利息（元）	1800	3600	5400	7200	9000	10800	12600	14400	16200	18000
10	单利终值（元）	31800	33600	35400	37200	39000	40800	42600	44400	46200	48000

图2-10　完成的敏感性分析表

3. 绘制本金、利息和单利终值与计息期限之间的关系图

01 选取单元格区域 A8:K10，在【插入】选项卡【图表】功能组中单击【柱形图】，然后在下拉列表中的【二维柱形图】区域下选择【簇状柱形图】子图表类型，则可得到绘制的图表，如图 2-11 所示。

02 在如图 2-11 所示的图表中选择中间的绘图区域,用鼠标指针对准其边缘的位置调整其大小,以便能够在图表区域中留出显示图表标题和横纵坐标轴标题的位置。然后用鼠标指针对准图表的边缘单击左键以选中图表区域,此时在功能区会出现【图表工具】之下的【设计】、【布局】和【格式】3 个选项卡,这 3 个选项卡只有在图表被选中的状态下才会出现,可称为上下文选项卡。在【布局】选项卡【标签】功能组中单击【图表标题】命令,然后在下拉列表中选择【图表上方】命令,则在图表区域的上方就会出现一个文本框,将其中的"图表标题"文字改成"本金、利息和单利终值对计息期限的敏感性",如图 2-12 所示。

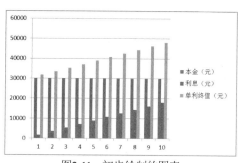

图2-11　初步绘制的图表

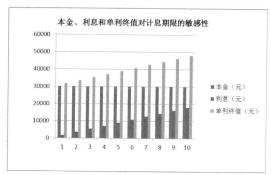

图2-12　添加标题后的图表

03 选中图表,在【布局】选项卡【标签】功能组中单击【坐标轴标题】命令,然后在下拉菜单中选择【主要横坐标轴标题】,并在其下一级菜单中选择【坐标轴下方标题】命令,则在横坐标轴下方就会出现一个文本框,将其中的"坐标轴标题"文字改成"期限(年)",从而完成横坐标轴标题的设置。再次选中图表,在【布局】选项卡【标签】功能组中单击【坐标轴标题】命令,然后在下拉菜单中选择【主要纵坐标轴标题】,并在其下一级菜单中选择【横排标题】命令,则在纵坐标轴的左方就会出现一个文本框,将其中的"坐标轴标题"文字改成"元",然后用鼠标对准纵坐标轴标题文本框,按住左键向上拖动,将其拖动到纵坐标轴上方合适的位置,从而完成纵坐标轴标题的设置。设置横纵坐标轴标题后的图表如图 2-13 所示。

04 如果不需要图表中的网格线,可将鼠标指针对准绘图区域中的网格线,然后单击右键,并在弹出的快捷菜单中执行【删除】命令,则图表中的网格线就被删除了。删除网格线后的图表如图 2-14 所示。

由图 2-14 可以看出,各期的本金保持不变,各期的利息和单利终值随时间的推移逐步增加。

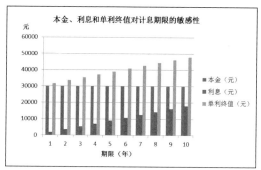

图2-13　设置横纵坐标轴标题后的图表

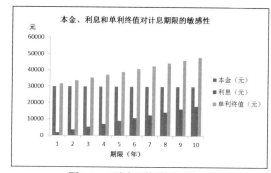

图2-14　删除网格线后的图表

2.1.2　复利终值计算与分析模型

一笔现金流的复利终值是指现在的一笔资金按复利的方法不仅对最初的本金计算利息，而且对各期产生的利息也计算利息，在一定时期以后所得到的本利和。复利终值的计算公式为

$$F = P \cdot (1+i)^n = P \cdot \mathrm{FVIF}_{i,n}$$

式中：P 为现在的一笔收款或付款；i 为复利年利率；n 为年限；F 为复利终值；$\mathrm{FVIF}_{i,n} = (1+i)^n$ 称为复利终值系数，它表示现在的 1 元钱在 n 年后的价值。

计算一笔现金流的复利终值时既可以直接输入公式计算，也可以利用 FV 函数计算。FV 函数的功能是基于固定利率及等额分期付款方式，返回某项投资的未来值。语法为

= FV(rate,nper,pmt,pv,type)

式中：rate 为各期利率，是一固定值；nper 为总投资(或贷款)期，即该项投资(或贷款)的付款期总数；pmt 为各期所应付出(或得到)的金额，其数值在整个年金期间(或投资期内)保持不变(如果忽略 pmt，则必须包括 pv 参数)；pv 为现值，即从该项投资(或贷款)开始计算时已经入账的款项或一系列未来付款当前值的累积和，也称为本金(如果省略 pv，则假设其值为 0，并且必须包括 pmt 参数)；type 为数字 0 或 1，用以指定各期的付款时间是在期初还是期末，type 为 0 表示期末，type 为 1 表示期初(如果省略 type，则默认其值为 0)。

值得注意的是，FV 函数认定年金 pmt 和现值 pv 现金流量的方向与计算出的终值现金流量的方向是相反的，即如果年金 pmt 和现值 pv 是付款，计算出的终值则为收款；反之，如果年金 pmt 和现值 pv 是收款，计算出的终值则为付款。因此，当 pmt 和 pv 参数都以正数存放在工作表的单元格中时，为了使计算出的终值能显示为正数，应在输入 pmt 和 pv 参数时加上负号。

【例 2-2】 某企业在银行存入 20000 元，存期 10 年，银行按 5%的年利率复利计息。要求建立一个复利终值计算模型，并使该模型包括以下几项功能：①计算这笔存款在 10 年末的复利终值；②分析本金、利息和复利终值对计息期限的敏感性；③绘制本金、利息和复利终值与计息期限之间的关系图；④分析复利终值对利率变化的敏感性；⑤分析复利终值对利率和计息期限变化的敏感性；⑥绘制不同利率水平下复利终值与计息期限之间的关系图。

建立该模型的具体步骤如下所述。

1. 计算存款在10年末的复利终值

本例分别采用两种不同的方法计算复利终值。

01 在一张新的工作表中输入已知条件，并设置计算结果区域的格式，如图 2-15 所示。

02 选取单元格 E2，输入公式 "=B2*(1+B3)^B4"，得到直接利用公式计算的复利终值计算结果，如图 2-16 所示。

图2-15　设置计算表格

图2-16　直接输入公式计算

03 选取单元格 E3，在【公式】选项卡【函数库】功能组中单击【插入函数】命令，或直

接单击公式编辑栏左边的插入函数按钮 f_x，则系统会打开【插入函数】对话框，如图 2-17 所示。

04 在【搜索函数】栏中输入"FV"，单击右边的【转到】按钮或直接按回车键，然后在【选择函数】列表框中选择 FV；也可以在【或选择类别】的下拉列表框中选择【财务】，然后在【选择函数】列表框中选择 FV，如图 2-18 所示。

图2-17 【插入函数】对话框

图2-18 在【选择函数】列表框中选择FV

05 单击【确定】按钮，则系统弹出设置 FV 函数参数的对话框。在该对话框中设置有关的参数，如图 2-19 所示。

06 单击【确定】按钮，则在单元格 E3 中得到利用 FV 函数计算的复利终值的计算结果，如图 2-20 所示。

利用 Excel 的内置函数进行计算时，也可以不打开函数对话框，而是直接在公式编辑栏中设置函数的各个参数。在公式编辑栏中输入函数名称及"("以后，在其下方会出现所输入函数的有关参数的提示性信息，如图 2-21 所示，这样可以比较方便地对函数的各参数进行设置。

图2-19 FV函数对话框

图2-20 利用FV函数计算复利终值的结果

图2-21 直接在公式编辑栏中输入函数

2. 分析本金、利息和复利终值对计息期限的敏感性

01 在单元格区域 A6:K10 中设计分析表格的格式，如图 2-22 所示。

02 在单元格 B8 中输入公式"=B2"；在单元格 B9 中输入公式"=B8*$B$3"；在单元格 B10 中输入公式"=B8+B9"；在单元格 C8 中输入公式"=B10"。

03 选取单元格 C8，将其向右填充复制直到单元格 K8；选取单元格区域 B9:B10，将其向右填充复制直到单元格区域 K9:K10。最终完成的分析表如图 2-22 所示。

	A	B	C	D	E	F	G	H	I	J	K
6	本金、利息和复利终值对计息期限的敏感性分析										
7	期限（年）	1	2	3	4	5	6	7	8	9	10
8	年初本金（元）	20000.00	21000.00	22050.00	23152.50	24310.13	25525.63	26801.91	28142.01	29549.11	31026.56
9	本年利息（元）	1000.00	1050.00	1102.50	1157.63	1215.51	1276.28	1340.10	1407.10	1477.46	1551.33
10	复利终值（元）	21000.00	22050.00	23152.50	24310.13	25525.63	26801.91	28142.01	29549.11	31026.56	32577.89

图2-22　本金、利息和复利终值对计息期限的敏感性分析

3. 绘制本金、利息和复利终值与计息期限之间的关系图

01 选取单元格区域 A8:K10，在【插入】选项卡【图表】功能组中单击【柱形图】，然后在下拉列表中的【二维柱形图】区域下选择【簇状柱形图】子图表类型，则可得到绘制的图表，如图 2-23 所示。

02 在如图 2-23 所示的图表中单击选中"复利终值"系列，然后单击鼠标右键，在系统弹出的快捷菜单中执行【更改系列图表类型】命令，再在系统打开的【更改图表类型】对话框中选择【折线图】，并在折线图的子图表类型中选择【带数据标记的折线图】，如图 2-24 所示。

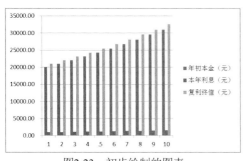

图2-23　初步绘制的图表

图2-24　【更改图表类型】对话框

03 单击【确定】按钮，即可得到将"复利终值"系列修改为折线图后的图表，如图 2-25 所示。

04 在如图 2-25 所示的图表中将鼠标指针对准纵坐标轴标签，单击鼠标右键，在弹出的快捷菜单中执行【设置坐标轴格式】命令，然后在打开的【设置坐标轴格式】对话框中单击选择【数字】选项卡，在【数字】区域的【类别】列表框中选择【数字】，在【小数位数】编辑框中输入"0"，如图 2-26 所示。

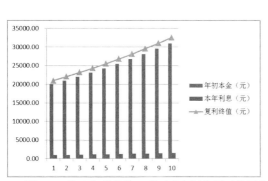

图2-25　将"复利终值"系列改为折线图后的图表

图2-26　【设置坐标轴格式】对话框

05 单击【关闭】按钮，得到修改纵坐标轴标签后的图表，如图 2-27 所示。

06 按照【例 2-1】所述的方法进一步编辑图表，包括添加图表标题、添加横纵坐标轴标题、删除网格线等操作，得到最终修改完成的图表，如图 2-28 所示。

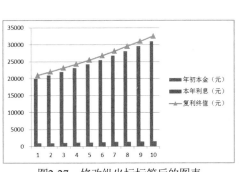

图2-27　修改纵坐标标签后的图表

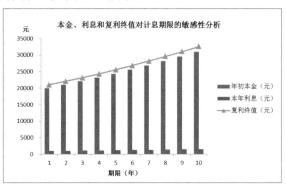

图2-28　修改完成的图表

4. 分析复利终值对利率变化的敏感性

这里采用模拟运算表数据分析工具来进行单变量模拟运算。

01 设计分析表格的格式，如图 2-29 所示。

图2-29　设计分析表格的格式

02 在 A15 单元格中输入公式"=FV(B3,B4,,-B2)"，如图 2-30 所示。值得注意的是，公式中所用的年利率引用的是 B3 单元格。

图2-30　输入计算公式

03 选取单元格区域 A14:K15，在【数据】选项卡【数据工具】功能组中单击【模拟分析】命令，然后在下拉菜单中选择【模拟运算表】命令，再在系统弹出的【模拟运算表】对话框中，在【输入引用行的单元格】栏中输入"$B$3"，如图 2-31 所示。

图2-31　单变量模拟运算表
对话框的设置

这里，将【输入引用行的单元格】设置为"$B$3"，其含义是将单元格区域 B14:K14 的一系列年利率分别代替 B3 单元格的年利率进行计算，从而得到一系列对应的复利终值。

04 单击【确定】按钮以后，即完成了单变量模拟运算，得到复利终值对计息期限的敏感性分析表，如图 2-32 所示。

	D15			f_x	{=TABLE(B3,)}					
	A	B	C	D	E	F	G	H	I	J	K
12	复利终值对年利率的敏感性分析										
13	年利率										
14	复利终值	1%	2%	3%	4%	5%	6%	7%	8%	9%	10%
15	32577.89	22092.44	24379.89	26878.33	29604.89	32577.89	35816.95	39343.03	43178.50	47347.27	51874.85

图2-32　完成的单变量模拟运算表

在完成的模拟运算表的单元格区域 B15:K15 中任选一个单元格，例如这里选择 D15 单元格，可以发现公式编辑栏中的公式为 "{=TABLE(B3,)}"，其中 TABLE 代表的是用模拟运算表建立的公式，大括号代表该公式是数组公式，这是运用模拟运算表工具进行运算时系统自动设置的。数组公式的一个特点是可以同时得到多个运算结果，另外一个特点是不能对数组中的个别元素或部分元素进行编辑，若想修改数据公式，必须选中整个数组进行操作才可以，例如，这里应选择单元格区域 B15:K15，然后才能修改或删除公式。D15 单元格的计算结果反映的是 B2 单元格的 20000 元的现值在年利率为 3%、计息期限为 10 年情况下的复利终值。

05 在如图 2-32 所示的数据表中，A15 单元格中的数据是按 B3 单元格中的数据在 5% 年利率情况下计算的复利终值，它与 F15 单元格的计算结果是相同的。所以实际上无须在 A15 单元格查看其计算结果，因为其含义并不明确，但是为了能够运用模拟运算表工具进行计算，必须在 A15 单元格设置计算公式才能实现。如果不需要查看 A15 单元格的计算结果，在制作模拟运算表之后，可以将 A15 单元格设置为希望查看的内容。例如，这里准备将 A15 单元格设置为显示"公式"二字，具体操作方法是：选中 A15 单元格，单击鼠标右键，在弹出的快捷菜单中执行【设置单元格格式】命令，然后在系统打开的【设置单元格格式】对话框中，单击打开【数字】选项卡，在【分类】列表框中选择【自定义】命令，再在右边的【类型】编辑框中输入"公式"二字，如图 2-33 所示。

图2-33　【设置单元格格式】对话框的设置

06 单击【确定】按钮以后，即完成了对 A15 单元格自定义显示格式的设置，如图 2-34 所示。

	A	B	C	D	E	F	G	H	I	J	K
12	复利终值对年利率的敏感性分析										
13	年利率										
14	复利终值	1%	2%	3%	4%	5%	6%	7%	8%	9%	10%
15	公式	22092.44	24379.89	26878.33	29604.89	32577.89	35816.95	39343.03	43178.50	47347.27	51874.85

图2-34　对A15单元格设置自定义格式后的单变量模拟运算表

此时，尽管 A15 单元格显示的是"公式"二字，但其真实值仍然是该单元格中所设置公式的计算结果，即为与 F15 单元格相等的值。

5. 分析复利终值对利率和计息期限变化的敏感性

这里采用模拟运算表数据分析工具来进行双变量模拟运算。

01 设计分析表格的格式，然后在 A19 单元格中输入公式 "=FV(B3,B4,,-B2)"，如图 2-35

所示。值得注意的是，公式中所用的年利率和计息期限分别引用的是 B3 和 B4 单元格的数据。

	A	B	C	D	E	F	G	H	I	J	K
	A19			fx	=FV(B3,B4,,-B2)						
17					复利终值对年利率和计息期限的敏感性分析						
18	年利率					计息期限					
19	32577.89	1	2	3	4	5	6	7	8	9	10
20	1%										
21	2%										
22	3%										
23	4%										
24	5%										
25	6%										
26	7%										
27	8%										
28	9%										
29	10%										

图2-35　输入计算公式

02 选取单元格区域 A19:K29，在【数据】选项卡
【数据工具】功能组中单击【模拟分析】命令，然后在
下拉菜单中选择【模拟运算表】命令，再在系统弹出的
【模拟运算表】对话框中，在【输入引用行的单元格】
栏中输入"$B$4"，在【输入引用列的单元格】栏中输
入"$B$3"，如图 2-36 所示。

图2-36　双变量模拟运算表对话框的设置

03 单击【确定】按钮以后，即完成了双变量模拟运算，得到复利终值对年利率和计息期
限的敏感性分析表，如图 2-37 所示。

	A	B	C	D	E	F	G	H	I	J	K
	D25			fx	{=TABLE(B4,B3)}						
17					复利终值对年利率和计息期限的敏感性分析						
18	年利率					计息期限					
19	32577.89	1	2	3	4	5	6	7	8	9	10
20	1%	20200.00	20402.00	20606.02	20812.08	21020.20	21230.40	21442.71	21657.13	21873.71	22092.44
21	2%	20400.00	20808.00	21224.16	21648.64	22081.62	22523.25	22973.71	23433.19	23901.85	24379.89
22	3%	20600.00	21218.00	21854.54	22510.18	23185.48	23881.05	24597.48	25335.40	26095.46	26878.33
23	4%	20800.00	21632.00	22497.28	23397.17	24333.06	25306.38	26318.64	27371.38	28466.24	29604.89
24	5%	21000.00	22050.00	23152.50	24310.13	25525.63	26801.91	28142.01	29549.11	31026.56	32577.89
25	6%	21200.00	22472.00	23820.32	25249.54	26764.51	28370.38	30072.61	31876.96	33789.58	35816.95
26	7%	21400.00	22898.00	24500.86	26215.92	28051.03	30014.61	32115.03	34363.72	36769.18	39343.03
27	8%	21600.00	23328.00	25194.24	27209.78	29386.56	31737.49	34276.49	37018.60	39980.09	43178.50
28	9%	21800.00	23762.00	25900.58	28231.63	30772.48	33542.00	36560.78	39851.25	43437.87	47347.17
29	10%	22000.00	24200.00	26620.00	29282.00	32210.20	35431.22	38974.34	42871.78	47158.95	51874.85

图2-37　完成的双变量模拟运算表

类似地，在单元格区域 B19:K29 中任选一个单元格，例如这里选择 D25 单元格，可以看
到公式编辑栏中的公式为"{=TABLE(B4,B3)}"，其中 TABLE 代表的是用模拟运算表建立的公
式，大括号代表该公式是数组公式，这是运用模拟运算表工具进行运算时系统自动设置的，所
以若想修改公式，必须选中整个数组进行操作。D25 单元格的计算结果反映的是 B2 单元格的
20000 元的现值在年利率为 6%、计息期限为 3 年情况下的复利终值。

在如图 2-37 所示的数据表中，A19 单元格的计算结果与 K24 单元格是相同的，而且其含
义并不明确。若无须在 A19 单元格查看公式的计算结果，可按前述的方法将该单元格自定义为
希望显示的文本数据的格式。

6. 绘制不同利率水平下复利终值与计息期限之间的关系图

01 选取单元格区域 B20:K29，在【插入】选项卡【图表】功能组中单击【折线图】，然后
在下拉列表中的【二维折线图】区域下选择【带数据标记的折线图】子图表类型，则可得到绘
制的图表，如图 2-38 所示。

02 将鼠标指针对准图表中的绘图区域单击右键，在系统弹出的快捷菜单中执行【选择数据】命令，然后在打开的【选择数据源】对话框中，在左边的【图例项】列表框中选择【系列 1】，如图 2-39 所示。

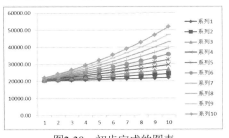

图2-38　初步完成的图表

图2-39　【选择数据源】对话框

03 单击【编辑】按钮，然后在打开的【编辑数据系列】对话框中，在【系列名称】框中设置公式"=Sheet1!$A$20"(直接用鼠标拾取 A20 单元格即可)，【系列值】框中保持默认的设置不做修改，如图 2-40 所示。

04 单击【确定】按钮，回到【选择数据源】对话框，再按类似的方法，分别将【选择数据源】对话框中系列 2 至系列 10 的系列名称依次设置为 A21:A29 单元格区域的 2%至 10%，设置完成的【选择数据源】对话框如图 2-41 所示。

图2-40　【编辑数据系列】对话框

图2-41　设置完成的【选择数据源】对话框

05 单击【确定】按钮，得到修改数据系列名称后的图表，如图 2-42 所示。

06 进一步编辑图表，包括设置图表标题和横纵坐标轴标题、删除网格线、将纵坐标轴标签设置为显示 0 位小数的格式等，得到最终编辑完成的图表，如图 2-43 所示。

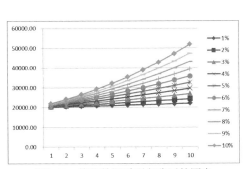

图2-42　修改数据系列名称后的图表

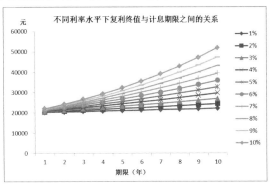

图2-43　编辑完成的图表

从图 2-43 可以看出，在现值一定的情况下，计息期限越长，复利终值越大，并且年利率越高，复利终值也越大。

2.1.3 单利和复利终值选择计算与比较分析模型

为了建立带有选择功能的模型，需要利用一个组合框控件来选择计算单利终值或复利终值，并需要使用 IF 函数。IF 函数是一个条件函数，它的功能是根据参数条件的真假，返回不同的结果。其语法格式为

$$= IF(logical\_test, value\_if\_true, value\_if\_false)$$

式中：logical_test 为条件表达式，其结果要么为 TRUE，要么为 FALSE，它可使用任何比较运算符；value_if_true 为当 logical_test 是 TRUE 时返回的值；value_if_false 为当 logical_test 是 FALSE 时返回的值。

【例 2-3】已知一笔款项的现值为 5000 元，年利率为 6%，计息期限为 8 年。要求：①设计一个可以选择按单利方法或复利方法计算这笔款项终值的模型；②对比分析未来 30 年的单利终值和复利终值；③绘制单利终值与复利终值的对比分析图。

建立模型的具体步骤如下所述。

1. 可以选择按单利方法或复利方法计算终值的模型设计

01 将已知条件输入到单元格区域 A1:B4，如图 2-44 所示。

02 在单元格区域 A6:B7 设计选择计算结果的输出区域，并在 D6 和 D7 单元格中分别输入"单利终值"和"复利终值"，如图 2-45 所示。

图2-44 已知条件

图2-45 设计输出结果区域

03 在【文件】菜单中单击【选项】命令，然后在系统打开的【Excel 选项】对话框中选择【自定义功能区】选项卡，在其右边的列表框中【开发工具】复选框原本处于未被选中的状态，单击选中这个复选框，如图 2-46 所示。

04 单击【确定】按钮之后，【开发工具】选项卡就在功能区显示出来了。在【开发工具】选项卡【控件】功能组中单击【插入】命令，在展开的下拉列表中单击【表单控件】区域下第一行第二个即组合框控件按钮，然后将鼠标指针对准 A7 单元格的左上角，按住左键向右下方拖出一个组合框控件，再将鼠标指针对准该组合框控件的边缘区域，单击右键，打开快捷菜单，如图 2-47 所示。

图2-46　【自定义功能区】选项卡　　　　图2-47　组合框控件和快捷菜单

05　单击快捷菜单中的【设置控件格式】命令，打开【设置对象格式】对话框，在该对话框的【控制】选项卡上，在【数据源区域】栏中输入 "$D$6:$D$7"，在【单元格链接】栏中输入 "$A$7"，在【下拉显示项数】栏中输入 "2"，并选择【三维阴影】复选框，如图 2-48 所示。

06　单击【确定】按钮以后，即完成对 A7 单元格的组合框控件的设置。单击该组合框控件右边的倒三角形，可打开下拉菜单，根据需要可从中选择【单利终值】或【复利终值】两个选项，如图 2-49 所示。

图2-48　【设置对象格式】对话框　　　　图2-49　组合框控件的下拉菜单

需要说明的是，组合框控件的数据源只能来自于某一列数据区域，不能来自某一行数据区域，这样才能在组合框控件的下拉列表中显示所选定数据源中的所有数据。组合框控件所链接的单元格中的返回值是在其数据源中选择的某项数据的序号，若在组合框控件的下拉列表中选择第一项数据源，则其链接单元格的返回值为1，若在组合框控件的下拉列表中选择第二项数据源，则其链接单元格的返回值为2，以此类推。

07　选取单元格 B7，在其中输入公式 "=IF($A$7=1,B2*(1+B3*B4),FV(B3,B4,,-B2))"，该公式的含义是：如果在 A7 单元格的组合框控件中选择第 1 个选项，则在 B7 单元格中按单利方法计算终值，否则就按复利方法计算终值。例如，在 A7 单元格的组合框控件中选择第 2 个选项，即选择【复利终值】，则 B7 单元格返回的结果是复利终值 7969.24 元，如图 2-50 所示；而如果在 A7 单元格的组合框控件中选择第 1 个选项，即选择【单利终值】，则 B7 单元格返回的结果是单利终值 7400.00 元。

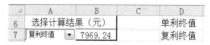

图2-50　选择【复利终值】的运算结果

2. 对比分析未来30年的单利终值和复利终值

01 设计分析表格的格式，如图 2-51 所示。

02 选取单元格区域 B11:L11，输入数组公式 "=B2*(1+B3*B10:L10)"，在输入公式后按 Shift+Ctrl+Enter 组合键，得到单利终值的计算结果。

03 选取单元格区域 B12:L12，输入数组公式 "=FV(B3,B10:L10,,-B2)"，得到复利终值的计算结果。

模型的计算结果如图 2-51 所示。

单利终值与复利终值的比较分析											
期限（年）	0	1	2	3	4	5	10	15	20	25	30
单利终值（元）	5000.00	5300.00	5600.00	5900.00	6200.00	6500.00	8000.00	9500.00	11000.00	12500.00	14000.00
复利终值（元）	5000.00	5300.00	5618.00	5955.08	6312.38	6691.13	8954.24	11982.79	16035.68	21459.35	28717.46

图2-51　单利终值与复利终值的比较分析表

这里使用了数组公式来进行计算。数组公式是指可以同时进行多个计算并返回一种或多种结果的公式。在数组公式中使用的两组或多组数据称为数组参数，数组参数可以是一个数据区域，也可以是数组常量。使用数组公式能减少工作量，提高工作效率。

输入数组公式的方法是，首先选取要输入公式的单元格区域，然后输入有关的计算公式，最后按 Shift+Ctrl+Enter 组合键确认。输入数组公式以后，Excel 会自动在公式的两边加上大括号{}。而如果输入公式以后只按 Enter 键，则输入的只是一个简单的公式，并且也只会在选取的单元格区域的左上角的单元格中显示出一个计算结果。

值得注意的是，数组公式所具有的一个特征是不能单独对数组公式所涉及的单元格区域中的某一个单元格进行编辑、清除或移动等操作。如果需要编辑数组公式，应在包含数组公式的单元格区域中任意选取一个单元格或者选取整个数组，然后用鼠标单击公式编辑栏，当编辑栏被激活时，大括号{}在数组公式中消失，这时可对数组公式进行编辑，编辑完毕以后，按 Ctrl+Shift+Enter 组合键确认。另外一种编辑数组公式的方法是，在包含数组公式的单元格区域中任意选取一个单元格或者选取整个数组以后，按一下 F2 功能键，使光标定位在单元格中，或双击包含数组公式的单元格区域中的任意一个单元格，使光标定位在单元格中，这时单元格中会出现公式，在其中对公式进行编辑，编辑完毕以后，按 Ctrl+Shift+Enter 组合键确认。

3. 绘制单利终值与复利终值的对比分析图

01 选取单元格区域 A11:L12，在【插入】选项卡【图表】功能组中单击【折线图】，然后在下拉列表中的【二维折线图】区域下选择【带数据标记的折线图】子图表类型，则可得到绘制的图表，如图 2-52 所示。

02 将鼠标指针对准图表的绘图区域，单击右键，在系统弹出的快捷菜单中执行【选择数据】命令，则系统会弹出【选择数据源】对话框，在该对话框左边的【图例项】列表框中任选一个数据系列，如图 2-53 所示。

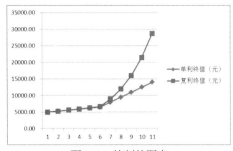

图2-52　绘制的图表

图2-53　【选择数据源】对话框

03 单击【选择数据源】对话框右边的【水平(分类)轴标签】之下的【编辑】按钮，则系统会打开【轴标签】对话框，在该对话框的【轴标签区域】框中输入公式"=Sheet1!$B$10:$L$10"，如图 2-54 所示。

04 单击【确定】按钮，系统会返回到【选择数据源】对话框，再单击该对话框中的【确定】按钮，可得到修改横坐标轴标签后的图表，如图 2-55 所示。

图2-54　【轴标签】对话框

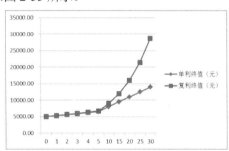

图2-55　修改横坐标轴标签后的图表

05 将鼠标指针对准图表的横坐标轴标签，单击右键，在系统弹出的快捷菜单中执行【坐标轴格式】命令，则系统会打开【设置坐标轴格式】对话框，在该对话框中单击打开【坐标轴选项】选项卡，在页面右下方的【位置坐标轴】区域下选中【在刻度线上】单选按钮，如图 2-56 所示。

06 单击【关闭】按钮，可得到将数据点和横坐标轴标签显示在与刻度线对齐位置后的图表，如图 2-57 所示。

图2-56　【设置坐标轴格式】对话框

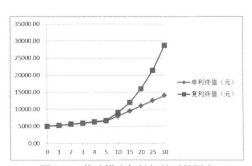

图2-57　修改横坐标轴标签后的图表

07 选中图表中的某个数据系列,单击鼠标右键,在系统弹出的快捷菜单中执行【设置数据系列格式】命令,在系统打开的【设置数据系列格式】对话框中单击【线型】选项卡,然后选中页面右下方的【平滑线】复选框,如图 2-58 所示。

08 单击【关闭】按钮,然后按同样的方法将另一个数据系列也设置成平滑线格式,再对图表进行必要的编辑,包括添加图表标题和横纵坐标轴标签、删除网格线等,最后单击选中图例,将其拖动到图表中适当的位置,编辑完成的图表如图 2-59 所示。

图2-58 【设置数据系列格式】对话框

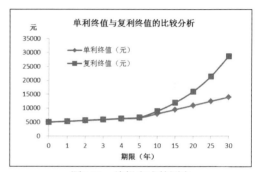

图2-59 编辑完成的图表

从图 2-59 可以看出,在计息期限较短时,复利终值与单利终值没有很大差异;随着计息期限的增加,复利终值与单利终值的差异会变得越来越大。

2.1.4 复利终值系数计算模型

【例 2-4】设计一个计算复利终值系数并编制复利终值系数表的模型。要求:该模型包括两个输出结果区域,一个区域是根据输入的年利率和期限输出所对应的复利终值系数,另外一个区域是根据给定的一组年利率和一组期限数据输出复利终值系数表。

复利终值系数即为 1 元钱的复利终值,既可以利用 FV 函数来计算,也可以直接输入公式计算。设计模型的具体步骤如下所述。

01 设计输入数据区域和计算结果区域的格式,如图 2-60 所示。

02 选取单元格 E2,在其中输入公式"=FV(B2,B3,,-1)",或者输入公式"=(1+B2)^B3",其中前一个公式是利用 FV 函数来计算复利终值系数,而后一个公式则是直接利用复利终值的计算公式来计算复利终值系数。

上述步骤完成以后,在单元格 B2 中输入一个年利率,在单元格 B3 中输入一个期限,则在单元格 E2 中就可以自动得到所对应的复利终值系数的计算结果。例如,在单元格 B2 中输入"5%",在单元格 B3 中输入"8",则在单元格 E2 中得到所对应的复利终值系数为 1.4775,如图 2-61 所示。

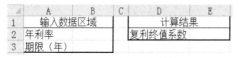

图2-60 设计模型的结构

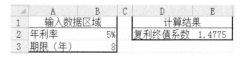

图2-61 模型的运行结果

03 设置复利终值系数表的格式，如图 2-62 所示。

04 选取单元格区域 B8:K22，在其中输入数组公式 "=FV(B7:K7,A8:A22,,-1)"，或者输入数组公式 "=(1+B7:K7)^A8:A22"，其中前一个公式是利用 FV 函数来计算复利终值系数，而后一个公式则是直接利用复利终值的计算公式来计算复利终值系数。

最终完成的复利终值系数表如图 2-62 所示。

期限	1%	2%	3%	4%	5%	6%	7%	8%	9%	10%
1	1.0100	1.0200	1.0300	1.0400	1.0500	1.0600	1.0700	1.0800	1.0900	1.1000
2	1.0201	1.0404	1.0609	1.0816	1.1025	1.1236	1.1449	1.1664	1.1881	1.2100
3	1.0303	1.0612	1.0927	1.1249	1.1576	1.1910	1.2250	1.2597	1.2950	1.3310
4	1.0406	1.0824	1.1255	1.1699	1.2155	1.2625	1.3108	1.3605	1.4116	1.4641
5	1.0510	1.1041	1.1593	1.2167	1.2763	1.3382	1.4026	1.4693	1.5386	1.6105
6	1.0615	1.1262	1.1941	1.2653	1.3401	1.4185	1.5007	1.5869	1.6771	1.7716
7	1.0721	1.1487	1.2299	1.3159	1.4071	1.5036	1.6058	1.7138	1.8280	1.9487
8	1.0829	1.1717	1.2668	1.3686	1.4775	1.5938	1.7182	1.8509	1.9926	2.1436
9	1.0937	1.1951	1.3048	1.4233	1.5513	1.6895	1.8385	1.9990	2.1719	2.3579
10	1.1046	1.2190	1.3439	1.4802	1.6289	1.7908	1.9672	2.1589	2.3674	2.5937
11	1.1157	1.2434	1.3842	1.5395	1.7103	1.8983	2.1049	2.3316	2.5804	2.8531
12	1.1268	1.2682	1.4258	1.6010	1.7959	2.0122	2.2522	2.5182	2.8127	3.1384
13	1.1381	1.2936	1.4685	1.6651	1.8856	2.1329	2.4098	2.7196	3.0658	3.4523
14	1.1495	1.3195	1.5126	1.7317	1.9799	2.2609	2.5785	2.9372	3.3417	3.7975
15	1.1610	1.3459	1.5580	1.8009	2.0789	2.3966	2.7590	3.1722	3.6425	4.1772

图2-62 完成的复利终值系数表

2.2 现值的计算

现值是指未来的一笔资金按给定的利率计算所得到的现在时刻的价值。根据已知的终值求现值的过程称为贴现或折现，贴现过程中所使用的利率称为贴现率或折现率。与终值的计算相对应，现值的计算也可以分为单利现值和复利现值两种情况。

2.2.1 单利现值计算与分析模型

单利现值的计算实际上是单利终值计算的逆运算过程，即在已知一定时期后单利终值的基础上，求其按给定贴现率计算的现在时刻的价值。单利现值的计算公式为

$$P = F / (1 + i \cdot n)$$

式中：P 为现值，F 为未来值，i 为单利年利率，n 为期限。

【例 2-5】假定银行 10 年期存款的单利年利率为 8%，某人希望在第 10 年末从银行取款 50000 元。要求建立一个单利现值计算模型，并使该模型具有以下几项功能：①计算为了在 10 年末获得 50000 元现在应存入银行多少元；②分析在不同贴现率水平下单利现值与贴现期数之间的关系；③绘制不同贴现率水平下单利现值与贴现期数之间的关系图。

建立该模型的具体步骤如下所述。

1. 计算单利现值

01 输入已知数据，并设计计算结果区域，如图 2-63 所示。

02 在单元格 E2 中输入公式 "=B2/(1+B3*B4)"，所得的计算结果如图 2-63 所示。

图2-63　单利现值的计算结果

2. 分析在不同贴现率水平下单利现值与贴现期数之间的关系

01 在单元格区域 A6:L13 设计分析表格的格式，如图 2-64 所示。

02 在单元格 A8 中输入公式 "=B2/(1+B3*B4)"。

03 选取单元格区域 A8:L13，在【数据】选项卡【数据工具】功能组中单击【模拟分析】命令，然后在下拉菜单中选择【模拟运算表】命令，再在系统弹出的【模拟运算表】对话框中，在【输入引用行的单元格】栏中输入 "$B$4"，在【输入引用列的单元格】栏中输入 "$B$3"，单击【确定】按钮，即可得到不同贴现率水平下单利现值与贴现期数之间的关系数据表，如图 2-64 所示。

	A	B	C	D	E	F	G	H	I	J	K	L
6					不同贴现率水平下单利现值与贴现期数之间的关系							
7	年利率						贴现期数（年）					
8	27777.78	0	1	2	3	4	5	6	7	8	9	10
9	4%	50000.00	48076.92	46296.30	44642.86	43103.45	41666.67	40322.58	39062.50	37878.79	36764.71	35714.29
10	8%	50000.00	46296.30	43103.45	40322.58	37878.79	35714.29	33783.78	32051.28	30487.80	29069.77	27777.78
11	12%	50000.00	44642.86	40322.58	36764.71	33783.78	31250.00	29069.77	27173.91	25510.20	24038.46	22727.27
12	16%	50000.00	43103.45	37878.79	33783.78	30487.80	27777.78	25510.20	23584.91	21929.82	20491.80	19230.77
13	20%	50000.00	41666.67	35714.29	31250.00	27777.78	25000.00	22727.27	20833.33	19230.77	17857.14	16666.67

图2-64　模拟运算的结果

3. 绘制不同贴现率水平下单利现值与贴现期数之间的关系图

01 选取单元格区域 B9:L13，在【插入】选项卡【图表】功能组中单击【折线图】，然后在下拉列表中的【二维折线图】区域下选择【带数据标记的折线图】子图表类型，则可得到绘制的图表，如图 2-65 所示。

02 将鼠标指针对准图表中的绘图区，单击右键，然后在弹出的快捷菜单中选择【选择数据】命令，则系统会打开【选择数据源】对话框，如图 2-66 所示。

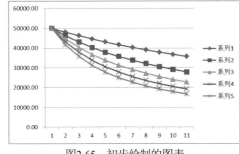

图2-65　初步绘制的图表

图2-66　【选择数据源】对话框

03 在【选择数据源】对话框中，选择左边的【图例项(系列)】列表框里的【系列 1】，然后单击该列表框上边的【编辑】按钮，则系统会打开【编辑数据系列】对话框，在该对话框的【系列名称】编辑框中输入公式 "=Sheet1!$A$9"，如图 2-67 所示，单击【确定】按钮之后，系统将返回到【选择数据源】对话框，这样可以将系列 1 的标签名称修改为 A9 单元格的数值 4%；再按照类似的方法将系列 2 至系列 5 的标签名称分别修改为 A10:A13 单元格的数值，即分别为 8%、12%、16% 和 20%。

04 在【选择数据源】对话框中，单击右边的【水平(分类)轴标签】区域下的【编辑】按钮，则系统会打开【轴标签】对话框，在该对话框的【轴标签区域】编辑框中输入公式"=Sheet1!$B$8:$L$8"，如图 2-68 所示。

图2-67　【编辑数据系列】对话框的设置　　　　　图2-68　【轴标签】对话框的设置

05 单击【确定】按钮之后，系统将返回到【选择数据源】对话框，设置完成的【选择数据源】对话框如图 2-69 所示。

06 单击【选择数据源】对话框中的【确定】按钮之后，即设置完成了对数据系列标签和水平分类轴标签的修改，修改后的图表如图 2-70 所示。

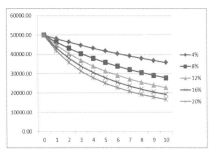

图2-69　设置完成的【选择数据源】对话框　　　　图2-70　修改后的图表

07 将鼠标指针对准图表中的横坐标轴标签，单击右键，然后在弹出的快捷菜单中选择【设置坐标轴格式】命令，则系统会打开【设置坐标轴格式】对话框，在该对话框中单击打开【坐标轴选项】选项卡，并选择【逆序类别】复选框，然后在【纵坐标轴交叉】区域下选择【最大分类】单选按钮，再在【位置坐标轴】区域下选择【在刻度线上】单选按钮，设置完成的【设置坐标轴格式】对话框如图 2-71 所示。

08 单击【关闭】按钮，完成对横坐标轴的修改。再对图表进一步编辑，包括设置图表的标题和横纵坐标轴标签、删除网格线，并将纵坐标轴标签设置成显示 0 位小数的格式，得到最终完成的图表，如图 2-72 所示。

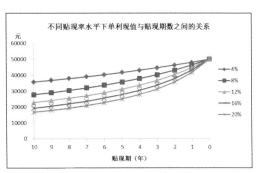

图2-71　设置完成的【设置坐标轴格式】对话框　　　图2-72　最终完成的图表

从图 2-72 可以看出，单利现值随着贴现期数的增多而降低，并且贴现率越高，单利现值越低。

2.2.2 复利现值计算与分析模型

如果已知现在收入或支出的一笔款项在 n 年末的复利终值 F 和贴现率 i，则可以求出这笔款项现在时刻的价值 P，其计算公式为

$$P = F/(1+i)^n = F \cdot \text{PVIF}_{i,n}$$

式中：$\text{PVIF}_{i,n}=1/(1+i)^n$ 为复利现值系数，上述公式也可以简称为复利现值公式。

在 Excel 中计算复利现值既可以直接输入公式计算，也可以利用 PV 函数计算。

PV 函数的功能是基于固定利率及等额分期付款方式，返回某项投资的现值，现值为一系列未来付款的当前值的累积和。语法为

$$= \text{PV(rate,nper,pmt,fv,type)}$$

式中：fv 为未来值，或在最后一次支付后希望得到的现金余额，如果省略 fv，则默认其值为 0；其他各参数的含义同前述的 FV 函数。当参数 pmt 为 0 时(或省略时)，利用 PV 函数就可以求得未来一笔款项的复利现值。

值得注意的是，与 FV 函数一样，PV 函数认定年金 pmt 和终值 fv 现金流量的方向与计算出的现值现金流量的方向是相反的，即如果年金 pmt 和终值 fv 是付款，计算出的现值则为收款；反之，如果年金 pmt 和终值 fv 是收款，计算出的现值则为付款。因此，当 pmt 和 fv 参数都以正数存放在工作表的单元格中时，为了使计算出的现值能显示为正数，应在输入 pmt 和 fv 参数时加上负号。

【例 2-6】假定银行存款的复利年利率为 8%，某人希望在第 10 年末从银行取款 200000 元。要求建立一个复利现值计算模型,并使该模型包括以下几项功能:①计算为了在 10 年末获得 200000 元钱现在应存入银行多少元；②分析在不同利率水平下复利现值与贴现期数之间的关系；③绘制不同贴现率水平下复利现值与贴现期数之间的关系图。

建立模型的具体步骤如下所述。

1. 计算复利现值

01 在工作表中输入已知数据，并设计计算结果区域的格式，如图 2-73 所示。

02 在单元格 E2 中输入公式 "=B2/(1+B3)^B4"。

03 选取单元格 E3，单击公式编辑栏左边的插入函数按钮，调出 PV 函数对话框，对该对话框进行相应的设置，如图 2-74 所示，最后单击【确定】按钮，也可以直接在单元格 E3 中输入公式 "=PV(B3,B4,,-B2)"，最终所得的计算结果如图 2-73 所示。

2. 分析在不同利率水平下复利现值与贴现期数之间的关系

01 在单元格区域 A6:L13 设计分析表格的格式，如图 2-75 所示。

02 在单元格 A8 中输入公式 "=PV(B3,B4,,-B2)"。

图2-73　复利现值的计算结果　　　　　　图2-74　PV函数参数的设置

03　选取单元格区域 A8:L13，在【数据】选项卡【数据工具】功能组中单击【模拟分析】命令，然后在下拉菜单中选择【模拟运算表】命令，再在系统弹出的【模拟运算表】对话框中，在【输入引用行的单元格】框中输入"$B$4"，在【输入引用列的单元格】框中输入"$B$3"，单击【确定】按钮，即可得到不同利率水平下复利现值与贴现期数之间的关系数据表，如图 2-75 所示。

	不同利率水平下复利现值与贴现期数之间的关系										
年利率					期限（年）						
122782.65	0	1	2	3	4	5	6	7	8	9	10
5%	200000.00	190476.19	181405.90	172767.52	164540.49	156705.23	149243.08	142136.27	135367.87	128921.78	122782.65
10%	200000.00	181818.18	165289.26	150262.96	136602.69	124184.26	112894.79	102631.62	93301.48	84819.52	77108.66
15%	200000.00	173913.04	151228.73	131503.25	114350.65	99435.35	86465.52	75187.41	65380.35	56852.48	49436.94
20%	200000.00	166666.67	138888.89	115740.74	96450.62	80375.51	66979.60	55816.33	46513.61	38761.34	32301.12
25%	200000.00	160000.00	128000.00	102400.00	81920.00	65536.00	52428.80	41943.04	33554.43	26843.55	21474.84

图2-75　模拟运算的结果

3. 绘制不同利率水平下复利现值与贴现期数之间的关系图

选取单元格区域 B9:L13，按照与【例 2-5】所述的同样的方法绘制折线图，并对图表进行必要的编辑，得到最终编辑完成的图表，如图 2-76 所示。

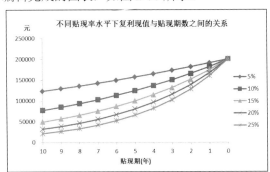

图2-76　不同贴现率水平下复利现值与贴现期数之间的关系图

从图 2-76 可以看出，复利现值随着贴现期数的增多而降低，并且贴现率越高，复利现值越低。

2.2.3　单利与复利现值的选择计算和比较分析模型

【例 2-7】已知一笔款项在第 10 年末的终值为 80000 元，年利率为 6%。要求：①设计一个可以选择按单利方法或复利方法计算这笔款项现值的模型；②对比分析未来 10 年的单利现值和复利现值；③绘制单利现值与复利现值的比较分析图。

建立模型的具体步骤如下所述。

1. 可以选择按单利方法或复利方法计算现值的模型设计

01 将已知条件输入单元格区域A1:B4，并在单元格区域D1:E2设计输出结果区域的格式，如图2-77所示。

02 在单元格G1和G2中分别输入"单利现值"和"复利现值"，然后在【开发工具】选项卡【控件】功能组中单击【插入】命令，在展开的下拉列表中单击【表单控件】区域下的组合框控件按钮 📇，再将鼠标指针对准D2单元格的左上角，按住左键向右下方拖出一个组合框控件，如图2-78所示。

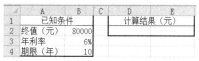

图2-77 已知条件和计算结果区域

图2-78 插入组合框控件

03 将鼠标指针对准组合框控件的边缘区域，单击右键，在系统弹出的快捷菜单中执行【设置控件格式】命令，打开【设置控件格式】对话框，然后在该对话框的【控制】选项卡上，在【数据源区域】栏中输入"$G$1:$G$2"，在【单元格链接】栏中输入"$D$2"，在【下拉显示项数】栏中输入"2"，并选择【三维阴影】复选框，如图2-79所示。单击【确定】按钮以后，即完成了对D2单元格插入的组合框控件的设置。单击该组合框控件右边的倒三角形，可打开下拉菜单，根据需要可从中选择【单利终值】或【复利终值】两个选项。

图2-79 【设置控件格式】对话框的设置

04 选取单元格E2，在其中输入公式"=IF(D2=1,B2/(1+B3*B4),B2/(1+B3)^B4)"，该公式的含义是：如果在D2单元格的组合框控件中选择第1个选项，则在E2单元格中按单利方法计算现值，否则就按复利方法计算现值。例如，在D2单元格的组合框控件中选择第2个选项，即选择【复利现值】，则E2单元格返回的结果是

图2-80 选择【复利终值】的运行结果

复利现值44671.58元，如图2-80所示；而如果在D2单元格的组合框控件中选择第一个选项，即选择【单利现值】，则E2单元格返回的结果是单利现值50000.00元。

2. 对比分析未来10年的单利现值和复利现值

01 设计分析表格的格式，如图2-81所示。

02 选取单元格区域B8:L8，输入数组公式"=B2/(1+B3*B7:L7)"，在输入公式后按

Shift+Ctrl+Enter 组合键，得到单利现值的计算结果。

03 选取单元格区域 B9:L9，输入数组公式 "=B2/(1+B3)^B7:L7"，得到复利现值的计算结果。

模型的计算结果如图 2-81 所示。

	A	B	C	D	E	F	G	H	I	J	K	L
6						单利现值与复利现值的比较分析						
7	期限（年）	0	1	2	3	4	5	6	7	8	9	10
8	单利现值（元）	80000.00	75471.70	71428.57	67796.61	64516.13	61538.46	58823.53	56338.03	54054.05	51948.05	50000.00
9	复利现值（元）	80000.00	75471.70	71199.72	67169.54	63367.49	59780.65	56396.84	53204.57	50192.99	47351.88	44671.58

图2-81　完成的比较分析表

3. 绘制单利现值与复利现值的比较分析图

01 选取单元格区域 A8:L9，在【插入】选项卡【图表】功能组中单击【折线图】，然后在下拉列表中的【二维折线图】区域下选择【带数据标记的折线图】子图表类型，则可得到绘制的图表，如图 2-82 所示。

02 按照【例 2-5】介绍的方法对初步完成的图表进行必要的编辑，包括在【选择数据源】对话框中将横坐标轴标签设置为单元格区域 B7:L7、将横坐标轴标签的格式设置为【逆序类别】、与纵坐标轴交叉于【最大分类】、位置坐标轴设置为【在刻度线上】，再添加图表标题以及横纵坐标轴标签、删除网格线、将纵坐标轴标签设置为显示 0 位小数的格式，最后得到编辑完成的图表，如图 2-83 所示。

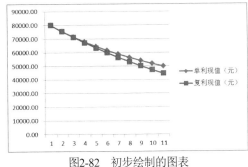

图2-82　初步绘制的图表

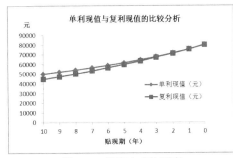

图2-83　最终完成的图表

从图 2-83 可以看出，单利现值和复利现值都会随着贴现期数的增加而降低，并且在所有其他条件都相同的情况下，复利现值比单利现值更低。

2.2.4　复利终值系数和复利现值系数选择计算模型

复利终值系数即为 1 元钱的复利终值，既可以利用 FV 函数来计算，也可以直接输入公式计算。类似地，复利现值系数即为 1 元钱的复利现值，既可以利用 PV 函数来计算，也可以直接输入公式计算。

【例 2-8】设计一个可以选择计算复利终值系数和复利现值系数，并且可以选择编制复利终值系数表和复利现值系数表的模型。

建立模型的具体步骤如下所述。

01 在单元格区域 A1:E3 区域设计输入数据区域和计算结果区域的格式，如图 2-84 所示。

02 在单元格 G1 和 G2 中分别输入"复利终值系数"和"复利现值系数",然后在【开发工具】选项卡【控件】功能组中单击【插入】命令,在展开的下拉列表中单击【表单控件】区域下的组合框控件按钮 ,再将鼠标指针对准 D2 单元格的左上角,按住左键向右下方拖出一个组合框控件,如图 2-85 所示。

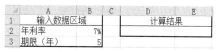

图2-84 输入和计算结果区域格式的设置

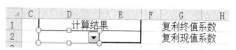

图2-85 插入组合框控件

03 将鼠标指针对准组合框控件的边缘区域,单击右键,在系统弹出的快捷菜单中执行【设置控件格式】命令,打开【设置控件格式】对话框,然后在该对话框的【控制】选项卡上,在【数据源区域】栏中输入"$G$1:$G$2",在【单元格链接】栏中输入"$D$2",在【下拉显示项数】栏中输入"2",并选择【三维阴影】复选框,单击【确定】按钮以后,即完成了对 D2 单元格插入的组合框控件的设置。单击该组合框控件右边的倒三角形,可打开下拉菜单,根据需要可从中选择【复利终值系数】或【复利现值系数】两个选项。

04 选取单元格 E2,在其中输入公式"=IF(D2=1,(1+B2)^B3,1/(1+B2)^B3)",则选择计算复利终值系数或复利现值系数的模型就建立完成了。

05 在输入数据区域输入已知的数据,在单元格 D2 插入的组合框控件中选择某个项目,即可在单元格 E2 中得到相应的计算结果。例如,在单元格 B2 和单元格 B3 中分别输入"7%"和"5",在 D2 单元格的组合框控件中选择第 2 个选项,即选择【复利现值系数】,则 E2 单元格返回的结果是复利现值系数 0.7130,如图 2-86所示;而如果在 D2 单元格的组合框控件中选择第 1 个选项,即选择【复利终值系数】,则 E2 单元格返回的结果是复利终值系数 1.4026。

图 2-86 选择复利现值系数的运行结果

06 设置复利终值系数表或复利现值系数表的格式,如图 2-87 所示。

07 在单元格 I1 和 I2 中分别输入"复利终值系数表"和"复利现值系数表",然后在【开发工具】选项卡【控件】功能组中单击【插入】命令,在展开的下拉列表中单击【表单控件】区域下的组合框控件按钮 ,再将鼠标指针对准 A5 单元格的左上角,向右下方拖出一个组合框控件。

08 将鼠标指针对准该组合框控件的边缘区域,单击右键,在系统弹出的快捷菜单中执行【设置控件格式】命令,打开【设置控件格式】对话框,然后在该对话框的【控制】选项卡中,在【数据源区域】栏中输入"$I$1:$I$2",在【单元格链接】栏中输入"A5",在【下拉显示项数】栏中输入"2",并选择【三维阴影】复选框。单击【确定】按钮以后,即完成了对 A5 单元格插入的组合框控件的设置。单击该组合框控件右边的倒三角形,可打开下拉菜单,根据需要可从中选择【复利终值系数表】或【复利现值系数表】两个选项。

09 选取单元格区域 B7:K21,在其中输入数组公式"=IF(A5=1,(1+B6:K6)^A7:A21,1/(1+B6:K6)^A7:A21)",即完成了可以选择编制复利终值系数表或复利现值系数表的模型。

在单元格 A5 插入的组合框控件中选择某个项目,即可在单元格区域 B7:K21 中得到相应的计算结果。例如,在 A5 单元格的组合框控件中选择第 2 个选项,即选择【复利现值系数表】,则在单元格区域 B7:K21 中得到复利现值系数表的计算结果如图 2-87 所示。

	A	B	C	D	E	F	G	H	I	J	K
1	输入数据区域			计算结果			复利终值系数		复利终值系数表		
2	年利率	7%		复利现值系数	0.7130		复利现值系数		复利现值系数表		
3	期限（年）	5									
4											
5	复利现值系数表					年利率					
6	期限	1%	2%	3%	4%	5%	6%	7%	8%	9%	10%
7	1	0.9901	0.9804	0.9709	0.9615	0.9524	0.9434	0.9346	0.9259	0.9174	0.9091
8	2	0.9803	0.9612	0.9426	0.9246	0.9070	0.8900	0.8734	0.8573	0.8417	0.8264
9	3	0.9706	0.9423	0.9151	0.8890	0.8638	0.8396	0.8163	0.7938	0.7722	0.7513
10	4	0.9610	0.9238	0.8885	0.8548	0.8227	0.7921	0.7629	0.7350	0.7084	0.6830
11	5	0.9515	0.9057	0.8626	0.8219	0.7835	0.7473	0.7130	0.6806	0.6499	0.6209
12	6	0.9420	0.8880	0.8375	0.7903	0.7462	0.7050	0.6663	0.6302	0.5963	0.5645
13	7	0.9327	0.8706	0.8131	0.7599	0.7107	0.6651	0.6227	0.5835	0.5470	0.5132
14	8	0.9235	0.8535	0.7894	0.7307	0.6768	0.6274	0.5820	0.5403	0.5019	0.4665
15	9	0.9143	0.8368	0.7664	0.7026	0.6446	0.5919	0.5439	0.5002	0.4604	0.4241
16	10	0.9053	0.8203	0.7441	0.6756	0.6139	0.5584	0.5083	0.4632	0.4224	0.3855
17	11	0.8963	0.8043	0.7224	0.6496	0.5847	0.5268	0.4751	0.4289	0.3875	0.3505
18	12	0.8874	0.7885	0.7014	0.6246	0.5568	0.4970	0.4440	0.3971	0.3555	0.3186
19	13	0.8787	0.7730	0.6810	0.6006	0.5303	0.4688	0.4150	0.3677	0.3262	0.2897
20	14	0.8700	0.7579	0.6611	0.5775	0.5051	0.4423	0.3878	0.3405	0.2992	0.2633
21	15	0.8613	0.7430	0.6419	0.5553	0.4810	0.4173	0.3624	0.3152	0.2745	0.2394

图2-87　选择【复利现值系数表】后模型的运行结果

2.3　年金的终值和现值

2.3.1　年金终值和现值的计算公式

年金是指一定期限内每期都有的一系列等额的收付款项。年金可按照发生的时间和期限的不同分为4种类型：一是普通年金，又称后付年金，指一定期限内每期期末发生的一系列等额收付款项；二是先付年金，又称即付年金，指一定期限内每期期初发生的一系列等额收付款项；三是永续年金，即无限期发生的普通年金；四是延期年金，即一定时期以后才发生的普通年金。年金终值和年金现值的计算方法如下所述。

1. 普通年金的终值和现值

(1) 普通年金的终值

普通年金终值的计算公式为

$$F = \sum_{t=1}^{n} A \cdot (1+i)^{n-t} = A \cdot \frac{(1+i)^n - 1}{i} = A \cdot (\text{FVIFA}_{i,n})$$

式中：A 为年金；F 为年金终值；i 为年利率；n 为期限；$\text{FVIFA}_{i,n}$ 称为年金终值系数，$\text{FVIFA}_{i,n} = \dfrac{(1+i)^n - 1}{i}$。

普通年金的终值既可以直接输入公式计算，也可以利用 Excel 提供的 FV 函数计算。

(2) 普通年金的现值

普通年金现值的计算公式为

$$P = \sum_{t=1}^{n} \frac{A}{(1+i)^t} = A \cdot \frac{(1+i)^n - 1}{i(1+i)^n} = A \cdot (\text{PVIFA}_{i,n})$$

式中：P 为普通年金的现值；$\text{PVIFA}_{i,n}$ 称为年金现值系数，$\text{PVIFA}_{i,n} = \dfrac{(1+i)^n - 1}{i(1+i)^n}$；其他符号的含义如前所述。

普通年金的现值既可以直接输入公式计算，也可以利用 Excel 提供的 PV 函数计算。

2. 先付年金的终值和现值

(1) 先付年金的终值

先付年金发生在每期的期初，若年金为 A，贴现率为 i，则 n 期先付年金的终值 V_n 的计算公式为

$$V_n = A \cdot (\text{FVIFA}_{i,n}) \cdot (1+i) = A \cdot (\text{FVIFA}_{i,n+1} - 1)$$

先付年金终值既可以直接输入公式计算，也可以利用 FV 函数计算，但函数中的 type 参数应设置为 1。

(2) 先付年金的现值

若年金为 A，贴现率为 i，则 n 期先付年金的现值 V_0 的计算公式为

$$V_0 = A \cdot (\text{PVIFA}_{i,n}) \cdot (1+i) \ V_0 = A \cdot (\text{PVIFA}_{i,n-1} + 1)$$

先付年金现值既可以直接输入公式计算，也可以利用 PV 函数计算，但函数中的 type 参数应设置为 1。

3. 延期年金的现值

延期年金的终值与普通年金终值的计算方法相同。假设前 m 期没有年金，$(m+1)$ 至 $(m+n)$ 期有 n 期普通年金 A，则延期年金的现值 V_0 的计算公式为

$$V_0 = A \cdot (\text{PVIFA}_{i,n}) \cdot (\text{PVIF}_{i,m}) = A \cdot (\text{PVIFA}_{i,m+n} - \text{PVIFA}_{i,m})$$

延期年金的现值可以直接输入公式计算，也可以借助于 PV 函数计算。

4. 永续年金的现值

永续年金是无限期发生的年金，不会有终值。若年金为 A，贴现率为 i，则永续年金的现值计算公式为

$$V_0 = \frac{A}{i}$$

永续年金现值的计算很简单，只需在某一单元格中直接输入计算公式即可。

2.3.2 几种不同年金终值和现值的计算模型

【例 2-9】已知有 4 个年金系列：①普通年金 5000 元，期限 10 年；②先付年金 5000 元，期限 10 年；③延期年金 6000 元，年金的期限 10 年，递延期 5 年；④永续年金 10000 元。假定年利率为 8%。要求设计一个可以用来计算普通年金、先付年金和延期年金的终值和现值以及永续年金现值的模型。

建立模型的具体步骤如下所述。

01 设计输入数据区域和计算结果区域的格式，如图 2-88 所示。

02 在单元格 B10 中输入公式 "=FV(B5,B4,-B3)"，计算普通年金的终值。

03 在单元格 B11 中输入公式 "=PV(B5,B4,-B3)"，计算普通年金的现值。

04 在单元格 D10 中输入公式 "=FV(D5,D4,-D3,,1)"，计算先付年金的终值。

05 在单元格 D11 中输入公式 "=PV(D5,D4,-D3,,1)"，计算先付年金的现值。

06 在单元格 F10 中输入公式 "=FV(F6,F4,-F3)"，计算延期年金的终值。

07 在单元格 F11 中输入公式 "=PV(F6,(F4+F5),-F3)-PV(F6,F5,-F3)"，或者输入公式 "=PV(F6,F5,,-PV(F6,F4,-F3))"，计算延期年金的现值。

08 在单元格 H11 中输入公式 "=H3/H4"，计算永续年金的现值。

模型的运行结果如图 2-88 所示。

	A	B	C	D	E	F	G	H
1				输入数据区域				
2	普通年金		先付年金		延期年金		永续年金	
3	年金（元）	5000	年金（元）	5000	年金（元）	6000	年金（元）	10000
4	期限（年）	10	期限（年）	10	年金的期限（年）	10	年利率	8%
5	年利率	8%	年利率	8%	递延期（年）	5		
6					年利率	8%		
7				计算结果区域				
8	普通年金		先付年金		延期年金		永续年金	
9								
10	终值（元）	72432.81	终值（元）	78227.44	终值（元）	86919.37		
11	现值（元）	33550.41	现值（元）	36234.44	现值（元）	27400.61	现值（元）	125000

图2-88　年金终值和现值计算模型的运行结果

2.3.3　年金终值和现值选择计算模型

【例 2-10】设计一个可以选择计算普通年金或先付年金的终值或现值的模型。

建立模型的具体步骤如下所述。

01 设计模型的输入数据区域和计算结果区域的格式，如图 2-89 所示。

图2-89　设计模型的结构

02 在【开发工具】选项卡【控件】功能组中单击【插入】命令，在展开的下拉列表中单击【表单控件】区域下的组合框控件按钮 ，然后将鼠标指针对准单元格 E2 的左上角，向右下方拖出一个组合框控件。再将鼠标指针对准该组合框控件的边缘区域，单击右键，在系统弹出的快捷菜单中执行【设置控件格式】命令，打开【设置控件格式】对话框，在该对话框的【控制】选项卡中，在【数据源区域】栏中输入 "$H$1:$H$2"，在【单元格链接】栏中输入 "E2"，在【下拉显示项数】栏中输入 "2"，并选择【三维阴影】复选框，单击【确定】按钮以后，即完成了对 E2 单元格插入的组合框控件的设置。

03 按照与上述相同的方法在单元格 E3 中插入一个组合框控件，然后将鼠标指针对准该组合框控件的边缘区域，单击右键，在系统弹出的快捷菜单中执行【设置控件格式】命令，打开【设置控件格式】对话框，在该对话框的【控制】选项卡中，在【数据源区域】栏中输入 "$H$3:$H$4"，在【单元格链接】栏中输入 "E3"，在【下拉显示项数】栏中输入 "2"，并选择【三维阴影】复选框，单击【确定】按钮以后，即完成了对 E3 单元格插入的组合框控件的设置。

04 在单元格 E4 中输入公式 "=IF(E2=1,IF(E3=1,FV(B4,B3,-B2),PV(B4,B3,-B2)), IF(E3=1,

FV(B4,B3,-B2,,1),PV(B4,B3,-B2,,1)))"。该公式的含义是,如果在 E2 单元格的组合框控件中选择【普通年金】,则在 E3 单元格的组合框控件中分别选择【年金终值】和【年金现值】的情况下,分别计算普通年金的终值和现值,否则,就会在 E3 单元格的组合框控件中分别选择【年金终值】和【年金现值】的情况下,分别计算先付年金的终值和现值。

这样,可以选择计算普通年金或先付年金的终值或现值的模型就建立完成了。在 B2:B4 单元格区域中输入已知数据,然后在 E2 和 E3 单元格中选择某个项目,就可以在 E4 单元格中得到相应的计算结果。例如,输入已知的年金 3000 元,期限 5 年,年利率 10%,选择【普通年金】和【年金终值】,则得到的计算结果为 18315.30 元,如图 2-90 所示。在上述的已知条件不变的情况下,如果选择【先付年金】和【年金现值】,则得到的计算结果为 12509.60 元,如图 2-91 所示。

	A	B	C	D	E
1	输入数据区域			计算结果区域	
2	年金(元)	3000		年金的类型	普通年金 ▼
3	期限(年)	5		终值或现值(元)	年金终值 ▼
4	年利率	10%		计算结果	18315.30

图2-90 普通年金终值的计算结果

	A	B	C	D	E
1	输入数据区域			计算结果区域	
2	年金(元)	3000		年金的类型	先付年金 ▼
3	期限(年)	5		终值或现值(元)	年金现值 ▼
4	年利率	10%		计算结果	12509.60

图2-91 先付年金现值的计算结果

2.3.4 年金终值系数表和年金现值系数表选择计算模型

【例 2-11】设计一个可以选择计算普通年金或先付年金的终值系数或现值系数,并可以选择编制普通年金或先付年金的终值系数表或现值系数表的模型。

建立模型的具体步骤如下所述。

01 年金终值系数相当于 1 元年金的终值,年金现值系数相当于 1 元年金的现值。所以,某个年利率和期限所对应的普通年金或先付年金的终值系数或现值系数可以通过对"例 2-10"的 Excel 文件进行修改得到。具体方法是,首先打开"例 2-10"的 Excel 文件,将其另存为名称为"例 2-11"的 Excel 文件,这样原来的"例 2-10"文件不会改变,同时又新增了一个名为"例 2-11"的新文件。在另存的"例 2-11"新文件中,将单元格 B2 中的年金数值修改为 1,这样在单元格 E4 中就会得到相应的普通年金或先付年金的终值系数或现值系数;然后分别在新文件的单元格 J3 和 J4 中输入"终值系数表"和"现值系数表",在单元格区域 A7:K23 设计系数表的格式,如图 2-92 所示。

02 在【开发工具】选项卡【控件】功能组中单击【插入】命令,在展开的下拉列表中单击【表单控件】区域下的组合框控件按钮 ▦,然后在单元格 A6 的位置插入一个组合框控件。在该组合框控件的【设置控件格式】对话框的【控制】选项卡中,在【数据源区域】栏中输入"$H$1:$H$2",在【单元格链接】栏中输入"A6",在【下拉显示项数】栏中输入"2",然后单击【确定】按钮,完成对 A6 单元格插入的组合框控件的设置。

03 按照与上述相同的方法在单元格 B6 的位置插入一个组合框控件,在该组合框控件的【设置控件格式】对话框的【控制】选项卡中,在【数据源区域】栏中输入"$J$3:$J$4",在【单元格链接】栏中输入"B6",在【下拉显示项数】栏中输入"2",然后单击【确定】按钮,完成对 B6 单元格插入的组合框控件的设置。

04 选取单元格区域 B9:K23,输入数组公式"=IF(A6=1,IF(B6=1,FV(B8:K8,A9:

A23,-1),PV(B8:K8,A9:A23,-1)),IF(B6=1,FV(B8:K8,A9:A23,-1,,1),PV(B8:K8,A9:A23,-1,,1)))”。

这样，模型就建立好了。在单元格 A6 的组合框控件中选择【普通年金】或【先付年金】，在单元格 B6 的组合框控件中选择【终值系数表】或【现值系数表】，则在单元格区域 B9:K23 中就会得到相应的系数表。例如，在单元格 A6 的组合框控件中选择【普通年金】，在单元格 B6 的组合框控件中选择【现值系数表】，则在单元格区域 B9:K23 中就会得到相应的普通年金现值系数表，如图 2-92 所示。

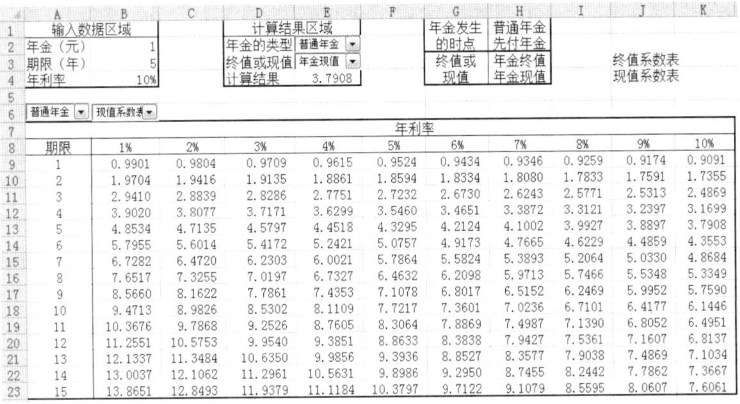

	A	B	C	D	E	F	G	H	I	J	K
1	输入数据区域			计算结果区域			年金发生的时点	普通年金 先付年金			
2	年金（元）	1		年金的类型	普通年金						
3	期限（年）	5		终值或现值	年金现值		终值或现值	年金终值 年金现值		终值系数表 现值系数表	
4	年利率	10%		计算结果	3.7908						
5											
6	普通年金	现值系数表									
7		年利率									
8	期限	1%	2%	3%	4%	5%	6%	7%	8%	9%	10%
9	1	0.9901	0.9804	0.9709	0.9615	0.9524	0.9434	0.9346	0.9259	0.9174	0.9091
10	2	1.9704	1.9416	1.9135	1.8861	1.8594	1.8334	1.8080	1.7833	1.7591	1.7355
11	3	2.9410	2.8839	2.8286	2.7751	2.7232	2.6730	2.6243	2.5771	2.5313	2.4869
12	4	3.9020	3.8077	3.7171	3.6299	3.5460	3.4651	3.3872	3.3121	3.2397	3.1699
13	5	4.8534	4.7135	4.5797	4.4518	4.3295	4.2124	4.1002	3.9927	3.8897	3.7908
14	6	5.7955	5.6014	5.4172	5.2421	5.0757	4.9173	4.7665	4.6229	4.4859	4.3553
15	7	6.7282	6.4720	6.2303	6.0021	5.7864	5.5824	5.3893	5.2064	5.0330	4.8684
16	8	7.6517	7.3255	7.0197	6.7327	6.4632	6.2098	5.9713	5.7466	5.5348	5.3349
17	9	8.5660	8.1622	7.7861	7.4353	7.1078	6.8017	6.5152	6.2469	5.9952	5.7590
18	10	9.4713	8.9826	8.5302	8.1109	7.7217	7.3601	7.0236	6.7101	6.4177	6.1446
19	11	10.3676	9.7868	9.2526	8.7605	8.3064	7.8869	7.4987	7.1390	6.8052	6.4951
20	12	11.2551	10.5753	9.9540	9.3851	8.8633	8.3838	7.9427	7.5361	7.1607	6.8137
21	13	12.1337	11.3484	10.6350	9.9856	9.3936	8.8527	8.3577	7.9038	7.4869	7.1034
22	14	13.0037	12.1062	11.2961	10.5631	9.8986	9.2950	8.7455	8.2442	7.7862	7.3667
23	15	13.8651	12.8493	11.9379	11.1184	10.3797	9.7122	9.1079	8.5595	8.0607	7.6061

图2-92　普通年金现值系数表的计算结果

2.4　计息周期与终值和现值

2.4.1　每年多次计息情况下终值与现值的计算与分析模型

如果给定的年利率为 i，每年计息 m 次，那么现在的一笔资金 P 在 n 年末的终值的计算公式为

$$F = P \cdot (1 + \frac{i}{m})^{mn}$$

如果给定的年利率为 i，每年计息 m 次，那么 n 年末的资金 F 的现值的计算公式为

$$P = F \cdot (1 + \frac{i}{m})^{-mn}$$

从上述公式中可以看出，在计息周期短于一年的情况下，计算终值与现值时，应以期利率 i/m 代替原来的年利率，以总的计息期数 $n \times m$ 代替原来的年数来进行计算。因此，在这种情况下，同样可以利用 Excel 的 FV 函数和 PV 函数来计算终值和现值，只是需要将其中的 rate 参数以期利率输入，将 nper 参数以总的计息期数输入即可。

【例 2-12】设计一个在每年多次计息情况下可以选择计算终值或现值，并可以选择分析终值或现值与每年计息次数之间关系的模型。

建立模型的具体步骤如下所述。

01 设计模型的结构，如图 2-93 所示。

图2-93　模型结构的设置

02 在【开发工具】选项卡【控件】功能组中单击【插入】命令，在展开的下拉列表中单击【表单控件】区域下的组合框控件按钮，然后在单元格 A5 的位置插入一个组合框控件。在该组合框控件的【设置控件格式】对话框的【控制】选项卡中，在【数据源区域】栏中输入"$G$1:$G$2"，在【单元格链接】栏中输入"A5"，在【下拉显示项数】栏中输入"2"，最后单击【确定】按钮，完成对 A5 单元格插入的组合框控件的设置。

03 在单元格 D2 中输入公式"=IF(A5=1,"终值","现值")"。

04 在单元格 E2 中输入公式"=IF(A5=1,FV(B2/B4,B3*B4,,-B5),PV(B2/B4,B3* B4,,-B5))"。

05 在单元格 A9 中输入公式"=IF(A5=1,"终值","现值")"。

06 选取单元格区域 B9:G9，输入数组公式"=IF(A5=1,FV(B2/B8:G8,B3*B8:G8,,-B5),PV(B2/B8:G8,B3*B8:G8,,-B5))"。

这样，模型就建立好了。只要在单元格区域 B2:B5 输入相应的已知数据，并在单元格 A5 的组合框控件中选择已知的现值或终值，就可以得到与其等值的终值或现值的计算结果。

例如，在单元格区域 B2:B5 中依次分别输入"12%""10""6""5000"，并在单元格 A5 的组合框控件中选择【现值】，则得到的与其等值的终值的计算结果如图 2-94 所示；如果在单元格 A5 的组合框控件中选择【终值】，则得到的与其等值的现值的计算结果如图 2-95 所示。

图2-94　已知现值求终值的计算结果

图2-95　已知终值求现值的计算结果

2.4.2　名义年利率与有效年利率的计算与分析模型

在给定了年利率 i，但每年计息 m 次的情况下，给定的年利率仅是名义年利率，而按一年的实际年利息与本金之比所计算的年利率称为有效年利率。有效年利率 r 与名义年利率 i 之间的关系为

$$r = (1 + \frac{i}{m})^m - 1$$

如果已知名义年利率要计算有效年利率，可以利用 EFFECT 函数来计算。EFFECT 函数的功能是利用给定的名义年利率和一年中的复利期数，计算有效年利率。语法为

= EFFECT(nominal_rate,npery)

式中：nominal_rate 为名义年利率；npery 为每年的复利期数。

如果已知有效年利率要计算名义年利率，可以利用 NOMINAL 函数来计算。NOMINAL 函数的功能是基于给定的有效年利率和年复利期数，返回名义年利率。语法为

= NOMINAL(effect_rate,npery)

式中：effect_rate 为有效年利率；npery 为每年的复利计息期数。

【例 2-13】设计一个可以选择计算有效年利率或名义年利率，并可以选择分析有效年利率或名义年利率与每年计息次数之间关系的模型。

建立模型的具体步骤如下所述。

01 设计模型所使用的表格的格式，如图 2-96 所示。

02 在【开发工具】选项卡【控件】功能组中单击【插入】命令，在展开的下拉列表中单击【表单控件】

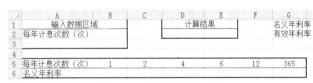

图 2-96　模型结构的设置

区域下的组合框控件按钮 ，然后在单元格 A3 的位置插入一个组合框控件。在该组合框控件的【设置控件格式】对话框的【控制】选项卡中，在【数据源区域】栏中输入 "$G$1:$G$2"，在【单元格链接】栏中输入 "A3"，在【下拉显示项数】栏中输入 "2"，然后单击【确定】按钮，完成对 A3 单元格插入的组合框控件的设置。

03 在单元格 D2 中输入公式 "=IF(A3=1,"有效年利率","名义年利率")"。

04 在单元格 E2 中输入公式 "=IF(A3=1,EFFECT(B3,B2),NOMINAL(B3,B2))"。

05 在单元格 A6 中输入公式 "=IF(A3=1,"有效年利率","名义年利率")"。

06 在单元格 B6 中输入公式 "=IF($A$3=1,EFFECT($B$3,B5),NOMINAL($B$3, B5))"，然后选取单元格 B6，将其复制到单元格区域 C6:G6。这里需要注意的是，利用 EFFECT 函数和 NOMINAL 函数进行计算时，不能使用数组公式。

这样，模型就建立好了。只要在单元格区域 B2:B3 输入相应的已知数据，并在单元格 A3 的组合框控件中选择已知的是【名义年利率】还是【有效年利率】，就可以得到与其等效的有效年利率或名义年利率的计算结果。例如，在单元格区域 B2 和 B3 中分别输入 "365" 和 "12%"，并在单元格 A3 的组合框控件中选择【名义年利率】，则得到的与其等效的有效年利率的计算结果如图 2-97 所示。

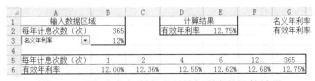

图 2-97　已知名义年利率求有效年利率的计算结果

2.4.3 每年多次计息情况下选择计算终值或现值的方法

在每年多次计息的情况下，要计算终值或现值有两种方法。

方法1：以 i/m 为期利率，以 $m×n$ 为总计息期数，然后利用终值或现值公式计算。

方法2：首先求出有效年利率，然后再以年数为总的计息期数，利用终值或现值公式进行计算。

按上述两种方法进行计算的结果应该是相同的。

【例2-14】设计一个带有每年计息次数微调按钮的可以计算有效年利率并且可以选择计算复利终值或复利现值的模型，要求分别利用上述两种方法计算复利终值或复利现值。

建立模型的具体步骤如下所述。

01 设计模型的结构，如图2-98所示。

02 在【开发工具】选项卡【控件】功能组中单击【插入】命令，在展开的下拉列表中单击【表单控件】区域下的组合框控件按钮 ，然后在单元格A5的位置插入一个组合框控件。在该组合框控件的【设置控件格式】对话框的【控制】选项卡中，在【数据源区域】栏中输入"$H$1:$H$2"，在【单元格链接】栏中输入"A5"，在【下拉显示项数】栏中输入"2"，然后单击【确定】按钮，完成对A5单元格插入的组合框控件的设置。

03 在【开发工具】选项卡【控件】功能组中单击【插入】命令，在展开的下拉列表中单击【表单控件】区域下的数值调节钮 ，则在单元格C4的位置插入一个数值调节钮。将鼠标指针对准该数值调节钮，单击右键，然后在系统弹出的快捷菜单中执行【设置控件格式】命令，在打开的【设置控件格式】对话框的【控制】选项卡中，在【最小值】栏中输入"1"，在【最大值】栏中保持默认值30000不变，在【步长】栏中保持默认值1不变，在【单元格链接】栏中输入"$B$4"，如图2-99所示，最后单击【确定】按钮，完成对C4单元格插入的数值调节钮的设置。这样，每次单击该数值调节钮上边或下边的三角形，单元格B4中返回的数值就会相应地增加或减少1。

04 在单元格F2中输入公式"=EFFECT(B2,B4)"，计算有效年利率。

05 分别在单元格E3和E4中输入公式"=IF(A5=1,"终值(元)","现值(元)")"。

图2-98 设计模型的结构

图2-99 【控制】选项卡的设置

06 在单元格F3中输入公式"=IF(A5=1,FV(B2/B4,B3*B4,,-B5),PV(B2/B4,B3* B4,,-B5))"，得到按第1种方法计算的复利终值或复利现值。

07 在单元格F4中输入公式"=IF(A5=1,FV(F2,B3,,-B5),PV(F2,B3,,-B5))"，得到按第2种

方法计算的复利终值或复利现值。

这样，模型就建立好了。只要在单元格区域 B2:B5 输入相应的已知数据，并在单元格 A5 的组合框控件中选择已知的是【现值】或【终值】，就可以得到最终的计算结果。例如，在单元格区域 B2:B5 中分别输入"12%""10""6""10000"，并在单元格 A5 的组合框控件中选择【现值】，则所得到的计算结果如图 2-100 所示。通过单击 C4 单元格上插入的数值调节钮，可以观察到每年计息次数变化时最终计算结果的变化情况。

图2-100　已知现值求终值的计算结果

2.4.4　连续复利情况下终值与现值的计算与分析模型

在计算资金时间价值的过程中，如果每年复利的次数 m 趋近于无穷大，则这种情况下的复利称为连续复利。连续复利情况下的有效年利率 r 与名义年利率 i 之间的关系为

$$r = \lim_{m \to \infty}(1+\frac{i}{m})^m - 1 = \mathrm{e}^i - 1$$

式中：e 为自然对数的底数，$\mathrm{e} \approx 2.71828$。

在连续复利的情况下，根据已知的现值 P 计算其 n 年末等值的复利终值 F 的计算公式为

$$F = \lim_{m \to \infty} P \cdot (1+\frac{i}{m})^{mn} = P \cdot \mathrm{e}^{in} = P \cdot [1+(\mathrm{e}^i - 1)]^n = P \cdot \mathrm{e}^{in}$$

如果已知一笔资金连续复利 n 年后的终值 F，也可以求得对应的连续贴现的现值，其计算公式为

$$P = \lim_{m \to \infty} F \cdot (1+\frac{i}{m})^{-mn} = F \cdot \mathrm{e}^{-in} = F \cdot [1+(\mathrm{e}^i - 1)]^{-n} = F \cdot \mathrm{e}^{-in}$$

在连续复利的情况下要计算有效年利率、终值或现值，可以利用 Excel 提供的 EXP 函数。EXP 函数的功能是返回 e 的 n 次幂。常数 e 等于 2.71828182845904，是自然对数的底数。其语法为

$$=EXP(number)$$

式中：number 为底数 e 的指数。

【例 2-15】设计一个可以计算有效年利率和连续复利的终值的计算与分析模型。

建立模型的具体步骤如下所述。

01 设计模型的结构，如图 2-101 所示。

02 在单元格 E2 中输入公式"=EXP(B3)-1"。

03 在单元格 E3 中输入公式"=B2*EXP(B3*B4)"。

04 在单元格 B8 中输入公式"=$B$2*(1+$B$3/B7)^(B7*$B$4)"，并将其填充复制到单元格区域 C8:G8。

这样，该模型就建立好了。在单元格区域 B2:B4 中输入已知的数据，就可以得到模型的运行结果。例如，在单元格区域 B2:B4 中分别输入"1000""6%""3"，所得到的运行结果如图 2-101 所示。

图2-101　模型的计算结果

05 选取单元格区域 A8:G8，在【插入】选项卡【图表】功能组中单击【折线图】，然后在下拉列表中的【二维折线图】区域下选择【带数据标记的折线图】子图表类型，绘制复利终值与每年计息次数之间的关系图，如图 2-102 所示。

06 按照【例 2-5】介绍的方法对初步完成的图表进行必要的编辑，包括在【选择数据源】对话框上将横坐标轴标签设置为单元格区域 B7:G7、将纵坐标轴标签设置为显示 0 位小数的格式、在【设置数据系列格式】对话框的【线型】选项卡中将数据系列的线型设置为【平滑线】格式，再添加图表标题以及横纵坐标轴标签、删除网格线，最后得到编辑完成的图表，如图 2-103 所示。

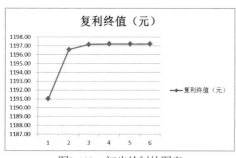

图2-102　初步绘制的图表

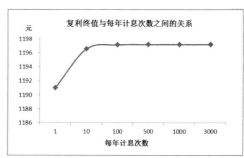

图2-103　编辑完成的图表

【例 2-16】已知名义年利率为 6%，未来 10 年的现金流量如图 2-104 所示。要求建立一个带有名义利率微调控件的计算未来现金流量按连续利率贴现的现值的模型。

本例中将使用 SUM 函数。SUM 函数是无条件求和函数。该函数的功能是计算所选取的单元格区域中所有数值的和。语法为

$$= SUM\,(number1,\ number\,2\cdots number\,N)$$

式中：number1，number 2⋯number N 为 1 到 30 个待求和的参数。

建立模型的具体步骤如下所述。

01 设计模型的结构，如图 2-104 所示。

02 在单元格 F3 中输入公式"=C3*EXP(-$A$3*B3)"，然后将其填充复制到单元格区域 F4:F12。

03 在单元格 F13 中输入公式"=SUM(F3:F12)"，或者在选取单元格 F13 以后，在【开始】选项卡【编辑】功能组中单击【自动求和】命令，在该单元格中会自动出现所需要的求和公式，再回车键确认公式。

	A	B	C	D	E	F
1		已知条件				计算结果
2	名义年利率	年	现金流量（元）		年	连续贴现的现值（元）
3		1	500		1	
4		2	600		2	
5		3	650		3	
6		4	700		4	
7		5	750		5	
8		6	800		6	
9		7	850		7	
10		8	900		8	
11		9	950		9	
12		10	1000		10	
13					现值合计	

图2-104　模型结构的设置

04 在【开发工具】选项卡【控件】功能组中单击【插入】命令，在展开的下拉列表中单击【表单控件】区域下的数值调节钮，则在单元格 A4 的位置插入一个数值调节钮。将鼠标指针对准该数值调节钮，单击右键，然后在系统弹出的快捷菜单中执行【设置控件格式】命令，在打开的【设置控件格式】对话框的【控制】选项卡中，在【最小值】栏中输入“0”，在【最大值】栏中输入“100”，在【步长】栏中保持默认值 1 不变，在【单元格链接】栏中输入“$A$4”，最后单击【确定】按钮，关闭【设置控件格式】对话框。

05 在单元格 A3 中输入公式“=A4/100”，从而使 A3 单元格中的数值与 A4 单元格中的控件返回的数值建立联系。这样，每次单击 A4 单元格中的数值调节钮上边或下边的三角形，单元格 A3 中返回的数值就会相应地增加或减少 1%。

在 A3 单元格中的名义年利率为 6%时，模型的运行结果如图 2-105 所示。

	A	B	C	D	E	F
1		已知条件				计算结果
2	名义年利率	年	现金流量（元）		年	连续贴现的现值（元）
3	6%	1	500		1	470.88
4		2	600		2	532.15
5		3	650		3	542.93
6		4	700		4	550.64
7		5	750		5	555.61
8		6	800		6	558.14
9		7	850		7	558.49
10		8	900		8	556.91
11		9	950		9	553.61
12		10	1000		10	548.81
13					现值合计	5428.17

图2-105　模型的一个运行结果

第 3 章

内部长期投资决策

3.1 折旧与现金流量的计算

3.1.1 固定资产折旧的计算方法

为了进行内部长期投资决策，通常需要计算投资项目的现金流量，为此需要首先了解固定资产折旧的概念及其计算方法。

固定资产折旧是指固定资产在使用过程中逐渐损耗而消失的那部分价值，该部分价值以折旧费用的形式计入各期成本费用，并从企业的营业收入中得到补偿，转化为货币资金，从而为固定资产更新奠定基础。

固定资产折旧方法主要包括直线折旧法和加速折旧法两大类。我国企业固定资产折旧一般采用直线折旧法计算，对于一些技术发展较快的行业，其机器设备的折旧可以采用加速折旧法计算。两类折旧方法的基本原理如下所述。

1. 直线折旧法

直线折旧法是指按照一定的标准平均分摊折旧总额的计算方法。直线折旧法主要包括平均年限法和工作量法。

(1) 平均年限法

平均年限法又称使用年限法，是指按固定资产使用年限平均计算年折旧额的计算方法。按平均年限法计提折旧一般适用于固定资产在预计使用年限内各期负荷比较均衡的情况。

采用使用年限法计算年折旧额的公式为

$$年折旧额 = \frac{固定资产原值 - 预计净残值}{预计使用年限}$$

式中：预计净残值是指固定资产报废时预计可以收回的残余价值扣除预计清理费用后的数额，通常可以用净残值率来表示。净残值率是指预计净残值占固定资产原值的百分比。

（2）工作量法

工作量法是指按照预计总工作量平均计算单位工作量的折旧额，并根据各期的实际工作量计算每期折旧额的计算方法。根据不同的情况，工作量可以分别是汽车的行驶里程、机器的工作小时等。按工作量法计提折旧一般适用于固定资产在预计使用年限内各期负荷不均衡的情况。

采用工作量法计算折旧额的有关公式为

$$每单位工作量折旧额 = \frac{固定资产原值 - 预计净残值}{预计总工作量}$$

$$某期折旧额 = 该期实际工作量 \times 每单位工作量折旧额$$

2. 加速折旧法

加速折旧法是指在固定资产使用的前期计提较多的折旧而后期计提较少折旧的计提折旧方法。加速折旧法主要包括余额递减法、双倍余额递减法和年数总和法。

（1）余额递减法

余额递减法是指用一个固定的年折旧率乘以固定资产在每期期初的账面净值来计算本期折旧的一种方法。由于固定资产的账面价值随着每年计提折旧而逐年减少，因此年折旧额也是逐年减少的。

采用余额递减法计算折旧的有关公式为

$$年固定折旧率 = 1 - \sqrt[n]{\frac{固定资产预计净残值}{固定资产原始价值}}$$

$$某年折旧额 = 该年初固定资产净值 \times 年固定折旧率$$

式中：n 为固定资产预计使用年限。

值得注意的是，采用余额递减法计提折旧时，预计净残值不能为 0，否则计算的年折旧率会毫无意义。

（2）双倍余额递减法

双倍余额递减法是指根据使用年限法下双倍的折旧率和每期期初固定资产账面净值计算折旧额的一种快速折旧方法。

采用双倍余额递减法计算折旧的有关公式为

$$年折旧额 = 期初固定资产账面净值 \times 年折旧率$$

$$年折旧率 = \frac{2}{预计使用年限}$$

$$期初固定资产账面净值 = 固定资产原值 - 累计折旧$$

（3）年数总和法

年数总和法是指将固定资产原值减去净残值后的净额乘以一个逐年递减的分数计算每年折旧额的一种方法。

采用年数总和法计算折旧的有关公式为

$$年折旧额 = (固定资产原值 - 预计残值) \times 年折旧率$$

$$年折旧率 = \frac{(折旧年限 - 已使用年限) + 1}{折旧年限 \times (折旧年限 + 1) \div 2}$$

3.1.2 直线折旧函数与折旧计算模型

1. 直线折旧函数

采用直线法计算折旧额时，既可以直接输入公式计算，也可以使用 SLN 函数计算。SLN 函数的功能是返回一项资产每期的直线折旧额。语法为

$$=SLN(cost,salvage,life)$$

式中：cost 为资产原值；salvage 为资产在折旧期末的价值(残值)；life 为折旧期限。在按工作量法计提折旧的情况下，应在 life 参数中输入预计总工作量，此时 SLN 函数返回的是每单位工作量的折旧额。

2. 采用直线折旧法计算折旧模型的建立

【例 3-1】某企业购置了 3 项固定资产，有关资料如图 3-1 的【已知条件】区域所示。要求：建立一个计算上述 3 项固定资产年折旧额的模型。

建立模型的具体步骤如下所述。

01 设计模型的结构，如图 3-1 的【计算过程与结果】区域所示。

	A	B	C	D	E	F	G	H
1				已知条件				
2	资产名称	通用设备	专用机床	卡车				
3	资产原值（元）	32000	10000	120000				
4	使用年限（年）	5	6	6				
5	预计净残值（元）	2000	1000	5000				
6	折旧方法	使用年限法	工作量法	工作量法				
7	年限	1	2	3	4	5	6	合计
8	专用机床运转小时	4500	4000	5000	5200	5800	5500	30000
9	卡车行驶里程（公里）	30000	28000	26000	23000	22000	21000	150000
10								
11				计算过程与结果				
12	资产名称	通用设备	专用机床	卡车				
13	计算单位	元/年	元/小时	元/公里				
14	单位折旧额	6000.00	0.30	0.77				
15				年折旧计算表（元）				
16	年份	1	2	3	4	5	6	合计
17	通用设备	6000.00	6000.00	6000.00	6000.00	6000.00		30000.00
18	专用机床	1350.00	1200.00	1500.00	1560.00	1740.00	1650.00	9000.00
19	卡车	23000.00	21466.67	19933.33	17633.33	16866.67	16100.00	115000.00

图3-1 采用直线折旧法计算折旧模型

02 在单元格 B14 中输入公式 "=SLN(B3,B5,B4)"；在单元格 C14 中输入公式 "=SLN(C3,C5,H8)"；在单元格 D14 中输入公式 "=SLN(D3,D5,H9)"，计算 3 项资产的单位折旧额。

03 选取单元格区域 B17:F17，输入数组公式 "=B14"，然后选取单元格 H17，输入公式 "=SUM(B17:F17)"，得到通用设备的各年折旧额及其合计数。

04 选取单元格区域 B18:H18，输入数组公式 "=B8:H8*C14"，得到专用机床的各年折旧额及其合计数。

05 选取单元格区域 B19:H19，输入数组公式 "=B9:H9*D14"，得到卡车的各年折旧额及

其合计数。

模型的最终计算结果如图 3-1 所示。

3.1.3　加速折旧函数与折旧计算模型

1. 加速折旧函数

加速折旧函数主要包括 DB 函数、DDB 函数、VDB 函数和 SYD 函数。

(1) DB 函数

采用余额递减法计算固定资产折旧时，可直接使用 DB 函数。

DB 函数的功能是使用固定余额递减法，计算一笔资产在给定期间内的折旧值。语法为

=DB(cost,salvage,life,period,month)

式中：cost 为资产原值；salvage 为资产在折旧期末的价值(残值)；life 为折旧期限；period 为需要计算折旧值的期间，period 必须使用与 life 相同的单位；month 为第一年的月份数，若省略，则假设为 12。

(2) DDB 函数和 VDB 函数

采用双倍余额递减法计算固定资产折旧时，可使用 DDB 函数或 VDB 函数。

DDB 函数的功能是使用双倍余额递减法或其他指定方法，计算一项资产在给定期间内的折旧值。语法为

= DDB(cost,salvage,life,period,factor)

式中：factor 为余额递减速率。如果 factor 被省略，则假设为 2。如果不想使用双倍余额递减法，可改变余额递减速率 factor 参数的值。其余参数的含义同 DB 函数。

按双倍余额递减法计算折旧时，各年的折旧额呈逐年递减的变化趋势，并且即使当某一年按直线法计算的折旧值大于按余额递减计算的折旧值时，也不转换为按直线折旧法计算折旧。如果希望当某一年按直线法计算的折旧值大于按余额递减计算的折旧值时，即转换到按直线折旧法计算折旧，则应使用 VDB 函数。

VDB 函数的功能是使用双倍余额递减法或其他指定的方法，返回指定的任何期间内的累计资产折旧值。语法为

=VDB(cost,salvage,life,start_period,end_period,factor,no_switch)

式中：start_period 为进行折旧计算的起始期间，start_period 必须与 life 的单位相同；end_period 为进行折旧计算的截止期间，end_period 必须与 life 的单位相同；no_switch 为一逻辑值，指定当按直线法计算的折旧额大于按余额递减计算的折旧额时，是否转用直线折旧法。如果 no_switch 为 TRUE，即使按直线法计算的折旧额大于按余额递减计算的数值，也不转用直线折旧法计算折旧。如果 no_switch 为 FALSE 或被省略，则当某一年按直线法计算的折旧额大于按余额递减计算的折旧额时，将转用直线折旧法计算折旧。其余参数的含义同 DB 函数。

值得注意的是，利用 VDB 函数计算的是一定时期内的累计折旧额。如果在得到累计折旧额的基础之上进一步计算各年的折旧额，则需要将前后两期的累计折旧额进行对比相减得到。

(3) SYD 函数

采用年数总和法计提折旧时，可使用 SYD 函数。

SYD 函数的功能是返回某项资产按年限总和折旧法计算的某期折旧额。语法为

$$= SYD(cost,salvage,life,per)$$

式中：per 为期间，其单位与 life 相同。其余参数的含义同 DB 函数。

2. 采用加速折旧法计算折旧模型的建立

【例3-2】某公司购置了 A、B、C 这 3 台设备，有关资料如图 3-2 的【已知条件】区域所示。要求建立一个计算每台设备年折旧额和累计折旧额的模型，并且对于 C 设备分别按不转换直线法和转换直线法两种情况计算年折旧额和累计折旧额。

建立模型的具体步骤如下所述。

01 设计模型的结构，如图 3-2 的【计算结果】区域所示。

	A	B	C	D	E	F	G	H	I
1		已知条件							
2	资产名称	A设备	B设备	C设备					
3	资产原值（元）	15000	30000	20000					
4	使用年限（年）	5	5	5					
5	预计净残值（元）	1500	3000	1000					
6	折旧方法	年数总和法	定率余额递减法	双倍余额递减法					
7									
8		计算结果（元）							
9	年份	A设备		B设备		C设备（不转换直线法）		C设备（转换直线法）	
10		年折旧	累计折旧	年折旧	累计折旧	年折旧	累计折旧	年折旧	累计折旧
11	1	4500.00	4500.00	11070.00	11070.00	8000.00	8000.00	8000.00	8000.00
12	2	3600.00	8100.00	6985.17	18055.17	4800.00	12800.00	4800.00	12800.00
13	3	2700.00	10800.00	4407.64	22462.81	2880.00	15680.00	2880.00	15680.00
14	4	1800.00	12600.00	2781.22	25244.03	1728.00	17408.00	1728.00	17408.00
15	5	900.00	13500.00	1754.95	26998.99	1036.80	18444.80	1592.00	19000.00
16	合计	13500.00	—	26998.99	—	18444.80	—	19000.00	—

图3-2 采用加速折旧法计算折旧模型

02 选取单元格区域 B11:B15，输入数组公式 "=SYD(B3,B5,B4,A11:A15)"，然后选取单元格 B16，输入公式 "=SUM(B11:B15)"，或单击【开始】选项卡【编辑】功能组中的【自动求和】命令并按回车键确认，从而得到 A 设备的每年折旧额及其合计数。

03 在单元格 C11 中输入公式 "=SUM($B$11:B11)"，然后将单元格 C11 复制到单元格区域 C12:C15，从而得到 A 设备各年累计的折旧额。

04 选取单元格区域 D11:D15，输入数组公式 "=DB(C3,C5,C4,A11:A15)"，然后选择单元格 E11，输入公式 "=SUM($D$11:D11)"，再将单元格 E11 复制到单元格区域 E12:E15，最后选取单元格 B16，将其分别复制到单元格 D16、F16 和 H16，这样就得到了 B 设备的每年折旧额及其合计数以及各年累计的折旧额，同时也得到了 C 设备各年折旧合计数的计算公式。

05 选取单元格区域 F11:F15，输入数组公式 "=DDB(D3,D5,D4,A11:A15,2)"，然后选择单元格 G11，输入公式 "=SUM($F$11:F11)"，再将单元格 G11 复制到单元格区域 G12:G15，即得到了 C 设备在不转换直线法计算年折旧的情况下各年折旧额及其合计数以及各年累计的折旧额。

06 选取单元格区域 I11:I15，输入数组公式 "=VDB(D3,D5,D4,0,A11:A15,2,FALSE)"，然后在单元格 H11 中输入公式 "=I11"，在单元格 H12 中输入公式 "=I12-I11"，再选取单元格 H12，将其复制到单元格区域 H13:H15，即得到了 C 设备在转换直线法计算年折旧的情况下各年折旧额及其合计数以及各年累计的折旧额。

模型的最终计算结果如图 3-2 所示。

3.1.4　可以选择折旧方法的折旧计算模型

【例 3-3】某公司的一项固定资产的有关资料如图 3-3 的【已知条件】区域所示。要求建立一个可以选择按使用年限法、定率余额递减、双倍余额递减法和年数总和法计算该固定资产年折旧额和累计折旧额的模型。

建立模型的具体步骤如下所述。

01　设计模型的结构，如图 3-3 的【计算结果】区域所示。

图3-3　可以选择折旧方法的折旧计算模型

02　在【开发工具】选项卡【控件】功能组中单击【插入】命令，在展开的下拉列表中单击【表单控件】区域下的列表框控件按钮，然后将鼠标指针对准单元格区域 D3:D5 的左上角，向右下方拖出一个列表框控件。再将鼠标指针对准组合框控件的边缘区域，单击右键，在系统弹出的快捷菜单中执行【设置控件格式】命令，打开【设置控件格式】对话框，在该对话框的【控制】选项卡中，在【数据源区域】栏中输入"$B$5:$B$8"，在【单元格链接】栏中输入"$D$3"，在【选定类型】区域选择【单选】，并选择【三维阴影】复选框，如图 3-4 所示。单击【确定】按钮以后，即完成了对列表框控件的设置，从而可以在其中选择所需要的折旧方法。

图3-4　【设置对象格式】对话框的设置

需要说明的一点是，列表框控件的返回值与组合框控件类似，在列表框中选择第 1 项数据时所链接的单元格的返回值为 1，选择第 2 项数据时所链接的单元格的返回值为 2，以此类推。这两种控件的区别仅在于列表框控件中显示了全部数据源，而组合框控件中只显示所选定的数据源，其他数据源处于被隐藏起来的状态。

03　选择单元格 F3，在其中输入公式 "=IF($D$3=1,SLN($B$2,$B$4,$B$3),IF ($D$3=2,DB($B$2,$B$4,$B$3,E3),IF($D$3=3,DDB($B$2,$B$4,$B$3,E3),SYD($B$2,$B$4, $B$3,E3))))"。

04　将单元格 F3 的公式复制到单元格区域 F4:F10，然后选取单元格 F11，单击【开始】选项卡【编辑】功能组中的【自动求和】命令，并按回车键确认。

05　在单元格 G3 中输入公式 "=SUM($F$3:F3)"，然后将其复制到单元格区域 G4:G10。

这样，该模型就建好了。在列表框控件中选择某种折旧方法，就会得到相应的计算结果。例如，在列表框中选择【年数总和法】后所得到的模型的运行结果如图 3-3 所示。

3.1.5　投资项目的现金流量构成与计算模型

1. 投资项目现金流量的构成

投资项目的现金流量一般由初始现金流量、营业现金流量和终结现金流量 3 部分组成。

(1) 初始现金流量

初始现金流量是指投资项目建设期发生的现金流量，一般可按下述公式计算。

$$初始净现金流量 = -(固定资产投资+流动资产投资+其他投资费用)+$$
$$原有固定资产变价净收入$$

(2) 营业现金流量

营业现金流量又称经营现金流量，是指投资项目投入使用后，在其寿命期内由于生产经营活动所带来的现金流入和现金流出的数量。营业净现金流量一般可按以下公式进行计算。

$$年营业净现金流量 = 营业收入-付现经营成本-所得税$$
$$= 净利润+折旧$$
$$= (营业收入-付现经营成本-折旧)×(1-所得税税率)+折旧$$
$$= (营业收入-付现经营成本)×(1-所得税税率)+折旧×所得税税率$$
$$= 税后营业收入-税后付现成本+年折旧抵税额$$

(3) 终结现金流量

终结现金流量是指项目完结时所发生的现金流量，主要包括：固定资产的残值收入或变价收入、原来垫支在各种流动资产上的流动资金的回收、停止使用土地的变价收入等。

一般情况下，终结净现金流量可由下面的公式进行计算。

$$终结净现金流量 = 终结年份的固定资产残值回收+该年流动资产回收+$$
$$该年其他收入$$

在投资项目的终结年份，可能既有正常的营业现金流量，又有终结现金流量，这种情况下该年的净现金流量应等于营业现金流量和终结现金流量两部分之和。

2. 投资项目现金流量计算模型设计

【例 3-4】某投资项目的有关资料如图 3-5 的【已知条件】区域所示。要求建立一个计算该投资项目各年净现金流量并绘制现金流量图的模型。

建立模型的具体步骤如下所述。

01 设计模型的结构，如图 3-5 的【计算结果】区域所示。

02 在单元格 B11 中输入公式 "=-C3"，在单元格 C12 中输入公式 "=-C4"。

03 选取单元格区域 D13:I14，输入数组公式 "=B6:G7"。

04 选取单元格区域 D15:I15，输入数组公式 "=SLN(C3,G3,G2)"。

05 选取单元格区域 D16:I16，输入数组公式 "=D13:I13-D14:I14-D15:I15"。

06 选取单元格区域 D17:I17，输入数组公式 "=D16:I16*G4"。

07 选取单元格区域 D18:I18，输入数组公式 "=D16:I16-D17:I17"。

	A	B	C	D	E	F	G	H	I
1				已知条件					
2	项目的建设期（年）			1	项目的经营期（年）				6
3	第1年初固定资产投资（万元）			500	期末固定资产残值（万元）				50
4	第1年末流动资产投资（万元）			100	所得税税率				40%
5	经营期（年）	1	2	3	4	5	6		
6	销售收入（万元）	200	240	270	300	280	260		
7	付现经营成本（万元）	110	130	150	160	155	145		
8									
9				计算结果（万元）					
10	年份	0	1	2	3	4	5	6	7
11	固定资产投资	-500							
12	流动资产投资		-100						
13	销售收入			200	240	270	300	280	260
14	付现经营成本			110	130	150	160	155	145
15	年折旧			75	75	75	75	75	75
16	税前利润			15	35	45	65	50	40
17	所得税			6	14	18	26	20	16
18	税后净利			9	21	27	39	30	24
19	经营净现金流量			84	96	102	114	105	99
20	终结现金流量								150
21	净现金流量	-500	-100	84	96	102	114	105	249

图3-5　投资项目净现金流量的计算模型

08 选取单元格区域 D19:I19，输入数组公式 "=D18:I18+D15:I15"。

09 选取单元格 I20，输入公式 "=G3+C4"。

10 选取单元格区域 B21:I21，输入数组公式 "=B11:I11+B12:I12+B19:I19+ B20:I20"。

投资项目各年净现金流量的计算结果如图 3-5 所示。

11 选取单元格区域 B21:I21，在【插入】选项卡【图表】功能组中单击【柱形图】，然后在下拉列表中的【二维柱形图】区域下选择【簇状柱形图】子图表类型，则可得到初步绘制的图表。

12 进一步编辑图表，包括将图表的水平分类轴标签设置为单元格区域$B$10:$I$10、删除图例和网格线、添加图表标题以及横纵坐标轴标签，再将鼠标指针对准柱形图，单击右键，并在快捷菜单中选择【添加数据标签】命令，得到编辑完成的图表，如图 3-6 所示。

13 在【插入】选项卡【插图】功能组中单击【形状】下方的倒三角形下拉按钮，然后在展开的下拉列表中单击【箭头总汇】区域下的上箭头图标↑，在工作表的空白位置拖动鼠标左键绘制一个上箭头形状，在选中该上箭头形状的状态下单击绘图工具之下的【格式】选项卡，在【形状填充】下拉列表中将其填充颜色设置为绿色；再按类似步骤绘制一个下箭头形状↓，并将其填充颜色设置为深红色；然后单击选择绿色的上箭头形状，执行【复制】命令，选择图中的数据系列后执行【粘贴】命令，这样可使整个数据系列粘贴成绿色上箭头形状；再单击选择红色的下箭头形状，执行【复制】命令，选择图中的数据系列后再分别选择第 0 年和第 1 年对应的两个数据点，执行【粘贴】命令，这样可使前两个数据点粘贴成红色下箭头形状；最后选择图表中的数据系列，单击鼠标右键，在快捷菜单中执行【设置数据系列格式】命令，然后在【设置数据系列格式】对话框的【系列选项】选项卡上，将"分类间距"之下的滑块向左拖动以缩小分类间距，例如可将滑块由原来的"150%"的位置向左拖动到"60%"的位置，单击【关闭】命令，即可得到编辑完成的图表，如图 3-7 所示。

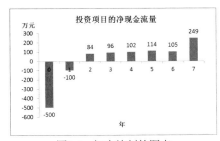

图3-6　初步绘制的图表

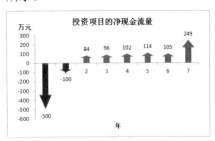

图3-7　编辑完成的图表

3.2 长期投资决策的基本方法

长期投资决策主要涉及的是对投资项目的经济可行性进行评价的问题。评价投资项目的基本方法包括平均报酬率法、投资回收期法、净现值法、获利指数法、内部收益率法等。

3.2.1 平均报酬率计算与查询模型

1. 平均报酬率法的基本原理及相关函数介绍

平均报酬率是指投资项目经营期各年平均的净现金流量与初始投资额的百分比，其计算公式为

$$平均报酬率 = \frac{年均净现金流量}{初始投资}$$

用平均投资报酬率法对投资项目进行评价时，需要将项目的平均报酬率与投资者要求的报酬率进行比较，平均报酬率大于或等于投资者要求的报酬率的项目为可行项目。

平均报酬率法的优点是考虑了投资项目寿命期内的全部现金流量，但是却将各年的净现金流量平均化处理，忽略了资金的时间价值因素，有时不能做出有效的决策，所以往往不单独使用，而是作为辅助性的评价方法来使用。

为了建立平均报酬率计算与查询模型，需要使用以下几个函数。

(1) AVERAGE 函数

AVERAGE 函数的功能是计算给定参数的算术平均值。语法为

$$= AVERAGE(number1, number\ 2 \cdots number\ N)$$

式中：number1，number 2⋯number N 为需要计算平均值的 1 到 30 个参数。函数中的参数可以是数字，或者是涉及数字的名称、数组或引用。如果数组或单元格引用参数中有文字、逻辑值或空单元格，则忽略其值。如果单元格包含零值，则计算在内。

(2) ABS 函数

ABS 函数的功能是返回数字的绝对值。语法为

$$=ABS(number)$$

式中：number 为需要计算其绝对值的实数。

(3) MAX 函数

MAX 函数的功能是给定参数表中的最大值。语法为

$$= MAX(number1, number\ 2 \cdots number\ N)$$

式中：number1，number 2⋯number N 为需要从中找出最小值或最大值的 1 到 30 个参数。函数中的参数可以是数字、空白单元格、逻辑值或表示数值的文字串。

(4) MIN 函数

MIN 函数的功能是给定参数表中的最小值。公式为

$$= MIN((number1, number\ 2 \cdots number\ N)$$

式中：参数的含义同 MAX 函数。

(5) VLOOKUP 函数

VLOOKUP 函数的功能是在表格或数值数组的首列查找指定的数值，并由此返回表格或数组当前行中指定列处的数值。语法为

= VLOOKUP(lookup_value,table_array,col_index_num,range_lookup)

式中：lookup_value 为需要在数据表第一列中查找的数值，lookup_value 可以为数值、引用或文字串。

table_array 为需要在其中查找数据的数据表，可以使用对区域或区域名称的引用，例如数据库或数据清单。如果 range_lookup 为 TRUE，则 table_array 的第一列中的数值必须按升序排列，否则函数 VLOOKUP 不能返回正确的数值；如果 range_ lookup 为 FALSE，table_array 不必进行排序。table_array 的第一列中的数值可以为文本、数字或逻辑值，且不区分文本的大小写。

col_index_num 为 table_array 中待返回的匹配值的列序号。col_index_num 为 1 时，返回 table_array 第一列中的数值；col_index_num 为 2 时，返回 table_array 第二列中的数值，以此类推。如果 col_index_num 小于 1，函数 VLOOKUP 返回错误值#VALUE!；如果 col_index_num 大于 table_array 的列数，函数 VLOOKUP 返回错误值#REF!。

range_lookup 为逻辑值，指明函数 VLOOKUP 返回时是精确匹配还是近似匹配。如果其为 TRUE 或省略，则返回近似匹配值，也就是说，如果找不到精确匹配值，则返回小于 lookup_value 的最大数值；如果 range_value 为 FALSE，函数 VLOOKUP 将返回精确匹配值。如果找不到，则返回错误值#N/A。

(6) MATCH 函数

MATCH 函数的功能是返回在指定方式下与指定数值匹配的数组中元素的相应位置。语法为

= MATCH(lookup_value,lookup_array,match_type)

式中：lookup_value 为需要在数据表中查找的数值，可以是数值(数字、文本或逻辑值)或对数字、文本或逻辑值的单元格引用。lookup_array 为可能包含所要查找的数值的连续单元格区域，可以是数组或数组引用。match_type 为数字‐1、0 或 1，它指明 Excel 如何在 lookup_array 中查找 lookup_ value。查找方式如下：当 match_type 为‐1 时，lookup_array 必须按降序排列，函数 MATCH 查找大于或等于 lookup_value 的最小数值；当 match_type 为 0 时，lookup_array 可以按任何顺序排列，函数 MATCH 查找等于 lookup_value 的第一个数值；当 match_type 为 1 时，lookup_array 必须按升序排列，函数 MATCH 查找小于或等于 lookup_value 的最大数值。如果省略 match_type，则默认其值为 1。

(7) INDEX 函数

INDEX 函数的功能是返回表格或区域中的数值或对数值的引用。INDEX 函数有以下两种形式。

● 返回数组中指定单元格或单元格数组的数值。语法为

= INDEX(array,row_num,column_num)

式中：array 为单元格区域或数组常数；row_num 为数组中某行的行序号，函数从该行返

回数值，如果省略 row_num，则必须有 column_num；column_num 为数组中某列的列序号，函数从该列返回数值，如果省略 column_num，则必须有 row_num。

需要注意的是，如果同时使用 row_num 和 column_num，函数 INDEX 返回 row_num 和 column_num 交叉处的单元格的数值。如果数组只包含一行或一列，则相对应的参数 row_num 或 column_num 为可选。如果数组有多行和多列，但只使用 row_num 或 column_num，函数 INDEX 返回数组中的整行或整列，且返回值也为数组。如果将 row_num 或 column_num 设置为 0，函数 INDEX 则分别返回整列或行的数组数值。如果需要使用以数组形式返回的数值时，请在一个水平单元格区域中将函数 INDEX 作为数组公式输入。此外，row_num 和 column_num 必须指向 array 中的某一单元格，否则，函数 INDEX 返回错误值#REF!。

- 返回引用中指定的单元格。语法为

=INDEX(reference,row_num,column_num,area_num)

式中：reference 为对一个或多个单元格区域的引用。如果为引用输入一个不连续的选定区域，必须用括号括起来。如果引用中的每个区域只包含一行或一列，则相应的参数 row_num 或 column_num 分别为可选项。例如，对于单行的引用，可以使用函数 INDEX (reference,column_num)。

row_num 为引用中某行的行序号，函数从该行返回一个引用。

column_num 为引用中某列的列序号，函数从该列返回一个引用。

area_num 为选择引用中的一个区域，并返回该区域中 row_num 和 column_num 的交叉区域。选取或输入的第一个区域序号为 1，第二个为 2，以此类推。如果省略 area_num，函数 INDEX 使用区域 1。

值得注意的是，row_num、column_num 和 area_num 必须指向 reference 中的单元格，否则，函数 INDEX 返回错误值#REF!。如果省略 row_num 和 column_num，函数 INDEX 返回由 area_num 所指定的区域。

2. 平均报酬率计算与查询模型的建立

【例 3-5】某公司 A、B、C、D、E、F、G、H 这 8 个项目的有关数据如图 3-8 的【已知条件】区域所示。要求建立一个可以计算各项目的平均报酬率并查询指定项目的平均报酬率、平均报酬率最高和最低项目的模型。

建立模型的具体步骤如下所述。

01 设计模型的结构，如图 3-8 的【计算与查询结果】区域所示。

	A	B	C	D	E	F	G	H	I	J	K	L
1		已知条件								计算与查询结果		
2	项目	年净现金流量（万元）							项目	平均报酬率	查询的项目	D
3		0	1	2	3	4	5				平均报酬率	24.67%
4	A	-200	50	60	80	70	65		A	32.50%		
5	B	-800	150	200	230	280	300		B	29.00%	平均报酬率最高的项目	
6	C	-1200	220	280	300	320	350		C	24.50%	最高的报酬率	32.50%
7	D	-600	120	130	150	160	180		D	24.67%	项目名称	A
8	E	-3000	500	550	580	700	850		E	21.20%		
9	F	-850	180	200	230	260	270		F	26.82%	平均报酬率最低的项目	
10	G	-2000	450	500	520	580	600		G	26.50%	最低的报酬率	21.20%
11	H	-900	150	180	200	220	260		H	22.44%	项目名称	E

图3-8 平均报酬率的计算与查询模型

02 在单元格 J4 中输入公式 "=AVERAGE(C4:G4)/ABS(B4)"，然后将单元格 J4 复制到单元格区域 J5:J11，得到各项目的平均报酬率。

03 选择 L2 单元格，在【数据】选项卡【数据工具】功能组中单击【数据有效性】命令，然后在系统打开的【数据有效性】对话框的【设置】选项卡中，在【允许】区域下的列表框中选择【序列】，在【来源】区域下的列表框中输入公式 "=$I$4:$I$11"，如图 3-9 所示，单击【确定】按钮，即完成了对 L2 单元格的数据有效性的设置。以后每当选中 L2 单元格时，其右边都会出现一个下拉按钮，单击这个按钮会展开一个下拉列表，从中选择某项数据，例如这里从下拉列表中选择 D，如图 3-10 所示，则这项数据就会被输入到 L2 单元格中。显然，设置数据有效性后便于高效、准确地输入数据。

04 在单元格 L3 中输入公式 "=VLOOKUP(L2,I4:J11,2,FALSE)"，查询 L2 单元格中所选择项目的平均报酬率。这里，公式中的 FALSE 参数也可以用 0 来代替。

05 在单元格 L6 中输入公式 "=MAX(J4:J11)"，在单元格 L7 中输入公式 "=INDEX(I4:I11,MATCH(L6,J4:J11,0))"，查询平均报酬率最高的项目。

06 在单元格 L10 中输入公式 "=MIN(J4:J11)"，在单元格 L11 中输入公式 "=INDEX(I4:I11,MATCH(L10,J4:J11,0))"，查询平均报酬率最低的项目。

模型的运行结果如图 3-8 所示。

图3-9　【数据有效性】对话框的设置

图3-10　在设置数据有效性的单元格中输入数据

3.2.2　投资回收期计算模型

1. 投资回收期法的基本原理

投资回收期包括静态投资回收期和动态投资回收期。

(1) 静态投资回收期

静态投资回收期是指在不考虑资金时间价值的情况下，用投资项目经营期的净现金流量回收初始投资所用的时间。

在初始投资以后未来各期净现金流量相等的情况下，静态投资回收期的计算公式为

$$静态投资回收期 = \frac{初始投资额}{年净现金流量}$$

在初始投资以后未来各期净现金流量不相等的情况下，静态投资回收期的计算公式为

$$静态投资回收期 = (n-1) + \frac{\left|(n-1)年末尚未回收的投资\right|}{第n年的净现金流量}$$

式中：n 为累计净现金流量第一次出现正值的年份。

(2) 动态投资回收期

动态投资回收期又称为折现投资回收期，是指在考虑资金时间价值的情况下，用投资项目经营期的净现金流量的现值回收初始投资所用的时间。动态投资回收期的计算公式为

$$动态投资回收期 = (n-1) + \frac{\left|(n-1)年末尚未回收的投资\right|}{第n年净现金流量的现值}$$

式中：n 为累计净现金流量现值第一次出现正值的年份。

用投资回收期法对投资项目进行评价时，需要将项目的静态或动态投资回收期分别与事先选定的标准静态或动态投资回收期进行比较，投资回收期小于或等于标准投资回收期的项目为可行项目。

投资回收期法的优点是计算简单、容易理解；缺点是只考虑了投资回收期以内的净现金流量，没有考虑投资回收期以后各年的现金流量，并且评价项目的比较标准具有较强的主观性，特别是静态投资回收期没有考虑资金的时间价值因素，因此单独使用这种方法评价投资项目有时可能会得出不正确的决策结论。

2. 计算投资回收期的相关函数介绍

在计算投资回收期的过程中，通常会用到 NPER、COUNTIF、ABS、INDEX 等函数。ABS 和 INDEX 函数的功能已在前面做过介绍，这里只介绍 NPER 和 COUNTIF 函数的功能。

(1) NPER 函数

NPER 函数的功能是基于固定利率及等额分期付款方式，返回某项投资(或贷款)的总期数。语法为

$$= NPER(rate, pmt, pv, fv, type)$$

式中：rate 为各期利率，是一固定值；pmt 为各期所应付给(或得到)的金额，其数值在整个年金期间(或投资期内)保持不变；pv 为现值，即从该项投资开始计算时已经入账的款项，或一系列未来付款的当前值的累积和，也称为本金；fv 为未来值，或在最后一次支付后希望得到的现金余额，如果省略 fv，则假设其值为 0；type 为数字 0 或 1，用以指定各期的付款时间是在期初还是在期末，type 为 0，表示期末，type 为 1，表示期初，如果省略 type，则假设其值为 0。

值得注意的是，pmt、pv 和 fv 这 3 个参数中必须至少有两个参数不为 0，且有正有负，否则函数不能返回正确的结果。

(2) COUNTIF 函数

COUNTIF 函数的功能是计算给定区域内满足特定条件的单元格的数目。语法为：

$$= COUNTIF(range, criteria)$$

式中：range 为需要计算其中满足条件的单元格数目的单元格区域；criteria 为确定哪些单元格将被计算在内的条件，其形式可以为数字、表达式或文本。

3. 投资回收期计算模型的建立

【例3-6】已知 A、B 两个投资项目的有关资料如图 3-11 的【已知条件】区域所示。要求建立一个计算两个投资项目静态投资回收期和动态投资回收期的模型。

建立模型的具体步骤如下所述。

01 设计模型的结构，如图 3-11 的【计算结果】区域所示。

02 在单元格 C9 中输入公式 "=ABS(C2)/C4"；在单元格 C10 中输入公式 "=NPER(F3,C4,C2)"，计算 A 项目的静态和动态投资回收期。

03 在单元格 C12 中输入公式 "=SUM($C$6:C6)"，并将其复制到单元格区域 D12:H12，计算 B 项目的各年累计净现金流量。

	A	B	C	D	E	F	G	H
1				已知条件				
2		初始投资（元）	-8000		A和B项目			
3	A项目	经营期（年）	5		贴现率	10%		
4		每年净现金流量（元）	2600					
5	B项目	年	0	1	2	3	4	5
6		各年净现金流量（元）	-10000	3800	3600	3500	3000	2800
7								
8				计算结果				
9	A项目	静态投资回收期（年）	3.08		B项目		静态投资回收期（年）	2.74
10		动态投资回收期（年）	3.86				动态投资回收期（年）	3.46
11		年	0	1	2	3	4	5
12	B项目	各年累计净现金流量（元）	-10000.00	-6200.00	-2600.00	900.00	3900.00	6700.00
13		各年净现金流量的现值（元）	-10000.00	3454.55	2975.21	2629.60	2049.04	1738.58
14		各年累计净现金流量现值（元）	-10000.00	-6545.45	-3570.25	-940.65	1108.39	2846.97

图3-11　投资回收期的计算模型

04 选取单元格区域 C13:H13，输入数组公式 "=PV(F3,C11:H11,,-C6:H6)"，计算 B 项目的各年净现金流量的现值。

05 在单元格 C14 中输入公式 "=SUM($C$13:C13)"，并将其复制到单元格区域 D14:H14，计算 B 项目各年累计净现金流量的现值。

06 在单元格 H9 中输入下面的公式，计算 B 项目的静态投资回收期："=COUNTIF(C12:H12,"<0")-1+ABS(INDEX(C12:H12,,COUNTIF(C12:H12,"<0")))/INDEX(C6:H6,,COUNTIF(C12:H12,"<0")+1)"。

07 在单元格 H10 中输入下面的公式，计算 B 项目的动态投资回收期："=COUNTIF(C14:H14,"<0")-1+ABS(INDEX(C14:H14,,COUNTIF(C14:H14,"<0")))/INDEX (C13:H13,, COUNTIF(C14:H14,"<0")+1)"。

模型的运行结果如图 3-11 所示。

3.2.3 净现值计算与评价模型

1. 净现值法的基本原理

净现值是指在预定的贴现率下，投资项目未来各期现金流入量的总现值与未来各期现金流出量的总现值之差，它反映了项目投资的新增价值额。净现值的一般计算公式为

$$\text{NPV} = \sum_{t=0}^{n} \frac{\text{CI}_t}{(1+i)^t} - \sum_{t=0}^{n} \frac{\text{CO}_t}{(1+i)^t} = \sum_{t=0}^{n} \frac{\text{NCF}_t}{(1+i)^t}$$

式中：CI_t 为投资项目第 t 年的现金流入量，CO_t 为投资项目第 t 年的现金流出量，NCF_t 为

投资项目第 t 年的净现金流量，i 为贴现率，n 为投资项目的寿命期。

如果项目的投资额在期初一次性发生，并且初始投资额为 K，则净现值的计算公式可以表示为

$$NPV = \sum_{t=1}^{n} \frac{NCF_t}{(1+i)^t} - K$$

用净现值指标评价投资项目的基本准则是，净现值大于 0 的项目为可行项目。净现值法不但考虑了资金的时间价值因素，而且能明确反映出一项投资使企业增值的数额大小，所以是进行投资项目评价的最重要的指标之一，在投资活动中被广泛使用。但这种方法的缺点是有时贴现率不易合理地确定。

2. 相关函数介绍

在不同的情况下，计算投资项目的净现值可分别使用 PV、NPV、XNPV、SUM 等函数。PV 和 SUM 函数的功能已在第 2 章做过介绍，这里只介绍 NPV 和 XNPV 函数的功能。

(1) NPV 函数

NPV 函数的功能是基于一系列现金流和固定的各期贴现率，返回一项投资的净现值。这里的投资净现值是指未来各期现金流的现值总和。语法为

= NPV(rate,value1,value2…)

式中：rate 为各期贴现率，是一固定值；value1，value2 等分别代表 1 至 29 笔支出或收入的参数值。value1，value2 等所属各期间的长度必须相等，而且现金流的时间都发生在期末。

在使用 NPV 函数时，需要注意以下几点。

- NPV函数假定投资开始于 value1 现金流所在日期的前一期，并结束于最后一笔现金流的当期，它只能计算在同一贴现率下，各期现金流发生在每年年末，且第一笔现金流必须是第一年末的一组现金流量(即一组values值)的净现值。如果第一笔现金流发生在第一期的期初，则需将第一笔现金流添加到 NPV函数的结果中，而不应包含在 values 参数中。
- 如果参数是数值、空白单元格、逻辑值或表示数值的文字表达式，则都会计算在内，因此，在没有现金流的年份，对应的单元格中应输入"0"，而不应该为空白单元格，否则会造成错误计算；如果参数是错误值或不能转化为数值的文字，则被忽略。
- 如果参数是一个数组或引用，则只有其中的数值部分计算在内，忽略数组或引用中的空白单元格、逻辑值、文字及错误值。

(2) XNPV 函数

XNPV 函数的功能是返回一组现金流的净现值，这些现金流不一定定期发生。该函数的语法为

=XNPV(rate,values,dates)

式中：rate 为应用于现金流的贴现率。

values 为与 dates 中的支付时间相对应的一系列现金流转。首期支付是可选的，并与投资开始时的成本或支付有关。如果第一个值为成本或支付，则其必须是一个负数。所有后续支付

基于的是 365 天/年贴现。数值系列必须至少要包含一个正数和一个负数。

dates 为与现金流支付相对应的支付日期表。第一个支付日期代表支付表的开始。其他日期应迟于该日期，但可按任何顺序排列。

有关该函数的进一步说明如下。

- Microsoft Excel 可将日期存储为可用于计算的序列号。默认情况下，1900年1月1日的序列号是1，而2008年1月1日的序列号是39448，这是因为它与1900年1月1日相差39448天。
- dates中的数值将被截尾取整。
- 如果任一参数为非数值型，函数XNPV返回错误值#VALUE!。
- 如果dates中的任一数值不是合法日期，函数XNPV返回错误值#VALUE。
- 如果dates中的任一数值先于开始日期，函数XNPV返回错误值#NUM!。
- 如果values和dates所含数值的数目不同，函数XNPV返回错误值#NUM!。
- 函数XNPV的计算公式为

$$XNPV = \sum_{i=1}^{N} \frac{P_i}{(1+\text{rate})^{\frac{(d_i - d_1)}{365}}}$$

式中：d_i 为第 i 个或最后一个支付日期；d_1 为第 0 个支付日期；P_i 为第 i 个或最后一个支付金额；rate 为应用于现金流的贴现率。

3. 不同类型项目净现值的计算与评价模型

【例 3-7】已知 A、B 和 C 这 3 个投资项目的有关资料如图 3-12 的【已知条件】区域所示。要求建立一个计算 3 个投资项目净现值并评价其可行性的模型。

建立模型的具体步骤如下所述。

01 设计模型的结构，如图 3-12 的【计算与评价结果】区域所示。

	A	B	C	D	E	F	G	H
1					已知条件			
2	A项目	初始投资（元）	-12000		A、B和C项目			
3		经营期（年）	5		贴现率	10%		
4		每年净现金流量（元）	3000					
5	B项目	年	0	1	2	3	4	5
6		各年净现金流量（元）	-10000	3800	3600	3500	3000	2800
7	C项目	日期	2019/3/5	2020/1/10	2021/10/15	2022/2/18	2023/11/22	2024/5/16
8		净现金流量（元）	-25000	6000	6500	7800	8200	9000
9								
10		计算与评价结果						
11	项目	净现值（元）	可行性评价					
12	A	-627.64	不可行					
13	B	2846.97	可行					
14	C	2189.43	可行					

图3-12 净现值的计算与项目可行性评价模型

02 在单元格 B12 中输入公式 "=PV(F3,C3,-C4)+C2"。

03 在单元格 B13 中输入公式 "=NPV(F3,D6:H6)+C6"。

04 在单元格 B14 中输入公式 "=XNPV(F3,C8:H8,C7:H7)"。

05 在单元格 C12 中输入公式 "=IF(B12>0,"可行","不可行")"，并将其复制到单元格 C13 和 C14。

模型的运行结果如图 3-12 所示。

3.2.4 获利指数计算与评价模型

1. 获利指数法的基本原理

获利指数是指投资项目经营期各年的净现金流量的现值总和与原始投资现值总和之比，它反映了项目的投资效率。获利指数的计算公式为

$$PI = \sum_{t=m+1}^{n} \frac{NCF_t}{(1+i)^t} \bigg/ \sum_{t=0}^{m} \frac{K_t}{(1+i)^t}$$

式中：PI 为获利指数；m 为投资期；K_t 为投资期内第 t 年的净现金流出量；其他各符号的含义如前所述。

如果项目的投资额在期初一次性发生，并且初始投资额为 K，则获利指数的计算公式可以表示为

$$PI = \sum_{t=1}^{n} \frac{NCF_t}{(1+i)^t} \bigg/ K$$

用获利指数评价投资项目的基本准则是，获利指数大于 1 的项目为可行项目。利用获利指数法评价投资项目的特点与净现值法的特点基本相同，二者的差别在于获利指数是以相对数的形式反映投资项目单位投资额获取投资报酬的程度，而净现值法是以绝对数的形式反映投资项目所获得的总的投资报酬。

2. 不同类型项目获利指数的计算与评价模型

【例 3-8】已知 A、B 两个投资项目的有关资料如图 3-13 的【已知条件】区域所示。要求建立一个计算两个投资项目获利指数并评价其可行性的模型。

建立模型的具体步骤如下所述。

01 设计模型的结构，如图 3-13 的【计算与评价结果】区域所示。

02 在单元格 B11 中输入公式 "=PV(H3,C3,-H2)/ABS(C2)"。

03 在单元格 B12 中输入公式 "=PV(C7,E5,,-NPV(C7,F6:K6))/ABS(NPV(C7,D6: E6)+C6)"，或者输入公式 "=(NPV(C7,F6:K6)/(1+C7)^E5)/ABS(NPV(C7,D6:E6)+C6)"。

04 在单元格 C11 中输入公式 "=IF(B11>1,"可行","不可行")"，并将其复制到单元格 C12。

模型的运行结果如图 3-13 所示。

	A	B	C	D	E	F	G	H	I	J	K
1				已知条件							
2	A项目	一次性初始投资（元）	-28000	每年净现金流量（元）				8500			
3		经营期（年）	5	贴现率				10%			
4		投资阶段		投资期				经营期			
5	B项目	年	0	1	2	3	4	5	6	7	8
6		各年净现金流量（元）	-10000	-8500	-3000	3500	4000	5000	4500	4200	9500
7		贴现率	12%								
8											
9		计算与评价结果									
10	项目	获利指数	可行性评价								
11	A	1.15	可行								
12	B	0.80	不可行								

图3-13 获利指数的计算与项目可行性评价模型

3.2.5 内部收益率计算模型

1. 内部收益率法的基本原理

(1) 传统内部收益率法

传统内部收益率是指使投资项目的净现值为 0 时的贴现率，计算公式为

$$NPV = \sum_{t=0}^{n} \frac{NCF_t}{(1+IRR)^t} = 0$$

式中：IRR 为项目的内部收益率，其他符号的含义如前所述。

内部收益率反映了投资项目实际获得的年投资报酬率。用内部收益率评价投资项目的基本准则是，内部收益率大于投资者要求的收益率的项目为可行项目；投资者要求的收益率即为企业的资金成本率或企业设定的基准收益率。

利用传统的内部收益率评价投资项目的优点是考虑了资金的时间价值，又考虑了项目在整个寿命期内的全部情况，并且仅利用项目本身的信息就可以求得计算结果，因而在实践中也得到了广泛应用。这种方法的缺点是按照上述的方法计算项目的内部收益率时，有时会出现无解或多个解的情况。利用下述的修正内部收益率法来评价投资项目可以解决这类问题。

(2) 修正内部收益率法

修正内部收益率的具体求法是：以基准收益率为贴现率，将所有的净现金流出折成现值；以再投资收益率为复利利率，将所有的净现金流入复利计算到项目经济寿命期末的终值；最终使净现金流出的复利现值与各期净现金流入的复利终值相等时的利率，即为修正内部收益率。修正内部收益率的计算公式为

$$\sum_{t=0}^{n} CP_t \cdot FVIF_{r,n-t} - (\sum_{t=0}^{n} CN_t \cdot PVIF_{k,t}) \cdot (1+MIRR)^n = 0$$

式中：CP_t 为第 t 年正的净现金流量；CN_t 为第 t 年负的净现金流量；n 为项目的寿命期；r 为对正的净现金流量进行再投资的年收益率；k 为对负的净现金流量进行贴现的资金成本率；MIRR 为项目的修正内部收益率。

利用修正内部收益率评价投资项目的准则是，内部收益率高于资金成本率的项目是可行的。采用修正内部收益率法评价投资项目，即可以避免出现内部收益率无解或者多个解的情况。

2. 相关函数介绍

为了计算投资项目的内部收益率，根据不同的情况，可以分别使用 RATE 函数、IRR 函数、MIRR 函数和 XIRR 函数。这几个函数的功能如下所述。

(1) RATE 函数

RATE 函数的功能是返回未来款项的各期利率。函数 RATE 通过迭代法计算得出，并且有可能无解或有多个解。如果在进行 20 次迭代计算后，函数 RATE 的相邻两次结果没有收敛于 0.0000001，函数 RATE 返回错误值#NUM!。RATE 函数的语法为

$$= RATE(nper,pmt,pv,fv,type,guess)$$

式中：guess 为预期利率(估计值)，如果省略预期利率，则假设该值为 10%，如果函数 RATE

不收敛,则需要改变 guess 的值。通常情况下当 guess 位于 0～1 之间时,函数 RATE 是收敛的。其余参数 nper、pmt、pv、fv 及 type 的含义请参阅 2.2.2 节的 PV 函数。

(2) IRR 函数

IRR 函数的功能是返回由数值代表的一组现金流的内部收益率。这些现金流不必为均衡的,但作为年金,它们必须按固定的间隔产生,如按月或按年。内部收益率为投资的回收利率,其中包含定期支付(负值)和定期收入(正值)。该函数的语法为

$$=IRR(values,guess)$$

式中:values 为数组或单元格的引用,包含用来计算返回的内部收益率的数字;guess 为对函数 IRR 计算结果的估计值。

有关该函数的说明如下。

- values必须包含至少一个正值和一个负值,以计算返回的内部收益率。函数 IRR 根据数值的顺序来解释现金流的顺序,故应确定按需要的顺序输入了支付和收入的数值。如果数组或引用包含文本、逻辑值或空白单元格,这些数值将被忽略。
- Microsoft Excel使用迭代法计算函数IRR。从guess开始,函数IRR进行循环计算,直至结果的精度达到0.00001%。如果函数IRR经过20次迭代,仍未找到结果,则返回错误值#NUM!。在大多数情况下,并不需要为函数IRR的计算提供guess值。如果省略guess,则假设它为0.1(10%)。如果函数IRR返回错误值#NUM!,或结果没有靠近期望值,可用另一个guess值再试一次。

当投资项目各年的净现金流量不相同时,使用 IRR 函数计算内部收益率会比较方便。

(3) MIRR 函数

MIRR 函数的功能是返回某一连续期间内现金流的修正内部收益率。函数 MIRR 同时考虑了投资的成本和现金再投资的收益率。该函数的语法为

$$= MIRR(values,finance\_rate,reinvest\_rate)$$

式中:values 为一个数组,或对数字单元格区的引用;这些数值代表着各期支出(负值)及收入(正值)。参数 values 中必须至少包含一个正值和一个负值,才能计算修正后的内部收益率,否则函数 MIRR 会返回错误值#DIV/0!。如果数组或引用中包括文字串、逻辑值或空白单元格,这些值将被忽略;但包括数值 0 的单元格计算在内。

finance_rate 为投入资金的融资利率。

reinvest_rate 为各期收入净额再投资的收益率。

有关该函数的说明如下。

- 函数MIRR根据输入值的次序来解释现金流的次序。所以,务必按照实际的顺序输入支出和收入数额,并使用正确的正负号(现金流入用正值,现金流出用负值)。
- 如果现金流的次数为n,finance_rate为frate而reinvest_rate为rrate,则函数MIRR的计算公式为

$$\left(\frac{- \text{NPV}(rrate, values[positive]) * (1 + rrate)^{n}}{\text{NPV}(frate, values[negative]) * (1 + frate)} \right)^{\frac{1}{n-1}} - 1$$

(4) XIRR 函数

如果投资项目在寿命期内的现金流量非定期地发生，可以利用 XIRR 函数来计算内部收益率。

XIRR 函数的功能是返回一组现金流的内部收益率，这些现金流不一定定期发生。若要计算一组定期现金流的内部收益率，请使用函数 IRR。该函数的语法为

$$=\text{XIRR(values,dates,guess)}$$

式中：values 为与 dates 中的支付时间相对应的一系列现金流。首次支付是可选的，并与投资开始时的成本或支付有关。如果第一个值是成本或支付，则它必须是负值。所有后续支付都基于 365 天/年贴现。系列中必须包含至少一个正值和一个负值。

dates 为与现金流支付相对应的支付日期表。第一个支付日期代表支付表的开始。其他日期应迟于该日期，但可按任何顺序排列。应使用 DATE 函数来输入日期，或者将日期作为其他公式或函数的结果输入。如果日期以文本形式输入，则会出现问题。

guess 为对函数 XIRR 计算结果的估计值。

有关该函数的进一步说明如下。

- Microsoft Excel可将日期存储为可用于计算的序列号。默认情况下，1900年1月1日的序列号是1，而2008年1月1日的序列号是39448，这是因为它与1900年1月1日相差39448天。
- dates中的数值将被截尾取整。
- 函数XIRR要求至少有一个正现金流和一个负现金流，否则函数XIRR返回错误值#NUM!。
- 如果dates中的任一数值不是合法日期，函数XIRR返回错误值#VALUE。
- 如果dates中的任一数值先于开始日期，函数XIRR返回错误值#NUM!。
- 如果values和dates所含数值的数目不同，函数XIRR返回错误值#NUM!。
- 多数情况下，不必为函数XIRR的计算提供guess值，如果省略，guess值假定为0.1(10%)。
- 函数XIRR与净现值函数XNPV密切相关。函数XIRR计算的收益率即为函数XNPV = 0时的利率。Excel使用迭代法计算函数XIRR。通过改变收益率(从guess开始)，不断修正计算结果，直至其精度小于0.000001%。如果函数XIRR运算100次，仍未找到结果，则返回错误值#NUM!。函数XIRR的语法为

$$0 = \sum_{i=1}^{N} \frac{P_i}{(1+\text{rate})^{\frac{(d_i-d_1)}{365}}}$$

式中：d_i 为第 i 个或最后一个支付日期；d_1 为第 0 个支付日期；P_i 为第 i 个或最后一个支付金额。

3. 几种不同类型项目的内部收益率计算模型

【例3-9】已知 A、B、C、D 这 4 个投资项目的有关资料如图3-14 的【已知条件】区域所示。要求建立一个计算 A、B、C 项目的内部收益率以及 D 项目的修正内部收益率并评价这 4 个项目可行性的模型。

建立模型的具体步骤如下所述。

01 设计模型的结构，如图 3-14 的【计算与评价结果】区域所示。

	A	B	C	D	E	F	G	H
1	已知条件							
2	A项目	一次性初始投资（元）	-36000					
3		经营期（年）	5					
4		每年净现金流量（元）	9000					
5	B项目	年	0	1	2	3	4	5
6		各年净现金流量（元）	-12000	2500	3200	3500	4000	5000
7	C项目	日期	2019/3/5	2020/1/10	2021/10/15	2022/2/18	2023/11/22	2024/5/16
8		净现金流量（元）	-32000	6000	6500	7800	8200	9000
9	D项目	年	0	1	2	3	4	5
10		各年净现金流量（元）	-6000	2000	3000	-3500	4000	3500
11		项目	贴现率					
12		A	10%		计算与评价结果			
13		B	12%		项目	内部收益率	可行性评价	
14		C	9%		A的IRR	7.93%	不可行	
15		D	7%		B的IRR	13.95%	可行	
16		D项目的再投资收益率	8%		C的IRR	4.73%	不可行	
17					D的MIRR	10.09%	可行	

图3-14　内部收益率的计算与项目可行性评价模型

02 在单元格 F14 中输入公式“=RATE(C3,C4,C2)”。

03 在单元格 F15 中输入公式“=IRR(C6:H6)”。

04 在单元格 F16 中输入公式“=XIRR(C8:H8,C7:H7)”。

05 在单元格 F17 中输入公式“=MIRR(C10:H10,C15,C16)”。

06 在单元格 G14 中输入公式“=IF(F14>C12,"可行","不可行")”，并将其复制到单元格区域 G15:G17。

模型的运行结果如图 3-14 所示。

3.3　投资决策基本方法的应用

3.3.1　独立投资项目的综合评价模型

【例 3-10】已知某投资项目的有关资料如图 3-15 的【已知条件】区域所示。要求建立一个计算该项目的各项评价指标并评价其可行性的模型。

建立模型的具体步骤如下所述。

01 设计模型的结构，如图 3-15 的【计算与评价结果】区域所示。

	A	B	C	D	E	F	G	H	I	J	K	L
1	已知条件（金额单位：万元）											
2	期初固定资产投资	300	所得税税率		25%							
3	固定资产残值	15	贴现率		10%							
4	期初垫支营运资金	20	折旧方法		使用年限法							
5	年份	0	1	2	3	4	5	6	7	8		
6	销售收入		120	130	150	180	200	200	210	220		
7	付现成本		42	48	60	72	90	96	108	114		
8												
9	计算与评价结果（金额单位：万元）											
10	年份	0	1	2	3	4	5	6	7	8	评价指标的计算及评价结果	
11	期初固定资产投资	-300									净现值	125.49
12	固定资产残值									15	获利指数	1.39
13	期初垫支营运资金	-20									内部收益率	19.13%
14	营运资金回收									20	静态投资回收期（年）	4.17
15	**与投资有关的净现金流量**	**-320**								**35**	动态投资回收期（年）	5.51
16	销售收入		120.00	130.00	150.00	180.00	200.00	200.00	210.00	220.00	项目的可行性评价	可行
17	付现成本		42.00	48.00	60.00	72.00	90.00	96.00	108.00	114.00		
18	年折旧		35.63	35.63	35.63	35.63	35.63	35.63	35.63	35.63		
19	税前利润		42.38	46.38	54.38	72.38	74.38	68.38	66.38	70.38		
20	所得税		10.59	11.59	13.59	18.09	18.59	17.09	16.59	17.59		
21	税后净利润		31.78	34.78	40.78	54.28	55.78	51.28	49.78	52.78		
22	**经营净现金流量**		**67.41**	**70.41**	**76.41**	**89.91**	**91.41**	**86.91**	**85.41**	**88.41**		
23	**净现金流量**	**-320**	**67.41**	**70.41**	**76.41**	**89.91**	**91.41**	**86.91**	**85.41**	**123.41**		
24	净现金流量的现值	-320	61.28	58.19	57.41	61.41	56.76	49.06	43.83	57.57		
25	累计净现金流量	-320	-252.59	-182.19	-105.78	-15.88	75.53	162.44	247.84	371.25		
26	净现金流量的现值累计	-320	-258.72	-200.53	-143.13	-81.72	-24.97	24.09	67.92	125.49		

图3-15　独立投资项目的综合评价模型

02 在单元格 B11 中输入公式"=-B2"。

03 在单元格 J12 中输入公式"=B3"。

04 在单元格 B13 中输入公式"=-B4"。

05 在单元格 J14 中输入公式"=B4"。

06 在单元格 B15 中输入公式"=SUM(B11:B14)"，并将其复制到单元格 J15。

07 选取单元格区域 C16:J17，输入数组公式"=C6:J7"。

08 选取单元格区域 C18:J18，输入数组公式"=SLN(B2,B3,J5)"。

09 选取单元格区域 C19:J19，输入数组公式"=C16:J16-C17:J17-C18:J18"。

10 选取单元格区域 C20:J20，输入数组公式"=C19:J19*E2"。

11 选取单元格区域 C21:J21，输入数组公式"=C19:J19-C20:J20"。

12 选取单元格区域 C22:J22，输入数组公式"=C21:J21+C18:J18"。

13 选取单元格区域 B23:J23，输入数组公式"B15:J15+B22:J22"。

14 选取单元格区域 B24:J24，输入数组公式"=PV(E3,B10:J10,,-B23:J23)"。

15 在单元格 B25 中输入公式"=SUM($B$23:B23)"。

16 在单元格 B26 中输入公式"=SUM($B$24:B24)"。

17 选取单元格区域 B25:B26，将其向右填充复制到单元格区域 C25:J26。

18 在单元格 L11 中输入公式"=NPV(E3,C23:J23)+B23"。

19 在单元格 L12 中输入公式"=NPV(E3,C23:J23)/ABS(B23)"。

20 在单元格 L13 中输入公式"=IRR(B23:J23)"。

21 在单元格 L14 中输入公式"=COUNTIF(B25:J25,"<0")-1+ABS(INDEX(B25:J25,,COUNTIF(B25:J25,"<0")))/INDEX(B23:J23,,COUNTIF(B25:J25,"<0")+1)"。

22 在单元格 L15 中输入公式"=COUNTIF(B26:J26,"<0")-1+ABS(INDEX(B26:J26,,COUNTIF(B26:J26,"<0")))/INDEX(B24:J24,,COUNTIF(B26:J26,"<0")+1)"。

23 在单元格 L16 中输入公式"=IF(L11>0,"可行","不可行")"。

模型的运行结果如图 3-15 所示。

3.3.2　互斥投资方案的比较分析模型

利用净现值法、内部收益率法和获利指数法对独立投资方案的可行性进行评价时，所得出的决策结论总是一致的。利用这 3 种方法对于互斥的投资方案进行选择时，有时也会得出一致的决策结论，但是由于互斥方案的投资规模、现金流量分布等方面的差异，利用 3 种方法进行决策有时会得出不一致的决策结论。在决策结论不一致时，有两种解决问题的方法：一是直接以净现值法的决策结论为准来选择最优方案；二是将投资额大的方案与投资额小的方案的现金流量相比较得到差量方案(如果两个方案的初始投资额相同，则使两个方案比较后的第一笔差量现金流量为负值)，然后可利用净现值法、内部收益率法和获利指数法对差量方案进行评价，如果差量方案可行，则比较的前一个方案最优，否则，比较的后一个方案最优。下面举例对此加以说明。

【例 3-11】已知 A、B 两个互斥投资方案的有关资料如图 3-16 的【已知条件】区域所示。

要求建立一个模型，使其具有以下几项功能：①计算在给定的贴现率水平之下，两个方案的净现值、获利指数和内部收益率，并分别显示净现值、获利指数和内部收益率最高的方案；②构造两个方案的差量方案(使差量方案为一个投资型方案)，计算差量方案的净现值、获利指数和内部收益率，并选择最优方案；③计算两个方案在贴现率分别为0%、5%、10%、15%、20%、25%水平下的净现值，绘制两个方案的净现值曲线；④计算两个方案净现值无差异点的贴现率，并根据给定的贴现率选取最优方案。

建立模型的具体步骤如下所述。

01 设计模型的结构，如图3-16的【计算与分析过程和结果】区域所示。

	A	B	C	D	E	F	G	H
1				已知条件(单位：万元)				
2	年份	0	1	2	3	4	5	给定的
3	方案A净现金流量	−20000	7500	6000	5000	3500	6500	贴现率
4	方案B净现金流量	−25000	8000	6500	5500	4000	12000	8%
5								
6				计算与分析过程和结果				
7	投资方案		评价指标的计算			评价指标的比较		
8		净现值(万元)	获利指数	内部收益率		净现值最高的方案	方案B	
9	方案A	3054.03	1.15	14.04%		获利指数最高的方案	方案A	
10	方案B	3453.30	1.14	12.92%		内部收益率最高的方案	方案A	
11			差量方案的净现金流量(单位：万元)					
12	年份	0	1	2	3	4	5	
13	方案B−方案A	−5000	500	500	500	500	5500	
14			差量方案的可行性评价			应选取的最优方案		
15	方案B−方案A	净现值(万元)	399.27	内部收益率	10.00%	方案B		
16		获利指数	1.08	可行性	可行			
17			两个方案在不同贴现率下的净现值(万元)					
18	贴现率	0%	5%	10%	15%	20%	25%	
19	方案A	8500.00	4876.60	1959.97	−421.03	−2389.72	−4036.48	
20	方案B	11000.00	5958.97	1959.97	−1259.07	−3885.03	−6053.44	
21	可变单元格(两方案净现值无差异点的贴现率)			10.00%		应选取的最优方案		
22	目标函数(两方案按无差异点的贴现率计算的净现值之差)					方案B		

图3-16　互斥投资方案的比较与决策分析模型

02 在单元格 B9 中输入公式 "=NPV($H$4,C3:G3)+B3"。

03 在单元格 C9 中输入公式 "=NPV($H$4,C3:G3)/ABS(B3)"。

04 在单元格 D9 中输入公式 "=IRR(B3:G3)"。

05 选取单元格区域 B9:D9，将其复制到单元格区域 B10:D10。

06 在单元格 G8 中输入公式 "=INDEX(A9:A10,MATCH(MAX(B9:B10),B9:B10,0))"。

07 在单元格 G9 中输入公式 "=INDEX(A9:A10,MATCH(MAX(C9:C10),C9:C10,0))"。

08 在单元格 G10 中输入公式 "=INDEX(A9:A10,MATCH(MAX(D9:D10),D9:D10,0))"。

09 选取单元格区域 B13:G13，输入数组公式 "=B4:G4-B3:G3"。

10 在单元格 C15 中输入公式 "=NPV(H4,C13:G13)+B13"。

11 在单元格 C16 中输入公式 "=NPV(H4,C13:G13)/ABS(B13)"。

12 在单元格 E15 中输入公式 "=IRR(B13:G13)"。

13 在单元格 E16 中输入公式 "=IF(C15>0,"可行","不可行")"。

14 在合并单元格 F15 中输入公式"=IF(C15>0,"方案B",IF(C15<0,"方案A","无差异"))"。

15 选取单元格区域 B19:G19，输入数组公式 "=NPV(B18:G18,C3:G3)+B3"。

16 选取单元格区域 B20:G20，输入数组公式 "=NPV(B18:G18,C4:G4)+B4"。

17 选取单元格区域 A19:G20，在【插入】选项卡【图表】功能组中单击【折线图】，然后在下拉列表中的【二维折线图】区域下选择【带数据标记的折线图】子图表类型，则可得到绘制的图表，然后进一步编辑图表，包括将图表的水平分类轴标签设置为单元格区域$B$18:$G$18、删除网格线、添加图表标题以及横纵坐标轴标签，再将纵坐标轴标签设置为显示 0 位小数的格式，再将鼠标指针对准横坐标轴标签，单击鼠标右键，在快捷菜单中执行【设置坐标轴格式】命令，然后在【坐标轴选项】选项卡上，在"位置坐标轴"区域下选择"在刻度线上"，得到编辑完成的图表，如图 3-17 所示。

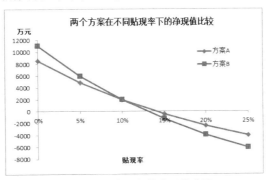

图3-17 两个方案的净现值曲线

18 在单元格 E22 中输入公式 "=(NPV(E21,C3:G3)+B3)-(NPV(E21,C4:G4)+B4)"。

19 在【数据】选项卡【数据工具】功能组中单击【模拟分析】命令，然后在下拉菜单中选择【单变量求解】命令，并在系统弹出的【单变量求解】对话框中，将目标单元格设置为 E22，目标值设置为 0，可变单元格设置为$E$21，单击【确定】按钮后，在系统弹出的【单变量求解状态】对话框中再单击【确定】按钮。

20 在合并单元格 F22 中输入公式 "=IF(H4<E21,"方案 B",IF(B9>0,"方案 A","都不选"))"。模型的运行结果如图 3-16 所示。

3.4 内部长期投资决策的特殊方法

3.4.1 寿命期不同的互斥投资方案的选择模型

对于寿命期限不同的互斥投资方案，不能直接利用净现值法、获利指数法和内部收益率法来选择最优方案，因为具有不同寿命期限的互斥方案的这些评价指标不具有可比性。在这种情况下，一般采用更新链法、净年值法或等值年成本法进行决策。

1. 采用更新链法进行决策的模型

更新链法又称为最小公倍寿命法。利用这种方法进行决策的步骤是：首先计算两个互斥投资方案的寿命期的最小公倍数，然后假定在寿命期的最小公倍数的年份内每个方案都重复进行若干次投资，再计算每个投资方案在寿命期的最小公倍数年限内的净现值指标并选择最优方案。

利用这种方法进行决策时，可以使用 LCM 函数。LCM 函数的功能是返回整数的最小公倍数。该函数的语法为

$$=\text{LCM}(number1，number2\cdots)$$

式中：number1，number2…是要计算最小公倍数的1～29个参数。如果参数不是整数，则截尾取整。如果参数为非数值型，则函数LCM返回错误值#VALUE!。如果有一个参数小于1，则函数LCM返回错误值#NUM!。

【例3-12】已知C、D两个互斥的投资方案的有关资料如图3-18的【已知条件】区域所示。要求建立一个采用更新链法选择最优方案的模型。

建立模型的具体步骤如下所述。

01 设计模型的结构，如图3-18的【计算过程与决策结果】区域所示。

02 在单元格F3中输入公式“=PV(B6,B4,-B5)-B3”。

03 在单元格F4中输入公式“=LCM($B$4,$C$4)”。

04 在单元格F5中输入公式“=F4/B4”。

05 在单元格F6中输入公式“=PV(B6,F4,-F3/PV(B6,B4,-1))”。

06 选取单元格区域F3:F6，将其复制到单元格区域G3:G6。

07 在单元格F7中输入公式“=IF(F6>G6,"方案C",IF(F6<G6,"方案D","两个方案都一样"))”。

模型的运行结果如图3-18所示。

2. 采用净年值法进行决策的模型

利用净年值法进行决策的步骤是，首先计算互斥投资方案在寿命期内的等值年金，然后直接比较各方案的等值年金，并以等值年金最大的方案作为最优方案。

【例3-13】已知A、B、C这3个互斥投资方案的有关资料如图3-19的【已知条件】区域所示。要求建立一个计算3个方案的净年值并选择最优方案的模型。

建立模型的具体步骤如下所述。

01 设计模型的结构，如图3-19的【计算与决策结果】区域所示。

	A	B	C	D	E	F	G
1	已知条件				计算过程与决策结果		
2	方案	方案C	方案D		方案	方案C	方案D
3	初始投资（元）	40000	60000		一个寿命期的净现值（元）	4763.34	4443.38
4	寿命期（年）	3	5		寿命期最小公倍数（年）	15	15
5	年净现金流量（元）	18000	17000		更新链重复次数（次）	5	3
6	贴现率	10%	10%		更新链的净现值（元）	14568.74	8915.47
7					最优方案	方案C	

图3-18 寿命期不同的互斥方案选择模型(更新链法)

	A	B	C	D
1	已知条件			
2	方案	方案A	方案B	方案C
3	初始投资（万元）	200	400	600
4	每年净现金流量（万元）	95	150	195
5	寿命期（年）	6	8	10
6	贴现率	15%		
7				
8	计算与决策结果			
9	方案	方案A	方案B	方案C
10	净年值（万元）	42.15	60.86	75.45
11	选择的最优方案	方案C		

图3-19 寿命期不同的互斥方案选择模型(净年值法)

02 在单元格B10中输入公式“=(PV($B$6,B5,-B4)-B3)/PV($B$6,B5,-1)”。

03 选取单元格B10，将其复制到单元格区域C10:D10。

04 在合并单元格B11中输入公式“=INDEX(B2:D2,,MATCH(MAX(B10:D10),B10:D10,0))”。

模型的运行结果如图3-19所示。

3. 采用等值年成本法进行决策的模型

在对互斥投资方案进行选择的过程中，如果所比较的互斥方案未来各期的现金流入量没有差异，则可以通过计算并比较互斥方案的等值年成本，并选择等值年成本最低的方案作为最优方案。

【例 3-14】已知某企业使用新、旧设备的有关资料如图 3-20 的【已知条件】区域所示。要求建立一个计算两个方案的等值年成本并选择最优方案的模型。

建立模型的具体步骤如下所述。

01 设计模型的结构，如图 3-20 的【计算过程与决策结果】区域所示。

已知条件				计算过程与决策结果		
项目	旧设备	新设备		项目	旧设备	新设备
原值（元）	10000	25000		等值年投资成本（元）	1314.71	4424.60
已使用年限（年）	3	0		年人工费用（元）	21250.00	17000.00
预计使用年限（年）	10	10		年电费（元）	1200.00	600.00
设备变现价值（元）	6000	25000		旧设备年销售收入损失（元）	3600.00	0
年产销量（件）	5000	5600		等值年成本合计（元）	27364.71	22024.60
产品售价（元/件）	12	12.72		决策结论	使用新设备	
单位产品工时（小时/件）	0.5	0.4				
每小时工资（元/小时）	8.5	8.5				
单位产品耗电（千瓦时/件）	0.6	0.3				
电价（元/千瓦时）	0.4	0.4				
企业要求的最低收益率	12%					

图3-20 寿命期不同的互斥投资方案选择模型(等值年成本法)

02 在单元格 F4 中输入公式 "=B6/PV($B$13,(B5-B4),-1)"。

03 在单元格 F5 中输入公式 "=B7*B9*B10"。

04 在单元格 F6 中输入公式 "=B7*B11*B12"。

05 选取单元格区域 F4:F6，将其复制到单元格区域 G4:G6。

06 在单元格 F7 中输入公式 "=B7*(C8-B8)"。

07 在单元格 G7 中输入 "0"。

08 在单元格 F8 中输入公式 "=SUM(F4:F7)"，并将其复制到单元格 G8。

09 在单元格 F9 中输入公式 "=IF(F8>G8,"使用新设备",IF(F8<G8,"使用旧设备","使用新旧设备都可以"))"。

模型的运行结果如图 3-20 所示。

3.4.2 资金有限额条件下的投资组合决策模型

在资金有限额的情况下，通过建立 0-1 规划模型，并利用规划求解工具进行求解，可以选择出最优的项目组合，使企业获得最大的净现值。建立 0-1 规划模型的基本原理如下所述。

假设有 n 个独立项目，其初始投资额和净现值分别为 I_j 和 $NPV_j (j=1, 2, \cdots, n)$，资金限额为 I_0。用 x_j 表示项目 j 的决策变量，$x_j = 0$ 表示 j 项目没有被选中，$x_j = 1$ 表示 j 项目被选中，则可建立如下的 0-1 规划模型。

$$\text{目标函数} \max\{NPV\} = \max\{\sum_{j=1}^{n} x_j \cdot NPV_j\}$$

$$\text{约束条件}\begin{cases} \sum_{j=1}^{n} x_j \cdot I_j \leqslant I_0 \\ \\ x_j = 0 \text{或} 1 \end{cases}$$

如果各个项目之间存在着某种联系，如项目之间存在着互斥性、依存关系、互补关系以及不可分性等，则需要在约束条件中进一步加上这些限制条件。

在求解这类问题的过程中，一般可以使用 SUMPRODUCT 函数，这样可以简化计算。

SUMPRODUCT 函数的功能是在给定的几个数组中，将数组间对应的元素相乘，并返回乘积之和。语法为

$$= SUMPRODUCT(array1，array2，array3\cdots)$$

式中：array1，array2，array3 等为 1～30 个数组。

需注意的是，数组参数必须具有相同的维数，否则，函数 SUMPRODUCT 将返回错误值 #VALUE!。对于非数值型的数组元素将作为 0 处理。

【例 3-15】某企业现有 10 个可供选择的投资项目，各个项目在第 0 年和第 1 年的投资额以及净现值如图 3-21 的【已知条件】区域所示。该企业在第 0 年和第 1 年均有资金限额，分别为 1200 万元和 200 万元。在这些项目中，项目 A 与 E 为互依项目，项目 H、I、J 为三选一项目，项目 B 与 E 为互斥项目，其他项目相互独立。要求建立一个可以选择最优项目组合的模型。

根据以上条件，首先可用代数式建立 0-1 规划模型如下。

$$\text{目标函数}\max\left\{\sum NPV\right\} = \max\left\{\sum_{i=1}^{10} x_i NPV_i\right\}$$

$$\text{约束条件}\begin{cases} \sum_{i=1}^{10} x_i I_{i,0} \leqslant 1200(\text{第0年投资额限制条件}) \\ \sum_{i=1}^{10} x_i I_{i,1} \leqslant 200(\text{第1年投资额限制条件}) \\ x_1 - x_5 = 0(\text{项目A与E互依}) \\ x_8 + x_9 + x_{10} = 1(\text{项目H、I、J三选一}) \\ x_2 + x_5 = 1(\text{项目B与E互斥}) \\ x_i = 0\text{或}1(i=1,2,3\cdots10) \end{cases}$$

式中：$I_{i,0}$ 为第 i 个项目在第 0 年的投资，$I_{i,1}$ 为第 i 个项目在第 1 年的投资，x_i 为项目 i 的决策变量，当 x_i=1 时表示选中 i 项目，当 x_i=0 时表示放弃 i 项目。

利用 Excel 建立模型的具体步骤如下所述。

01 设计模型的结构，如图 3-21 的【决策结果】和【约束条件区域】所示。其中决策变量所在的单元格区域 F3:F12 的初始状态为空值。

项目名称	第0年投资额（万元）	第1年投资额（万元）	净现值（万元）		决策变量	选择的项目
	已知条件				决策结果	
A	260	50	300		1	A
B	320	0	200		0	
C	150	60	110		1	C
D	220	0	125		1	D
E	235	35	330		1	E
F	120	0	90		1	F
G	80	20	60		1	G
H	100	40	70		0	
I	90	80	150		0	
J	80	30	65		1	J
资金限额（万元）	1200	200			净现值合计（万元）	
						1080

约束条件区域			
年份	第0年	第1年	
使用资金合计公式	1145	195	
项目之间的关系	约束条件公式	约束值	
项目A与E互依	0	0	
项目H、I、J三选一	1	1	
项目B与E互斥	1	1	

图3-21 已知条件和模型的结构设计

02 在单元格 B17 中输入公式 "=SUMPRODUCT(B3:B12,$F$3:$F$12)"，然后选择 B17 单元格，将其复制到 C17 单元格。

03 在单元格 B19 中输入公式 "=F3-F7"。

04 在单元格 B20 中输入公式 "=F10+F11+F12"。

05 在单元格 B21 中输入公式 "=F4+F7"。

06 在单元格 G3 中输入公式 "=IF(F3=1,A3,"")"，并将其向下填充复制到单元格区域 G4:G12。

07 在单元格 F14 中输入公式 "=SUMPRODUCT(D3:D12,F3:F12)"。

08 在【文件】菜单中单击【选项】命令，则系统会打开【Excel 选项】对话框，单击打开该对话框中的【加载项】选项卡，如图 3-22 所示。

09 单击【加载项】选项卡下边的【转到】按钮，则系统会打开【加载宏】对话框，在该对话框的【可用加载宏】列表框中选择【规划求解加载项】命令，如图 3-23 所示，单击【确定】按钮后，就可以把【规划求解】命令加载到【数据】选项卡中。

值得注意的是，按上述步骤操作之后，如果在【数据】选项卡中找不到【规划求解】命令，或者上述操作步骤无法顺利完成，则说明用户所使用的电脑在安装 Office 系统的过程中 Excel 组件没有被完全安装。解决这个问题的方法是需要首先卸载 Office 系统，然后重新安装，并且在安装的过程中，在【安装选项】对话框的 Microsoft Excel 组件和【Office 工具】组件的下拉菜单中都选择【从本机运行全部程序】命令。

图3-22　【Excel选项】对话框之【加载项】选项卡　　　　图3-23　【加载宏】对话框

10 在【数据】选项卡【分析】功能组中单击【规划求解】命令，打开【规划求解参数】对话框，在其中的【设置目标】栏中输入 "$F$14"，在【到】区域选择【最大值】单选按钮，在【通过更改可变单元格】栏中输入 "$F$3:$F$12"，如图 3-24 所示。

11 单击【添加】按钮，在系统弹出的【添加约束】对话框中，设置第一个约束条件 "$B$17:$C$17≤$B$13:$C$13"，如图 3-25 所示。

12 单击【添加】按钮，在系统弹出的【添加约束】对话框中，设置下一个约束条件 "$B$19:$B$21=$C$19:$C$21"，如图 3-26 所示。

图3-24 【规划求解参数】对话框

图3-25 添加投资额的约束条件

图3-26 添加项目关系的约束条件

13 单击【添加】按钮,在系统弹出的【添加约束】对话框中,再设置下一个约束条件 "$F$3:$F$12 = 二进制",其中的"二进制"并不需要手工输入,只需要展开【添加约束】对话框中的下拉菜单,从中选择 bin,如图 3-27 所示。最后一个约束条件设置完成之后的结果如图 3-28 所示。

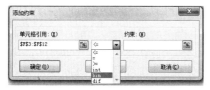

图3-27 添加决策变量的约束条件过程

图3-28 添加决策变量的约束条件结果

14 单击【确定】按钮,则系统返回到【规划求解参数】对话框,设置完成的【规划求解参数】对话框如图 3-29 所示,再单击该对话框中的【选项】按钮,则系统会弹出【选项】对话框,如图 3-30 所示。

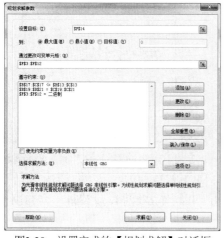

图3-29 设置完成的【规划求解】对话框

图3-30 【选项】对话框

15 在【选项】对话框的【所有方法】选项卡中,单击取消【忽略整数约束】复选框中的

√，再单击【确定】按钮，系统会重新回到如图 3-29 所示的【规划求解参数】对话框，单击该对话框中的【求解】按钮，则系统会弹出【规划求解结果】对话框，如图 3-31 所示。

16 单击【确定】按钮，则得到模型的最终求解结果，如图 3-21 所示。

由模型的计算结果可以看出，该企业最终应选择的最优项目组合为 A、C、D、E、F、G、J 项目，该最优项目组合第 0 年实际使用资金 1145 万元，第 1 年实际使用资金 195 万元，最优项目组合的净现值合计为 1080 万元。

图3-31　【规划求解结果】对话框

3.5　固定资产更新决策

3.5.1　是否立即更新固定资产的决策模型

企业的机器设备在使用过程中，随着磨损程度的增加，其效率、性能和精度等指标会日趋下降，而不能或不宜继续使用；或由于技术进步等原因而显得陈旧落后，需要以新的效率更高、性能更好的设备进行替换。但更新设备必然要求企业投入大量的资金，加重企业的财务负担。在这种情况下，企业应该以成本最低或收益最高为目标，做好是否更新设备的决策。根据不同的情况应采用不同的方法进行决策。当新旧设备未来预计的使用年限相同时，可以直接通过比较新旧设备方案的净现值或成本现值做出决策，也可以通过差量分析法进行决策；而当新旧设备未来预计的使用年限不同时，应通过比较新旧设备方案的净年值或等值年成本做出决策。

【例 3-16】 某企业 4 年前购入的旧设备以及正在考虑更换的新设备的有关资料如图 3-32 的【已知条件】区域所示。要求建立一个是否应对该设备进行更新的决策模型。

建立模型的具体步骤如下所述。

01 设计模型的结构，如图 3-32 的【计算过程与决策结果】区域所示。

02 在单元格 B16 中输入公式 "=-B8"，这里所得到的计算结果为继续使用旧设备的机会成本。

03 在单元格 B17 中输入公式 "=(B6-B7)*(1-$B$11)+SLN(B3,B9,B5)*$B$11"。

04 在单元格 B18 中输入公式 "=B9"。

05 在单元格 B19 中输入公式 "=PV($B$10,B5-B4,-B17,-B18)+B16"。

06 选取单元格区域 B16:B19，将其复制到单元格区域 C16:C19。

07 选取单元格区域 D16:D19，输入数组公式 "=C16:C19-B16:B19"。

已知条件			
项目	旧设备	新设备	
原值（元）	80000	90000	
已使用年限（年）	4	0	
预计使用年限（年）	10	6	
年销售收入（元）	65000	75000	
年付现经营成本（元）	46000	45000	
目前变现价值（元）	49600	90000	
最终残值（元）	4000	4500	
资本成本率	12%		
所得税税率	25%		
折旧方法	使用年限法		

计算过程与决策结果			
项目	旧设备	新设备	差量
更新设备时的净现金流量（元）	-49600	-90000	-40400
经营期内年净现金流量（元）	16150.00	26062.50	9912.50
经营期末终结净现金流量（元）	4000.00	4500.00	500.00
净现值（元）	18825.75	19433.39	607.64
决策结论	应更新设备		

图3-32　固定资产更新决策模型

08 在单元格 B20 中输入公式 "=IF(D19>0,"应更新设备",IF(D19<0,"继续使用旧设备","使用新旧设备都可以"))"。

模型最终的运行结果如图 3-32 所示。

3.5.2 固定资产最优更新时机的决策模型

设备最优更新时机的选择，实际上是确定设备经济寿命的问题。设备的经济寿命是指设备从投入使用时起，到由于遭受有形磨损和无形损耗，继续使用在经济上会变得不合理为止的全部时间。确定设备的经济寿命可采用等值年成本法，即通过将设备寿命期内的投资额、各年的成本费用现金流出等按一定的贴现率求出现值之和，再将其按等值的方法分摊到各年，求出等值年成本，并选择等值年成本最低的年份作为设备的经济寿命，从而确定最优更新时机。等值年成本的计算公式为

$$AC_t = \left[I_0 - S_t \cdot PVIF_{i,t} + \sum_{j=1}^{t} C_j \cdot PVIF_{i,j} \right] \cdot \frac{1}{PVIFA_{i,t}}$$

式中：AC_t 为设备使用 t 年的等值年成本；I_0 为设备投资原值；S_t 为设备在第 t 年末的残值；C_j 为设备在第 j 年的使用费用；t 为设备的使用时间，$t = 1，2 \cdots n$；n 为设备的可使用年限；i 为资本成本率即贴现率。

【例 3-17】某企业的一台设备原始价值为 9000 元，可以在未来的 10 年中继续使用，但随着时间的推移，使用费用逐年升高，而设备的残值逐年降低，有关数据如图 3-33 的【已知条件】区域所示。要求建立一个确定该设备最优更新时机的决策模型。

建立模型的具体步骤如下所述。

01 设计模型的结构，如图 3-33 的【计算过程与决策结果】区域所示。

	A	B	C	D	E	F	G
1		已知条件				计算过程与决策结果	
2	年限 t	设备原值 I₀	设备残值 Sₜ	使用费用 Cₜ		年限 t	等值年成本 ACₜ
3	1	9000	6800	700		1	3800.00
4	2	9000	5200	800		2	3457.14
5	3	9000	3500	850		3	3340.18
6	4	9000	2200	950		4	3180.69
7	5	9000	1100	1100		5	3056.09
8	6	9000	900	1450		6	2888.11
9	7	9000	700	1720		7	2795.55
10	8	9000	500	2560		8	2798.57
11	9	9000	300	2890		9	2823.71
12	10	9000	100	3150		10	2858.61
13	资本成本率		10%			经济寿命（年）	7

图3-33　固定资产最优更新时机的决策模型

02 在单元格 G3 中输入数组公式 "=(B3-C3/(1+$B$13)^A3+SUM($D$3:D3/ (1+$B$13)^$A$3:A3))/PV($B$13,A3,-1)"。

03 选取单元格 G3，将其复制到单元格区域 G4:G12。

04 在单元格 G13 中输入公式 "=INDEX(A3:A12,MATCH(MIN(G3:G12),G3:G12, 0))"。

模型最终的运行结果如图 3-33 所示。计算结果表明，该设备的经济寿命为 7 年，因此应在第 7 年对其进行更新。

第4章

投资项目的风险分析与处置

4.1 投资风险的度量

4.1.1 个别项目的投资风险度量模型

1. 有关的计算公式

风险是指某一行动的结果具有多样性。投资项目的风险是指投资以后无法获得预期报酬的可能性。在未来每种情况发生的概率以及每种情况下的可能结果能够估计出来的情况下,可以利用投资收益分布的标准差和变差系数衡量投资风险的大小。其计算公式为

$$E = \sum_{t=1}^{n} K_t P_t$$

$$\sigma = \sqrt{\sum_{t=1}^{n} (K_t - E)^2 P_t}$$

$$V = \sigma / E$$

式中:E 为投资收益(率)分布的期望值;σ 为投资收益(率)分布的标准差;V 为变差系数(标准离差率);K_t 为第 t 种情况下的投资收益(率);P_t 为第 t 种情况出现的概率;n 为出现可能情况的种数。

根据上述已知条件,还可以绘制投资项目收益率的概率分布图,并可以进一步计算投资项目的收益率小于某个水平的概率、大于某个水平的概率或者落在某个区间的概率。

2. 有关的函数

在对个别项目的投资风险进行计算和分析的过程中可以利用 SQRT 函数、SUMPRODUCT 函数和 NORMDIST 函数。SUMPRODUCT 函数的功能已在前面做过介绍,下面介绍 SQRT 函数和 NORMDIST 函数的功能。

(1) SQRT 函数

SQRT 函数的功能是计算一个正数的正平方根，语法为

$$=\text{SQRT(number)}$$

式中：number 为需要计算其平方根的正数。如果参数 number 为负值，函数 SQRT 返回错误值#NUM!。

(2) NORMDIST 函数

NORMDIST 函数的功能是返回指定平均值和标准偏差的正态分布函数，语法为

$$=\text{NORMDIST(x,mean,standard\_dev,cumulative)}$$

式中：x 为需要计算其分布的数值；mean 为分布的算术平均值(即期望值)；standard_dev 为分布的标准偏差(即标准差)；cumulative 为一逻辑值，指明函数的形式。如果 cumulative 为 TRUE，函数 NORMDIST 返回累积分布函数；如果为 FALSE，返回概率密度函数。

在 cumulative 为 TRUE 的情况下，NORMDIST 函数计算的结果反映的是随机变量小于 x 的累计概率。由于正态分布函数全部的累计概率等于 1，因此，要计算随机变量大于等于 x 的累计概率，可用 1 减去其小于 x 的累计概率得到，类似地，也可以确定出随机变量落在某一区间的累计概率值。

3. 个别项目投资风险度量模型的建立

【例 4-1】已知 A、B 两个投资项目在未来 5 种可能的经济情况下的预计投资收益率及其分布概率的有关资料如图 4-1 中的【已知条件】区域所示。要求建立一个具有以下功能的模型：①计算两个项目年投资收益率分布的期望值、标准差和变差系数；②计算两个项目年投资收益率小于 12%的累计概率；③计算两个项目年投资收益率大于或等于 25%的累计概率；④绘制两个项目年投资收益率的概率分布图以比较其风险大小。

建立模型的具体步骤如下所述。

01 设计模型的结构，如图 4-1 的【计算过程与结果】区域所示。

02 在单元格 C12 中输入公式"=SUMPRODUCT(C4:C8,$B$4:$B$8)"。

03 在单元格 C13 中输入公式"=SQRT(SUMPRODUCT((C4:C8-C12)^2,$B$4: $B$8))"。

04 在单元格 C14 中输入公式"=C13/C12"。

05 在单元格 C15 中输入公式"=NORMDIST(12%,C12,C13,TRUE)"。

06 在单元格 C16 中输入公式"=1-NORMDIST (25%,C12,C13,TRUE)"。

07 选取单元格区域 C12:C16，将其复制到单元格区域 D12:D16。

08 选取单元格区域 B4:D8，在【插入】选项卡【图表】功能组中单击【散点图】，然后在下拉列表中选择【带平滑线和数据标记的散点图】子图表类型，则可得到初步绘制的图表，如图 4-2 所示。

09 将鼠标指针对准图表中的绘图区单击右键，在弹出的快捷菜单中单击【选择数据】命令，则系统

	A	B	C	D
1	已知条件			
2	经济情况	发生的概率	年投资收益率	
3			项目A	项目B
4	严重萧条	0.05	15%	5%
5	衰退	0.20	18%	25%
6	正常	0.50	20%	40%
7	正常繁荣	0.20	23%	55%
8	严重过热	0.05	25%	70%
9	合计	1.00		
10	计算过程与结果			
11	项目		项目A	项目B
12	期望值		20.00%	39.75%
13	标准差		2.24%	14.01%
14	变差系数		0.1118	0.3524
15	年收益率小于12%的累计概率		0.0002	0.0238
16	年收益率大于或等于25%的累计概率		0.0127	0.8538

图4-1 个别项目的投资风险度量模型

会打开【选择数据源】对话框，如图 4-3 所示。

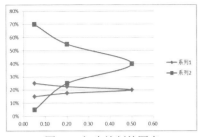

图4-2　初步绘制的图表

图4-3　【选择数据源】对话框

10 在【选择数据源】对话框的【图例项】列表框中选择【系列1】，单击【编辑】按钮，则系统会打开【编辑数据系列】对话框，在该对话框的【系列名称】栏中输入"=Sheet1!$C$3"，在【X 轴系列值】栏中输入"=Sheet1!$C$4:$C$8"，在【Y 轴系列值】栏中输入"=Sheet1!$B$4:$B$8"，如图 4-4 所示。

11 单击【确定】按钮，系统会返回到【选择数据源】对话框，再在该对话框的【图例项】列表框中选择【系列2】，单击【编辑】按钮，然后在系统打开的【编辑数据系列】对话框中，在【系列名称】栏中输入"=Sheet1!$D$3"，在【X 轴系列值】栏中输入"=Sheet1!$D$4:$D$8"，在【Y 轴系列值】栏中输入"=Sheet1!$B$4:$B$8"，如图 4-5 所示。

图4-4　系列1的有关设置

图4-5　系列2的有关设置

12 单击【确定】按钮，系统会返回到【选择数据源】对话框，再单击【确定】按钮后，即可得到编辑数据系列格式后的图表，如图 4-6 所示。

13 进一步编辑图表，包括删除网格线、添加图表标题以及横纵坐标轴标签等，得到最终完成的图表，如图 4-7 所示。

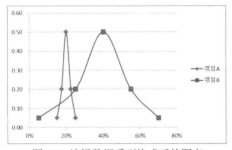

图4-6　编辑数据系列格式后的图表

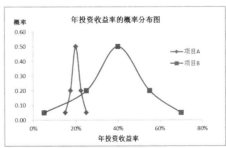

图4-7　最终完成的图表

模型的运行结果如图 4-1 所示。由模型的计算结果可以看出，A 项目年投资收益率分布的期望值和标准差都小于 B 项目，说明 A 项目是低风险、低收益型的项目，与之相反，B 项目是高风险、高收益型的项目。A 项目的收益率小于 12% 和大于或等于 25% 的概率都很低。从变差系数来判断，B 项目的相对风险大于 A 项目。由图示结果也可以看出，B 项目年投资收益率的分布范围比 A 项目年投资收益率的分布范围更大，同样显示 B 项目具有高风险的特征。

4.1.2　项目组合的投资风险度量模型

1. 有关的计算公式

项目组合的投资风险可以利用项目组合投资收益分布的期望值、标准差和变差系数来衡量。有关的计算公式为

$$E_P = \sum_{i=1}^{n} \overline{NPV_i}$$

$$\sigma_P = \sqrt{\sum_{j=1}^{n} \sum_{k=1}^{n} \sigma_j \sigma_k r_{j,k}}$$

$$V_P = \sigma_P / E_P$$

式中：E_P 为项目组合的净现值；$\overline{NPV_i}$ 为项目 i 的净现值期望值；n 为项目组合中项目的个数；σ_P 为项目组合的标准差；σ_j 和 σ_k 分别为项目 j 和项目 k 的标准差；V_P 为项目组合的变差系数；$r_{j,k}$ 为项目 j 与 k 之间的相关系数，其计算公式为

$$r_{j,k} = \sum_{t=1}^{m} (NPV_{jt} - \overline{NPV_j})(NPV_{kt} - \overline{NPV_k})P_t / (\sigma_j \sigma_k)$$

式中：NPV_{jt} 和 NPV_{kt} 分别为项目 j 和项目 k 在第 t 种情况下的净现值；$\overline{NPV_j}$ 和 $\overline{NPV_k}$ 分别为项目 j 和 k 的净现值期望值。

2. 相关函数介绍

在计算投资组合的标准差的过程中，可以使用 MMULT 函数。MMULT 函数的功能是返回两数组的矩阵乘积，其语法为

$$=MMULT(array1,array2)$$

式中：array1, array2 为要进行矩阵乘法运算的两个数组。结果矩阵的行数与 array1 的行数相同，矩阵的列数与 array2 的列数相同。

需要注意的是，参数 array1 的列数必须与 array2 的行数相同，而且两个数组中都只能包含数值。array1 和 array2 可以是单元格区域、数组常数或引用。如果单元格是空白单元格或含有文字串，或是 array1 的行数与 array2 的列数不相等时，则函数 MMULT 返回错误值#VALUE!。此外，由于该函数的返回值为数组，故必须以数组公式的形式输入。

3. 项目组合投资风险度量模型的建立

【例 4-2】某公司的 A、B、C 这 3 个项目在 5 种不同的经济状态下预计净现值的有关资料如图 4-8 的【已知条件】区域所示。要求分别计算 3 个项目以及 3 个项目构成的投资组合的净现值期望值、标准差和变差系数。

建立模型的具体步骤如下所述。

01 设计模型的结构，如图4-8的【计算过程与结果】区域所示。

		已知条件					计算过程与结果		
经济情况	概率	项目的净现值（万元）				项目	A项目	B项目	C项目
		A项目	B项目	C项目		净现值期望值（万元）	1240.00	1070.00	1210.00
状态1	0.1	300	500	100		标准差（万元）	626.42	360.69	828.79
状态2	0.2	600	900	500		变差系数	0.5052	0.3371	0.6850
状态3	0.4	1200	1000	1000		相关系数矩阵			
状态4	0.2	1800	1200	2000			A项目	B项目	C项目
状态5	0.1	2500	2000	3000		A项目	1.0000	0.9215	0.9873
合计	1					B项目	0.9215	1.0000	0.9376
						C项目	0.9873	0.9376	1.0000
						项目组合的净现值（万元）	3520.00		
						项目组合的标准差（万元）	1792.09		
						变差系数	0.5091		

图4-8　项目组合投资风险度量模型

02 在单元格 H3 中输入公式 "=SUMPRODUCT($B$4:$B$8,C4:C8)"。

03 在单元格 H4 中输入公式 "=SQRT(SUMPRODUCT((C4:C8-H3)^2,$B$4:$B$8))"。

04 在单元格 H5 中输入公式 "=H4/H3"。

05 选取单元格区域 H3:H5，将其填充复制到单元格区域 I3:J5。

06 在单元格 H8 中输入公式 "=SUMPRODUCT($B$4:$B$8,($C$4:$C$8-$H$3),(C4:C8-H3))/($H$4*H4)"。

07 在单元格 H9 中输入公式 "=SUMPRODUCT($B$4:$B$8,($D$4:$D$8-$I$3),(C4:C8-H3))/($I$4*H4)"。

08 在单元格 H10 中输入公式 "=SUMPRODUCT($B$4:$B$8,($E$4:$E$8-$J$3),(C4:C8-H3))/($J$4*H4)"。

09 选取单元格区域 H8:H10，将其填充复制到单元格区域 I8:J10。

10 在单元格 H11 中输入公式 "=SUM(H3:J3)"。

11 在单元格 H12 中输入公式 "=SQRT(SUMPRODUCT(MMULT(H4:J4,H8:J10),H4:J4))"。

12 在单元格 H13 中输入公式 "=H12/H11"。

模型的运行结果如图 4-8 所示。

4.2　投资项目的风险分析方法

4.2.1　投资项目的盈亏平衡分析模型

1. 相关的计算公式

投资项目的盈亏平衡点包括会计盈亏平衡点和现值盈亏平衡点两种。会计盈亏平衡点是指使投资项目的会计利润等于零时的年产销量或年销售额，现值盈亏平衡点是指使投资项目的净现值等于零时的年产销量或年销售额。相关的计算公式为

$$会计盈亏平衡点产销量 = \frac{固定成本}{单价 - 单位变动成本}$$

现值盈亏平衡点产销量应该能够满足公式

$$NPV = \sum_{t=1}^{n} \frac{[Q_t(p_t - v_t) - F_{ct}](1-T) + T \cdot D_t}{(1+i)^t} - I = 0$$

式中：Q_t为第 t 年的产销量；p_t为第 t 年的产品单价；v_t为第 t 年的单位变动成本；F_{ct}为第 t 年的付现固定成本；T 为所得税税率；D_t为第 t 年的折旧额；i 为项目的基准收益率(即贴现率)；I 为项目的初始投资(并假设在第 0 年一次性投入项目)；n 为项目的寿命期；t 为年份。

当投资项目在寿命周期内每年的产销量相等，并且固定资产残值为 0，按使用年限法计提折旧，每年的产品单价、单位变动成本和付现固定成本为常数时，现值盈亏平衡点产销量 $Q*$ 的计算公式为

$$Q* = \frac{F_c + \left[\dfrac{n}{PVIFA_{i,n}} - T\right] \cdot \dfrac{D}{1-T}}{p - v}$$

实际应用中，盈亏平衡点既可以利用上述公式计算，也可以利用单变量求解工具计算。在计算出盈亏平衡点产销量的基础上，还可以进一步计算盈亏平衡点的销售额和安全边际率，计算公式为

$$盈亏平衡点销售额 = 盈亏平衡点销售额 \times 单价 = \frac{固定成本}{1 - 变动成本率}$$

$$变动成本率 = 变动成本/销售收入 = 单位变动成本/单价$$

$$安全边际率 = (现有产销量 - 盈亏平衡点产销量)/现有产销量$$

根据投资项目安全边际率的大小，可以判断其风险的高低。一般而言，安全边际率越高，说明项目的风险越小，反之亦然。

2. 盈亏平衡分析模型的建立

【例 4-3】某投资项目的有关资料如图 4-9 的【已知条件】区域所示。要求分别计算该项目的会计盈亏平衡点和现值盈亏平衡点的销售量和销售额以及安全边际率，并根据给定的标准判断该项目经营上的安全程度。

建立模型的具体步骤如下所述。

01 设计模型的结构，如图 4-9 的【计算结果】区域所示。

02 在单元格 B11 中输入公式 "=B12*(B4-B5)-F2-B2/B3"。

	A	B	C	D	E	F
1			已知条件			
2	初始投资（元）	50000	付现固定成本（元）			6000
3	项目寿命	10	基准收益率			15%
4	产品单价（元/件）	45	所得税税率			25%
5	单位变动成本（元/件）	25	预计年产销量（件）			900
6			经营安全程度的判别标准			
7	安全边际率	10%以下	10%～20%	20%～30%	30%～40%	40%以上
8	安全程度	很危险	注意	比较安全	安全	很安全
9						
10			计算结果			
11	会计利润计算公式	0.00	净值计算公式			0.00
12	会计盈亏平衡点销售量（件）	550.00	现值盈亏平衡点销售量（件）			880.84
13	会计盈亏平衡点销售额（元）	24750.00	现值盈亏平衡点销售额（元）			39637.81
14	按会计盈亏平衡点计算的安全边际率	38.89%	按现值盈亏平衡点计算的安全边际率			2.13%
15	经营上的安全程度	安全	经营上的安全程度			很危险

图4-9 盈亏平衡分析模型

03 在【数据】选项卡【数据工具】功能组中单击【模拟分析】命令，然后在下拉菜单中选择【单变量求解】命令，并在系统弹出的【单变量求解】对话框中，将目标单元格设置为 B11，将目标值设置为 0，将可变单元格设置为 $B$12，单击【确定】按钮后，在系统弹出的【单变量求解状态】对话框中再单击【确定】按钮，即可在 B12 单元格中得到会计盈亏平衡点销售量。

04 在单元格 B13 中输入公式 "=B12*B4"。

05 在单元格 B14 中输入公式 "=(F5-B12)/F5"。

06 在单元格 B15 中输入公式 " =IF(B14>=40%,F8,IF(B14>=30%,E8,IF(B14>=20%,D8,IF(B14>=10%,C8,B8))))"。

07 在单元格 F11 中输入公式 "=PV(F3,B3,-((F12*(B4-B5)-F2)*(1-F4)+(B2/B3)*F4))-B2"。

08 在【数据】选项卡【数据工具】功能组中单击【模拟分析】命令，然后在下拉菜单中选择【单变量求解】命令，并在系统弹出的【单变量求解】对话框中，将目标单元格设置为 $F$11，将目标值设置为 0，将可变单元格设置为 $F$12，然后单击【确定】按钮，最后在系统弹出的【单变量求解状态】对话框中再单击【确定】按钮，即可在 F12 单元格中得到求解的结果。

09 在单元格 F13 中输入公式 "=F12*B4"。

10 在单元格 F14 中输入公式 "=(F5-F12)/F5"。

11 在单元格 F15 中输入公式 "=IF(F14>=40%,F8,IF(F14>=30%,E8,IF(F14>=20%,D8,IF(F14>=10%,C8,B8))))"。

模型的运行结果如图 4-9 所示。

4.2.2　投资项目的敏感性分析模型

评价投资项目的净现值等指标是根据产品销售量、产品单价、单位变动成本、付现固定成本、项目寿命、基准收益率等有关参数的预测值计算得到的。由于各种条件的限制，这些参数很有可能预测得不准，导致项目执行过程中某些参数的实际值和预测值发生偏离。为了分析这些因素预测不准时对项目的投资效果会产生怎样的影响，可以对投资项目进行敏感性分析。在长期投资决策中，根据不同的需要，可以分别选择以净现值或其他评价指标为基础进行单因素敏感性分析或多因素敏感性分析。

1. 单因素敏感性分析的基本原理

(1) 单因素敏感性分析的一般步骤

单因素敏感性分析是指假定影响投资项目评价指标的众多因素中只有一个因素的预测值与实际值发生偏离，其他因素均保持预测值不变时对投资项目有关评价指标所产生的影响程度的分析。单因素敏感性分析一般可按以下步骤进行。

01 选定拟进行敏感性分析的投资项目评价指标，如净现值、内部收益率、净年值等。

02 选定要做敏感性分析的因素，如产品销售量、产品单价、单位变动成本、付现固定成本、投资额、项目寿命期、基准收益率、所得税税率等。

03 确定拟进行敏感性分析的各因素的变动范围及变动间距。

04 依次计算每个因素的数值变动一定幅度后所选定的评价指标的最终结果，并可以进一步绘制因素变动率与评价指标数值之间的示意图。

05 根据计算结果或绘制的图形判断各因素的敏感性强弱。如果某个因素的微小变动会导致评价指标发生很大幅度的变动，则说明该因素的敏感性强，反之则敏感性弱。对于敏感性很强的因素，在投资项目的实施过程中应重点加以控制，以避免不利情况的出现。

(2) 单因素变动的临界值的确定

单因素敏感性分析还可以通过计算各个因素允许变动的临界值的方法来进行。各个因素允许变动的临界值是指在不改变按某个评价指标所做出的决策结论的条件下，各个因素所能变动的上限或下限。以净现值指标的敏感性分析为例，假定固定资产在期初一次性投入，按使用年限法计提折旧，则各因素的允许变动的上限或下限可由下式求出

$$\text{NPV} = [(Q \cdot p - Q \cdot v - F_c)(1 - T) + D \cdot T] \cdot \text{PVIFA}_{i,n} - I = 0$$

式中：Q 为每年的产销量；p 为产品单价；v 为单位变动成本；F_c 为付现固定成本；T 为所得税税率；i 为项目的基准收益率(即贴现率)；I 为项目的初始投资；n 为项目的寿命期；D 为每年的折旧额，$D=(I-S)/n$；S 为固定资产的残值；$\text{PVIFA}_{i,n}$ 为年金现值系数。

分别以上式中的 Q、p、v、F_c、i、I、n 为变量，以其他参数为常数项，利用单变量求解工具进行求解，可以分别求出年产销量、产品单价、项目寿命期各因素允许变动的下限以及单位变动成本、每年付现固定成本、初始投资和基准收益率各因素允许变动的上限。

2. 基于净现值的单因素敏感性分析模型的建立

【例4-4】 某投资项目的有关预测资料如图4-10中的【已知条件】区域所示。要求建立一个模型，使其具有以下几项功能：①按各因素的预测值计算基础方案的净现值；②分别确定每年产销量、产品单价、单位变动成本、每年付现固定成本和固定资产投资允许变动的临界值；③以净现值为基础，分别对每年产销量、产品单价、单位变动成本、每年付现固定成本和固定资产投资进行单因素敏感性分析；④绘制基于净现值的单因素敏感性分析图。

建立模型的具体步骤如下所述。

01 首先设计基础方案净现值与因素变动临界值计算部分的模型结构，如图4-10的A7:I13单元格区域所示。

	A	B	C	D	E	F	G	H	I
1	已知条件								
2	固定资产投资（元）	20000	每年产销量（件）		200	贴现率	10%		
3	营运资金垫支（元）	2000	产品单价（元/件）		60	所得税税率	25%		
4	寿命（年）	10	单位变动成本（元/件）		32	因素变动范围	正负30%		
5	固定资产残值（元）	1000	每年付现固定成本（元）		1500	因素变动组距	10%		
6									
7	基础方案净现值与因素变动临界值计算结果								
8	基础方案的净现值（元）		变动的因素		初始值	目标函数（净现值）	因素变动的临界值	因素的最大允许变动率	允许变动的上下限说明
9	年折旧	1900.00	每年产销量		200	0.00	192.48	-3.76%	下限
10	第0年净现金流量	-22000.00	产品单价		60	0.00	58.95	-1.75%	下限
11	每年经营净现金流量	3550.00	单位变动成本		32	0.00	33.05	3.29%	上限
12	终结净现金流量	3000.00	每年付现固定成本		1500	0.00	1710.45	14.03%	上限
13	基础方案的净现值	969.84	固定资产投资		20000	0.00	21145.86	5.73%	上限

图4-10　基础方案净现值与因素变动临界值的计算结果

02 在单元格区域B9:B13中分别输入下列公式。

单元格B9："=SLN(B2,B5,B4)"。

单元格B10："=-(B2+B3)"。

单元格B11："=(E2*(E3-E4)-E5-B9)*(1-G3)+B9"。

单元格B12："=B3+B5"。

单元格B13："=PV(G2,B4,-B11,-B12)+B10"。

03　在单元格E9中输入公式"=E2"，然后将其复制到单元格区域E10:E12，再在单元格E13中输入公式"=B2"。

04　在单元格区域F9:F13中分别输入下列公式。

单元格F9："=PV(G2,B4,-((G9*(E3-E4)-E5-B9)*(1-G3)+B9),-B12)+B10"。

单元格F10："=PV(G2,B4,-((E2*(G10-E4)-E5-B9)*(1-G3)+B9),-B12)+B10"。

单元格F11："=PV(G2,B4,-((E2*(E3-G11)-E5-B9)*(1-G3)+B9),-B12)+B10"。

单元格F12："=PV(G2,B4,-((E2*(E3-E4)-G12-B9)*(1-G3)+B9),-B12)+B10"。

单元格F13："=PV(G2,B4,-((E2*(E3-E4)-E5)*(1-G3)+SLN(G13,B5,B4)*G3),-B12)-(G13+B3)"。

05　在【数据】选项卡【数据工具】功能组中单击【模拟分析】命令，然后在下拉菜单中选择【单变量求解】命令，并在系统弹出的【单变量求解】对话框中，将目标单元格设置为$F$9，将目标值设置为0，将可变单元格设置为$G$9，单击【确定】按钮后，在系统弹出【单变量求解状态】对话框中再单击【确定】按钮，则会在G9单元格中得到每年产销量因素允许变动的临界值的求解结果。

按照与上述过程类似的做法，依次打开【单变量求解】对话框，并在该对话框中，将目标单元格分别设置为$F$10、$F$11、$F$12、$F$13，将目标值设置为0，相应地将可变单元格分别设置为$G$10、$G$11、$G$12、$G$13，单击【确定】按钮，然后在系统弹出的【单变量求解状态】对话框中再单击【确定】按钮，则分别会在单元格 G10、G11、G12、G13 中得到其他几个因素允许变动的临界值的求解结果。

06　在单元格H9中输入公式"=(G9-E9)/E9"。

07　在单元格I9中输入公式"=IF(H9>=0,"上限","下限")"。

08　选择单元格区域H9:I9，将其复制到单元格区域H10:I13，这样就完成了基础方案净现值以及各因素允许变动临界值计算部分的模型设计，模型的运行结果如图4-10所示。

09　在同一张工作表的第15至41行设计各因素变动后数值计算与单因素敏感性分析部分模型的结构，如图4-11所示。

	A	B	C	D	E	F	G	H
15	每年产销量单因素敏感性分析							
16	每年产销量	−30%	−20%	−10%	0%	10%	20%	30%
17	969.84	−6772.31	−4191.59	−1610.88	969.84	3550.56	6131.28	8712.00
18								
19	产品单价单因素敏感性分析							
20	产品单价	−30%	−20%	−10%	0%	10%	20%	30%
21	969.84	−15620.49	−10090.38	−4560.27	969.84	6499.95	12030.06	17560.17
22								
23	单位变动成本单因素敏感性分析							
24	单位变动成本	−30%	−20%	−10%	0%	10%	20%	30%
25	969.84	9818.02	6868.63	3919.24	969.84	−1979.55	−4928.94	−7878.33
26								
27	每年付现固定成本单因素敏感性分析							
28	每年付现固定成本	−30%	−20%	−10%	0%	10%	20%	30%
29	969.84	3043.63	2352.37	1661.11	969.84	278.58	−412.68	−1103.95
30								
31	固定资产投资单因素敏感性分析							
32	固定资产投资	−30%	−20%	−10%	0%	10%	20%	30%
33	969.84	6048.16	4355.39	2662.61	969.84	−722.93	−2415.70	−4108.47
34								
35	基于净现值的单因素敏感性分析汇总表							
36	因素变动率	−30%	−20%	−10%	0%	10%	20%	30%
37	每年产销量	−6772.31	−4191.59	−1610.88	969.84	3550.56	6131.28	8712.00
38	产品单价	−15620.49	−10090.38	−4560.27	969.84	6499.95	12030.06	17560.17
39	单位变动成本	9818.02	6868.63	3919.24	969.84	−1979.55	−4928.94	−7878.33
40	每年付现固定成本	3043.63	2352.37	1661.11	969.84	278.58	−412.68	−1103.95
41	固定资产投资	6048.16	4355.39	2662.61	969.84	−722.93	−2415.70	−4108.47

图4-11　基于净现值的单因素敏感性分析

10 在单元格A17中输入公式："=PV(G2,B4,-((E2*(1+H2)*(E3-E4)-E5-SLN(B2,B5,B4))*(1-G3)+SLN(B2,B5,B4)),-(B3+B5))-(B2+B3)"，这个公式的原理是首先使用SLN函数计算固定资产年折旧额，然后计算每年的经营净现金流量，再利用PV函数计算投资项目未来各年现金流量贴现后的总现值，减去初始投资后得到项目的净现值，计算过程中假定H2中存放的是每年销售量的变动率，那么E2*(1+H2)代表变动后的销售量，所以该公式计算的结果是项目按变动后的销售量计算的净现值。

11 选择单元格区域A16:H17，在【数据】选项卡【数据工具】功能组中单击【模拟分析】命令，然后在下拉菜单中选择【模拟运算表】命令，再在系统弹出的【模拟运算表】对话框中，在【输入引用行的单元格】栏中输入"$H$2"，最后，单击【确定】按钮，即完成了针对每年销售量因素所做的单变量模拟运算。

12 分别选择单元格A21、A25、A29、A33，在其中输入下列公式。

单元格A21："=PV(G2,B4,-((E2*(E3*(1+H3)-E4)-E5-SLN(B2,B5,B4))*(1-G3)+SLN(B2,B5,B4)),-(B3+B5))-(B2+B3)"

单元格A25："=PV(G2,B4,-((E2*(E3-E4*(1+H4))-E5-SLN(B2,B5,B4))*(1-G3)+SLN(B2,B5,B4)),-(B3+B5))-(B2+B3)"

单元格A29："=PV(G2,B4,-((E2*(E3-E4)-E5*(1+H5)-SLN(B2,B5,B4))*(1-G3)+SLN(B2,B5,B4)),-(B3+B5))-(B2+B3)"

单元格A33："=PV(G2,B4,-((E2*(E3-E4)-E5-SLN(B2*(1+H6),B5,B4))*(1-G3)+SLN(B2*(1+H6),B5,B4)),-(B3+B5))-(B2*(1+H6)+B3)"

这里假定H3、H4、H5、H6单元格中分别存放的是产品单价的变动率、单位变动成本变动率、每年付现固定成本变动率、固定资产投资变动率，则公式中的E3*(1+H3)代表变动后的产品单价，E4*(1+H4)代表变动后的单位变动成本，E5*(1+H5)代表变动后的每年付现固定成本，B2*(1+H6)代表变动后的固定资产投资，所以上述四个公式计算的结果分别是项目按变动后的单价、变动后的单位变动成本、变动后的每年付现固定成本、变动后的固定资产投资计算的净现值。

13 分别选择单元格区域 A20:H21、A24:H25、A28:H29 和 A32:H33，依次打开【模拟运算表】对话框，并在其中的【输入引用行的单元格】栏中分别输入"$H$3""$H$4""$H$5""$H$2"，单击【确定】按钮以后，即完成了针对其他因素所做的单变量模拟运算。

14 选择单元格区域 B37:H37，输入数组公式"=B17:H17"。

15 选择单元格区域 B38:H38，输入数组公式"=B21:H21"。

16 选择单元格区域 B39:H39，输入数组公式"=B25:H25"。

17 选择单元格区域 B40:H40，输入数组公式"=B29:H29"。

18 选择单元格区域 B41:H41，输入数组公式"=B33:H33"。

这样，就完成了基于净现值的单因素敏感性分析模型的设计，模型的运算结果如图 4-11 所示。

19 选取单元格区域 A37:H41，在【插入】选项卡【图表】功能组中单击【折线图】，然后在下拉列表中的【二维折线图】区域下选择【带数据标记的折线图】子图表类型，则可得到绘制的图表，如图 4-12 所示。

20 进一步编辑图表，包括将图表的水平分类轴标签设置为单元格区域$B$44:$H$44、删除图例和网格线、添加图表标题以及横纵坐标轴标签，再将纵坐标轴标签设置为显示 0 位小数的格式，得到编辑后的图表，如图 4-13 所示。

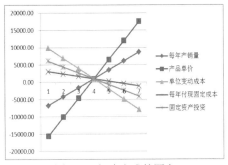

图4-12　初步完成的图表

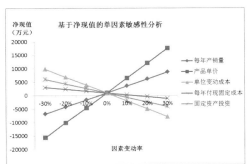

图4-13　基于净现值的单因素敏感性分析图

21 将鼠标指针对准横坐标轴标签，单击右键，在快捷菜单中选择【设置坐标轴格式】命令，在系统弹出的【设置坐标轴格式】对话框的【坐标轴选项】选项卡中，在【位置坐标轴】区域下选中【在刻度线上】单选按钮，在【纵坐标轴交叉】区域下选中【分类编号】单选按钮，并且在其右边的编辑框中输入"4"，如图 4-14 所示，单击【关闭】按钮，即可得到编辑完成的图表，如图 4-15 所示。

图4-14　【设置坐标轴格式】对话框的设置

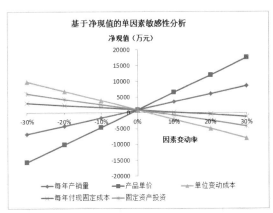

图4-15　基于净现值的单因素敏感性分析图

由计算结果和图示结果可以看出，在进行单因素敏感性分析的 5 个因素中，敏感性由强到弱的排列顺序依次为产品单价、单位变动成本、每年产销量、固定资产投资和每年付现固定成本。在图 4-15 中，各条线有一个共同的交点，即为所有因素都不发生变动、净现值都等于基础方案净现值的那一点；每条线的斜率即反映了所对应因素的敏感性程度，斜率越大，对应因素的敏感性越强；每条线与横轴的交点表示的是相应的因素允许变动的临界值，即允许变动的上限或下限。

3. 基于净现值的双因素敏感性分析模型

在采用敏感性分析方法分析投资项目的风险时，除了可以进行基于净现值的单因素敏感性分析之外，还可以进行基于净现值的双因素敏感性分析，即分析在两个因素同时变动时项目净现值变化的情况，利用模拟运算表工具进行双变量模拟运算可以很方便地解决这类问题。

【例 4-5】沿用【例 4-4】的有关资料，要求在【例 4-4】的基础之上进一步建立一个针对每年产销量和单位变动成本两个因素进行基于净现值的双因素敏感性分析的模型。

建立模型的具体步骤如下所述。

01 首先打开【例 4-4】对应的例题文件，将其另存为"例 4-5"的新文件，然后在新文件的数据所在的工作表中设计基于净现值的双因素敏感性分析部分的模型结构，如图 4-16 所示。

	A	B	C	D	E	F	G	H	I
43					基于净现值的双因素敏感性分析				
44					每年产销量				
45		969.84	−30%	−20%	−10%	0%	10%	20%	30%
46		−30%	−578.59	2886.95	6352.48	9818.02	13283.56	16749.09	20214.63
47		−20%	−2643.16	527.43	3698.03	6868.63	10039.22	13209.82	16380.42
48		−10%	−4707.74	−1832.08	1043.58	3919.24	6794.89	9670.55	12546.21
49	单位变动成本	0%	−6772.31	−4191.59	−1610.88	969.84	3550.56	6131.28	8712.00
50		10%	−8836.89	−6551.11	−4265.33	−1979.55	306.23	2592.01	4877.79
51		20%	−10901.46	−8910.62	−6919.78	−4928.94	−2938.10	−947.26	1043.58
52		30%	−12966.04	−11270.13	−9574.23	−7878.33	−6182.43	−4486.53	−2790.63

图4-16 基于净现值的双因素敏感性分析

02 在 B45 单元格中输入公式 "=PV(G2,B4,-((E2*(1+H2)*(E3-E4*(1+H4))-E5-SLN(B2,B5,B4))*(1-G3)+SLN(B2,B5,B4)),-(B3+B5))-(B2+B3)"，这个公式的原理是首先使用 SLN 函数计算固定资产年折旧额，然后计算每年的经营净现金流量，再利用 PV 函数计算投资项目未来各年现金流量贴现后的总现值，减去初始投资后得到项目的净现值，计算过程中假定 H2 和 H4 分别存放的是每年销售量的变动率和产品单价的变动率，那么 E2*(1+H2)代表变动后的销售量，E4*(1+H4)代表变动后的单价，所以该公式计算的结果是项目按变动后的销售量和变动后的单价计算的净现值。

03 选择单元格区域 B45:I52，在【数据】选项卡【数据工具】功能组中单击【模拟分析】命令，然后在下拉菜单中选择【模拟运算表】命令，再在系统弹出的【模拟运算表】对话框中，在【输入引用行的单元格】栏中输入"$H$2"，在【输入引用列的单元格】栏中输入"$H$4"，如图 4-17 所示，单击【确定】按钮以后，即完成了双变量模拟运算，得到基于净现值的双因素敏感性分析的计算结果，如图 4-16 所示。

图4-17 【模拟运算表】对话框的设置

按照与上述过程类似的方法，可以针对任意其他两个因素组合进行基于净现值的双因素敏感性分析。

4. 基于净现值的多因素敏感性分析模型

单因素敏感性分析仅考虑单一因素孤立变动时对投资项目的影响，但现实条件下往往可能出现多个因素同时发生变动的情况，而且每个因素变动的幅度还可能有很大的差异，这种情况下，就需要通过多因素敏感性

分析来分析和判断项目的风险。根据实际需要，可以分别选择以净现值或内部收益率等指标为基础进行多因素敏感性分析。下面结合实例具体说明建立多因素敏感性分析模型的方法。

【例 4-6】某投资项目的有关预测资料如图 4-18 的【已知条件】区域所示。要求建立一个基于净现值的多因素和单因素敏感性分析模型。

建立模型的具体步骤如下所述。

01 设计模型的结构，如图 4-18 所示。

	A	B	C	D	E	F
1			基于净现值的多因素敏感性分析模型			
2		已知条件			因素变化情况	
3	项目	因素预测值	变化后数值	变动百分比	变化百分比选择滚动条	
4	初始投资(万元)	500				
5	期末残值(万元)	0				
6	寿命期(年)	10				
7	年付现固定成本(万元)	60				
8	年销售量(万件)	9.5				
9	产品单价(元/件)	45				
10	单位变动成本(元/件)	25				
11	基准收益率(%)	15%				
12	所得税率	25%				
13	折旧方法	平均年限法	最大变化区间	50%		
14		投资项目的净现值及其变化情况(万元)				
15	基础方案的净现值	变动后净现值	净现值变动额	变动幅度		
16						
17		单因素变动对净现值的影响（万元）				
18	项目	因素变动百分比	变动后净现值	净现值变动额	净现值变动幅度	
19	初始投资					
20	设备残值					
21	寿命期					
22	年付现固定成本					
23	年销售量					
24	产品单价					
25	单位变动成本					
26	基准收益率					

图4-18 已知条件及模型的结构设计

02 首先建立初始投资的滚动条控件，具体方法是：在【开发工具】选项卡【控件】功能组中单击【插入】命令，在展开的下拉列表中单击【表单控件】区域下的【滚动条】按钮，然后在 E4:F4 单元格区域拖出一个滚动条控件，并根据需要适当调整其位置和大小。

03 将鼠标指针对准【滚动条】控件，单击鼠标右键，在系统弹出的快捷菜单中执行【设置控件格式】命令，打开【设置控件格式】对话框，选择【控制】选项卡，在【当前值】栏中输入"50"，【最小值】栏中输入"0"，【最大值】栏中输入"100"，【步长】栏中输入"1"，【页步长】栏中输入"5"，在【单元格链接】栏中输入"$E$4"，如图 4-19 所示。

04 单击【确定】按钮，这样就在 E4:F4 单元格区域建立了初始投资的【滚动条】控件。按照同样的方法分别在单元格区域 E5:F5、E6:F6、E7:F7、E8:F8、E9:F9、E10:F10 和 E11:F11 建立其他影响因素的【滚动条】控件，并对控件的格式进行相应的设置。

图4-19 【设置控件格式】对话框

05 选取单元格区域 D4:D11，输入数组公式"=E4:E11/100-D13"，从而可在该单元格区域建立各因素变动百分比与对应的滚动条控件之间的联系。由于滚动条返回值的变化范围为 0～100，所以为了在单元格区域 D4:D11 得到各因素值变化的百分数，这里将 E4:E11 单元格区域的各滚动条控制返回值分别除以 100 后再减去 D13 单元格的 50%，则各因素的变动范围即被设置为-50%～+50%，并且当滚动条处在中间位置时，E 列的控件返回值为 50，D 列的因素变动百分比为 0；每次单击某个滚动条两端的箭头时，E 列对应的该滚动条控件的返回值按步长变化 1，同一行 D 列单元格的值相应地会变化 1%；每次单击某个滚动条当前值与两端的端点之间的区域时，E 列对应的该滚动条控件的返回值按页步长变化 5，同一行 D 列单元格的值相应地会变化 5%。

06 选取单元格区域 C4:C11，输入数组公式"=B4:B11*(1+D4:D11)"，计算各因素变化后的数值。

07 为了计算方便，这里首先建立一个净现值自定义函数，然后再调用这个自定义函数来计算各种不同情况下的净现值。

建立净现值自定义函数的具体步骤如下所述。

步骤一，在【开发工具】选项卡【代码】功能组中单击 Visual Basic 命令，然后在系统打开的 Visual Basic 编辑器中，单击【插入】菜单中的【模块】命令，如图 4-20 所示，则系统会显示模块 1 的窗口。

步骤二，在模块 1 的窗口中，单击【插入】菜单中的【过程】命令，如图 4-21 所示。

图4-20 准备创建模块

图4-21 插入过程

步骤三，执行【过程】命令以后，系统会弹出【添加过程】对话框，在该对话框中，在【名称】栏中输入"净现值"，在【类型】区域选择【函数】单选按钮，在【范围】区域保持默认的【公共的】选项不变，如图 4-22 所示。

步骤四，单击【确定】按钮，则系统出现编辑过程页面，如图 4-23 所示。

图4-22 【添加过程】对话框

图4-23 编辑过程页面

步骤五，将 Public Function 净现值( )和 End Function 修改为如下的过程代码。

Public Function 净现值(初始投资, 期末残值, 寿命期, 年付现固定成本, 年销售量, 产品单价, 单位变动成本, 基准收益率, 所得税税率)
　　每年净现金流量 =(年销售量 * (产品单价 - 单位变动成本) - 年付现固定成本) * (1 - 所得税税率) +(初始投资 - 期末残值) / 寿命期 * 所得税税率
　　净现值 =PV(基准收益率, 寿命期, -每年净现金流量, -期末残值) - 初始投资
End Function

过程代码修改完成以后的页面如图 4-24 所示。

图4-24　自定义函数编写完成后的页面

步骤六，单击 Visual Basic 编辑器右上角的【关闭】按钮⊠，关闭 Visual Basic 编辑器窗口，返回 Excel 工作表。这样，净现值自定义函数就建立完成并可供使用了。

08 在 A16 单元格中通过调用净现值自定义函数来计算基础方案的净现值。具体步骤如下所示。

步骤一，选取单元格 A16，单击公式编辑栏左边的插入函数按钮 *fx*，在系统弹出的【插入函数】对话框中，在【或选择类别】区域选择【用户定义】，然后在【选择函数】区域选择【净现值】，如图 4-25 所示。

步骤二，单击【确定】按钮，则系统会弹出【函数参数】对话框，在该对话框中输入各参数所在单元格的相应地址，如图 4-26 所示。这里把引用所得税税率所在 B12 单元格设置为绝对引用方式，目的是为了在将 A16 单元格的公式复制到 B16 单元格时仍能保持正确。

图4-25　【插入函数】对话框

图4-26　【函数参数】对话框的设置

步骤三，单击【确定】按钮，则在 A16 单元格中即可得到各因素均未发生变动时基础方案的净现值。

使用净现值自定义函数计算基础方案净现值的另一种方法是，直接在单元格 A16 中输入公式 "=净现值(B4,B5,B6,B7,B8,B9,B10,B11,B12)"。

09 选择 A16 单元格，将其复制到 B16 单元格，得到各因素都发生变动后的净现值。

10 在单元格 C16 中输入净现值综合变动额计算公式 "=B16-A16"。

11 在单元格 D16 中输入净现值综合变动幅度计算公式 "=C16/A16"。

12 选取单元格区域 B19:B26，输入数组公式 "=D4:D11"。

13 在单元格 C19:C26 中分别输入下面的公式，以计算某个因素单独发生变动时相应的净现值。

单元格 C19 "=净现值(C4,B5,B6,B7,B8,B9,B10,B11,B12)"。

单元格 C20 "=净现值(B4,C5,B6,B7,B8,B9,B10,B11,B12)"。

单元格 C21 "=净现值(B4,B5,C6,B7,B8,B9,B10,B11,B12)"。

单元格 C22 “=净现值(B4,B5,B6,C7,B8,B9,B10,B11,B12)”。

单元格 C23 “=净现值(B4,B5,B6,B7,C8,B9,B10,B11,B12)”。

单元格 C24 “=净现值(B4,B5,B6,B7,B8,C9,B10,B11,B12)”。

单元格 C25 “=净现值(B4,B5,B6,B7,B8,B9,C10,B11,B12)”。

单元格 C26 “=净现值(B4,B5,B6,B7,B8,B9,B10,C11,B12)”。

14 选取单元格区域 D19:D26，输入数组公式“=C19:C26-A16”，计算各个因素单独变动时的净现值变动额。

15 选取单元格区域 E19:E26，输入数组公式“=D19:D26/A16”，计算各个因素单独变动时的净现值变动幅度。

这样，投资项目净现值多因素和单因素敏感性分析模型就建立起来了。单击各个影响因素的滚动条控件可以改变各因素的变动幅度，从而可以自动地得到各因素变动对投资项目净现值的单独影响程度以及综合影响程度。图 4-27 所示的是模型的一个运行结果。

	A	B	C	D	E	F
1	基于净现值的多因素敏感性分析模型					
2	已知条件		因素变化情况			
3	项目	因素预测值	变化后数值	变动百分比	变化百分比选择滚动条	
4	初始投资(万元)	500	525.00	5.00%		
5	期末残值(万元)	0	0.00	10.00%		
6	寿命期(年)	10	10.00	0.00%		
7	年付现固定成本(万元)	60	61.80	3.00%		
8	年销售里(万件)	9.5	9.03	-5.00%		
9	产品单价(元/件)	45	45.90	2.00%		
10	单位变动成本(元/件)	25	25.75	3.00%		
11	基准收益率(%)	15%	15.30%	2.00%		
12	所得税税率	25%				
13	折旧方法	平均年限法	最大变化区间	50%		
14	投资项目的净现值及其变化情况（万元）					
15	基础方案的净现值	变动后净现值	净现值变动额	变动幅度		
16	52.06	-13.10	-65.17	-125.17%		
17	单因素变动对净现值的影响（万元）					
18	项目	因素变动百分比	变动后净现值	净现值变动额	净现值变动幅度	
19	初始投资	5.00%	30.20	-21.86	-41.99%	
20	设备残值	10.00%	52.06	0.00	0.00%	
21	寿命期	0.00%	52.06	0.00	0.00%	
22	年付现固定成本	3.00%	45.29	-6.78	-13.01%	
23	年销售里	-5.00%	16.31	-35.76	-68.68%	
24	产品单价	2.00%	84.25	32.18	61.81%	
25	单位变动成本	3.00%	25.25	-26.82	-51.51%	
26	基准收益率	2.00%	45.81	-6.25	-12.01%	

图4-27　净现值敏感性分析模型的一个运行结果

值得注意的是，在保存已建立自定义函数的工作簿时，在【另存为】对话框的【保存类型】下拉列表中应选择【Excel 启用宏的工作簿】，这种类型文件的后缀为“.xlsm”，这样所建立的自定义函数才能够正常使用，否则将无法使用自定义函数。

4.2.3　投资项目的情境分析模型

情境分析是指考察影响投资项目评价指标的多个因素按照其内在的有机联系同时发生变化的不同组合情况下投资项目评价指标的变化情况。利用 Excel 提供的方案管理器可以很方便地对投资项目进行情境分析。下面举例对此加以说明。

【例 4-7】甲公司正在考虑投资一个项目以生产 A 产品。预计未来的市场有可能出现悲观、期望和乐观 3 种情况。预计该项目的投资额以及在 3 种不同的市场情境之下的产品单价和成本等有关资料如图 4-28 的【已知条件】区域所示。要求运用方案管理器建立一个基于净现值的情境分析模型。

建立模型的具体步骤如下所述。

01 设计模型的结构，如图 4-28 的【某个方案净现值计算过程与结果】区域所示。

	A	B	C	D
1		已知条件		
2	因素预测值	基本情境	悲观情境	乐观情境
3	年销售量（件）	6500	6000	7000
4	销售单价（元）	90	85	95
5	单位变动成本（元/件）	70	72	68
6	年付现固定成本（元）	50000	55000	45000
7	初始投资额（元）		-200000	
8	经营期（年）		5	
9	所得税税率		25%	
10	贴现率		10%	
11	折旧方法		直线法	
12				
13	某个方案净现值计算过程与结果（金额单位：元）			
14	年销售量		年销售收入	
15	销售单价		变动总成本	
16	单位变动成本		付现固定成本	
17	年付现固定成本		年折旧	
18	初始投资		净利润	
19	经营期		年经营净现金流量	
20	所得税税率		净现值	
21	贴现率			

图4-28　模型的结构设计

02 选取单元格区域 A14:B21，在【公式】选项卡【定义的名称】功能组中单击【根据所选内容创建】命令，则系统会弹出【以选定区域创建名称】对话框，在该对话框中选择【最左列】复选框，如图 4-29 所示，单击【确定】按钮后，B14:B21 单元格区域的每个单元格就分别以 A14:A21 单元格区域的同一行单元格的标签文字定义名称了。再选取单元格区域 C14:D20，按照同样的方法，将 D14:D20 单元格区域的每个单元格分别以 C14:C20 单元格区域的同一行单元格的标签文字定义名称。

03 为单元格定义名称以后，若想查看所定义的名称列表，可以首先选择存放名称列表的某个目标单元格，例如这里选择 F2 单元格，然后在【公式】选项卡【定义的名称】功能组中单击【用于公式】命令，再在其下拉列表中选择【粘贴名称】命令，则系统会弹出【粘贴名称】对话框，如图 4-30 所示。

图4-29　【以选定区域创建名称】对话框

图4-30　【粘贴名称】对话框

04 单击【粘贴列表】按钮，则当前工作簿已经定义的单元格名称以及相应的地址就会在从所选择的目标单元格 F2 开始以列表的形式显示出来，如图 4-31 所示，这样就可以在需要时很方便地查看定义名称的有关信息。

05 在单元格 B18 中输入公式 "=B7"，然后选择该单元格，将其复制到单元格区域 B19:B21。

06 在单元格 D14 中输入公式 "=年销售量*销售单价"。这里所建立的是名称公式，由于事先已将 B14 和 B15 单元格分别定义名称为 "年销售量" 和 "销售单价"，所以在建

	F	G
1	名称列表	
2	变动总成本	=Sheet1!$D$15
3	初始投资	=Sheet1!$B$18
4	单位变动成本	=Sheet1!$D$16
5	付现固定成本	=Sheet1!$D$16
6	经营期	=Sheet1!$B$19
7	净利润	=Sheet1!$D$18
8	净现值	=Sheet1!$D$20
9	年付现固定成本	=Sheet1!$B$17
10	年经营净现金流量	=Sheet1!$D$19
11	年销售量	=Sheet1!$B$14
12	年销售收入	=Sheet1!$D$14
13	年折旧	=Sheet1!$D$17
14	所得税税率	=Sheet1!$B$20
15	贴现率	=Sheet1!$B$21
16	销售单价	=Sheet1!$B$15

图4-31　所粘贴的名称列表

立公式的过程中，分别引用这两个单元格就可以自动得到所需要的名称公式。

07 在单元格 D15 中输入公式 "=年销售量*单位变动成本"。

08 在单元格 D16 中输入公式 "=年付现固定成本"。

09 在单元格 D17 中输入公式 "=ABS(初始投资)/经营期"。

10 在单元格 D18 中输入公式 "=(年销售收入-SUM(D15:D17))*(1-所得税税率)"。

11 在单元格 D19 中输入公式 "=净利润+年折旧"。

12 在单元格 D20 中输入公式 "=PV(贴现率,经营期,-年经营净现金流量)+初始投资"。

13 在【数据】选项卡【数据工具】功能组中单击【方案管理器】命令，则系统会弹出【方案管理器】对话框，如图 4-32 所示。

14 单击【添加】按钮，则系统会弹出【添加方案】对话框，在【方案名】栏中输入"基本情境"，在【可变单元格】栏中输入"$B$14:$B$17"，这时原来的【添加方案】对话框变成了【编辑方案】对话框，如图 4-33 所示。

图4-32 【方案管理器】对话框

图4-33 【编辑方案】对话框

15 单击【确定】按钮，则系统会弹出【方案变量值】对话框，在其中输入基本情境下的有关数据，如图 4-34 所示。

16 单击【添加】按钮，系统又会弹出【添加方案】对话框，再按照与上述同样的方法依次输入悲观情境和乐观情境的有关数据。待所有方案的变量值都输入完毕后，单击【方案变量值】对话框中的【确定】按钮，则系统返回到【方案管理器】对话框，如图 4-35 所示。

图4-34 基本情境的【方案变量值】对话框设置

图4-35 设置完成的【方案管理器】对话框

所有方案建立完成以后，如果需要对某个方案进行修改，可在如图 4-35 所示的【方案管理器】对话框中选择需要修改的方案，单击【编辑】按钮，则系统弹出如图 4-33 所示的【编辑方案】对话框，单击【确定】按钮以后，系统会弹出如图 4-34 所示的【方案变量值】对话框，在其中进行相应的修改，然后单击【确定】按钮即可。若要删除某一方案，应在如图 4-35 所示的【方案管理器】对话框中选择需要删除的方案，单击【删除】按钮。若要继续增加方案，可在如图 4-35 所示的【方案管理器】对话框中单击【添加】按钮，再按前述的过程输入新方案的有关信息即可。

17 上述过程完成以后，既可以马上在【方案管理器】对话框中选择某个方案，单击【显示】按钮查看所选方案的运行结果，也可以单击【方案管理器】对话框中的【关闭】按钮，返回到工作表中，等以后需要时再查看各方案的运行结果。

建立方案以后，任何时候都可以选择某个方案，查看其运行结果，具体方法如下：首先打开已建立方案的工作表，然后在【数据】选项卡【数据工具】功能组中单击【方案管理器】命令，则系统会弹出如图 4-35 所示的【方案管理器】对话框，再在该对话框中选择想要查看的某个方案，最后单击【显示】按钮，则系统就会自动显示出该方案的运行结果。例如，这里选择【基本情境】方案，单击【显示】按钮以后，所得到的方案运行结果如图 4-36 所示。

18 如果需要将所有方案的运行结果都显示出来时，可通过建立方案摘要的功能来实现。具体操作方法如下：首先打开如图 4-35 所示的【方案管理器】对话框，然后在该对话框中单击【摘要】按钮，则系统会弹出【方案摘要】对话框，在该对话框的【报表类型】区域下选择【方案摘要】单选按钮，再在【结果单元格】栏中输入"=$D$14:$D$20"，如图 4-37 所示。

	A	B	C	D
13	某个方案净现值计算过程与结果（金额单位：元）			
14	年销售量	6500	年销售收入	585000
15	销售单价	90	变动总成本	455000
16	单位变动成本	70	付现固定成本	50000
17	年付现固定成本	50000	年折旧	40000
18	初始投资	-200000	净利润	30000
19	经营期	5	年经营净现金流量	70000
20	所得税税率	25%	净现值	65355.07
21	贴现率	10%		

图4-36　【基本情境】方案的运行和显示结果

图4-37　【方案摘要】对话框

19 单击【确定】按钮，则系统会在当前工作簿中自动插入一个名为"方案摘要"的工作表，汇总显示各方案的摘要信息，如图 4-38 所示。

		当前值	基本情境	悲观情境	乐观情境
方案摘要					
可变单元格：					
	年销售量	6500	6500	6000	7000
	销售单价	90	90	85	95
	单位变动成本	70	70	72	68
	年付现固定成本	50000	50000	55000	45000
结果单元格：					
	年销售收入	585000	585000	510000	665000
	变动总成本	455000	455000	432000	476000
	付现固定成本	50000	50000	55000	45000
	年折旧	40000	40000	40000	40000
	净利润	30000	30000	-12750	78000
	年经营净现金流量	70000	70000	27250	118000
	净现值	65355.07	65355.07	-96701.06	247312.84

注释："当前值"这一列表示的是
建立方案汇总时，可变单元格的值。
每组方案的可变单元格均以灰色底纹突出显示。

方案摘要 / Sheet1 / Sheet2 / Sheet3 /

图4-38　方案摘要信息

在如图 4-38 所示的工作表中，单击左边的 ⊞ 按钮，可显示其中隐藏的信息；单击 ⊟ 按钮，可将对应的明细信息隐藏起来。

4.2.4　投资项目的概率分析模型

1. 概率分析的基本原理

概率分析是指通过绘制图形或列表计算的方式来分析一个投资项目各年的现金流序列，同时对各种可能发生的情况估计出其发生的概率，在此基础上通过适当的方法进行计算从而判断投资风险的方法。概率分析可分为各年现金流完全无关、各年现金流完全相关、各年现金流部分相关3种不同的情况。

(1) 各年现金流完全无关的情况

各年现金流完全无关是指投资项目各期的现金流是相互独立的，每期的现金流之间没有任何因果关系，因而第 t 期现金流发生哪种结果不依赖于第 $t-1$ 期的情况。

在各年现金流完全无关的情况下，投资项目第 t 年净现金流量的期望值和标准差为

$$\overline{\mathrm{NCF}_t} = \sum_{i=1}^{m} \mathrm{NCF}_{tj} \cdot P_{tj}$$

$$\sigma_t = \sqrt{\sum_{j=1}^{m} (\mathrm{NCF}_{tj} - \overline{\mathrm{NCF}_t})^2 \cdot P_{tj}}$$

式中：$\overline{\mathrm{NCF}_t}$ 为第 t 年净现金流量的期望值；σ_t 为第 t 年的净现金流量标准差；NCF_{tj} 为第 t 年第 j 种情况下的净现金流量；P_{tj} 为第 t 年第 j 种情况发生的概率；m 为第 t 年出现可能情况的种数。

投资项目的净现值期望值和总体标准差、变差系数为

$$\overline{\mathrm{NPV}} = \sum_{t=0}^{n} \frac{\overline{\mathrm{NCF}_t}}{(1+i)^t}$$

$$\sigma = \sqrt{\sum_{t=1}^{n} \frac{\sigma_t^2}{(1+i)^{2t}}}$$

$$V = \frac{\sigma}{\overline{\mathrm{NPV}}}$$

式中：$\overline{\mathrm{NPV}}$ 为净现值的期望值；σ 为投资项目寿命期的总体标准差；V 为变差系数；i 为无风险利率；n 为项目的寿命期。

由于投资项目的风险已经通过概率来反映，所以在上述公式中计算现值时所用的贴现率应为无风险利率。

(2) 各年现金流完全相关的情况

各年现金流完全相关是指投资项目各年现金流以相对而言完全一样的方式与期望值发生偏离，即每年的实际现金流相对于预计现金流分布的均值的偏离程度都相同，所以第 t 年现金流发生哪种结果完全取决于前一年现金流发生的情况。

在各年现金流完全相关的情况下，可以按照与各年现金流完全无关的情况同样的方法计算每年净现金流量的期望值和标准差、投资项目净现值的期望值和变差系数，但投资项目净现值

分布的总体标准差的计算公式为

$$\sigma = \sum_{t=1}^{n} \frac{\sigma_t}{(1+i)^t}$$

(3) 各年现金流部分相关的情况

各年现金流部分相关是指投资项目各年的现金流既不完全相关也非完全无关，第 t 年现金流发生哪种结果在一定程度上取决于前一年现金流发生的情况。

在各年现金流部分相关的情况下，第 1 年现金流的结果不依赖于以前发生的事情，每种可能的现金流发生的概率称为初始概率；从第 2 年开始，每一年现金流量发生的结果将取决于前一年出现哪种情况，因此每种可能的现金流发生的概率称为条件概率；各年的现金流序列构成多种可能的组合，每一个特定的现金流组合可能发生的概率称为联合概率。

在各年现金流部分相关的情况下，投资项目净现值的期望值和总体标准差的计算公式为

$$\overline{\text{NPV}} = \sum_{j=1}^{T} \text{NPV}_j \cdot P_j$$

$$\sigma = \sqrt{\sum_{j=1}^{T} (\text{NPV}_j - \overline{\text{NPV}})^2 \cdot P_j}$$

式中：T 为现金流组合数；NPV_j 为每种组合所对应的净现值(用无风险利率作为贴现率)；P_j 为第 j 种现金流组合的联合概率；其他符号的含义如前所述。

2. 投资项目决策树分析模型的建立

【例 4-8】某投资项目的有关资料如图 4-39 的【已知条件】区域所示。要求建立一个可用来计算在各年现金流完全无关和完全相关两种情况下该投资项目的净现值期望值、总体标准差和变差系数的模型。

建立模型的具体步骤如下所述。

01 设计模型的结构，如图 4-39 的【计算结果】区域所示。

	A	B	C	D	E	F	G	H	I	J
1	已知条件（金额单位：万元）									
2	初始投资		1000	寿命期（年）		5	无风险利率		10%	
3	第1年		第2年		第3年		第4年		第5年	
4	概率	净现金流量	概率	净现金流量	概率	净现金流量	概率	净现金流量	概率	净现金流量
5	0.10	400	0.10	600	0.15	800	0.10	500	0.10	700
6	0.25	600	0.20	800	0.20	1000	0.25	700	0.20	900
7	0.30	800	0.40	1000	0.30	1200	0.30	900	0.40	1100
8	0.25	1000	0.20	1200	0.20	1400	0.25	1100	0.20	1300
9	0.10	1200	0.10	1400	0.15	1600	0.10	1300	0.10	1500
10										
11	计算结果（金额单位：万元）									
12	各年的情况		第1年	第2年	第3年	第4年	第5年			
13	净现金流量期望值		800	1000	1200	900	1100			
14	净现金流量的方差		52000	48000	64000	52000	48000			
15	净现金流量的标准差		228.04	219.09	252.98	228.04	219.09			
16	项目总体		各年现金流完全无关		各年现金流完全相关					
17	净现值的期望值		2753.02		2753.02					
18	总体标准差		393.26		870.23					
19	变差系数		0.14		0.32					

图4-39　投资项目风险分析模型(各年现金流完全无关或完全相关)

02 在单元格区域 C13:G13 中分别输入下面的公式。

单元格 C13：“=SUMPRODUCT(A5:A9,B5:B9)”。

单元格 D13：“=SUMPRODUCT(C5:C9,D5:D9)”。

单元格 E13："=SUMPRODUCT(E5:E9,F5:F9)"。

单元格 F13："=SUMPRODUCT(G5:G9,H5:H9)"。

单元格 G13："=SUMPRODUCT(I5:I9,J5:J9)"。

03 在单元格区域 C14:G14 中分别输入下面的公式。

单元格 C14："=SUMPRODUCT((B5:B9-C13)^2,A5:A9)"。

单元格 D14："=SUMPRODUCT((D5:D9-D13)^2,C5:C9)"。

单元格 E14："=SUMPRODUCT((F5:F9-E13)^2,E5:E9)"。

单元格 F14："=SUMPRODUCT((H5:H9-F13)^2,G5:G9)"。

单元格 G14："=SUMPRODUCT((J5:J9-G13)^2,I5:I9)"。

04 在单元格 C15 中输入公式 "=SQRT(C14)"，并将其复制到单元格区域 D15: G15。

05 分别在合并单元格 C17 和 E17 中输入公式 "=NPV(I2,C13:G13)-C2"。

06 在合并单元格 C18 中输入公式 "=SQRT(C14/(1+I2)^2+D14/(1+I2)^4+E14/(1+I2)^6+F14/(1+I2)^8+G14/(1+I2)^10)"。

07 在合并单元格 E18 中输入公式 "=NPV(I2,C15:G15)"。

08 在合并单元格 C19 中输入公式 "=C18/C17"，并将其复制到合并单元格 E19。

模型的运行结果如图 4-39 所示。由计算结果可以看出，在各年现金流完全无关和完全相关两种情况下该投资项目的净现值期望值是相同的，但在各年现金流完全无关时该投资项目净现值的总体标准差和变差系数均低于各年现金流完全相关的情况，这表明各年现金流完全无关时具有分散风险的效应。

【例 4-9】某投资项目的有关资料如表 4-1 所示，要求建立一个计算该投资项目的净现值、标准差和变差系数的模型。

表 4-1　某投资项目的有关资料

金额单位：万元

项目初始投资：200		寿命(年)：3		无风险利率：6%	
第 1 年		第 2 年		第 3 年	
净现金流量	概率	净现金流量	概率	净现金流量	概率
150	0.3	160	0.7	170	0.8
				100	0.2
		80	0.3	90	0.7
				60	0.3
100	0.4	110	0.6	120	0.6
				40	0.4
		50	0.4	55	0.5
				−20	0.5
50	0.3	60	0.2	65	0.4
				30	0.6
		−20	0.8	−10	0.3
				−80	0.7

建立模型的具体步骤如下所述。

01 为了简化计算,将表 4-1 中的数据填列在 Excel 工作表中并设计模型的结构,如图 4-40 所示。

	已知条件(金额单位:万元)							计算过程与结果	
	项目初始投资	200	寿命期(年)	3	无风险利率	6%	序号	各现金流序列的净现值	联合概率
	第1年		第2年		第3年				
	净现金流量	概率	净现金流量	概率	净现金流量	概率			
	150	0.3	160	0.7	170	0.8	1	226.64	0.168
	150	0.3	160	0.7	100	0.2	2	167.87	0.042
	150	0.3	80	0.3	90	0.7	3	88.27	0.063
	150	0.3	80	0.3	60	0.3	4	63.09	0.027
	100	0.4	110	0.6	120	0.6	5	92.99	0.144
	100	0.4	110	0.6	40	0.4	6	25.82	0.096
	100	0.4	50	0.4	55	0.5	7	-14.98	0.080
	100	0.4	50	0.4	-20	0.5	8	-77.95	0.080
	50	0.3	60	0.2	65	0.4	9	-44.86	0.024
	50	0.3	60	0.2	30	0.6	10	-74.24	0.036
	50	0.3	-20	0.8	55	0.3	11	-179.03	0.072
	50	0.3	-20	0.8	-80	0.7	12	-237.80	0.168
							净现值期望值(万元)		4.24
							标准差(万元)		155.76
							变差系数		36.76

图4-40 投资项目决策树分析模型

02 在单元格 I5 中输入公式 "=NPV($F$2,A5,C5,E5)-$B$2"。

03 在单元格 J5 中输入公式 "=B5*D5*F5"。

04 选取单元格区域 I5:J5,将其复制到单元格区域 I6:J16。

05 在单元格 J17 中输入公式 "=SUMPRODUCT(I5:I16,J5:J16)"。

06 在单元格 J18 中输入公式 "=SQRT(SUMPRODUCT((I5:I16-J17)^2,J5:J16))"。

07 在单元格 J19 中输入公式 "=J18/J17"。

模型的运行结果如图 4-40 所示。由模型的运行结果可以看出,该投资项目的净现值期望值为 4.24 万元,由于净现值的期望值大于 0,所以该项目具有可行性,但该项目的标准差和变差系数都很大,表明该项目的风险较大。

4.2.5 投资项目的模拟分析模型

1. 模拟分析的基本原理

模拟分析是指利用蒙特卡罗模拟法,将敏感性分析与各不确定因素的概率分布两者结合起来以衡量投资项目风险的一种分析技术。

利用蒙特卡罗模拟法分析项目风险的步骤如下所述。

01 找出影响投资方案净现值等评价指标的关键因素,估计每个因素各种可能出现结果的概率。

02 对每个因素根据其各种可能出现结果的概率分配相应的随机数,形成概率分布。例如,销售量有高和低两种可能的情况,概率分别为 0.6 和 0.4,则可以将 00～99 共 100 个随机数分配给销售量高和销售量低两种情况,随机数 00～59 对应销售量高的情况,随机数 60～99 对应销售量低的情况。

03 利用随机数函数产生一个随机数,并确定每个因素的相应的数值。

04 根据每个因素选定的数值计算投资方案的净现值指标,完成一次模拟过程,并将结果储存起来。

05 多次重复上述的第三和第四两个步骤，进行大量的模拟，一般需要模拟 500 次以上。

06 将各次模拟得到的净现值结果由小到大排列成次数分布，并计算出净现值的期望值、标准差和变差系数，从而判断投资方案的风险。

2. 相关函数介绍

在利用蒙特卡罗模拟法进行模拟计算和分析时，通常需要使用 RANDBETWEEN、VLOOKUP、AVERAGE、COUNTIF、STDEV 和 FREQUENCY 等函数。VLOOKUP、AVERAGE、COUNTIF 函数的功能在第 3 章中已做过介绍。下面分别介绍 RANDBETWEEN 函数、STDEV 函数和 FREQUENCY 函数的功能。

(1) RANDBETWEEN 函数

RANDBETWEEN 函数的功能是返回位于两个指定数之间的一个随机数，每次计算时都将返回一个新的数值，其语法为

$$= \text{RANDBETWEEN(bottom,top)}$$

式中：参数 bottom 为该函数将返回的最小整数；参数 top 为该函数将返回的最大整数。

(2) STDEV 函数

STDEV 函数的功能是估算样本的标准偏差。标准偏差反映相对于平均值(mean)的离散程度。语法为

$$= \text{STDEV(number1,number2}\cdots)$$

式中：number1，number2⋯为对应于总体样本的 1~30 个参数。也可以不使用这种用逗号分隔参数的形式，而用单个数组或对数组的引用。

有关该函数的几点说明如下。

- 函数 STDEV 假设其参数是总体中的样本。如果数据代表全部样本总体，则应该使用函数 STDEVP 来计算标准偏差。
- 此处标准偏差的计算使用"无偏差"或 n-1 方法。
- 函数 STDEV 的计算公式如下

$$\sqrt{\frac{n\sum x^2 - \left(\sum x\right)^2}{n(n-1)}}$$

式中：x 为样本平均值 AVERAGE(number1,number2⋯)，n 为样本大小。

STDEV 函数在 Excel 2003、Excel 2007 和 Excel 2010 系统中都可以使用，并且其功能都是相同的。在 Excel 2007 及以上的版本中，还有 STDEV.S 和 STDEV.P 两个函数，其中 STDEV.S 函数的功能与 STDEV 函数相同，都是用于计算样本数据的标准差的，而 STDEV.P 函数的功能与 STDEVP 相同，都是用于计算总体数据的标准差的。

(3) FREQUENCY 函数

FREQUENCY 函数的功能是以一列垂直数组返回某个区域中数据的频率分布。由于函数 FREQUENCY 返回一个数组，所以必须以数组公式的形式输入。语法为

$$= \text{FREQUENCY(data\_array,bins\_array)}$$

式中：data_array 为一数组或对一组数值的引用，用来计算频率。如果 data_array 中不包含任何数值，函数 FREQUENCY 返回零数组。

bins_array 为间隔的数组或对间隔的引用，该间隔用于对 data_array 中的数值进行分组。如果 bins_array 中不包含任何数值，函数 FREQUENCY 返回 data_array 中元素的个数。

由于 FREQUENCY 函数返回的是各个区间的元素个数，所以若要计算概率，则需要将函数返回的结果除以样本元素的总数。

3. 投资项目模拟分析模型的建立

【例 4-10】某投资项目的有关资料如图 4-41 所示。(其中对应的随机数是根据各参数的各种不同情况发生的概率和累计概率数据将 00～99 共 100 个随机数进行分配后所对应的随机数区间的下限值。)要求建立一个利用蒙特卡罗模拟法对该投资项目的风险进行分析的模型。

	A	B	C	D	E	F	G	H	I	J	K	L	M
1	已知条件												
2	初始投资（万元）			20	所得税税率				33%				
3	寿命期（年）			3	年付现固定成本（万元）				6				
4	期末残值（万元）			0	产品单价（元/件）				72				
5	贴现率			12%	固定资产折旧方法				直线法				
6	年份	第1年				第2年				第3年			
7	项目	发生的概率	累计概率	对应的随机数	可能值	发生的概率	累计概率	对应的随机数	可能值	发生的概率	累计概率	对应的随机数	可能值
8	销售量（件）	0.25	0.25	0	6000	0.15	0.15	0	6000	0.20	0.20	0	6000
9		0.35	0.60	25	7000	0.35	0.50	15	7000	0.40	0.60	20	7000
10		0.25	0.85	60	8000	0.40	0.90	50	8000	0.35	0.95	60	8000
11		0.15	1.00	85	9000	0.10	1.00	90	9000	0.05	1.00	95	9000
12	单位变动成本（元/件）	0.22	0.22	0	42	0.26	0.26	0	42	0.20	0.20	0	42
13		0.36	0.58	22	45	0.38	0.64	26	45	0.40	0.60	20	45
14		0.39	0.97	58	47	0.25	0.89	64	47	0.26	0.86	60	47
15		0.03	1.00	97	50	0.11	1.00	89	50	0.14	1.00	86	50

图4-41　已知条件

建立模型的具体步骤如下所述。

01 设计模型的结构，如图 4-42 所示。

02 在单元格 A21 中输入第 1 年销售量的随机数计算公式："–RANDBETWEEN (0,99)"，然后将其分别复制到单元格 C21、F21、H21、K21 和 M21 中。

	A	B	C	D	E	F	G	H	I	J	K	L	M	N	O	P
17	模拟计算过程															
18	第1年					第2年					第3年					净现值
19	销售量		单位变动成本		净现金流量	销售量		单位变动成本		净现金流量	销售量		单位变动成本		净现金流量	
20	随机数	可能值	随机数	可能值		随机数	可能值	随机数	可能值		随机数	可能值	随机数	可能值		
21	48	7000	61	47	9.91	45	7000	56	45	10.84	25	7000	70	47	9.91	4.54
22	89	9000	99	50	11.45	5	6000	1	42	10.24	84	8000	11	42	14.26	8.53
23	87	9000	85	47	13.26	39	7000	56	45	10.84	72	8000	77	47	11.58	8.72
24	57	7000	66	47	9.91	31	7000	26	45	10.84	5	6000	84	47	8.23	3.35
25	34	7000	79	47	9.91	17	7000	63	45	10.84	4	6000	65	47	8.23	3.35
26	83	8000	81	47	11.58	43	7000	10	42	12.25	52	7000	39	45	10.84	7.82
27	60	8000	99	50	9.97	27	7000	87	47	9.91	63	8000	51	45	12.65	5.81
28	93	9000	51	45	14.46	47	7000	60	45	10.84	26	7000	3	42	12.25	10.27
29	53	7000	92	47	9.91	98	9000	34	45	14.46	74	8000	16	42	14.26	10.52
30	52	7000	20	42	12.25	45	7000	62	45	10.84	62	8000	16	42	14.26	9.73
31	16	6000	74	47	8.23	97	9000	37	45	14.46	77	8000	33	45	12.65	7.88
32	49	7000	21	42	12.25	50	8000	11	42	14.26	67	8000	97	50	9.97	9.40
33	78	8000	81	47	11.58	18	7000	66	47	9.91	18	6000	18	42	10.24	5.52
34	80	8000	92	47	11.58	63	8000	69	47	11.58	67	8000	66	47	11.58	7.81
35	67	8000	70	47	11.58	77	8000	97	50	9.97	43	7000	33	45	10.84	6.01
36	40	7000	64	47	9.91	99	9000	39	45	14.46	13	6000	13	42	10.24	7.66
37	1	6000	5	42	10.24	85	8000	17	42	14.26	98	9000	91	50	11.45	8.66
38	79	8000	81	47	11.58	17	7000	73	47	9.91	27	7000	98	50	8.50	4.28
39	34	7000	45	45	10.84	80	8000	85	47	11.58	12	6000	8	42	10.24	6.20
40	76	8000	24	45	12.65	0	6000	50	45	9.03	45	7000	65	47	9.91	5.55
41	14	6000	61	47	8.23	4	6000	99	50	7.02	85	8000	5	42	14.26	3.10
42	94	9000	66	47	13.26	25	7000	70	47	9.91	83	8000	16	42	14.26	9.88
43	70	8000	7	42	14.26	42	7000	86	47	9.91	99	9000	98	50	11.45	8.78

模拟计算结果	
净现值期望值（万元）	7.04
净现值标准差（万元）	2.77
净现值最大值（万元）	16.50
净现值最小值（万元）	-2.05
净现值为负的概率	0.20%

净现值概率分布统计		
分组值	分布区间	概率
-2	-2以下	0.000
0	-2～0	0.002
2	0～2	0.030
4	2～4	0.106
6	4～6	0.224
8	6～8	0.282
10	8～10	0.208
12	10～12	0.107
14	12～14	0.034
16	14～16	0.007
18	16以上	0.001

不同净现值的概率计算	
净现值区间	概率
大于5万元	76.95%
大于10万元	14.25%
大于15万元	0.20%

图4-42　投资项目模拟分析模型的运行结果

03 分别在单元格 B21、G21 和 L21 中输入第 1 年、第 2 年和第 3 年销售量的可能值查找公式。

单元格 B21："=VLOOKUP(A21,$D$8:$E$11,2)"。

单元格 G21："=VLOOKUP(F21,$H$8:$I$11,2)"。

单元格 L21："=VLOOKUP(K21,$L$8:$M$11,2)"。

04 分别在单元格 D21、I21 和 N21 中输入第 1 年、第 2 年和第 3 年单位变动成本的可能值查找公式。

单元格 D21："=VLOOKUP(C21,$D$12:$E$15,2)"。

单元格 I21："=VLOOKUP(H21,$H$12:$I$15,2)"。

单元格 N21："=VLOOKUP(M21,$L$12:$M$15,2)"。

05 分别在单元格 E21、J21 和 O21 中输入第 1 年、第 2 年和第 3 年的净现金流量模拟计算公式。

单元格 E21："=(B21*($I$4−D21)/10000−$I$3)*(1−$I$2)+($D$2−$D$4)/$D$3*$I$2"。

单元格 J21："=(G21*($I$4−I21)/10000−$I$3)*(1−$I$2)+($D$2−$D$4)/$D$3*$I$2"。

单元格 O21："=(L21*($I$4−N21)/10000−$I$3)*(1−$I$2)+($D$2−$D$4)/$D$3*$I$2"。

06 在单元格 P21 中输入计算公式："=NPV($D$5,E21,J21,O21)−$D$2"，对净现值进行第 1 次模拟计算。

07 选取单元格区域 A21:P21，采取填充复制的方法将其往下一直复制到单元格 A10020:P10020，即进行 10000 次模拟计算。

08 在单元格区域 T18:T22 中分别输入下面的计算公式。

单元格 T18："=AVERAGE(P21:P10020)"。

单元格 T19："=STDEV(P21:P10020)"。

单元格 T20："=MAX(P21:P10020)"。

单元格 T21："=MIN(P21:P10020) "。

单元格 T22："=COUNTIF(P21:P10020,"<0")/10000"。

09 选取单元格区域 T26:T36，输入下面的数组公式，即得到不同区间的净现值概率分布："=FREQUENCY(P21:P10020,R26:R36)/10000"。

10 在单元格区域 T40:T42 中分别输入下面的计算公式。

单元格 T40："=1−NORMDIST(5,T18,T19,TRUE)"。

单元格 T41："=1−NORMDIST(10,T18,T19,TRUE)"。

单元格 T42："=1−NORMDIST(15,T18,T19,TRUE)"。

模型的部分运行结果如图 4-42 所示。

11 选取单元格区域 S25:T36，在【插入】选项卡【图表】功能组中单击【柱形图】，然后在下拉列表中的【二维柱形图】区域下选择【簇状柱形图】子图表类型，则可得到初步绘制的图表。再进一步编辑图表，包括删除图例和网格线、添加图表标题以及横纵坐标轴标签，再将鼠标指针对准柱形图单击右键，并在快捷菜单中选择【添加数据标签】命令，最终得到的净现值概率分布图如图 4-43 所示。

由图 4-43 可以看出，该项目的净现值概率分布接近于正态分布。由图 4-42 的计算结果可以看出，该项目的净现值期望值大于 0，且净现值为负的概率较低，说明该项目是可行的且风险不大。

值得注意的是，上述模拟计算的结果并不是唯一的，每次保存文件或打开工作表以后，或者每运行一次工作表(即按 F9 键)，随机数函数就会重新计算一次，因此所得到的计算结果是有差别的。但当模拟次数足够多时，这种差别并不大。

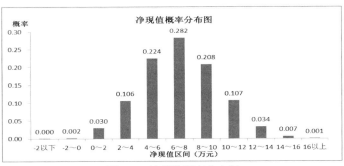

图4-43　净现值概率分布图

4.3　风险条件下的投资决策

在考虑风险的条件下进行投资决策的方法主要有按风险调整贴现率法和按风险调整现金流量法两种。而在有通货膨胀风险存在的情况下，需要采用特定的方法进行投资决策。

4.3.1　按风险调整贴现率法投资决策模型

按风险调整贴现率法是指将与特定项目有关的风险报酬，加入到资本成本或企业要求达到的报酬率中，构成按风险调整的贴现率，并据以进行投资决策分析的方法。采用按风险调整贴现率法计算投资项目的净现值等指标，才能反映投资项目的真实收益，在此基础上对各方案进行比较才具有可比性。

投资者进行项目投资所要求得到的全部报酬率包括无风险报酬率和风险报酬率两部分。其计算公式为

$$K_i = K_F + b_i V_i$$

式中：K_i 为项目 i 按风险调整的贴现率或项目的必要报酬率；K_F 为无风险报酬率；V_i 为项目 i 的变差系数；b_i 为项目 i 的风险报酬系数。

风险报酬系数应根据该项目或同类型项目的有关资料确定，也可以组织有经验的专家共同确定。

【例 4-11】某公司甲、乙两个投资方案的有关资料如图 4-44 的【已知条件】区域所示。已知两个投资方案各年的现金流量之间相互独立。要求建立一个计算两个投资方案按风险调整后的贴现率及净现值的模型。

建立模型的具体步骤如下所述。

01 设计模型的结构，如图 4-44 的【计算结果】区域所示。

02 在单元格 B19 中输入公式"=SUMPRODUCT(B6:B8,C6:C8)"。

03 在单元格 B20 中输入公式"=SUMPRODUCT(B9:B11,C9:C11)"。

04 在单元格 B21 中输入公式"=SUMPRODUCT(B12:B14,C12:C14)"。

05 在单元格 C19 中输入公式"=SQRT(SUMPRODUCT((C6:C8-B19)^2,B6: B8))"。

06 在单元格 C20 中输入公式"=SQRT(SUMPRODUCT((C9:C11-B20)^2,B9: B11))"。

	A	B	C	D	E
1			已知条件（金额单位：万元）		
2		要求的最低收益率	8%	风险报酬系数	0.2
3	年份		甲方案	乙方案	
4		概率	每年净现金流量	概率	每年净现金流量
5	0	1	−900	1	−500
6	1	0.25	800	0.3	450
7		0.5	600	0.4	380
8		0.25	400	0.3	260
9	2	0.2	700	0.1	310
10		0.6	500	0.1	240
11		0.2	300	0.1	190
12	3	0.3	600	0.2	220
13		0.4	200	0.6	150
14		0.3	100	0.2	100
15					
16			计算结果（金额单位：万元）		
17	年份		甲方案	乙方案	
18		现金流的期望值	标准差	现金流的期望值	标准差
19	1	600	141.42	365	74.60
20	2	500	126.49	242	27.13
21	3	290	207.12	154	38.26
22	现金流的现值		1214.44		667.69
23	总体标准差		236.52		78.96
24	变差系数		0.19		0.12
25	风险调整后的贴现率		11.90%		10.37%
26	净现值		242.56		143.96

图4-44　按风险调整贴现率法投资决策模型

07 在单元格 C21 中输入公式 "=SQRT(SUMPRODUCT((C12:C14−B21)^2,B12: B14))"。

08 选取单元格区域 B19:C21，将其复制到单元格区域 D19:E21。

09 在单元格 C22 中输入公式 "NPV($C$2,B19:B21)"。

10 在单元格 C23 中输入公式 "=SQRT(C19^2/(1+$C$2)^2+C20^2/(1+$C$2)^4 +C21^2/(1+$C$2)^6)"。

11 在单元格 C24 中输入公式 "=C23/C22"。

12 在单元格 C25 中输入公式 "=$C$2+$E$2*C24"。

13 在单元格 C26 中输入公式 "=NPV(C25,B19:B21)+C5"。

14 选取单元格区域 C22:C26，将其复制到单元格区域 E22:E26。

模型的运行结果如图 4-44 所示。由计算结果可以看出，甲方案的变差系数大于乙方案，按风险调整后的贴现率也高于乙方案，所以计算甲方案的净现值应使用与其对应的更高的贴现率，才能体现其高风险的特点。

4.3.2　按风险调整现金流量法投资决策模型

按风险调整现金流量法又称为肯定当量法，采用这种方法时首先按照一定的肯定当量系数将不确定的现金流量折算为确定的当量现金流量，再利用无风险利率对风险投资项目进行评价。

肯定当量系数是指肯定的现金流量和与之相当的不确定的现金流量的比值。肯定当量系数可以根据变差系数来确定。投资项目的历史资料比较齐全的公司可以事先准备一份变差系数与肯定当量系数的经验对照关系表，以便随时利用。

【例 4-12】某企业甲、乙两个方案的有关资料如图 4-45 的【已知条件】区域所示。要求建立一个采用按风险调整现金流量法计算两个方案净现值的模型。

建立模型的具体步骤如下所述。

01 设计模型的结构，如图 4-45 的【计算结果】区域所示。

	A	B	C	D	E
1			已知条件（金额单位：万元）		
2	年份	0	1	2	3
3	甲方案现金流期望值	-900	600	500	290
4	甲方案现金流标准差	0.00	141.42	126.49	207.12
5	乙方案现金流期望值	-500	365	242	154
6	乙方案现金流标准差	0.00	74.26	27.13	38.26
7	要求的最低收益率	8%			
8	变差系数区间	0.00~0.07	0.08~0.23	0.24~0.42	0.43~0.73
9	肯定当量系数对应值	1.00	0.85	0.60	0.40
10					
11			计算结果		
12	变差系数临界判断值	0.07	0.23	0.42	0.73
13			甲方案净现值的计算（金额单位：万元）		
14	年份	1	2	3	净现值
15	变差系数	0.236	0.253	0.714	
16	肯定当量系数	0.6	0.6	0.4	-217.38
17	肯定当量现金流	360	300	116	
18			乙方案净现值的计算（金额单位：万元）		
19	年份	1	2	3	净现值
20	变差系数	0.203	0.112	0.248	
21	肯定当量系数	0.85	0.85	0.6	36.97
22	肯定当量现金流	310.25	205.7	92.4	

图4-45　按风险调整现金流量法投资决策模型

02 选取单元格区域 B15:D15，输入数组公式"=C4:E4/C3:E3"。

03 在单元格 B16 中输入公式"=IF(B15>$D$12,$E$9,IF(B15>$C$12,$D$9,IF(B15>$B$12,$C$9,$B$9)))"，并将其复制到单元格 C16 和 D16。

04 选取单元格区域 B17:D17，输入数组公式"=C3:E3*B16:D16"。

05 在合并单元格 E15 中输入公式"=NPV(B7,B17:D17)+B3"。

06 选取单元格区域 B20:D20，输入数组公式"=C6:E6/C5:E5"。

07 在单元格 B21 中输入公式"=IF(B20>$D$12,$E$9,IF(B20>$C$12,$D$9,IF(B20>$B$12,$C$9,$B$9)))"，并将其复制到单元格 C21 和 D21。

08 选取单元格区域 B22:D22，输入数组公式"=C5:E5*B21:D21"。

09 在合并单元格 E20 中输入公式"=NPV(B7,B22:D22)+B5"。

模型的运行结果如图 4-45 所示。由计算结果可以看出，由于甲方案各年现金流的变差系数比较高，其肯定的当量现金流就比较低，最终导致其净现值为负，方案变得不可行。

4.3.3　通货膨胀风险条件下的投资决策模型

1. 通货膨胀风险条件下的投资决策的基本原理

固定资产投资项目投资以后，一般会在未来较长的时期内发挥效用。由于企业的理财环境经常变化，在项目的寿命期内有时难免会发生通货膨胀。通货膨胀时期企业财务活动的特点是，一方面企业销售产品的价格升高、收入增加、利润虚增，另一方面企业各项资产的投资额增大、成本费用升高，这必然对投资项目未来的现金流量产生影响。因此，有必要进一步研究通货膨胀条件下的投资决策问题。

(1) 通货膨胀条件下的利率和现金流量

有通货膨胀存在时，没有扣除通货膨胀影响的利率和现金流量分别称为名义利率和名义现金流，而扣除通货膨胀影响之后的利率和现金流量分别称为实际利率和实际现金流。名义利率与实际利率之间的关系为

$$名义利率 = (1 + 实际利率)(1 + 通货膨胀率) - 1$$

或

$$实际利率 = \frac{1 + 名义利率}{1 + 通货膨胀率} - 1$$

在各年通货膨胀率相等的情况下,某年名义现金流和实际现金流之间的关系为

$$第t年的实际现金流 = \frac{第t年的名义现金流}{(1 + 通货膨胀率)^t}$$

在各年通货膨胀率不相等的情况下,某年名义现金流和实际现金流之间的关系为

$$第t年的实际现金流 = \frac{第t年的名义现金流}{(1 + i_1)(1 + i_2) \cdots (1 + i_{t-1})(1 + i_t)}$$

式中:i_t 为第 t 年的通货膨胀率,而 $\dfrac{1}{(1 + i_1)(1 + i_2) \cdots (1 + i_{t-1})(1 + i_t)}$ 称为第 t 年的通货膨胀系数。

(2) 通货膨胀条件下的投资决策方法

通货膨胀条件下投资决策的方法主要有以下两种。

- 剔除法。剔除法是指在对投资方案现金流量和贴现率进行分析的过程中,同时将通货膨胀因素的影响从现金流量和贴现率中予以剔除,在此基础上,采用实际利率对各年的实际现金流量进行贴现计算净现值等评价指标并做出相应的决策。

- 吸纳法。吸纳法是指在对投资方案现金流量和贴现率进行分析的过程中,同时将通货膨胀因素的影响加入到现金流量和贴现率的估计中,在此基础上,采用名义利率对各年的名义现金流量进行贴现计算净现值等评价指标并做出相应的决策。

由此可见,通货膨胀条件下投资决策的基本准则是应使现金流与贴现率保持一致,即名义现金流以名义利率贴现,实际现金流以实际利率贴现。在这样的基本原则之下,无论采用剔除法还是采用吸纳法所计算出来的投资项目评价指标的数值都会是相等的,最终的决策结论也会是一样的。

2. 通货膨胀风险条件下投资决策模型的建立

【例 4-13】某投资项目的有关资料如图 4-46 的【已知条件】区域所示。要求建立一个分别利用剔除法和吸纳法计算该投资项目净现值的模型。

建立模型的具体步骤如下所述。

01 设计模型的结构,如图 4-46 的【计算结果】区域所示。

02 在单元格 B8 中输入公式 "=B3/(1+$F$4)^B2",并将其复制到单元格区域 C8:G8。

03 在单元格 B9 中输入公式 "=(1+B4)/(1+F4)-1"。

04 在单元格 C10 中输入公式 "=NPV(B4,C3:G3)+B3"。

05 在单元格 C11 中输入公式 "=NPV(B9,C8:G8)+B8"。

模型的运行结果如图 4-46 所示。由计算结果可以看出,按两种不同的方法计算的该项目的净现值结果相同。

【例 4-14】某投资项目的有关资料如图 4-47 的【已知条件】区域所示。要求建立一个计算该投资项目净现值的模型。

	A	B	C	D	E	F	G
1			已知条件（金额单位：万元）				
2	年份	0	1	2	3	4	5
3	名义现金流	-200	55	65	78	75	80
4	名义年利率	14%		预计年通货膨胀率		5%	
5							
6			计算结果（金额单位：万元）				
7	年份	0	1	2	3	4	5
8	实际现金流	-200.00	52.38	58.96	67.38	61.70	62.68
9	实际年利率	8.57%					
10	按吸纳法计算的净现值	36.86					
11	按剔出法计算的净现值	36.86					

图4-46　通货膨胀条件下投资决策模型(吸纳法和剔除法)

建立模型的具体步骤如下所述。

01 设计模型的结构，如图 4-47 的【计算结果】区域所示。

	A	B	C	D	E	F	G
1			已知条件（金额单位：万元）				
2	年份	0	1	2	3	4	5
3	名义现金流	-500	125	180	220	280	350
4	通货膨胀率		10%	8%	6%	5%	3%
5	要求的最低收益率	15%					
6							
7			计算结果（金额单位：万元）				
8	年份	0	1	2	3	4	5
9	通货膨胀系数		0.9091	0.8418	0.7941	0.7563	0.7343
10	实际现金流	-500.00	113.64	151.52	174.70	211.76	256.99
11	按剔出法计算的净现值		77.10				

图4-47　通货膨胀条件下投资决策模型(剔除法)

02 在单元格 C9 中输入公式 "=1/(1+C4)"。

03 在单元格 D9 中输入公式 "=C9/(1+D4)"，并将其复制到单元格区域 E9:G9。

04 在单元格 B10 中输入公式 "=B3"。

05 选取单元格区域 C10:G10，输入数组公式 "=C3:G3*C9:G9"。

06 在单元格 C11 中输入公式 "=NPV(B5,C10:G10)+B10"。

模型的运行结果如图 4-47 所示。

第 5 章

证券投资分析与决策

5.1 债券投资分析

5.1.1 债券估价模型

1. 债券估价的基本原理

债券是筹资者为筹集资金而发行的有价证券，是一种反映债权债务关系的权利证书。债券的价值相当于债券投资者购买债券之后所获得的全部现金流量按投资者要求得到的最低报酬率作为贴现率所计算的总现值。在不同的情况下，债券的价值应按不同的公式计算。下面介绍几种不同类型债券的估价公式。

(1) 永久债券的价值

永久债券是指没有到期日、无限期地支付利息的债券。永久债券价值 P_b 的计算公式为

$$P_b = \frac{利息额}{必要报酬率}$$

(2) 定期付息债券的价值

定期付息债券是指每年一次或数次向投资者支付利息、到期按面值偿还本金的债券。这种债券每次向投资者支付的利息等于债券的面值乘以票面年利率再除以每年付息的次数，其价值的计算公式为

$$P_b = \sum_{t=1}^{mn} \frac{\frac{1}{m}(M \cdot i)}{(1 + \frac{k}{m})^t} + \frac{M}{(1 + \frac{k}{m})^{mn}} = \frac{M \cdot i}{m} \cdot (\text{PVIFA}_{\frac{k}{m},mn}) + M \cdot (\text{PVIF}_{\frac{k}{m},mn})$$

式中：P_b 为债券的价值；M 为债券的面值；i 为债券的票面年利率；n 为债券的期限；k 为债券投资者要求的最低年投资报酬率，或称市场利率；m 为每年付息的次数。

(3) 零息债券的价值

零息债券又称为折价债券，是指票面利率为零的债券。这种债券一般以低于面值的价格发行，到期按面值偿还，因此，投资者购买这种债券后，得不到任何利息收入，只能获得收回的面值与购买价格之间的价差收入。零息债券的估价公式为

$$P_b = \frac{M}{(1+k)^n} = M \cdot (\mathrm{PVIF}_{k,n})$$

实际上，零息债券的估价公式是定期付息债券估价公式的一个特例。

(4) 流通中的债券的价值

流通中的债券是指以前时期发行且目前在二级市场上交易的债券，这种债券距离到期日的期限小于债券的整个存续期限。对流通债券进行估价时，不必考虑债券成交日之前所发生的现金流量，而只需要估计成交日之后的现金流量，并按必要报酬率对这些现金流量进行贴现，从而得到成交日的现值。对流通债券进行估价时，往往涉及非整数计息期的问题。解决这个问题的具体方法有 3 个步骤：①确定要对债券进行估价的基准日；②将未来各期的现金流量按必要报酬率贴现到估价基准日之后的一个付息日的价值，并连同该付息日的利息一起加总；③将第②步的计算结果贴现到估价基准日的现值，贴现的期限等于该付息日与估价基准日之间的间隔天数除以一年的日历天数。

按上述的公式计算出来的某种债券的价值反映的是该债券在既定条件下应有的理论价值。该债券是否具有投资价值，还要看其市场价格的高低。市场价格小于或等于其理论价值的债券才具有投资价值，而市场价格高于其理论价值的债券不具有投资价值。

2. 计算债券价值的相关函数

在不同的情况下，债券的价值可以分别利用 PV、PRICE、PRICEDISC、PRICEMAT、TBILLPRICE 等函数来计算。PV 函数的功能已在第 2 章中做过介绍，下面分别介绍其他几个函数的功能。

(1) PRICE 函数

PRICE 函数的功能是计算定期付息的面值 100 元的有价证券的价格。语法为

= PRICE(settlement,maturity,rate,yld,redemption,frequency,basis)

式中：settlement 为证券的交易日期。证券的交易日期是证券发行后购买者购买证券的日期。日期有多种输入方式：带引号的文本串(例如"1998/01/30")、系列数(例如，如果使用 1900 日期系统则 35825 表示 1998 年 1 月 30 日)或其他公式或函数的结果(例如 DATEVALUE("1998/1/30"))。

maturity 为有价证券的到期日。到期日是有价证券有效期截止时的日期。

rate 为有价证券的年票面利率。

yld 为有价证券的年收益率。

redemption 为面值 100 元的有价证券的清偿价值。

frequency 为年付息次数。如果按年支付，则 frequency=1；按半年期支付，则 frequency = 2；按季支付，则 frequency = 4。

basis 为日计数基准类型，其取值情况如表 5-1 所示。

表5-1　PRICE函数的basis参数类型

basis	日计数基准
0 或省略	US (NASD) 30/360
1	实际天数/实际天数
2	实际天数/360
3	实际天数/365
4	欧洲 30/360

PRICE 函数的计算公式为

$$PRICE = \left[\frac{redemption}{\left(1+\frac{yld}{frequency}\right)^{\left(N-1+\frac{DSC}{E}\right)}}\right] + \left[\sum_{K=1}^{N}\frac{100\times\frac{rate}{frequency}}{\left(1+\frac{yld}{frequency}\right)^{\left(k-1+\frac{DSC}{E}\right)}}\right] - \left(100\times\frac{rate}{frequency}\times\frac{A}{E}\right)$$

式中：DSC 为成交日与下一付息日之间的天数；E 为成交日所在的付息期的天数；N 为成交日与清偿日之间的付息次数；A 为当前付息期内截止到结算日的天数。

(2) PRICEDISC 函数

PRICEDISC 函数的功能是计算折价发行的面值 100 元的有价证券的价格。语法为

= PRICEDISC(settlement,maturity,discount,redemption,basis)

式中：discount 表示贴现率；其余参数的含义参见 PRICE 函数。

函数 PRICEDISC 的语法为

$$PRICEDISC = redemption - discount\times redemption\times\frac{DSM}{B}$$

式中：B 为一年之中的天数，取决于年基准数；DSM 为成交日与到期日之间的天数。

(3) PRICEMAT 函数

PRICEMAT 函数的功能是计算到期付息的面值 100 元的有价证券的价格。语法为

= PRICEMAT(settlement,maturity,issue,rate,yld,basis)

式中：issue 为有价证券的发行日；rate 为有价证券在发行日的利率；其他各参数的含义参见 PRICE 函数。

PRICEMAT 函数的计算公式为

$$PRICEMAT = \frac{100+(\frac{DIM}{B}\times rate\times100)}{1+(\frac{DSM}{B}\times yld)} - \left(\frac{A}{B}\times rate\times100\right)$$

式中：B 为一年之中的天数，取决于年基准数；DSM 为成交日与到期日之间的天数；DIM

为发行日与到期日之间的天数；A 为发行日与成交日之间的天数。

(4) TBILLPRICE 函数

TBILLPRICE 函数的功能是计算面值 100 元的国库券的价格。语法为

$$=\text{TBILLPRICE(settlement,maturity,discount)}$$

需要注意的是，如果 settlement 或 maturity 不是合法日期，函数 TBILLPRICE 返回错误值 #VALUE；如果 discount≤0，函数 TBILLPRICE 返回错误值#NUM!；如果 settlement>maturity 或 maturity 在 settlement 之后超过一年，函数 TBILLPRICE 返回错误值#NUM!。

TBILLPRICE 函数的计算公式为

$$\text{TBILLPRICE} = 100 \times (1 - \frac{\text{discount} \times \text{DSM}}{360})$$

式中：DSM 为成交日与到期日之间的天数。如果成交日与到期日相隔超过一年，则无效。

3. 债券估价的基本模型

【例 5-1】A 和 B 两种债券的有关资料如图 5-1 的【已知条件】区域所示。要求建立一个分别利用 PV 函数和 PRICE 函数计算两种债券价值的模型。

建立模型的具体步骤如下所述。

01 设计模型的结构，如图 5-1 的【计算结果】区域所示。

	A	B	C	D	E	F	G	H
1	已知条件					计算结果		
2	债券名称	A债券	B债券		债券	债券名称	A债券	B债券
3	面值（元）	1000	1000		价值	利用PV函数计算	875.38	1077.22
4	票面年利率	8%	12%		（元）	利用PRICE函数计算	875.38	1077.22
5	期限（年）	10	5					
6	每年付息次数（次）	2	2					
7	市场利率	10%	10%					

图5-1　债券估价的基本模型

02 在单元格 G3 中输入公式 "=PV(B7/B6,B5*B6,-B3*B4/B6,-B3)"，并将其复制到单元格 H3 中，得到利用 PV 函数计算的两种债券的价值。

03 在单元格 G4 中输入公式 "=10*PRICE("2020-1-1","2030-1-1",B4,B7,B3/10,B6,3)"，得到利用 PRICE 函数计算的 A 债券的价值。

04 在单元格 H4 中输入公式 "=10*PRICE("2020-1-1","2025-1-1",C4,C7,C3/10,C6,3)"，得到利用 PRICE 函数计算的 B 债券的价值。

模型的运行结果如图 5-1 所示。

在上述的利用 PRICE 函数计算债券的价值时应注意以下两点。

- PRICE函数的settlement和maturity两个参数可以任意取两个间隔年数等于债券期限的日期，例如，在计算A债券的价值时，settlement和maturity两个参数分别取值2020-1-1和2030-1-1，两个日期的间隔时间是10年；在计算B债券的价值时，settlement和maturity两个参数分别取值2020-1-1和2025-1-1，两个日期的间隔时间是5年。

- 由于PRICE函数的功能是计算定期付息的面值100元债券的价值，所以为了计算面值为1000元的债券的价值，需要将债券的面值除以10再输入redemption参数中，然后在PRICE函数的计算结果基础上再乘以10来计算。

4. 债券价值与市场利率之间的关系分析模型

【例5-2】A 和 B 两种债券的有关资料如图 5-2 的【已知条件】区域所示。要求建立计算两种债券在不同的市场利率下的价值的模型，并绘制两种债券的价值与市场利率之间的关系图。

建立模型的具体步骤如下所述。

01 设计模型的结构，如图 5-2 的【计算结果】区域所示。

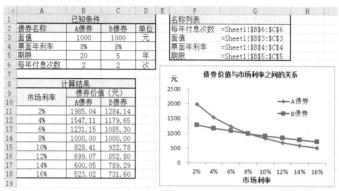

图5-2　债券价值与市场利率之间的关系分析模型

02 选取单元格区域 A3:C6，在【公式】选项卡【定义的名称】功能组中单击【根据所选内容创建】命令，则系统会弹出【以选定区域创建名称】对话框，在该对话框中选择【最左列】复选框，如图 5-3 所示，单击【确定】按钮后，B3:C6 单元格区域的每一行就被定义为 A 列同一行单元格中的标签文字的名称了。例如，单元格区域 B3:C3 对应的名称是"面值"，单元格区域 B4:C4 对应的名称是"票面年利率"，以此类推。

03 选取单元格 F2，在【公式】选项卡【定义的名称】功能组中单击【用于公式】命令，再在其下拉列表中选择【粘贴名称】命令，则系统会弹出【粘贴名称】对话框，如图 5-4 所示，单击【粘贴列表】按钮，则可在 F2:G5 单元格区域得到已定义的单元格区域的名称列表。

04 在单元格区域 A11:A18 中输入市场利率的系列模拟数据。

05 选取单元格区域 B11:C11，输入数组公式"=PV(A11/每年付息次数,期限*每年付息次数,-面值*票面年利率/每年付息次数,-面值)"。公式中的各参数可通过用鼠标拾取相应的单元格或单元格区域的方式输入，也可以通过键盘直接键入。

图5-3　【以选定区域创建名称】对话框

图5-4　【粘贴名称】对话框

06 选取单元格区域 B11:C11，将其向下填充复制到单元格区域 B12:C18。

07 选取单元格区域 B10:C18，在【插入】选项卡【图表】功能组中单击【折线图】，然后在下拉列表中的【二维折线图】区域下选择【带数据标记的折线图】子图表类型，可得到初步绘制的图表，再进一步编辑图表，包括将图表的水平分类轴标签设置为单元格区域 $A$11:$A$18、删除网格线、添加图表标题以及横纵坐标轴标签，再将纵坐标轴标签设置为显示 0 位小数的格式，得到编辑完成的图表。

模型的运行结果如图 5-2 所示。

5. 债券价值与到期期限之间的关系分析模型

【例 5-3】A、B、C 这 3 种债券的期限均为 10 年，其他有关资料如图 5-5 的【已知条件】区域所示。要求建立一个对 3 种债券的价值与距离到期的期限之间的关系进行分析的模型。

建立模型的具体步骤如下所述。

01 设计模型的结构，如图 5-5 的【计算结果】区域所示。

02 选取单元格区域 A3:D6，在【公式】选项卡【定义的名称】功能组中单击【根据所选内容创建】命令，则系统会弹出【以选定区域创建名称】对话框，在该对话框中选择【最左列】复选框，单击【确定】按钮后，B3:D6 单元格区域的每一行就被定义为 A 列同一行单元格中的标签文字的名称了。例如，单元格区域 B3:D3 对应的名称是"面值"，单元格区域 B4:D4 对应的名称是"票面年利率"，以此类推。

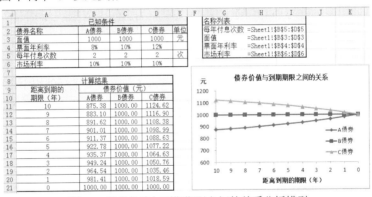

图5-5 债券价值与到期期限之间的关系分析模型

03 选取单元格 G2，在【公式】选项卡【定义的名称】功能组中单击【用于公式】命令，再在其下拉列表中选择【粘贴名称】命令，则系统会弹出【粘贴名称】对话框，单击该对话框中的【粘贴列表】按钮，则可在 G2:H5 单元格区域得到已定义的单元格区域的名称列表。

04 在单元格区域 A11:A21 中输入债券距离到期的期限系列模拟数据。

05 选取单元格区域 B11:D11，输入数组公式"=PV(市场利率/每年付息次数,A11*每年付息次数,-面值*票面年利率/每年付息次数,-面值)"。公式中的各参数可通过用鼠标拾取相应的单元格或单元格区域的方式输入，也可以通过键盘直接键入。

06 选取单元格区域 B11:D11，将其向下填充复制到单元格区域 B12:D21。

07 选取单元格区域 B10:D21，在【插入】选项卡【图表】功能组中单击【折线图】，然后在下拉列表中的【二维折线图】区域下选择【带数据标记的折线图】子图表类型，可得到初步绘制的图表，再进一步编辑图表，包括将图表的水平分类轴标签设置为单元格区域 $A$11:$A$21、删除网格线、添加图表标题以及横纵坐标轴标签，再将纵坐标轴标签设置为显示 0 位小数的格式，并且在纵坐标轴的【设置坐标轴格式】对话框的【坐标轴选项】选项卡中，将【坐标轴选项】的【最小值】设置为【固定】值"600",再将横坐标轴标签设置为"在刻度线上",得到编辑完成的图表。

模型的运行结果如图5-5所示。

6. 债券价值与利息支付频率及票面年利率之间的关系分析模型

【例5-4】某债券的有关资料如图5-6的【初始已知条件】区域所示。要求建立一个该债券价值分别对每年利息支付次数和票面年利率的单因素敏感性分析模型。

建立模型的具体步骤如下所述。

01 设计模型的结构,如图5-6中【模拟运算结果】区域所示。

	A	B	C	D	E	F	G
1	初始已知条件						
2	债券面值(元)	1000					
3	票面年利率	6%					
4	期限(年)	5					
5	市场利率	8%					
6	每年付息次数(次)	1					
7							
8			模拟运算结果				
9	债券价值与每年付		每年付息次数(次)				
10	息次数之间的关系		1	2	4	12	365
11	债券价值(元)	920.15	920.15	918.89	918.24	917.80	917.59
12	债券价值与票面年			票面年利率			
13	利率之间的关系		2%	4%	6%	8%	10%
14	债券价值(元)	920.15	760.44	840.29	920.15	1000.00	1079.85

图5-6 债券价值的单变量模拟运算分析模型

02 分别在单元格B11和单元格B14中输入公式"=PV(B5/B6,B4*B6,-B2*B3/B6,-B2)"。

03 选取单元格区域B10:G11,在【数据】选项卡【数据工具】功能组中单击【模拟分析】命令,然后在下拉菜单中选择【模拟运算表】命令,再在系统弹出的【模拟运算表】对话框中,在【输入引用行的单元格】栏中输入"$B$6",如图5-7所示,最后单击【确定】按钮。

04 选取单元格区域B13:G14,在【数据】选项卡【数据工具】功能组中单击【模拟分析】命令,然后在下拉菜单中选择【模拟运算表】命令,再在系统弹出的【模拟运算表】对话框中,在【输入引用行的单元格】栏中输入"$B$3",如图5-8所示,最后单击【确定】按钮。

模型的运行结果如图5-6所示。

图5-7 【模拟运算表】对话框的设置之一　　　　图5-8 【模拟运算表】对话框的设置之二

7. 债券价值的双因素敏感性分析模型

【例5-5】某债券的有关资料如图5-9的【初始已知条件】区域所示。要求建立一个该债券价值的双因素敏感性分析模型,分别分析债券价值与市场利率和到期限之间的关系以及债券价值与市场利率和每年付息次数之间的关系。

建立模型的具体步骤如下所述。

01 设计模型的结构,如图5-9的【模拟运算结果】区域所示。

02 分别在单元格A11和单元格A18中输入公式"=PV(B5/B6,B4*B6,-B2*B3/B6, -B2)"。

	A	B	C	D	E	F	G
1	初始已知条件						
2	债券面值（元）	1000					
3	票面年利率	6%					
4	期限（年）	5					
5	市场利率	10%					
6	每年付息次数（次）	1					
7							
8	模拟运算结果						
9	债券价值与市场利率和到期期限之间的关系						
10	到期期限（年）	不同市场利率下的债券价值（元）					
11	848.37	2%	4%	6%	8%	10%	12%
12	5	1188.54	1089.04	1000.00	920.15	848.37	783.71
13	10	1359.30	1162.22	1000.00	865.80	754.22	660.99
14	15	1513.97	1222.37	1000.00	828.81	695.76	591.35
15	20	1654.06	1271.81	1000.00	803.64	659.46	551.83
16	债券价值与市场利率和每年付息次数之间的关系						
17	每年付息次数（次）	不同市场利率下的债券价值（元）					
18	848.37	2%	4%	6%	8%	10%	12%
19	1	1188.54	1089.04	1000.00	920.15	848.37	783.71
20	2	1189.43	1089.83	1000.00	918.89	845.57	779.20
21	4	1189.87	1090.23	1000.00	918.24	844.11	776.84
22	12	1190.17	1090.50	1000.00	917.80	843.12	775.22
23	365	1190.32	1090.63	1000.00	917.59	842.63	774.43

图5-9 债券价值的双因素敏感性分析模型

03 选取单元格区域 A11:G15，在【数据】选项卡【数据工具】功能组中单击【模拟分析】命令，然后在下拉菜单中选择【模拟运算表】命令，再在系统弹出的【模拟运算表】对话框中，在【输入引用行的单元格】栏中输入"$B$5"，在【输入引用列的单元格】栏中输入"$B$4"，如图 5-10 所示，最后单击【确定】按钮。

04 选取单元格区域 A18:G23，在【数据】选项卡【数据工具】功能组中单击【模拟分析】命令，然后在下拉菜单中选择【模拟运算表】命令，再在系统弹出的【模拟运算表】对话框中，在【输入引用行的单元格】栏中输入"$B$5"，在【输入引用列的单元格】栏中输入"$B$6"，如图 5-11 所示，最后单击【确定】按钮。

图5-10 【模拟运算表】对话框的设置之三   图5-11 【模拟运算表】对话框的设置之四

模型的运行结果如图 5-9 所示。

8. 带有调节按钮的债券价值计算模型

【例 5-6】 某债券的有关资料如图 5-12 的【初始已知条件】区域所示。要求建立一个带有各参数调节按钮的债券价值计算模型，并绘制债券价值与市场利率之间的关系图，以便能够直观地观察各有关参数发生变化时债券价值的变化情况。

建立模型的具体步骤如下所述。

01 设计模型的结构，如图 5-12 所示。其中在单元格区域 A15:A44 中输入的是序列数据 1%、2%…30%，并且在选取第 25 行之后，执行【视图】选项卡【窗口】功能组中的【拆分】命令，从而在该行的上方出现一个拆分条将窗口拆分为上下两个部分，以方便查看溢出屏幕下方的信息。

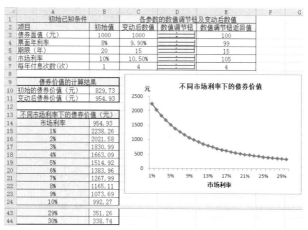

图5-12　已知条件及模型的结构设计

02 在【开发工具】选项卡【控件】功能组中单击【插入】命令，在展开的下拉列表中单击【表单控件】区域下的数值调节钮，再将鼠标指针对准 D3 单元格的左上角，向右下方拖拽出一个数值调节钮控件。在插入的控件上单击鼠标右键，在弹出的快捷菜单中选择【设置控件格式】命令，在打开的【设置控件格式】对话框的【控制】选项卡中，在【最小值】、【最大值】和【步长】栏中分别保持默认值 0、30000 和 1 不变，将单元格链接设为$E$3。单击【确定】按钮后即完成了对 D3 单元格位置的数值调节钮控件的设置。

03 按照与上述过程同样的方法分别在单元格 D4、D5、D6、D7 的位置各插入一个数值调节钮控件，其单元格链接分别设置为$E$4、$E$5、$E$6、$E$7。

04 在单元格 C3 中输入公式"=E3*10"，使调节按钮每变动一次对应的债券价值变动 10元；在单元格 C4 中输入公式"=E4/1000"，使调节按钮每变动一次对应的债券票面利率变动0.1%；在单元格 C5 中输入公式"=E5"，使调节按钮每变动一次对应的债券期限变动 1 年；在单元格 C6 中输入公式"=E6/1000"，使调节按钮每变动一次对应的市场利率变动 0.1%；在单元格 C7 中输入公式"=E7"，使调节按钮每变动一次对应的债券年付息次数变动一次。

05 在单元格 B10 中输入公式"=PV(B6/B7,B5*B7,-B3*B4/B7,-B3)"。

06 分别在单元格 B11 和单元格 B14 中输入公式"=PV(C6/C7,C5*C7,-C3*C4/ C7,-C3)"。

07 选取单元格区域 A14:B44，在【数据】选项卡【数据工具】功能组中单击【模拟分析】命令，然后在下拉菜单中选择【模拟运算表】命令，再在系统弹出的【模拟运算表】对话框中，在【输入引用列的单元格】栏中输入"$C$6"，单击【确定】按钮以后，即完成了单变量模拟运算，得到不同市场利率下的债券价值。

08 选取单元格区域 B15:B44，在【插入】选项卡【图表】功能组中单击【折线图】，然后在下拉列表中的【二维折线图】区域下选择【带数据标记的折线图】子图表类型，则可得到初步绘制的图表，再进一步编辑图表，包括将图表的水平分类轴标签设置为单元格区域$A$15:$A$44、删除网格线、添加图表标题以及横纵坐标轴标签，再将纵坐标轴标签设置为显示 0 位小数的格式；为了避免横坐标轴的标签过于拥挤的情况，可将其设置为每间隔 4 个单位显示 1 个标签的格式，具体设置方法是，将鼠标指针对准横坐标轴标签，单击鼠标右键，在快捷菜单中选择【设置坐标轴格式】命令，然后在系统打开的【设置坐标轴格式】对话框的【坐标轴选项】选项卡中，在【标签间隔】区域下选择【指定间隔单位】单选按钮，再在右边的编辑栏中输入"4",如图 5-13 所示,单击【关闭】按钮,即可得到编辑完成的债券价值与市场利率之间的关系图。

这样,带有各参数调节按钮的债券价值计算模型就建立完毕了。通过单击微调项控件的上下箭头,改变债券各个参数的数值,即可得到各参数的数值改变之后债券价值的计算结果,同时所绘制的图表也自动随之发生相应变化,从而可以很方便地分析各个参数变动对债券价值的影响。图 5-12 显示的是模型的一个运行结果。

9. 流通中的债券价值计算模型

图5-13 横坐标轴标签格式的设置

【例 5-7】A、B、C、D 这 4 种债券的有关资料如图 5-14 的【已知条件】区域所示。要求建立一个计算 4 种债券价值的模型。

建立模型的具体步骤如下所述。

01 设计模型的结构,如图 5-14 的【计算结果】区域所示。

02 在单元格 B15 中输入公式"=PRICE(B4,B5,B7,B8,B3,1)"。

03 在单元格 C15 中输入公式"=PRICEDISC(C4,C5,C9,C3,2)"。

04 在单元格 D15 中输入公式"=PRICEMAT(D4,D5,D6,D7,D8)"。

05 在单元格 E15 中输入公式"=TBILLPRICE(E4,E5,E9)"。

模型的运行结果如图 5-14 所示。

	A	B	C	D	E
1			已知条件		
2	债券名称	A债券	B债券	C债券	D债券
3	债券面值（元）	100	100	100	100
4	成交日	2019/1/4	2019/2/5	2028/10/19	2019/2/1
5	到期日	2020/6/29	2022/8/14	2019/2/4	2019/12/9
6	发行日			2018/10/19	
7	票面利率	5.82%	0	4.75%	0
8	年收益率	8.00%		6.00%	
9	贴现率		6.00%		6.00%
10	每年付息次数（次）	1	0	到期付息	0
11	计息基准	30/360	实际天数/360	30/360	30/360
12					
13			计算结果		
14	债券名称	A债券	B债券	C债券	D债券
15	债券价值（元）	97.00	78.57	91.82	94.82

图5-14 流通中的债券价值计算模型

5.1.2 债券投资收益的计算模型

1. 计算债券投资收益额的相关函数

债券投资收益额等于投资期内的利息收益和买卖债券的价差收益之和。可用于计算债券投资收益的函数主要包括 ACCRINT、ACCRINTM、RECEIVED 等函数,此外,COUPNUM 函数可以用来计算投资期内的付息次数。这些函数的功能如下所述。

(1) ACCRINT 函数

ACCRINT 函数的功能是计算定期付息有价证券的应计利息。语法为

$$=\text{ACCRINT(issue,first\_interest,settlement,rate,par,frequency,basis)}$$

式中：first-interest 表示首次利息支付日；par 表示债券的面值；其他各参数的含义如前所述。

ACCRINT 函数的计算公式为

$$\text{ACCRINT} = \text{par} \times \frac{\text{rate}}{\text{frequency}} \times \sum_{i-1}^{NC} \frac{A_i}{\text{NL}_i}$$

式中：A_i 为奇数期内第 i 个准付息期的应计天数；NL_i 为奇数期内第 i 个准付息期的正常天数。

(2) ACCRINTM 函数

ACCRINTM 函数的功能是计算到期一次性付息有价证券的应计利息。语法为

$$=\text{ACCRINTM(issue,maturity,rate,par,basis)}$$

ACCRINTM 函数的计算公式为

$$\text{ACCRINTM} = \text{par} \times \text{rate} \times \frac{A}{D}$$

式中：A 为按月计算的应计天数。在计算到期付息的利息时指发行日与到期日之间的天数；D 为年基准数。

(3) RECEIVED 函数

RECEIVED 函数的功能是计算一次性付息的有价证券到期收回的金额。语法为

$$=\text{RECEIVED(settlement,maturity,investment,discount,basis)}$$

式中：investment 为有价证券的投资额；discount 为有价证券的贴现率；其他各参数的含义如前所述。

RECEIVED 函数的计算公式为

$$\text{RECEIVED} = \frac{\text{investment}}{1 - (\text{discount} \times \dfrac{\text{DLM}}{B})}$$

式中：B 为一年之中的天数，取决于年基准数；DIM 为发行日与到期日之间的天数。

(4) COUPNUM 函数

COUPNUM 函数的功能是返回成交日(买入日)和到期日(或卖出日)之间的利息应付次数。向上舍入到最接近的总付息次数。语法为

$$=\text{COUPNUM(settlement,maturity,frequency,basis)}$$

2. 计算债券投资收益率的相关函数

债券投资收益率是指投资者在债券投资期内所实际获得的年投资收益率。在不同的情况下，债券投资收益率可以分别利用单变量工具求解或利用相关的函数来计算。计算债券投资收益率的函数主要包括：RATE、YIELD、YIELDDISC、TBILLYIELD、TBILLEQ、INTRATE、DISC 等函数。RATE 函数的功能已在第 3 章中做过介绍，其他几个函数的功能如下所述。

(1) YIELD 函数

YIELD 函数的功能是计算定期付息有价证券的收益率。语法为

=YIELD(settlement,maturity,rate,pr,redemption,frequency,basis)

式中：settlement 为证券的成交日，即在发行日之后，证券卖给购买者的日期。

maturity 为有价证券的到期日。到期日是有价证券有效期截止时的日期。

rate 为有价证券的年息票利率。

pr 为面值 100 元的有价证券的价格。

redemption 为面值 100 元的有价证券的清偿价值。

frequency 为年付息次数。如果按年支付，frequency=1；按半年期支付，frequency=2；按季支付，frequency=4。

basis 为日计数基准类型，可以取 0、1、2、3、4，其说明如表 5-1 所示。

如果在清偿日之前只有一个付息期间或是没有，函数 YIELD 的计算公式为

$$\text{YIELD} = \frac{(\frac{\text{redemption}}{100} + \frac{\text{rate}}{\text{frequency}}) - (\frac{\text{par}}{100} + (\frac{A}{E} \times \frac{\text{rate}}{\text{frequency}}))}{\frac{\text{par}}{100} + (\frac{A}{E} \times \frac{\text{rate}}{\text{frequency}})} \times \frac{\text{frequency} \times E}{\text{DSR}}$$

式中：A 为当前付息期内截止到成交日的天数(应计天数)；DSR 为成交日与清偿日之间的天数；E 为付息期所包含的天数；par 为面值。

如果在 redemption 之前尚有多个付息期间，则通过 100 次迭代来计算函数 YIELD。基于函数 PRICE 中给出的公式，并使用牛顿迭代法不断修正计算结果，直到在给定的收益率下的计算价格逼近实际价格。

(2) YIELDDISC 函数

YIELDDISC 函数的功能是计算折价发行的有价证券的年收益率。语法为

=YIELDDISC(settlement,maturity,pr,redemption,basis)

(3) TBILLYIELD 函数

TBILLYIELD 函数的功能是计算国库券的收益率。语法为

=TBILLYIELD(settlement,maturity,pr)

TBILLYIELD 函数的计算公式为

$$\text{TBILLYIELD} = \frac{100 - \text{par}}{\text{par}} \times \frac{360}{\text{DSM}}$$

式中：DSM 为成交日与到期日之间的天数。如果成交日与到期日相隔超过一年，则无效。

(4) TBILLEQ 函数

TBILLEQ 函数的功能是计算国库券的等效收益率。语法为

=TBILLEQ (settlement,maturity,discount)

TBILLEQ 函数的计算公式为

$$\text{TBILLEQ} = (365 \times \text{rate})/360 - (\text{rate} \times \text{DSM})$$

式中：DSM 为按每年 360 天的基准计算的 settlement 与 maturity 之间的天数。

(5) INTRATE 函数

INTRATE 函数的功能是计算一次性付息证券的利率。语法为

$$=INTRATE(settlement,maturity,investment,redemption,basis)$$

式中：investment 表示债券的投资额；其他各参数的含义如前所述。

INTRATE 函数的计算公式为

$$INTRATE = \frac{redemption - investment}{investment} \times \frac{B}{DIM}$$

式中：B 为一年之中的天数，取决于年基准数；DIM 为成交日与到期日之间的天数。

(6) DISC 函数

DISC 函数的功能是计算有价证券的贴现率。语法为

$$=DISC(settlement,maturity,pr,redemption,basis)$$

DISC 函数的计算公式为

$$DISC = \frac{redemption - par}{par} \times \frac{B}{DSM}$$

式中：B 为一年之中的天数，取决于年基准数；DSM 为成交日与到期日之间的天数。

3. 债券投资收益计算模型的建立

【例 5-8】A、B、C、D 这 4 种债券的有关资料如图 5-15 的【已知条件】区域所示。要求建立一个分别计算 A、B 债券的应计利息、C 债券的到期可回收金额以及 D 债券应付利息次数的模型。

建立模型的具体步骤如下所述。

01 设计模型的结构，如图 5-15 的【计算结果】区域所示。

	A	B	C	D	E
1	已知条件				
2	债券种类	A债券	B债券	C债券	D债券
3	发行日	2019/2/12	2016/11/27	2016/5/17	
4	起息日	2019/8/13			
5	成交日	2023/9/13			2019/5/20
6	到期日		2026/11/27	2021/5/17	2029/6/7
7	票面利率	5.45%	6.25%		
8	票面价值（元）	1000	1000		
9	投资额（元）			20000	
10	贴现率			5.65%	
11	付息方式	每半年付息	到期一次付息	到期一次付息	每季度付息
12	计息基准	实际天数/365	实际天数/365	实际天数/365	实际天数/365
13					
14	计算结果				
15	A债券应计利息（元）		250.03		
16	B债券应计利息（元）		625.34		
17	C债券到期可回收金额（元）		27880.58		
18	D债券应付利息次数（次）		41		

图5-15 债券投资收益计算模型

02 在单元格 C15 中输入公式 "=ACCRINT(B3,B4,B5,B7,B8,2,3)"。

03 在单元格 C16 中输入公式 "=ACCRINTM(C3,C6,C7,C8,3)"。

04 在单元格 C17 中输入公式 "=RECEIVED(D3,D6,D9,D10,3)"。

05 在单元格 C18 中输入公式 "=COUPNUM(E5,E6,4,3)"。

模型的运行结果如图 5-15 所示。

【例 5-9】某债券的有关资料如图 5-16 的【已知条件】区域所示。要求建立一个分别利用 RATE 函数和单变量求解工具计算债券年投资收益率的模型。

建立模型的具体步骤如下所述。

01 设计模型的结构，如图 5-16 所示。

	A	B	C	D	E
1	已知条件			计算结果	
2	债券面值（元）	100		利用RATE函数计算	
3	票面年利率	6.20%		债券的年投资收益率	6.41%
4	距离到期的年限（年）	10		利用单变量求解工具求解	
5	每年付息次数	2		目标函数-债券价值	98.50
6	债券的价格（元）	98.5		债券的年投资收益率	6.41%

图5-16　利用单变量求解工具计算债券年投资收益率的模型

02 在单元格 E3 中输入公式 "=RATE(B4*B5,B2*B3/B5,-B6,B2)*B5"。

这里需要注意的是，利用 RATE 函数计算出来的结果是每个计息期的期利率，再乘以每年的计息次数以后才能得到年收益率。

03 在单元格 E5 中输入公式 "=PV(E6/B5,B4*B5,-B2*B3/B5,-B2)"。

04 在【数据】选项卡【数据工具】功能组中单击【模拟分析】命令，然后在下拉菜单中选择【单变量求解】命令，并在系统弹出的【单变量求解】对话框中，在【目标单元格】栏中输入 "$E$5"，在【目标值】栏中输入 "98.5"，在【可变单元格】栏中输入 "$E$6"，单击【确定】按钮后，再在系统弹出的【单变量求解状态】对话框中单击【确定】按钮。

模型的运行结果如图 5-16 所示。

【例 5-10】A、B、C、D、E、F 这 6 种债券的有关资料如图 5-17 的【已知条件】区域所示。要求建立一个计算债券年投资收益率的模型。

建立模型的具体步骤如下所述。

01 设计模型的结构，如图 5-17 的【计算结果】区域所示。

	A	B	C	D	E	F	G
1	已知条件						
2	债券名称	债券A	债券B	债券C	债券D	债券E	债券F
3	成交日	2020/11/23	2020/3/22	2020/6/16	2020/4/17	2020/2/11	2020/9/20
4	到期日	2030/10/19	2020/8/9	2020/12/5	2020/8/31	2020/8/7	2021/11/26
5	票面利率	6.15%					
6	价格或投资额（元）	98.75	97.95	97.25		96.85	95.25
7	清偿价值（元）	100	100			100	100
8	计息方式	每半年计息			一次性付息		
9	计息基准	实际天数/360	实际天数/360			实际天数/360	实际天数/360
10	贴现率				5.82%		
11							
12	计算结果						
13	债券名称	债券A	债券B	债券C	债券D	债券E	债券F
14	债券收益率	6.32%	5.38%	5.92%	6.03%	6.58%	3.96%
15	有关收益率的说明				等效收益率		贴现率

图5-17　利用函数计算债券年投资收益率模型

02 在单元格 B14 中输入公式 "=YIELD(B3,B4,B5,B6,B7,2,2)"。

03 在单元格 C14 中输入公式 "=YIELDDISC(C3,C4,C6,C7,2)"。

04 在单元格 D14 中输入公式 "=TBILLYIELD(D3,D4,D6)"。

05 在单元格 E14 中输入公式 "=TBILLEQ(E3,E4,E10)"。

06 在单元格 F14 中输入公式 "=INTRATE(F3,F4,F6,F7,2)"。

07 在单元格 G14 中输入公式 "=DISC(G3,G4,G6,G7,2)"。

模型的运行结果如图 5-17 所示。

5.1.3 债券投资期限的计算模型

债券投资期通常可以利用 NPER 函数计算，或者利用单变量求解工具来求解。下面举例对此加以说明。

【例 5-11】某债券的有关资料如图 5-18
的【已知条件】区域所示。要求建立一个计算
该债券期限的模型。

已知条件			计算结果	
债券面值（元）	1000		利用NPER函数计算	
票面年利率	5.80%		债券期限（年）	10.00
债券价格（元）	965		利用单变量求解工具求解	
投资收益率	6.282%		目标函数（债券价值）	965
付息方式	每年一次		债券期限（年）	10.00

图5-18 债券投资期限计算模型

建立模型的具体步骤如下所述。

01 设计模型的结构，如图 5-18 的【计算结果】区域所示。

02 在单元格 E3 中输入公式 "=NPER(B5,B2*B3,-B4,B2)"。

03 在单元格 E5 中输入公式 "=PV(B5,E6,-B2*B3,-B2)"。

04 在【数据】选项卡【数据工具】功能组中单击【模拟分析】命令，然后在下拉菜单中选择【单变量求解】命令，并在系统弹出的【单变量求解】对话框中，在【目标单元格】栏中输入 "$E$5"，在【目标值】栏中输入 "965"，在【可变单元格】栏中输入 "$E$6"，单击【确定】按钮后，再在系统弹出的【单变量求解状态】对话框中单击【确定】按钮。

模型的运行结果如图 5-18 所示。

5.1.4 债券久期的计算模型

1. 债券久期的计算公式

债券久期又可称为债券的有效期限或麦考利久期，指的是完全收回债券的利息和本金的加权平均年数。债券久期反映了债券价格对于利率变化的敏感性，反映了债券的风险大小，可用于对债券价格的变化进行预测，也可以用于选择债券的投资管理策略。其计算公式为

$$D = \frac{1}{P_0} \cdot \sum_{t=1}^{n} \left[\frac{C_t}{(1+y)^t} \cdot t \right]$$

$$P_0 = \sum_{t=1}^{n} \frac{C_t}{(1+y)^t}$$

式中：D 为债券的有效期限或麦考利久期；C_t 为债券各期的现金流(利息或本金)；y 为债券的到期收益率；t 为任何有现金流的期数；P_0 为债券的现值。

为了便于利用债券的久期对债券价格的变化进行预测以及进行债券投资组合管理，有时还需要进一步计算债券修正的久期。修正的久期的计算公式为

修正的久期=麦考利久期/(1+到期收益率)

2. 相关的函数介绍

债券的麦考利久期和修正的久期既可以利用计算公式进行计算，也可以运用相关的函数进

行计算。可用来计算债券的麦考利久期和修正的久期的函数分别是 DURATION 函数和 MDURATION 函数。这两个函数的功能如下所述。

(1) DURATION 函数

DURATION 函数的功能是返回面值为 100 元的定期付息有价证券的麦考利久期。语法为

$$= DURATION(settlement, maturity, coupon, yld, frequency, basis)$$

式中：settlement 为证券的成交日，即在发行日之后，证券卖给购买者的日期。

maturity 为有价证券的到期日。到期日是有价证券有效期截止时的日期。

coupon 为有价证券的年息票利率。

yld 为有价证券的年收益率。

frequency 为年付息次数。如果按年支付，frequency=1；按半年期支付，frequency =2；按季支付，frequency=4。

basis 为日计数基准类型。根据不同的情况可以分别取 0 或省略、1、2、3、4，其具体含义如前所述。

(2) MDURATION 函数

MDURATION 函数的功能是返回面值为 100 元的有价证券的麦考利修正期限。其语法为

$$=MDURATION(settlement, maturity, coupon, yld, frequency, basis)$$

3. 债券久期计算模型的建立

【例 5-12】A、B 两种债券的有关资料如图 5-19 的【已知条件】区域所示。要求建立一个计算两种债券的有效期限的模型。

建立模型的具体步骤如下所述。

01 设计模型的结构，如图 5-19 的【计算结果】区域所示。

	A	B	C	D	E	F
1			已知条件			
2		A债券		B债券		
3	债券面值（元）	1000	成交日	2018/12/15		
4	债券期限（年）	10	到期日	2025/11/30		
5	票面利率	8%	票面利率	6%		
6	到期收益率	10%	到期收益率	8%		
7	每年付息次数	1	每年付息次数	2		
8	日计数基准	实际天数/365	日计数基准	实际天数/365		
9						
10			计算结果			
11		A债券久期的计算过程			久期的计算结果（年）	
12	年数	现金流	现金流的现值	权重		
13	1	80	72.73	0.0829	A债券（按公式计算）	
14	2	80	66.12	0.0754	麦考利久期	7.04
15	3	80	60.11	0.0685	修正的久期	6.40
16	4	80	54.64	0.0623		
17	5	80	49.67	0.0566	A债券（用函数计算）	
18	6	80	45.16	0.0515	麦考利久期	7.04
19	7	80	41.05	0.0468	修正的久期	6.40
20	8	80	37.32	0.0425		
21	9	80	33.93	0.0387	B债券（用函数计算）	
22	10	1080	416.39	0.4747	麦考利久期	5.70
23		合计	877.11	1.0000	修正的久期	5.48

图5-19　债券久期的计算模型

02 选取单元格区域 B13:B21，输入公式"=B3*B5"。

03 在单元格 B22 中输入公式"=B3+B21"。

04 选取单元格区域 C13:C22，输入公式"=B13:B22/(1+B6)^A13:A22"。

05 选取单元格 C23，单击工具栏上的求和按钮，并按回车键确认，然后将其复制到单元格 D23。

06 选取单元格区域 D13:D22，输入公式"=C13:C22/C23"。

07 在单元格 F14 中输入公式"=SUMPRODUCT(D13:D22,A13:A22)"。

08 在单元格 F15 中输入公式"=F14/(1+B6)"。

09 在单元格 F18 中输入公式"=DURATION("2000-1-1","2010-1-1",B5,B6,B7, 3)"。这里，任意输入了两个间隔时间等于 A 债券的期限 10 年的日期，作为 DURATION 函数的 settlement 和 maturity 参数值。

10 在单元格 F19 中输入公式"=MDURATION("2000-1-1","2010-1-1",B5,B6,B7,3)"。这里，同样任意输入了两个间隔时间等于 A 债券的期限 10 年的日期，作为 MDURATION 函数的 settlement 和 maturity 参数值。

11 在单元格 F22 中输入公式"=DURATION(D3,D4,D5,D6,D7,3)"。

12 在单元格 F23 中输入公式"=MDURATION(D3,D4,D5,D6,D7,3)"。

模型的运行结果如图 5-19 所示。

5.1.5 债券久期的应用模型

债券的久期主要有两个方面的用途：一是用来预测债券价格的变化；二是用来构造债券投资组合管理的免疫策略。

1. 利用债券久期预测债券价格的变化

债券久期的一个重要作用就是可用来反映债券价格变动和收益率变动之间的关系，从而可对债券的价格进行预测。为了预测债券价格的变化，首先需要引入凸度这个参数，其计算公式为

$$V = \frac{1}{2} \cdot \frac{\sum_{t=1}^{n} \frac{C_t}{(1+y)^t} \cdot t \cdot (t+1)}{P_0} \cdot \frac{1}{(1+y)^2}$$

式中：V 为凸度；n 为债券的期限；C_t 为第 t 年的现金流；P_0 为债券的最初价格(现值)；y 为债券的年到期收益率；t 为任何有现金流的期数。

凸度反映了债券现金流的集中程度，现金流越集中，凸度越小，反之越大。

债券价格的变化与债券到期收益率变化之间的精确关系如下式所示。

$$\frac{\Delta P}{P_0} = -D_m \cdot \Delta y + V \cdot (\Delta y)^2$$

式中：ΔP 为债券价格的改变量；P_0 为债券最初的价格；D_m 为债券修正的久期；Δy 为债券到期收益率的改变量。

债券价格的变化与债券到期收益率变化之间的近似关系如下式所示。

$$\frac{\Delta P}{P_0} \approx -D_m \cdot \Delta y$$

债券价格的变化量与债券到期收益率变化之间的近似公式是在假定债券的价格变动率与到期收益率变动量之间具有线性关系的条件下得出的，它表明如果到期收益率增加 1%，则债券价格将下降 D_m%，反之，如果到期收益率下降 1%，则债券价格将升高 D_m%。

【例 5-13】 某债券的有关资料如图 5-20 的【已知条件】区域所示。要求建立一个根据债券的有效期限预测债券价格变化的模型。

建立模型的具体步骤如下所述。

01 设计模型的结构，如图 5-20 的【计算结果】区域所示。

02 选取单元格区域 B8:B14，输入公式“=B2*B3”。

03 在单元格 B15 中输入公式“=B2+B14”。

04 选取单元格区域 C8:C15，输入公式“=B8:B15/(1+G7)^A8:A15”。

05 选取单元格 C16，单击工具栏上的求和按钮，并按回车键确认。

06 在单元格 B17 中输入公式“=1/2*SUMPRODUCT(C8:C15,A8:A15,A8:A15+1)/C16*1/(1+G7)^2”。

07 在单元格 G7 中输入公式“=RATE(B4,B2*B3,-F2,B2)”。

08 在单元格 G8 中输入公式“=F4-G7”。

09 在单元格 G9 中输入公式“=DURATION("2000/1/1",2000+B4&"/1/1",B3,G7, 1,3)”。

	A	B	C	D	E	F	G
1	已知条件						
2	债券面值(元)	1000	目前的债券市价(元)			950	
3	票面利率	7%	付息方式			每年一次	
4	期限(年)	8	预计未来到期收益率			10%	
5							
6	计算结果						
7	年份	现金流(元)	现金流的现值(元)	目前的到期收益率			7.87%
8	1	70	64.90	到期收益率的变化			2.13%
9	2	70	60.16	麦考利久期(年)			6.34
10	3	70	55.78	修正的久期(年)			5.88
11	4	70	51.71	预计债券价格的变化情况			
12	5	70	47.94	计算方法		按精确公式计算	按近似公式计
13	6	70	44.44				
14	7	70	41.20	预计债券价格的变动率		-11.52%	-12.55%
15	8	1070	583.87				
16	合计		950.00	预计债券的价格(元)		840.54	830.78
17	凸度	22.55					

图5-20　债券久期的应用模型

10 在单元格 G10 中输入公式“=G9/(1+G7)”。

11 在合并单元格 F14 中输入公式“=-G10*G8+B17*G8^2”。

12 在合并单元格 G14 中输入公式“=-G10*G8”。

13 在合并单元格 F16 中输入公式“=$F$2*(1+F14)”，并将其复制到合并单元格 G16。

模型的运行结果如图 5-20 所示。

2. 构造债券投资组合管理的免疫策略

免疫策略是对债券投资组合进行管理的策略之一，是指债券组合管理者不积极寻求交易的可能性而企图战胜市场的一种消极策略。它的基本假设是，债券市场是半强型有效的市场，债券的现时价格能准确地反映所有能公开获得的信息。免疫策略能够保护债券组合避免遭受利率风险变动造成的损失。管理者通过选择麦考利久期等于其负债(现金流出)的到期期限的债券组合,利用价格风险和再投资风险相互抵消的特点,可以保证一定时期后获得固定的现金流。

债券投资组合的麦考利久期等于投资组合内各种债券麦考利久期的加权平均值,公式为

$$D_P = \sum_{i=1}^{n} w_i D_i$$

式中:D_P 为债券投资组合的麦考利久期;w_i 为债券 i 在债券投资组合中的比例;D_i 为债券 i 的麦考利久期;n 为债券组合中债券的种数。

建立免疫债券投资组合的目标是找到一个麦考利久期等于其负债(现金流出)的到期期限的债券投资组合,其核心问题是确定债券投资组合中各种债券的投资比重。利用 Excel 的规划求解工具可以很方便地解决这类问题。

【例5-14】某银行吸收了 1000 万元定期存款,存款期限 10 年,年利率 10%,其负债现金流是每年向存款人付息 100 万元,并且在到期时向存款人偿还 1000 万元。银行准备选择一个由 A 债券和 B 债券构成的债券投资组合进行投资,以便能够满足负债现金流的需求,并且使债务完全免疫利率风险。要求建立一个确定 A、B 两种债券的投资比例的模型。

建立模型的具体步骤如下所述。

01 将已知条件输入 Excel 工作表的【已知条件】区域,并设计模型的结构,如图 5-21 所示。

	A	B	C	D	E	F
1	已知条件					
2	银行的资产和负债		债券的有关资料			
3	吸收的存款(万元)	1000	债券名称	A债券	B债券	
4	存款期限(年)	10	票面利率	10%	6%	
5	年利率	10%	债券期限(年)	15	5	
6	每年支付利息(万元)	100	每年付息次数	1	1	
7	每年付息次数(次)	1	到期收益率	12%	8%	
8	到期收益率	10%	日计数基准	实际天数/365		
9	日计数基准	实际天数/365				
10						
11	计算结果					
12	负债现值和久期的计算		债券久期和投资比例的计算			
13	现值(万元)	1000.00	债券种类	A债券	B债券	投资组合
14	麦考利久期(年)	6.7590	麦考利久期(年)	7.8880	4.4393	6.7590
15			投资比例	67.26%	32.74%	100.00%

图5-21 债券投资组合管理模型(免疫策略的应用)

02 在单元格 B13 中输入公式 "=PV(B8,B4,-B6,-B3)"。

03 在单元格 B14 中输入公式 "=DURATION("2000-1-1",2000+B4&"/1/1",B5,B8, B7,3)"。

04 在单元格 D14 中输入公式 "=DURATION("2000-1-1",2000+D5&"/1/1",D4, D7,D6,3)",并将其复制到单元格 E14。

05 在单元格 F14 中输入公式 "=SUMPRODUCT(D14:E14,D15:E15)"。

06 在单元格 F15 中输入公式 "=SUM(D15:E15)"。

07 在【数据】选项卡【分析】功能组中单击【规划求解】命令,打开【规划求解参数】对话框,在其中的【设置目标】栏中输入 "$F$15",在【到】区域选择【值为】1;在【通过更改可变单元格】栏中输入 "$D$15:$E$15"。在【遵守约束】栏中依次添加以下两个约束条件:$D$15:$E$15>=0、$F$14=$B$14,如图 5-22 所示。

08 单击【求解】按钮,则系统会弹出【规划求解结果】对话框,如图 5-23 所示。

09 单击【确定】按钮,即可得最终的计算结果。

模型的运行结果如图 5-21 所示。由计算结果可以看出,银行应将 67.26% 的资金投资于 A

债券，将 32.74%的资金投资于 B 债券，这样安排投资组合以后可以完全免受利率变动的风险，到期满足其负债现金流的需求。

图5-22　【规划求解参数】对话框的设置

图5-23　【规划求解结果】对话框

5.2　股票投资分析

5.2.1　股票估价模型

1. 股票估价的基本公式

股票的价值通常可以利用股息价值模型来进行估计。其基本原理是股票的价值等于未来各期的现金流量按照投资者要求的最低报酬率作为贴现率所计算的现值。根据未来各期股利变化的不同，股息价值模型主要包括以下几种情况。

(1) 零增长股的估价公式

零增长股是指各期股利稳定不变、股利增长率为 0 的股票。这种类型股票的估价公式为

$$V_0 = \frac{D}{k}$$

式中：V_0 为股票的现值；D 为每期的股利；k 为投资者要求的最低投资报酬率。

(2) 固定增长股的估价公式

固定增长股是指未来股利以某一固定的比率稳定增长的股票。固定增长股的估价公式为

$$V_0 = \frac{D_0(1+g)}{k-g} = \frac{D_1}{k-g}; \quad (k > g)$$

式中：D_0 为现在支付的股利；D_1 为预计第 1 年末支付的股利；g 为预计的股利增长率；k 为投资者要求的最低投资报酬率；其他符号的含义如前所述。

某些情况下，股票的股利是从 n 年以后开始固定增长的，这时可首先计算固定增长股在 n 年末的价值，然后连同前 n 年的股利一起贴现到第 0 期，计算出股票的现值。

(3) 变率增长股的估价公式

变率增长股是指股利在未来的不同时期按不同的比率增长，一定时期以后股利按固定的增长率稳定增长的股票。以两期增长股为例，其估价公式可表示为

$$V_0 = \sum_{t=1}^{n} \frac{D_0(1+g_1)^t}{(1+k)^t} + \frac{D_n(1+g_2)}{k-g_2} \cdot \frac{1}{(1+k)^n}$$

式中：g_1 为前 n 期的股利增长率；g_2 为正常时期稳定的股利增长率；n 为超常增长的时期数；D_n 为超常增长期结束时的股利；其他符号的含义如前所述。

按上述公式计算的结果为股票的内在价值。如果某股票的市场价格高于其内在价值，说明该股票的价格被高估，这样的股票没有投资价值；反之，如果某股票的市场价格低于其内在价值，说明该股票的价格被低估，这样的股票具有投资价值。

(4) 定期持有的股票的估价公式

定期持有的股票是指投资者在一定时期内持有然后将其出售并收回资金的股票。这种情况下，股票的估价公式为

$$V_0 = \sum_{t=1}^{n} \frac{D_t}{(1+k)^t} + \frac{P_n}{(1+k)^n}$$

式中：D_t 为第 t 期每股股利；n 为股票的持有期；P_n 为第 n 期末股票的出售价格；其他符号的含义如前所述。

2. 股票估价模型的建立

【例 5-15】A 和 B 两种股票的有关资料如图 5-24 的【已知条件】区域所示。要求建立一个计算两种股票的价值及判断其是否具有投资价值的模型，并进一步对 A 股票的价值与期望报酬率之间的关系、B 股票的价值与股利增长率之间的关系进行单因素敏感性分析。

建立模型的具体步骤如下所述。

01 设计模型的结构，如图 5-24 的【计算结果】和【单变量模拟运算表】区域所示。

02 在单元格 B10 中输入公式"=B3/B4"。

03 在单元格 B11 中输入公式"=IF(B5<B10,"有","无")"。

04 这里通过建立和使用自定义函数的方式来计算 B 股票的价值。建立自定义函数的方法是：在【开发工具】选项卡【代码】功能组中单击 Visual Basic 命令，然后在系统打开的 Visual Basic 编辑器中，单击【插入】菜单中的【模块】命令，再单击【插入】菜单中的【过程】命令，则系统会弹出【添加过程】对话框，在该对话框中，在【名称】栏中输入"固定增长股价值"，在【类型】区域选择【函数】单选按钮，在【范围】区域保持默认的【公共的】不变，如图 5-25 所示。

单击【确定】按钮，然后在 Public Function 和 End Function 之间添加如下过程代码。

```
Public Function 固定增长股价值(目前的股利, 股利增长率, 期望的报酬率)
固定增长股价值=目前的股利*(1+股利增长率)/(期望的报酬率-股利增长率)
End Function
```

图5-24　股票价值评估与分析模型　　　　图5-25　【添加过程】对话框的设置

添加过程代码以后的 Visual Basic 窗口如图 5-26 所示。

图5-26　添加过程代码以后的Visual Basic窗口

关闭 Visual Basic 窗口以后，固定增长股价值这个自定义函数就建立完成了。

05　选取单元格 C10，单击公式编辑栏左边的【插入函数】按钮，在系统弹出的【插入函数】对话框中，选择【用户定义】类别中的【固定增长股价值】自定义函数，然后单击【确定】按钮，在系统弹出的固定增长股价值函数的参数对话框中，在【目前的股利】栏中输入 "D3"，在【股利增长率】栏中输入 "D4"，在【期望的报酬率】栏中输入 "D5"，如图 5-27 所示，然后单击【确定】按钮。也可以不调用固定增长股价值函数的参数对话框，而是直接在单元格 C10 中输入公式 "=固定增长股价值(D3,D4,D5)"。

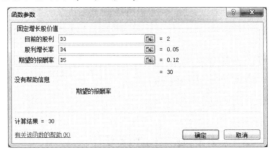

图5-27　固定增长股价值【函数参数】对话框的设置

06　在单元格 C11 中输入公式 "=IF(D6<C10,"有","无")"。

07　在单元格 B15 中输入公式 "=B3/A15"。

08　选取单元格区域 A15:B25，在【数据】选项卡【数据工具】功能组中单击【模拟分析】

命令，然后在下拉菜单中选择【模拟运算表】命令，再在系统弹出的【模拟运算表】对话框中，在【输入引用列的单元格】栏中输入"$A$15"，最后单击【确定】按钮。

09 在单元格区域C15:C25中输入股利增长率系列模拟数据，然后在单元格D15中输入公式"=固定增长股价值(D3,C15,D5)"。

10 选取单元格区域C15:D25，在【数据】选项卡【数据工具】功能组中单击【模拟分析】命令，然后在下拉菜单中选择【模拟运算表】命令，再在系统弹出的【模拟运算表】对话框中，在【输入引用列的单元格】栏中输入"$C$15"，最后单击【确定】按钮。

模型的运行结果如图5-24所示。

【例5-16】 X和Y两种股票的有关资料如图5-28的【已知条件】区域所示。要求建立一个计算两种股票的价值及判断其是否具有投资价值的模型。

建立模型的具体步骤如下所述。

01 设计模型的结构，如图5-28所示。

02 在单元格B13中输入公式"=$B$3*(1+$B$4)^B12"，并将其复制到单元格区域C13:F13。

03 在单元格F14中输入公式"=F13*(1+B5)/(B6-B5)"。也可以在选取单元格F14以后，在事先打开"例5-15"工作簿的情况下，调用其中已经建立好的自定义函数来计算在5年末固定增长股的价值，在这种情况下，该单元格中的计算公式为"='例 5-15.xlsm'!固定增长股价值(F13,B5,B6)"。

04 在单元格B15中输入公式"=NPV(B6,B13:F13)+F14/(1+B6)^F12"。

05 在单元格E15中输入公式"=IF(B7<B15,"有","无")"。

	A	B	C	D	E	F
1			已知条件			
2		X股票		Y股票		
3	目前的股利（元/股）	2	第1年股利（元/股）			0.50
4	未来5年的股利增长率	20%	第2年股利（元/股）			1.00
5	5年以后的股利增长率	4%	第3年股利（元/股）			1.50
6	期望报酬率	15%	第4年股利（元/股）			2.00
7	目前的市价（元/股）	30	4年末出售的价格（元/股）			28.00
8			期望报酬率			15%
9			目前的市价（元/股）			25.00
10						
11			计算结果			
12	年份		1	2	3	4	5
13	X股票的股利（元/股）	2.40	2.88	3.46	4.15	4.98
14	固定增长股的价值（元/股）					47.05
15	X股票的价值（元/股）	34.78	X股票是否有投资价值		有	
16	Y股票的价值（元/股）	19.33	Y股票是否有投资价值		无	

图5-28　股票价值计算与投资价值判断模型

06 在单元格B16中输入公式"=NPV(F8,F3:F6)+F7/(1+F8)^E12"。

07 在单元格E16中输入公式"=IF(F9<B16,"有","无")"。

模型的运行结果如图5-28所示。

5.2.2　股票投资收益与风险的度量模型

1. 有关的计算公式及相关函数介绍

股票投资收益一般用投资收益率来度量，股票投资风险一般用投资收益率分布的标准差和标准离差率或变差系数来衡量。在不同的情况下，股票投资收益率及其分布的标准差可按不同的方法计算。

(1) 根据历史数据计算收益率的平均值和标准差

根据历史数据计算的股票投资收益率可分为离散收益率和连续复利收益率。

单期离散收益率是指在某一期的期初投资购买股票，期末将股票出售，不考虑持有股票期间再投资机会情况下所获得的投资收益率，其计算公式为

$$R_t = \frac{P_t + D_t - P_{t-1}}{P_{t-1}}$$

式中：R_t 为第 t 期股票投资的离散收益率；P_t 为第 t 期末股票的价格；P_{t-1} 为第 t-1 期末股票的价格；D_t 为第 t 期末的股利。

连续复利收益率是指在某一时期投资购买股票后，可以连续不断地收回投资并反复进行再投资的假定条件下，按照连续复利的方式所计算的股票投资收益率，其计算公式为

$$R_t = \ln\left(\frac{P_t + D_t}{P_{t-1}}\right)$$

式中：R_t 为第 t 期股票投资的连续复利收益率；其他符号的含义如前所述。

n 期平均收益率 $\overline{R}$ 的计算公式为

$$\overline{R} = \frac{\sum\limits_{t=1}^{n} R_t}{n}$$

式中：n 为样本数，R_t 的含义如前所述。

n 期收益率分布的标准差 σ 的计算公式为

$$\sigma = \sqrt{\sum_{t=1}^{n} \frac{(R_t - \overline{R})^2}{n-1}}$$

若将上述公式的分母(n-1)改成 n，则计算得到的是总体的标准差。在样本容量大的情况下，样本标准差与总体标准差近似相等。

变差系数(标准离差率)V 的计算公式为

$$V = \sigma\sqrt{R}$$

(2) 根据预计的概率计算期望收益率及其标准差

期望收益率是指在一定时期的股票投资收益率有可能出现几种不同的情况时所计算的股票收益率的概率平均期望值。有关的计算公式为

$$\overline{K} = \sum_{t=1}^{n} K_i \cdot P_i$$

$$\sigma = \sqrt{\sum_{i=1}^{n} P_i \cdot (K_i - \overline{K})^2}$$

式中：$\overline{K}$ 为期望收益率；σ 为收益率分布的标准差；K_i 为第 i 种情况下的投资收益率；P_i 为第 i 种情况出现的概率；n 为出现可能情况的种数。

当 K_i 为 n 期内按时间顺序排列的等间隔期的收益率时，P_i=1/n，此时期望收益率等于 n 期

内各期收益率的算术平均数，这种情况下可以利用 AVERAGE 函数来计算期望收益率。

在根据历史数据计算股票投资收益率和标准差的过程中，可以使用 AVERAGE、STDEV 或 STDEV.S、LN 函数。AVERAGE、STDEV 和 STDEV.S 函数的功能分别在第 3 章和第 4 章介绍过，下面介绍 LN 函数的功能。

LN 函数的功能是返回一个数的自然对数。自然对数以常数项 e (2.71828182845904)为底。其语法为

$$=LN(number)$$

式中：number 是用于计算其自然对数的正实数。

2. 股票投资收益率及标准差度量模型的建立

【例 5-17】H 股票的有关资料如图 5-29 的【已知条件】区域所示。要求建立一个计算该股票的收益率和标准差的模型。

建立模型的具体步骤如下所述。

01 设计模型的结构，如图 5-29 的【计算结果】区域所示。

02 在单元格 F4 中输入公式 "=(B4+C4-B3)/B3"。

03 在单元格 G4 中输入公式 "=LN((B4+C4)/B3)"。

04 选取单元格区域 F4:G4，将其复制到单元格区域 F5:G17。

	A	B	C	D	E	F	G
1	H股票的已知条件				计算结果		
2	当年最后交易日	收盘价（元/股）	当年股利（元/股）		年份	离散收益率	连续复利收益率
3	2006/12/29	14.46	0.10		2006		
4	2007/12/27	11.45	0.13		2007	−19.92%	−22.21%
5	2008/12/31	8.89	0.11		2008	−21.40%	−24.08%
6	2009/12/31	11.06	0.12		2009	25.76%	22.92%
7	2010/12/31	7.89	0.10		2010	−27.76%	−32.51%
8	2011/12/30	11.68	0.15		2011	49.94%	40.50%
9	2012/12/31	28.38	0.02		2012	143.15%	88.85%
10	2013/12/31	59.20	0.21		2013	109.34%	73.88%
11	2014/12/31	13.12	0.10		2014	−77.67%	−149.92%
12	2015/12/31	26.63	0.10		2015	103.73%	71.16%
13	2016/12/30	15.95	0.10		2016	−39.73%	−50.63%
14	2017/12/29	18.00	0.12		2017	13.61%	12.76%
15	2018/12/28	29.89	0.20		2018	67.17%	51.38%
16	2019/12/31	20.78	0.30		2019	−29.47%	−34.92%
17	2020/12/31	26.39	0.48		2020	29.31%	25.70%
18					平均值	23.29%	5.21%
19					标准差	64.71%	63.28%
20					变差系数	2.78	12.15

图5-29 H股票的投资收益与风险度量模型

05 在单元格 F18 中输入公式 "=AVERAGE(F4:F17)"。

06 在单元格 F19 中输入公式 "=STDEV(F4:F17)"。

07 在单元格 F20 中输入公式 "=F19/F18"。

08 选取单元格区域 F18:F20，将其复制到单元格区域 G18:G20。

模型的运行结果如图 5-29 所示。

【例 5-18】A、B、C、D 这 4 种股票的有关资料如图 5-30 的【已知条件】区域所示。要求建立一个计算这 4 种股票的期望收益率和标准差的模型。

建立模型的具体步骤如下所述。

01 设计模型的结构，如图 5-30 的【计算结果】区域所示。

	A	B	C	D	E
1	已知条件				
2	概率	预计收益率			
3		A股票	B股票	C股票	D股票
4	0.1	-10%	-35%	7%	20%
5	0.2	2%	0	9%	15%
6	0.4	12%	20%	11%	9%
7	0.2	20%	25%	13%	18%
8	0.1	30%	45%	15%	12%
9					
10	计算结果				
11	股票名称	A股票	B股票	C股票	D股票
12	期望收益率	11.20%	14.00%	11.00%	13.40%
13	标准差	10.63%	20.35%	2.19%	4.13%
14	变差系数	0.95	1.45	0.20	0.31

图5-30　4种股票的投资收益与风险度量模型

02 在单元格 B12 中输入公式“=SUMPRODUCT($A$4:$A$8,B4:B8)”。

03 在单元格 B13 中输入公式“=SQRT(SUMPRODUCT($A$4:$A$8,(B4:B8- B12) ^2))”。

04 在单元格 B14 中输入公式“=B13/B12”。

05 选取单元格区域 B12:B14，将其复制到单元格区域 C12:E14。

模型的运行结果如图 5-30 所示。

5.2.3　股票的β系数计算及特征线绘制模型

1. 有关的计算公式

β 系数是反映个别股票相对于市场平均风险程度而言的风险程度大小的系数，主要用于衡量股票的系统性风险或市场风险。β 系数可以根据一定时期内个别股票的收益率以及股票市场指数收益率的历史数据采用回归分析的方法确定。以股票市场指数收益率为横坐标，以个别股票的收益率为纵坐标，根据一定时期内个别股票的收益率以及股票市场指数收益率的历史数据，通过回归分析可以绘制出一条直线，使所有的数据点距离这条直线的平方和最小，这条线称为特征线，描述这条直线的数学公式称为单因素模型或市场模型，其表达式为

$$\overline{R_i} = \alpha_i + \beta_i \overline{R_m} + \varepsilon_i$$

式中：$\overline{R_i}$ 为 i 股票的期望收益率；α_i 为回归直线的截距；β_i 为回归直线的斜率，即 i 股票的β 系数；$\overline{R_m}$ 为股票投资市场组合的期望收益率；ε_i 为随机误差项。

特征线回归方程有关参数的计算公式为

$$\alpha_i = \overline{R_i} - \beta_i \cdot \overline{R_m}$$

$$\beta_i = \frac{Cov(i,m)}{{\sigma_m}^2}$$

$$Cov(i,m) = \frac{\sum_{t=1}^{n}(R_{it} - \overline{R_i})\cdot(R_{mt} - \overline{R_m})}{n-1}$$

$$\sigma_i = \sqrt{\frac{\sum_{t=1}^{n}(R_{it} - \overline{R_i})^2}{n-1}}$$

$$\sigma_m = \sqrt{\frac{\sum\limits_{t=1}^{n}(R_{mt} - \overline{R_m})^2}{n-1}}$$

$$r_{im} = \frac{\text{Cov}(i,m)}{\sigma_i \sigma_m}$$

式中：σ_m 为市场投资组合收益率的标准差；σ_i 为 i 股票收益率的标准差；$Cov(i,m)$ 为 i 股票和市场投资组合收益率之间的协方差；r_{im} 为 i 股票和市场投资组合收益率之间的相关系数；R_{it} 为第 t 期 i 股票的投资收益率；R_{mt} 为第 t 期股票市场投资组合的收益率；n 为样本数；其他符号的含义如前所述。

若将上述公式分母中的(n-1)改成 n，则计算得到的是总体的标准差和协方差。在样本容量大的情况下，样本标准差和协方差与总体标准差和协方差近似相等。

2. 相关函数介绍

β 系数既可以根据上述的公式计算，也可以直接利用 Excel 的有关函数计算。在计算 β 系数以及确定特征线方程的过程中一般可以利用 SLOPE、INTERCEPT、COVARIANCE.S、CORREL、COUNTA 等函数，这些函数的功能如下所述。

(1) SLOPE 函数

SLOPE 函数的功能是返回根据 known_y's 和 known_x's 中的数据点拟合的线性回归直线的斜率。其语法为

= SLOPE(known_y's,known_x's)

式中：known_y's 为因变量 y 的观测值集合；known_x's 为自变量 x 的观测值集合，它可以是一个变量(即一元模型)或多个变量(即多元模型)的集合。

(2) INTERCEPT 函数

INTERCEPT 函数的功能是利用已知的 x 值与 y 值计算直线与 y 轴的截距。其语法为

= INTERCEPT (known_y's,known_x's)

(3) COVARIANCE.S 函数

COVARIANCE.S 函数的功能是计算样本协方差，即两个数据集中每对数据点的偏差乘积的平均值。其语法为

= COVARIANCE.S(array1,array2)

式中：array1 为第一个数组；array2 为第二个数组。

若要计算总体协方差，应使用 COVARIANCE.P 函数。另外一个 COVAR 函数是与早期版本兼容的函数，功能也是用于计算总体协方差的。

(4) CORREL 函数

函数 CORREL 的功能是返回单元格区域 array1 和 array2 之间的相关系数。使用相关系数可以确定两种属性之间的关系。其语法格式为

= CORREL(array1,array2)

(5) COUNTA 函数

COUNTA 函数的功能返回参数列表中非空值的单元格个数。其语法为

$$=COUNTA(value1,value2,...)$$

式中：value1, value2, ... 为所要计算的值，参数个数为 1 到 30 个。在这种情况下，参数值可以是任何类型，它们可以包括空字符("")，但不包括空白单元格。如果参数是数组或单元格引用，则数组或引用中的空白单元格将被忽略。

3. 股票的 β 系数计算及特征线绘制模型的建立

【例 5-19】S 公司股票 2018 年各月最后交易日的收盘价以及上证综合指数 2018 年各月最后交易日的收盘指数的有关资料如图 5-31 的【已知条件】区域所示。要求建立一个采用不同的方法计算 S 公司股票的 β 系数并绘制特征线的模型。

建立模型的具体步骤如下所述。

01 设计模型的结构，如图 5-31 的【计算过程与结果】区域所示。

	已知条件				计算过程与结果				
当年最后交易日	S股票收盘价（元/股）	当年股利（元/股）	上证综指收盘指数		S股票月收益率	上证综指月收益率	S股票偏差的平方	上证综指偏差的平方	S股票偏差*上证综指偏差
					$(R_{jt}\text{-}R_j)$		$(R_{jt}\text{-}R_j)^2$	$(R_{mt}\text{-}R_m)^2$	$(R_{jt}\text{-}R_j)*(R_{mt}\text{-}R_m)$
2017/12/29	14.15		3307.17						
2018/1/31	15.23		3480.83		7.63%	5.25%	0.00711	0.00561	0.00631
2018/2/28	14.63		3259.41		-3.94%	-6.36%	0.00099	0.00170	0.00130
2018/3/30	15.47		3168.90		5.74%	-2.78%	0.00428	0.00003	-0.00035
2018/4/27	15.13		3082.23		-2.20%	-2.74%	0.00020	0.00002	-0.00007
2018/5/31	15.34		3095.47		1.39%	0.43%	0.00048	0.00071	0.00058
2018/6/29	13.20	0.40	2847.42		-11.34%	-8.01%	0.01112	0.00333	0.00609
2018/7/31	14.13		2876.40		7.05%	1.02%	0.00615	0.00106	0.00255
2018/8/31	13.58		2725.25		-3.89%	-5.25%	0.00096	0.00091	0.00093
2018/9/28	14.17		2821.35		4.34%	3.53%	0.00264	0.00332	0.00296
2018/10/31	12.60		2602.78		-11.08%	-7.75%	0.01057	0.00303	0.00566
2018/11/30	12.50		2588.19		-0.79%	-0.56%	0.00000	0.00028	0.00000
2018/12/28	12.19		2493.90		-2.48%	-3.64%	0.00028	0.00020	0.00024
					回归分析的参数估计				
					计算方法			按公式逐步计算	直接用函数计算
					特征线的斜率（β）=			1.3035	1.3035
					特征线的截距（a）=			2.1207%	2.1207%
					S股票的标准差=			6.3799%	6.3799%
					上证综合指数的标准差=			4.2870%	4.2870%
					S股票与上证综指的协方差=			0.2396%	0.2396%
					S股票与上证综指的相关系数=			87.5914%	87.5914%

图5-31　股票的 β 系数计算及特征线绘制模型

02 在单元格 F4 中输入公式"=(B4-B3+C4)/B3"。

03 在单元格 G4 中输入公式"=(D4-D3)/D3"。

04 在单元格 H4 中输入公式"=(F4-AVERAGE($F$4:$F$15))^2"。

05 在单元格 I4 中输入公式"=(G4-AVERAGE($G$4:$G$15))^2"。

06 在单元格 J4 中输入公式"=(F4-AVERAGE($F$4:$F$15))*(G4-AVERAGE($G$4:$G$15))"。

07 选取单元格区域 F4:J4，将其复制到单元格区域 F5:J15。

08 在单元格 I18 中输入公式"=SUM(J4:J15)/SUM(I4:I15)"。

09 在单元格 I19 中输入公式"=AVERAGE(F4:F15)-AVERAGE(G4:G15)*I18"。

10 在单元格 I20 中输入公式"=SQRT(SUM(H4:H15)/(COUNTA(F4:F15)-1))"，这里计算的是 S 股票收益率的样本标准差，其中的 COUNTA 函数计算的是 F4:F15 单元格区域中非空单元格的个数，即样本数据的个数。

11 在单元格 I21 中输入公式"=SQRT(SUM(I4:I15)/(COUNTA(G4:G15)-1))"，计算上证综

合指数收益率的样本标准差。

12 在单元格 I22 中输入公式 "=SUM(J4:J15)/(COUNTA(J4:J15)-1)"，计算 S 股票收益率与上证综合指数收益率之间的样本协方差。

13 在单元格 I23 中输入公式 "=I22/(I20*I21)"，得到 S 股票收益率与上证综合指数收益率之间的相关系数。

14 在单元格 J18 中输入公式 "=SLOPE(F4:F15,G4:G15)"。

15 在单元格 J19 中输入公式 "=INTERCEPT(F4:F15,G4:G15)"。

16 在单元格 J20 中输入公式 "=STDEV.S(F4:F15)"。

17 在单元格 J21 中输入公式 "=STDEV.S(G4:G15)"。

18 在单元格 J22 中输入公式 "=COVARIANCE.S(F4:F15,G4:G15)"。

19 在单元格 J23 中输入公式 "=CORREL(F4:F15,G4:G15)"。

上述的第 14 至 19 步中，是直接利用相关的统计函数分别计算各参数的结果，显然这种计算方法更为简便。模型的计算部分的运行结果如图 5-31 所示。

20 选取单元格区域 F4:G15，在【插入】选项卡【图表】功能组中单击【散点图】，然后在下拉列表中选择【仅带数据标记的散点图】子图表类型，则可得到初步绘制的图表，如图 5-32 所示。

21 将鼠标指针对准绘图区，单击右键，在快捷菜单中执行【选择数据】命令，则系统会弹出【选择数据源】对话框，如图 5-33 所示。

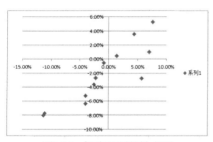

图5-32 初步绘制的散点图

图5-33 【选择数据源】对话框

22 在【选择数据源】对话框中，单击【图例项】下方的【编辑】按钮，则系统会打开【编辑数据系列】对话框，在该对话框的【X 轴系列值】栏中输入 "=Sheet1!$G$4: $G$15"，在【Y 轴系列值】栏中输入 "=Sheet1!$F$4:$F$15"，如图 5-34 所示。

23 单击【确定】按钮后，系统会返回到【选择数据源】对话框，再单击该对话框中的【确定】按钮，得到将图 5-32 的横纵坐标轴调换后的图表，如图 5-35 所示，在此图表中，横坐标反映的是上证综合指数收益率，纵坐标反映的是 S 股票的收益率。

图5-34 【编辑数据系列】对话框

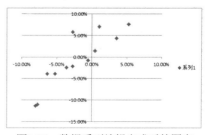

图5-35 数据系列编辑完成后的图表

24 将鼠标指针对准图表中的数据系列，单击鼠标右键，在快捷菜单中执行【添加趋势线】命令，则图表中的数据系列即被添加了趋势线，同时系统会弹出【设置趋势线格式】对话框，在该对话框的【趋势线选项】选项卡中，在【趋势预测/回归分析类型】区域下，默认选中的是【线性】单选按钮，保持这个选项不做修改；在该对话框的下方选择【显示公式】复选框和【显示 R 平方值】复选框，如图 5-36 所示。

25 单击【关闭】按钮，得到设置趋势线格式后的图表。再进一步编辑图表，包括删除网格线、添加图表标题以及横纵坐标轴标签，再将横坐标和纵坐标轴标签均设置为显示 0 位小数的格式，得到最终编辑完成的图表，如图 5-37 所示。

图5-36　【设置趋势线格式】对话框

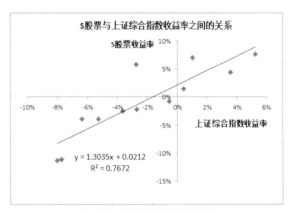

图5-37　最终编辑完成的图表

图 5-37 中的趋势线又称为 S 股票的特征线，其线性方程的斜率即为该股票的 β 系数，R 平方值为判定系数或拟合优度，反映数据点与趋势线的拟合程度，R 平方值越接近 0.8，拟合优度越好。在图 5-37 中，特征线的斜率 1.3035 即为 S 股票的 β 系数，这个结果与前面按公式和函数计算的结果完全相同。由此可见，通过绘制散点图以及添加趋势线并显示公式的方式，也可以得到股票的 β 系数以及特征线的其他参数。

5.2.4　资本资产定价模型与证券市场线

资本资产定价模型描述了在市场均衡的状态下，风险与收益之间的关系。对于个别股票而言，资本资产定价模型的数学公式为

$$R_i = R_F + \beta_i(R_m - R_F)$$

式中：R_i 为证券 i 的期望收益率；R_F 为无风险利率；R_m 为证券市场投资组合的期望收益率；β_i 为证券 i 的风险系数或 β 系数。

对于多种证券构成的投资组合而言，资本资产定价模型的数学公式为

$$R_P = R_F + \beta_P(R_m - R_F)$$

$$\beta_P = \sum_{i=1}^{n} w_i \beta_i$$

式中：R_P 为证券投资组合的期望收益率；β_P 为证券投资组合的风险系数或 β 系数；n 为证

券投资组合中证券的种数；w_i 为第 i 种证券的投资额占证券投资组合总投资额的比重；其他参数的含义如前所述。

如果某种证券预计的收益率等于按资本资产定价模型所计算出的期望收益率，则该证券为投资者提供的收益率与其承担的风险相匹配，说明该证券的价格处于均衡状态。如果某种证券预计的收益率高于按资本资产定价模型所计算出的期望收益率，则该证券为投资者提供的收益率高于其应得的收益率，表明该证券目前的价格被低估。反之，如果某种证券预计的收益率低于按资本资产定价模型所计算出的期望收益率，则该证券为投资者提供的收益率低于其应得的收益率，表明该证券目前的价格被高估。

在已知无风险利率和市场投资组合期望收益率的情况下，以 β 系数为横坐标，以 R_i 为纵坐标，可以绘制出一条直线，这条线称为证券市场线，它能以直观的形式反映收益与风险之间的关系。

【例 5-20】已知目前的无风险利率、市场投资组合收益率以及 A、B、C、D、E 这 5 种股票的 β 系数和预计收益率的有关数据如图 5-38 的【已知条件】区域所示。要求建立一个根据资本资产定价模型判断各股票的价格状态及计算 5 种股票构成的投资组合的期望收益率的模型，并根据已知的条件绘制证券市场线。

建立模型的具体步骤如下所述。

01 设计模型的结构，如图 5-38 的【计算结果】区域所示。

图5-38 已知条件及模型的结构设计

02 在单元格 B12 中输入公式 "=$E$4+C3*($E$7-$E$4)"。

03 在单元格 C12 中输入公式 "=IF(D3=B12,"均衡状态",IF(D3>B12,"被低估","被高估"))"。

04 选取单元格区域 B12:C12，将其复制到单元格区域 B13:C16。

05 在单元格 C18 中输入公式 "=SUMPRODUCT(B3:B7,C3:C7)"。

06 在单元格 C19 中输入公式 "=E4+C18*(E7-E4)"。

07 在单元格区域 D12:D19 输入系列 β 系数模拟数据，然后在单元格 E12 中输入公式 "=E4+D12*(E7-E4)"。

08 选取单元格区域 D12:E19，选取单元格区域 D12:E19，在【数据】选项卡【数据工具】功能组中单击【模拟分析】命令，然后在下拉菜单中选择【模拟运算表】命令，再在系统弹出的【模拟运算表】对话框中，在【输入引用行的单元格】栏中输入 "$D$12"，最后单击【确定】按钮。

09 选取单元格区域 D11:E19，在【插入】选项卡【图表】功能组中单击【散点图】，然后在下拉列表中选择【带平滑线和数据标记的散点图】子图表类型，得到初步绘制的图表。再进一步编辑图表，包括删除网格线、添加图表标题以及横纵坐标轴标签，分别将纵坐标轴和横坐标轴标签设置为显示 0 位和 1 位小数的格式，得到最终完成的图表。

模型的运行结果如图 5-38 所示。

5.2.5　股票交易数据的获取及投资分析图表的绘制模型

1. 股票交易数据的获取方法

下面举例说明获取股票交易数据的具体方法。

【例 5-21】在 Excel 中从网易网站导入格力电器 2018 年第 4 季度的股票交易数据。

具体步骤如下所述。

01 连接互联网后，登录网易网站，找到查询格力电器 2018 年第 4 季度股票交易数据的网页，复制该网页的地址：http://quotes.money.163.com/trade/lsjysj_000651.html?year=2018&season=4。

02 在打开的 Excel 工作簿中，在【数据】选项卡【获取外部数据】功能组中单击【自网站】命令，则系统会打开【新建 Web 查询】对话框，如图 5-39 所示。

03 在【新建 Web 查询】对话框中，在【地址】栏中粘贴已复制的网页地址，并按回车键确认，则在【新建 Web 查询】对话框中会出现查询到的格力电器 2018 年第 4 季度股票交易数据的网页，如图 5-40 所示。

图5-39　【新建Web查询】对话框

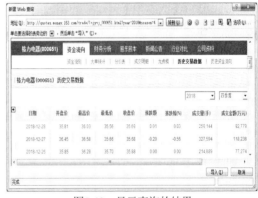

图5-40　显示查询的结果

04 单击【新建 Web 查询】对话框中需要导入数据区域左上角的图标 ➡，使其变为 ☑，如图 5-41 所示。

05 单击【导入】按钮，在系统弹出的【导入数据】对话框中设置存放数据的起始位置，这里选择的是在现有工作表中从 A1 单元格开始存放数据，如图 5-42 所示。

06 单击【确定】按钮以后，系统就开始导入所选择的数据，并且在导入数据的过程中会在工作表中出现提示信息，如图 5-43 所示，导入过程完成后所得到的数据如图 5-44 所示(以拆分窗口后的形式显示)。

图5-41 选择需要导入数据的区域

图5-42 【导入数据】对话框的设置

图5-43 导入数据过程中的提示信息

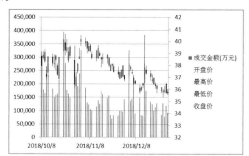

图5-44 导入的数据

2. 绘制K线图和移动平均线

【例 5-22】利用在【例 5-21】中所导入的格力电器 2018 年第 4 季度的股票交易数据绘制日 K 线图和 5 日移动平均线。

具体步骤如下所述。

01 打开【例 5-21】所对应的例题文件，将其以"例 5-22"的文件名另存为一个新工作簿，然后在该工作簿的 A2:A61 数据区域中任意选取一个单元格，单击【数据】选项卡【排序和筛选】功能组中的升序排序按钮↓↑，这样可以使数据表中的数据按照时间由早到晚的顺序升序排列，再删除数据表中涨跌额、涨跌幅、成交量、振幅、换手率几列的数据，并将其他各列的数据按照成交金额、开盘价、最高价、最低价、收盘价的顺序依次排列，如图 5-45 所示。

02 选取单元格区域 A1:F61，在【插入】选项卡【图表】功能组中单击【其他图表】命令，然后在展开的下拉列表中选择【股价图】区域下的【成交量-开盘-盘高-盘低-收盘图】子图表类型，则可得到初步绘制的股价图，如图 5-46 所示。

	A	B	C	D	E	F
1	日期	成交金额(万元)	开盘价	最高价	最低价	收盘价
2	2018/10/8	275,425	38.75	39.13	37.91	37.93
3	2018/10/9	178,784	38.65	39.17	38.5	38.83
4	2018/10/10	164,944	39.09	39.35	38.17	38.31
5	2018/10/11	265,045	37.2	37.87	36.8	37.05
59	2018/12/26	77,274	35.85	36.28	35.7	35.88
60	2018/12/27	118,238	36.45	36.58	35.66	35.68
61	2018/12/28	92,779	35.81	36.03	35.56	35.69

图5-45 整理后的数据

图5-46 初步绘制的股价图

03 将鼠标指针对准图表中的横坐标轴标签，单击右键，在快捷菜单中执行【设置坐标轴格式】命令，则系统会弹出【设置坐标轴格式】对话框，在该对话框的【坐标轴选项】选项卡中，在【坐标轴类型】区域下选中【文本坐标轴】单选按钮，如图 5-47 所示。

04 在【设置坐标轴格式】对话框的【数字】选项卡中，在【类别】列表框中选择【自定义】，在【格式代码】栏中输入"m-d"，如图 5-48 所示。这里的格式代码 m 代表月份，d 代表日。

图5-47　设置文本坐标轴　　　　　图5-48　输入自定义格式代码

05 单击【添加】按钮，则所定义的格式代码"m-d"会显示在【类型】列表框中，如图 5-49 所示。选择【类型】列表框中的格式代码"m-d"后，单击【关闭】按钮，就可以将横坐标轴标签以简短的日期"月-日"格式显示。

06 在已绘制的 K 线图中选中收盘价数据系列，单击鼠标右键，在快捷菜单中执行【添加趋势线】命令，则系统会在图表中自动添加按收盘价计算的线性类型的趋势线，同时弹出【设置趋势线格式】对话框，在该对话框的【趋势线选项】选项卡中，在【趋势预测/回归分析类型】区域下选择【移动平均】单选按钮，并在【周期】栏中输入"5"，如图 5-50 所示。如果难以直接在图表中选择收盘价系列，可以在选中图表的状态下，单击【图表工具】下边的【布局】选项卡，然后在最左边的【当前所选内容】功能组中单击【图表区】右边的倒三角形下拉按钮，再从下拉列表中选择收盘价系列。

图5-49　横坐标轴标签格式的设置　　　　图5-50　【添加趋势线格式】对话框的设置

07 单击【关闭】按钮，则趋势线的格式就设置完毕了。再进一步编辑图表，包括添加图表标题、添加主要和次要纵坐标轴标签、添加横坐标轴标签、将图例格式设置为在图表的靠上方向显示，最终编辑完成的图表如图 5-51 所示。

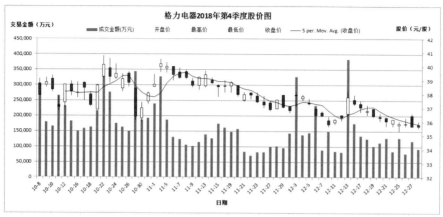

图5-51　最终完成的股价图

5.3　证券投资组合优化决策

5.3.1　证券投资组合的收益与风险计算模型

1. 计算公式

(1) 证券投资组合的收益

证券投资组合的收益等于投资组合中个别证券的期望收益率按照各证券的投资比重作为权重系数所计算的加权平均数，计算公式为

$$R_P = \sum_{i=1}^{n} w_i \cdot \overline{R_i}$$

$$\overline{R_i} = \sum_{t=1}^{m} P_t \cdot R_{it} \quad (i=1,2 \cdots n)$$

式中：R_P 为投资组合的期望收益率；$\overline{R_i}$ 为第 i 种证券的期望收益率；w_i 为 i 证券的投资额在投资组合中所占的比重；n 为投资组合中证券的种数；R_{it} 为 i 证券在第 t 种情况下的预计期望收益率；m 为发生可能情况的种数；P_t 为第 t 种情况发生的概率，且 $\sum_{t=1}^{m} P_t = 1$。

(2) 证券投资组合的风险

证券投资组合的风险可用证券投资组合收益率分布的方差、标准差或标准离差率来衡量。证券投资组合的风险既与个别证券的标准差的大小有关，又与各证券之间的斜方差或相关系数有关。有关的计算公式为

$$\sigma_P^{\ 2} = \sum_{i=1}^{n} \sum_{j=1}^{n} w_i \cdot w_j \cdot \text{Cov}(i, j) = \sum_{i=1}^{n} \sum_{j=1}^{n} w_i \cdot w_j \cdot \sigma_i \cdot \sigma_j \cdot r_{ij}$$

$$\text{Cov}(i,j) = \sum_{t=1}^{m} P_t \cdot (R_{it} - \overline{R_i}) \cdot (R_{jt} - \overline{R_j})$$

$$\sigma_i = \sqrt{\sum_{t=1}^{m} P_t \cdot (R_{it} - \overline{R_i})^2}$$

$$V_i = \frac{\sigma_i}{R_i}$$

式中：$\sigma_p{}^2$ 为投资组合的方差；$\text{Cov}(i,j)$ 为 i 证券与 j 证券的期望收益之间的协方差；r_{ij} 为 i 证券与 j 证券的期望收益之间的相关系数，$r_{ij} = \text{Cov}(i,j) / \sigma_i \cdot \sigma_j$；$\sigma_i$ 为 i 证券的标准差；V_i 为 i 证券的标准离差率或变差系数；其他符号的含义如前所述。

2. 证券投资组合的收益与风险计算模型的建立

【例 5-23】A、B、C、D 这 4 种证券在 5 种不同的经济状况下的预计收益率及投资比重的有关资料如图 5-52 的【已知条件】区域所示。要求建立一个计算这 4 种证券构成的投资组合的期望收益率和标准差的模型。

建立模型的具体步骤如下所述。

01 设计模型的结构，如图 5-52 的【计算结果】区域所示。

02 在单元格 C13 中输入公式 "=SUMPRODUCT($B$4:$B$8,C4:C8)"。

03 在单元格 C14 中输入公式 "=SUMPRODUCT($B$4:$B$8,(C4:C8-C13)^2)"。

04 在单元格 C15 中输入公式 "=SQRT(C14)"。

05 在单元格 C16 中输入公式 "=C15/C13"。

	A	B	C	D	E	F	G
1				已知条件			
2	经济状况	发生概率		证券的收益率			
3			A证券	B证券	C证券	D证券	
4	很好	0.10	30%	35%	18%	50%	
5	较好	0.20	25%	15%	15%	35%	
6	一般	0.30	20%	7%	10%	16%	
7	较差	0.25	15%	2%	6%	8%	
8	很差	0.15	10%	-10%	3%	-25%	
9	投资的比重		15.00%	25.00%	40.00%	20.00%	
10							
11				计算结果			
12	证券种类		A证券	B证券	C证券	D证券	投资组合的
13	期望收益率		19.2500%	7.6000%	9.7500%	15.0500%	期望收益率
14	方差		0.3569%	1.4044%	0.2269%	4.5505%	11.70%
15	标准差		5.9739%	11.8507%	4.7631%	21.3318%	投资组合
16	标准离差率		0.3103	1.5593	0.4885	1.4174	的方差
17	协方差矩阵		A证券	B证券	C证券	D证券	0.9763%
18	A证券		0.0036	0.0068	0.0028	0.0124	投资组合
19	B证券		0.0068	0.0140	0.0053	0.0241	的标准差
20	C证券		0.0028	0.0053	0.0023	0.0097	9.8806%
21	D证券		0.0124	0.0241	0.0097	0.0455	

图5-52　证券投资组合的收益与风险计算模型

06 选取单元格区域 C13:C16，将其复制到单元格区域 D13:F16。

07 在单元格 C18 中输入公式 "=SUMPRODUCT($C$4:$C$8-$C$13,C4:C8-C13,$B$4:$B$8)"。

08 在单元格 C19 中输入公式 "=SUMPRODUCT($D$4:$D$8-$D$13,C4:C8-C13,$B$4:$B$8)"。

09 在单元格 C20 中输入公式 "=SUMPRODUCT($E$4:$E$8-$E$13,C4:C8-C13,$B$4:$B$8)"。

10 在单元格 C21 中输入公式“=SUMPRODUCT($F$4:$F$8-$F$13,C4:C8-C13,$B$4:$B$8)”。

11 选取单元格区域 C18:C21，将其复制到单元格区域 D18:F21。

12 在单元格 G14 中输入公式“=SUMPRODUCT(C13:F13,C9:F9)”。

13 在单元格 G17 中输入公式“=SUMPRODUCT(MMULT(C9:F9,C18:F21), C9:F9)”。

14 在单元格 G20 中输入公式“=SQRT(G17)”。

模型的运行结果如图 5-52 所示。

5.3.2 证券投资组合的优化决策模型

【例 5-24】A、B、C、D 这 4 种证券在 5 种不同的经济状况下的预计收益率和发生概率，以及在两种情况下的投资决策目标如图 5-53 的【已知条件】区域及【投资决策的约束条件和目标】区域所示。要求建立一个在两种情况下求解最优投资组合的模型。

建立模型的具体步骤如下所述。

01 设计模型的结构，如图 5-53 的【计算结果】区域所示。

	A	B	C	D	E	F	G	H	I
1	已知条件						投资决策的约束条件和目标		
2	经济状况	发生概率	证券的收益率				情况1:投资组合的期望收益率不低于		投资组合的风险最小
3			A证券	B证券	C证券	D证券			
4	很好	0.10	80%	50%	18%	20%			
5	较好	0.20	50%	30%	10%	15%	10%		
6	一般	0.30	10%	20%	5%	10%	情况2:投资组合的标准差不高于		投资组合的收益最高
7	较差	0.25	-5%	10%	-5%	5%			
8	很差	0.15	-30%	-20%	-10%	-15%	15%		
9									
10	计算结果								
11	证券种类		A证券	B证券	C证券	D证券			
12	期望收益率		15.25%	16.50%	2.55%	7.00%			
13	方差		10.79%	3.63%	0.75%	1.06%			
14	标准差		32.84%	19.05%	8.64%	10.30%			
15	标准离差率		215.37%	115.43%	338.82%	147.08%			
16	协方差矩阵		A证券	B证券	C证券	D证券			
17	A证券		0.1079	0.0586	0.0271	0.0295			
18	B证券		0.0586	0.0363	0.0155	0.0192			
19	C证券		0.0271	0.0155	0.0075	0.0079			
20	D证券		0.0295	0.0192	0.0079	0.0106			
21	规划求解结果								
22	投资决策的两种情况		可变单元格区域				投资比重合计	投资组合	
23			A证券	B证券	C证券	D证券		期望收益率	标准差
24	投资比重	情况1	0.00%	31.58%	0.00%	68.42%	100.00%	10.00%	12.99%
25		情况2	0.00%	54.53%	0.00%	45.47%	100.00%	12.18%	15.00%

图5-53　证券投资组合的优化决策模型

02 在单元格 C12 中输入公式“=SUMPRODUCT($B$4:$B$8,C4:C8)”。

03 在单元格 C13 中输入公式“=SUMPRODUCT($B$4:$B$8,(C4:C8-C12)^2)”。

04 在单元格 C14 中输入公式“=SQRT(C13)”。

05 在单元格 C15 中输入公式“=C14/C12”。

06 选取单元格区域 C12:C15，将其复制到单元格区域 D12:F15。

07 在单元格 C17 中输入公式“=SUMPRODUCT($C$4:$C$8-$C$12,C4:C8-C12,$B$4:$B$8)”。

08 在单元格 C18 中输入公式“=SUMPRODUCT($D$4:$D$8-$D$12,C4:C8-C12,$B$4:$B$8)”。

09 在单元格 C19 中输入公式“=SUMPRODUCT($E$4:$E$8-$E$12,C4:C8-C12,$B$4:$B$8)”。

10 在单元格 C20 中输入公式“=SUMPRODUCT($F$4:$F$8-$F$12,C4:C8-C12,

$B$4:$B$8)"。

11 选取单元格区域 C17:C20，将其复制到单元格区域 D17:F20。

12 在单元格 G24 中输入公式 "=SUM(C24:F24)"。

13 在单元格 H24 中输入公式 "=SUMPRODUCT($C$12:$F$12,C24:F24)"。

14 在 单 元 格 I24 中 输 入 公 式 " =SQRT(SUMPRODUCT(MMULT(C24:F24,$C$17:$F$20),C24:F24))"。

15 选取单元格区域 G24:I24，将其复制到单元格区域 G25:I25，此时单元格区域 C24:F25 的初始状态为空值，未来将存放规划求解的结果。

16 在【数据】选项卡【分析】功能组中单击【规划求解】命令，打开【规划求解参数】对话框，在其中的【设置目标】栏中输入 "$I$24"，在【到】区域选择【最小值】单选按钮，在【通过更改可变单元格】栏中输入 "$C$24:$F$24"，然后单击【添加】按钮，依次添加 4 个约束条件："$C$24:$F$24<=1" "$C$24:$F$24>=0" "$G$24=1" "$H$24>=$G$5"，设置完成的【规划求解参数】对话框如图 5-54 所示，单击【求解】按钮后，再在系统弹出的【规划求解结果】对话框中保持默认的状态，单击【确定】按钮。

17 在【数据】选项卡【分析】功能组中单击【规划求解】命令，打开【规划求解参数】对话框，在其中的【设置目标】栏中输入 "$H$25"，在【到】区域选择【最大值】单选按钮，在【通过更改可变单元格】栏中输入 "$C$25:$F$25"，然后单击【添加】按钮，依次添加 4 个约束条件："$C$25:$F$25<=1" "$C$25:$F$25>=0" "$G$25=1" "$I$25<=$G$8"，设置完成的【规划求解参数】对话框如图 5-55 所示，单击【求解】按钮后，再在系统弹出的【规划求解结果】对话框中保持默认的状态，单击【确定】按钮。

图5-54　【规划求解参数】对话框的设置(情况1)　　图5-55　【规划求解参数】对话框的设置(情况2)

模型的运行结果如图 5-53 所示。由模型的运行结果可以看出，为了实现证券投资组合的收益率不低于 10%的目标，应将全部资金的 31.58%投资于 B 证券，68.42%投资于 D 证券，这样的投资组合风险最低；类似地，为了实现证券投资组合的标准差不高于 15%的目标，应将全部资金的 54.53%投资于 B 证券，45.47%投资于 D 证券，这样的投资组合收益率最高。

第6章

资本成本与资本结构

6.1 资本成本的计算

资本成本是指企业为筹集和使用长期资金而支付的代价。资本成本是一项很重要的财务指标，它在企业的筹资决策、投资决策和业绩评价等财务管理活动中都发挥着非常重要的作用。企业的资本包括债务资本和权益资本。本节首先介绍个别资本成本计算模型的建立方法，在此基础上进一步介绍综合资本成本计算模型和边际资本成本规划模型的建立方法。

6.1.1 债务资本成本的计算模型

1. 债务资本成本的计算公式

(1) 长期银行借款的资本成本

① 不考虑复利因素的计算公式。在不考虑复利因素的情况下，长期借款的税后年资本成本率的计算公式为

$$K_{lt} = \frac{I(1-T)}{L(1-f)} = \frac{R_l(1-T)}{1-f}$$

式中：K_{lt} 为长期借款的税后年资本成本率；I 为借款的年利息；L 为借款额；T 为所得税税率；f 为筹资费率；R_l 为借款的年利率。

② 考虑复利因素的计算公式。在考虑复利因素的情况下，每年付息一次、到期一次还本的长期借款的税后年资本成本率的计算公式为

$$L \cdot (1-f) = \sum_{t=1}^{n} \frac{I(1-T)}{(1+K_{lt})^t} + \frac{L}{(1+K_{lt})^n}$$

式中：n 为长期借款的期限；其他符号的含义如前所述。

(2) 债券的资本成本

① 不考虑复利因素的计算公式。在不考虑复利因素的情况下，债券的税后资本成本率的

计算公式为

$$K_{bt}=\frac{I\cdot(1-T)}{P_b\cdot(1-f)}=\frac{M\cdot i\cdot(1-T)}{P_b\cdot(1-f)}$$

式中：K_{bt}为债券的税后年资本成本率；I 为债券的年利息；M 为债券的面值；i 为债券的票面年利率；f 为债券的筹资费率；T 为所得税税率；P_b 为债券的发行价格。

② 考虑复利因素的计算公式。在考虑复利因素的情况下，每年付息一次、到期一次还本的债券的税后资本成本率的计算公式为

$$P_b\cdot(1-f)=\sum_{t=1}^{n}\frac{I(1-T)}{(1+K_{bt})^t}+\frac{M}{(1+K_{bt})^n}$$

式中：n 为长期债券的期限；其他符号的含义如前所述。

③ 每年多次付息且考虑复利因素的债券资本成本计算公式。在每年多次付息且考虑复利因素的情况下，债券的税后资本成本率的计算公式为

$$P_b\cdot(1-f)=\sum_{t=1}^{mn}\frac{\frac{I}{m}(1-T)}{(1+\frac{K_{bt}}{m})^t}+\frac{M}{(1+\frac{K_{bt}}{m})^{mn}}$$

式中：m 为每年付息的次数；其他符号的含义如前所述。

2. 债务资本成本计算模型的建立

【例 6-1】A 公司长期银行借款和发行债券的有关资料如图 6-1 的【已知条件】区域所示。要求建立一个计算该公司债务资本成本的模型。

建立模型的具体步骤如下所述。

01 设计模型的结构，如图 6-1 的【计算结果】区域所示。

02 在单元格 B14 中输入公式“=B4*(1-B8)/(1-B7)”。

	A	B	C	D
1	已知条件			
2	A公司长期银行借款		A公司债券	
3	借款金额（万元）	200	债券面值（元）	1000
4	借款年利率	6%	票面利率	7%
5	借款期限（年）	5	期限（年）	20
6	每年付息次数（次）	1	每年付息次数（次）	2
7	筹资费率	0.50%	筹资费率	3%
8	所得税税率	25%	所得税税率	25%
9			债券发行价格（元）	960
10				
11	计算结果			
12	不考虑复利因素的情况——利用公式计算			
13		长期银行借款	债券	
14	税后资本成本率	4.52%	5.64%	
15	考虑复利因素的情况——利用函数计算			
16		长期银行借款	债券	
17	税后资本成本率	4.61%	5.84%	
18	考虑复利因素的情况——利用规划求解工具计算			
19		长期银行借款	债券	
20	现值	199.00	931.20	（目标单元格）
21	筹资净额	199.00	931.20	（目标值）
22	税后资本成本率	4.61%	5.84%	（可变单元格）

图6-1　债务资本成本计算模型

03 在单元格 C14 中输入公式“=D3*D4*(1-D8)/(D9*(1-D7))”。

04 在单元格 B17 中输入公式“=B6*RATE(B5*B6,-(B3*B4/B6)*(1-B8),B3* (1-B7),-B3)”。

05 在单元格 C17 中输入公式“=D6*RATE(D5*D6,-(D3*D4/D6)*(1-D8),D9*(1- D7),-D3)”。

06 在单元格 B20 中输入公式“=PV(B22/B6,B5*B6,-(B3*B4/B6)*(1-B8),-B3)”。

07 在单元格 C20 中输入公式“=PV(C22/D6,D5*D6,-(D3*D4/D6)*(1-D8),-D3)”。

08 在单元格 B21 中输入公式“=B3*(1-B7)”。

09 在单元格 C21 中输入公式“=D9*(1-D7)”。

10 在【数据】选项卡【数据工具】功能组中单击【模拟分析】命令，然后在下拉菜单中选择【单变量求解】命令，并在系统弹出的【单变量求解】对话框中，将目标单元格设置为 B20，将目标值设置为 199，将可变单元格设置为$B$22，单击【确定】按钮后，在系统弹出的

【单变量求解状态】对话框中再单击【确定】按钮。

⑪ 在【数据】选项卡【数据工具】功能组中单击【模拟分析】命令，然后在下拉菜单中选择【单变量求解】命令，并在系统弹出的【单变量求解】对话框中，将目标单元格设置为C20，将目标值设置为931.20，将可变单元格设置为$C$22，单击【确定】按钮后，在系统弹出的【单变量求解状态】对话框中再单击【确定】按钮。

模型的运行结果如图6-1所示。

6.1.2 权益资本成本的计算模型

1. 权益资本成本的计算公式

(1) 优先股的资本成本

优先股的资本成本包括筹资企业为筹集资金所花费的筹资费用以及向优先股股东支付的股息。优先股的股息应从税后利润中支付，因而没有抵税作用。优先股资本成本的计算公式为

$$K_P = \frac{D_P}{P_P(1-f)}$$

式中：K_P 为优先股的年资本成本率；D_P 为优先股的年股息；P_P 为优先股的发行价格；f 为筹资费率。

(2) 普通股的资本成本

普通股的资本成本包括筹资费用和使用费用两部分，使用费用即股份公司支付给股东的股利。普通股的股利也应从税后利润中支付，因而也没有抵税作用。普通股的年资本成本率通常可按以下两种方法计算。

① 股利估价法。按股利估价法计算普通股的基本原理是根据股息价值模型，在已知股票的价格并考虑筹资费用的情况下，求解股东要求的最低年投资报酬率。以固定增长股为例，其年资本成本率的计算公式为

$$K_c = \frac{D_0(1+g)}{P_c(1-f)} + g = \frac{D_1}{P_c(1-f)} + g$$

式中：K_c 为普通股的资本成本；D_0 为上年末或第 0 年发放的股利；D_1 为第一年预计股利；P_c 为普通股的价格；g 为股利增长率；f 为筹资费率。

式中的股利增长率可以根据过去若干期的历史股利数据计算，也可以根据预计的留存收益率乘以权益报酬率计算。

类似地，变率增长股的年资本成本率也可以根据变率增长股的估价公式，在考虑筹资费用的情况下，通过求解投资者要求的最低投资报酬率来计算。

② 资本资产定价法。按照资本资产定价模型计算普通股资本成本的公式为

$$K_i = K_F + \beta_i(K_m - K_F)$$

式中：K_i 为 i 股票的期望报酬率；K_F 为无风险利率；K_m 为市场投资组合的平均期望报酬率；β_i 为 i 股票的风险系数或 β 系数。

③ 风险溢价法。风险溢价法又称为债券成本加减法，按照这种方法估计普通股资本成本

的公式为

$$K_c = K_{bt} + K_R$$

式中：K_c 为普通股的资本成本率；K_{bt} 为债券的税后资本成本率；K_R 为普通股的风险收益率，一般在 3%～5%的范围内取值。

(3) 留存收益的资本成本

留存收益是股东权益的一个组成部分，留存收益的资本成本可理解为是一种机会成本，即股东因失去将股利用于再投资的机会而要求得到的最低投资报酬率。留存收益的资本成本可参考普通股资本成本的计算公式进行计算，但留存收益是企业内部的资金来源，所以使用这部分资金不会花费筹资费用。如果某公司的普通股为固定增长股，则按股利估价法计算其留存收益的年资本成本率 K_r 的公式为

$$K_r = \frac{D_0(1+g)}{P_c} + g = \frac{D_1}{P_c} + g$$

2. 权益资本成本计算模型的建立

【例 6-2】A 公司优先股和普通股的有关资料如图 6-2 的【已知条件】区域所示。要求建立一个计算该公司权益资本成本率并对优先股资本成本率相对于发行价格和筹资费率的敏感性进行分析的模型。

建立模型的具体步骤如下所述。

01 设计模型的结构，如图 6-2 的【年资本成本率计算结果】和【优先股资本成本率的双因素敏感性分析】区域所示。

	A	B	C	D	E	F	G	H
1	已知条件							
2	A公司优先股		A公司普通股					
3	面值（元）	100	债券资本成本率	7%				
4	年股息率	8%	普通股风险溢价	4%				
5	发行价格（元/股）	105						
6	筹资费率	2%						
7								
8	年资本成本率计算结果							
9	A公司优先股	7.77%	A公司普通股	11.00%				
10	优先股资本成本率的双因素敏感性分析							
11		计算公式	发行价格（元/股）					
12		7.77%	110	115	120	125	130	135
13	筹资费率	3%	7.50%	7.17%	6.87%	6.60%	6.34%	6.11%
14		4%	7.58%	7.25%	6.94%	6.67%	6.41%	6.17%
15		5%	7.66%	7.32%	7.02%	6.74%	6.48%	6.24%
16		6%	7.74%	7.40%	7.09%	6.81%	6.55%	6.30%
17		7%	7.82%	7.48%	7.17%	6.88%	6.62%	6.37%
18		8%	7.91%	7.56%	7.25%	6.96%	6.69%	6.44%
19		9%	7.99%	7.64%	7.33%	7.03%	6.76%	6.51%
20		10%	8.08%	7.73%	7.41%	7.11%	6.84%	6.58%

图6-2　权益资本成本的计算与分析模型

02 在单元格 B9 中输入公式“=B3*B4/(B5*(1-B6))”。

03 在单元格 D9 中输入公式“=D3+D4”。

04 在单元格 B12 中输入公式“=B3*B4/(B5*(1-B6))”。

05 选取单元格区域 B12:H20，在【数据】选项卡【数据工具】功能组中单击【模拟分析】命令，然后在下拉菜单中选择【模拟运算表】命令，再在系统弹出的【模拟运算表】对话框中，在【输入引用行的单元格】栏中输入“$B$5”，在【输入引用列的单元格】栏中输入“$B$6”，最后单击【确定】按钮。

模型的运行结果如图 6-2 所示。

【例 6-3】B 公司和 C 公司普通股的有关资料如图 6-3 的【已知条件】区域所示。要求建立一个计算两家公司普通股资本成本率并对 B 公司普通股资本成本率相对于 β 系数以及对 C 公司普通股资本成本率相对于发行价格和筹资费率的敏感性进行分析的模型。

建立模型的具体步骤如下所述。

01 设计模型的结构，如图 6-3 的【计算结果】区域所示。

	A	B	C	D	E	F	G	H
1			已知条件					
2		B公司普通股		C公司普通股				
3	贝它系数	0.8	预计第1年末股利（元/股）	1.5				
4	无风险利率	5%	预计留存收益比率	60%				
5	市场投资组合报酬率	12%	预计权益报酬率	15%				
6			发行价格（元/股）	18				
7			筹资费率	3%				
8								
9			计算结果					
10	B公司普通股资本成本率	10.60%	C公司预计利润增长率	9.00%		C公司普通股资本成本率		17.59%
11	B普通股资本成本率模拟运算表			C普通股资本成本率模拟运算表				
12	贝它系数	资本成本率	筹资费率	发行价格（元/股）				
13	0.2	6.40%	17.59%	20	25	30	35	40
14	0.4	7.80%	4%	16.81%	15.25%	14.21%	13.46%	12.91%
15	0.6	9.20%	5%	16.89%	15.32%	14.26%	13.51%	12.95%
16	0.8	10.60%	6%	16.98%	15.38%	14.32%	13.56%	12.99%
17	1.0	12.00%	7%	17.06%	15.45%	14.38%	13.61%	13.03%
18	1.2	13.40%	8%	17.15%	15.52%	14.43%	13.66%	13.08%
19	1.4	14.80%	9%	17.24%	15.59%	14.49%	13.71%	13.12%
20	1.6	16.20%	10%	17.33%	15.67%	14.56%	13.76%	13.17%
21	1.8	17.60%	11%	17.43%	15.74%	14.62%	13.82%	13.21%
22	2.0	19.00%	12%	17.52%	15.82%	14.68%	13.87%	13.26%
23	2.5	22.50%	13%	17.62%	15.90%	14.75%	13.93%	13.31%
24	3.0	26.00%	14%	17.72%	15.98%	14.81%	13.98%	13.36%

图6-3　普通股资本成本的计算与分析模型

02 在单元格 B10 中输入公式 "=B4+B3*(B5-B4)"。

03 在单元格 D10 中输入公式 "=D4*D5"。

04 在单元格 H10 中输入公式 "=D3/(D6*(1-D7))+D10"。

05 在单元格 B13 中输入公式 "=B4+A13*(B5-B4)"。

06 在单元格 C13 中输入公式 "=D3/(D6*(1-D7))+D10"。

07 选取单元格区域 A13:B24，在【数据】选项卡【数据工具】功能组中单击【模拟分析】命令，然后在下拉菜单中选择【模拟运算表】命令，再在系统弹出的【模拟运算表】对话框中，在【输入引用列的单元格】栏中输入 "$A$13"，最后单击【确定】按钮。

08 选取单元格区域 C13:H24，在【数据】选项卡【数据工具】功能组中单击【模拟分析】命令，然后在下拉菜单中选择【模拟运算表】命令，再在系统弹出的【模拟运算表】对话框中，在【输入引用行的单元格】栏中输入 "$D$6"，在【输入引用列的单元格】栏中输入 "$D$7"，最后单击【确定】按钮。

模型的运行结果如图 6-3 所示。

6.1.3　综合资本成本的计算模型

1. 综合资本成本的计算公式

如果企业同时使用几种不同形式的资本，则往往需要计算综合资本成本率。综合资本成本率是指以企业的各种资本在全部资本中所占的比重为权数，对各种资本成本进行加权平均计算出来的资本成本率，又称为加权平均资本成本率。其计算公式为

$$K_w = \sum_{i=1}^{n} W_i K_i \ (其中 \sum_{i=1}^{n} W_i = 1)$$

式中：K_w 为综合资本成本；W_i 为第 i 种资本占全部资本的权重；K_i 为第 i 种资本的成本；n 为资本的种数。

其中个别资本占全部资本的权重根据不同情况可分别按照账面价值权重、市场价值权重或目标价值权重计算。

2. 综合资本成本计算模型的建立

【例 6-4】某公司 5 种资本的有关资料如图 6-4 的【已知条件】区域所示。要求建立一个计算该公司综合资本成本率的模型。

建立模型的具体步骤如下所述。

01 设计模型的结构，如图 6-4 的【计算结果】区域所示。

02 选取单元格区域 B13:B17，输入数组公式 "=B2:B6/B7"。

03 在单元格 C13 中输入公式 "=D2*(1-F8)/(1-F2)"。

04 在单元格 C14 中输入公式 "=D3*(1-F8)/(1-F4)"。

	A	B	C	D	E	F
1			已知条件			
2	长期银行借款（万元）	200	长期银行借款年利率	6%	长期银行借款筹资费率	0.50%
3	债券总面值及发行额（万元）	150	债券年利率	8%	长期银行借款期限（年）	5
4	优先股总面值及发行额（万元）	150	优先股年股息率	9%	债券筹资费率	4%
5	普通股（万元）	400	预计普通股第1年股利（元/股）	2	债券期限（年）	10
6	留存收益（万元）	100	预计普通股股利年增长率	3%	优先股筹资费率	5%
7	现有资本合计（万元）	1000	普通股发行价格（元/股）	10	普通股筹资费率	6%
8		长期银行借款和债券均每年付息一次			所得税税率	25%
9						
10			计算结果			
11	资本种类	权重系数	个别资本成本率的计算			
12			债务不考虑复利因素的情况	债务考虑复利因素的情况		
13	长期借款	0.20	4.52%	4.61%		
14	债券	0.15	6.25%	6.56%		
15	优先股	0.15	9.47%	9.47%		
16	普通股	0.40	24.28%	24.28%		
17	留存收益	0.10	23.00%	23.00%		
18	综合资本成本率		15.27%	15.34%		

图6-4　综合资本成本的计算模型

05 在合并单元格 D13 中输入公式 "=RATE(F3,-B2*D2*(1-F8),B2*(1-F2),-B2)"。

06 在合并单元格 D14 中输入公式 "=RATE(F5,-B3*D3*(1-F8),B3*(1-F4),-B3)"。

07 分别在单元格 C15 和合并单元格 D15 中输入公式 "=D4/(1-F6)"。

08 分别在单元格 C16 和合并单元格 D16 中输入公式 "=D5/(D7*(1-F7))+D6"。

09 分别在单元格 C17 和合并单元格 D17 中输入公式 "=D5/D7+D6"。

10 在单元格 C18 中输入公式 "=SUMPRODUCT($B$13:$B$17,C13:C17)"，并将其复制到合并单元格 D18。

模型的运行结果如图 6-4 所示。

6.1.4　边际资本成本规划模型

1. 边际资本成本规划的原理及相关函数介绍

边际资本成本是指企业每增加一个单位资本而增加的成本。如果企业的追加筹资是在既定资本结构下的混合资本，则边际资本成本应采用加权平均法计算，其权数应为市场价值权数或目标价值权数。

为了做好追加投资和筹资决策，企业应预先做出边际资本成本规划，即确定不同的筹资总额范围对应的边际资本成本水平。制定边际资本成本规划可按以下步骤进行。

01 确定追加筹资的目标资本结构。

02 测算个别资本在不同筹资额度内的资本成本。

03 计算筹资总额的成本分界点，其计算公式为

$$B_i = F_i / W_i$$

式中：B_i 为第 i 种资本所引起的筹资总额的成本分界点；F_i 为第 i 种资本的成本分界点；W_i 为第 i 种资本在目标资本结构中所占的比重。

04 计算在筹资总额的各个不同筹资范围内的边际资本成本。

在编制边际资本成本规划的过程中，可以利用前面介绍过的 SUMPRODUCT、IF 等函数，还可以利用 ROUND 函数。

ROUND 函数的功能是返回某个数字按指定位数舍入后的数字。语法为

$$= ROUND(number, num\_digits)$$

式中：number 为需要进行舍入的数字；num_digits 为指定的位数，按此位数进行舍入。如果 num_digits 大于 0，则舍入到指定的小数位；如果 num_digits 等于 0，则舍入到最接近的整数；如果 num_digits 小于 0，则在小数点左侧进行舍入。

利用 ROUND 函数可以防止利用【开始】选项卡【数字】功能组中的增加小数位数按钮 ⁺⁰⁰ 或减少小数位数按钮 ⁺⁰⁰ 所带来的类似"假数据"问题的出现，使得工作表上显示的数据真实可靠。

在编制边际资本成本规划的过程中，还可以利用文本运算符"&"，其功能是可以将运算符前后的文本连接起来。

2. 边际资本成本规划模型的建立

【例 6-5】某公司的目标资本结构及个别资本成本的有关资料如图 6-5 的【已知条件】区域所示。该公司筹集新资本按目标资本结构以万元为单位进行。要求建立一个编制该公司的边际资本成本规划并绘制边际资本成本规划图的模型。

建立模型的具体步骤如下所述。

01 设计模型的结构，如图 6-5 的【筹资总额分界点的计算】区域和【边际资本成本的计算结果】区域所示。

已知条件

资本种类	目标资本结构	新增筹资额范围（万元）下限	上限	个别资本成本	筹资总额分界点的计算（万元）	
长期负债	35%	1	50	6%	143	
		51	100	7%	286	
		101	以上	8%		
优先股	15%	0	75	10%	500	
		76	以上	12%		
普通股	50%	0	150	14%	300	
		151	350	15%	700	
		351	以上	16%		

边际资本成本的计算结果

筹资总额范围（万元）下限	上限	资本种类	目标资本结构	个别资本成本	边际资本成本	筹资总额范围（万元）
1	143	长期负债	35%	6%	10.60%	1～143
		优先股	15%	10%		
		普通股	50%	14%		
144	286	长期负债	35%	7%	10.95%	144～286
		优先股	15%	10%		
		普通股	50%	14%		
287	300	长期负债	35%	8%	11.30%	287～300
		优先股	15%	10%		
		普通股	50%	14%		
301	500	长期负债	35%	8%	11.80%	301～500
		优先股	15%	10%		
		普通股	50%	15%		
501	700	长期负债	35%	8%	12.10%	501～700
		优先股	15%	12%		
		普通股	50%	15%		
701	以上	长期负债	35%	8%	12.60%	701以上
		优先股	15%	12%		
		普通股	50%	16%		

图6-5 边际资本成本规划模型

02 在单元格 F4 中输入公式 "=ROUND(D4/$B$4,0)"，并将其复制到单元格 F5。

03 在单元格 F7 中输入公式 "=D7/B7"。

04 在单元格 F9 中输入公式 "=ROUND(D9/$B$9,0)"，并将其复制到单元格 F10。

05 在合并单元格 A16 中输入公式 "=C4"。

06 在合并单元格 B16 中输入公式 "=F4"。

07 在合并单元格 A19 中输入公式 "=B16+1"，并将其分别复制到合并单元格 A22、A25、A28、A31。

08 在合并单元格 B19 中输入公式 "=F5"。

09 在合并单元格 B22 中输入公式 "=F9"。

10 在合并单元格 B25 中输入公式 "=F7"。

11 在合并单元格 B28 中输入公式 "=F10"。

12 在合并单元格 B31 中输入公式 "="以上""。

13 在单元格 D16 中输入公式 "=$B$4"。

14 在单元格 D17 中输入公式 "=$B$7"。

15 在单元格 D18 中输入公式 "=$B$9"。

16 选取单元格区域 D16:D18，将其分别复制到单元格区域 D19:D21、D22:D24、D25:D27、D28:D30 和 D31:D33。

17 在单元格 E16 中输入公式 "=IF(B16>$F$5,$E$6,IF(B16>$F$4,$E$5,$E$4))"，并将其分别复制到单元格 E19、E22、E25、E28 和 E31。

18 在单元格 E17 中输入公式"=IF(B16>$F$7,$E$8,$E$7)"，并将其分别复制到单元格 E20、E23、E26、E29 和 E32。

19 在单元格 E18 中输入公式 "=IF(B16>$F$10,$E$11,IF(B16>$F$9,$E$10,$E$9))"，并将其分别复制到单元格 E21、E24、E27、E30 和 E33。

20 在合并单元格 F16 中输入公式 "=SUMPRODUCT(D16:D18,E16:E18)"，并将其分别复制到合并单元格 F19、F22、F25、F28 和 F31。

21 在合并单元格 G16 中输入公式"=A16&"~"&B16",并将其分别复制到合并单元格 G19、G22、G25 和 G28。

22 在合并单元格 G31 中输入公式"=A31&B31"。

筹资总额的分界点及边际资本成本的计算结果如图 6-5 所示。

23 选取单元格区域 F16:F33,在【插入】选项卡【图表】功能组中单击【柱形图】,然后在下拉列表中的【三维柱形图】区域下选择【三维簇状柱形图】子图表类型,可得到初步绘制的图表,如图 6-6 所示。

24 将鼠标指针对准绘图区,单击右键,在快捷菜单中执行【选择数据】命令,然后在系统弹出的【选择数据源】对话框中,单击右边的【水平分类轴标签】区域下的【编辑】按钮,再在系统弹出的【轴标签】对话框中,在【轴标签区域】栏中输入"=Sheet1!$G$16:$G$33",如图 6-7 所示,单击【确定】按钮后,系统会返回【选择数据源】对话框,再单击【确定】按钮。

25 将鼠标指针对准纵坐标轴标签,单击右键,在快捷菜单中执行【设置坐标轴格式】命令,然后在系统弹出的【设置坐标轴格式】对话框的【坐标轴选项】选项卡中,在【主要刻度单位】所在行选择【固定】单选按钮,再在右边的编辑栏中输入"0.01",如图 6-8 所示。

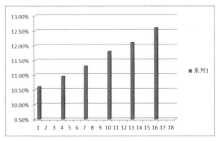

图6-6 初步绘制的图表

图6-7 【轴标签】对话框的设置

26 单击打开【数字】选项卡,在【小数位数】栏中输入"0",如图 6-9 所示,然后单击【关闭】按钮。

图6-8 主要刻度单位设置

图6-9 小数位数设置

27 将鼠标指针对准数据系列,单击右键,在快捷菜单中执行【设置数据系列格式】命令,然后在系统弹出的【设置数据系列格式】对话框的【系列选项】选项卡中，将【分类间距】区域下的滑块拖到最左边【无间距】的位置，如图 6-10 所示，最后单击【关闭】按钮。

28 将鼠标指针对准数据系列，单击右键，在快捷菜单中执行【添加数据标签】命令，然后再进一步编辑图表，包括删除图例和网格线、添加图表标题、添加横纵坐标轴标签等，得到最终编辑完成的图表，如图 6-11 所示。

图6-10　【设置数据系列格式】对话框

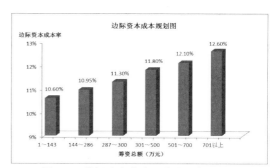

图6-11　编辑完成的边际资本成本规划图

6.2　杠杆作用分析

6.2.1　本量利之间的关系及经营杠杆系数的计算与分析模型

1. 本量利之间关系的基本原理

本量利之间的关系是指成本、产销量和利润之间的关系。企业的本量利之间的关系可以利用下面的公式表示为

$$息税前利润=销售收入-变动成本-固定经营成本$$

$$=产销量\times(单价-单位变动成本)-固定经营成本$$

当息税前利润为零时的销售量称为保本点销售量或盈亏平衡点销售量，其计算公式为

$$保本点销售量=固定经营成本/(单价-单位变动成本)$$

类似地，保本点销售额或盈亏平衡点销售额是指使企业息税前利润为零时的销售额，其计算公式为

$$保本点销售额=保本点销售量\times单价$$

实际销售量(额)超过保本点销售量(额)时，企业有盈利，反之企业发生亏损。

在 Excel 中计算保本点销售量或销售额，既可以直接输入公式计算，也可以利用单变量求解工具计算。

2. 经营杠杆作用及相关函数介绍

经营杠杆又称营业杠杆，是指企业在经营决策时对经营成本中固定成本的运用。经营杠杆如同一把双刃剑，运用经营杠杆既可能使企业享受经营杠杆利益，也会使企业承担经营风险。当企业有固定经营成本存在时，在其他条件不变的情况下，随着产销量的增加，单位固定成本降低，从而提高单位利润，使息税前利润增长率大于产销量的增长率，这时企业可以享受经营杠杆利益。反之，产销量的减少会提高单位固定成本，降低单位利润，使息税前利润下降率大于产销量的下降率，从而给企业带来经营风险。

经营风险通常是指企业息税前利润的不确定性。造成企业息税前利润波动的因素有很多，如经济环境因素、竞争对手因素、企业所属行业特点及自身运作因素等。直接导致经营风险的因素主要包括销售量、价格、成本的不确定性以及成本结构的变化等。在其他条件不变的情况下，由于固定成本的存在导致的息税前利润变动率大于产销量变动率的杠杆作用，即为经营杠杆作用。经营杠杆作用程度的大小可用经营杠杆系数来表示，计算公式为

$$\text{DOL} = \frac{\Delta\text{EBIT}/\text{EBIT}}{\Delta Q/Q} = \frac{Q(p-v)}{Q(p-v)-F} = \frac{S-\text{VC}}{S-\text{VC}-F}$$

式中：DOL 为经营杠杆系数；EBIT 为息税前利润；Q 为销量；Δ 为变动量；p 为单价；v 为单位变动成本；F 为固定经营成本；S 为销售额；VC 为变动总成本。

经营杠杆系数的高低可以衡量企业经营风险的大小。经营杠杆系数越高，企业的经营风险越大，反之亦然。

在建立经营杠杆系数计算与分析模型的过程中，可以使用 TRANSPOSE 函数。

TRANSPOSE 函数的功能是求矩阵的转置矩阵。语法为

$$= \text{TRANSPOSE(array)}$$

式中：array 为需要进行转置的数组或工作表中的单元格区域。

需要注意的是，函数 TRANSPOSE 必须在某个单元格区域中以数组公式的形式输入，该区域的行数和列数分别与 array 的列数和行数相同。

3. 本量利之间的关系及经营杠杆系数的计算与分析模型的建立

【例 6-6】某公司仅生产和销售甲产品，产品的销售单价、单位变动成本、年固定经营成本的有关资料以及产销量和年固定经营成本的模拟运算数据如图 6-12 的【已知条件】区域所示。要求建立一个对该企业进行保本分析以及对经营杠杆系数进行模拟运算分析的模型。

建立模型的具体步骤如下所述。

01 设计模型的结构，如图 6-12 的【计算结果】区域所示。

02 在单元格 B10 中输入公式"=F10*(B2-B3)-G3"。

03 在单元格 I10 中输入公式"=F10*B2"。

04 在【数据】选项卡【数据工具】功能组中单击【模拟分析】命令，然后在下拉菜单中选择【单变量求解】命令，并在系统弹出的【单变量求解】对话框中，将目标单元格设置为$B$10，将目标值设置为 0，将可变单元格设置为$F$10，单击【确定】按钮后，在系统弹出的【单变量求解状态】对话框中再单击【确定】按钮。

	A	B	C	D	E	F	G	H	I
1	已知条件								
2	产品单价（元/件）	150	初始的产销量（件）				100		
3	单位变动成本（元/件）	125	初始的年固定经营成本（元）				10000		
4	模拟运算数据								
5	产销量（件）		200	300	400	500	600	700	800
6	年固定经营成本（元）		12000	14000	16000	18000	20000		
7									
8	计算结果								
9	保本点的计算								
10	息税前利润（元）	0	保本点销售量（件）			400	保本点销售额（元）		60000
11	不同产销量水平下的经营杠杆系数								
12	产销量（件）		200	300	400	500	600	700	800
13	经营杠杆系数	-0.33	-1.00	-3.00	#DIV/0!	5.00	3.00	2.33	2.00
14	经营杠杆系数的双因素敏感性分析								
15		公式	产销量（件）						
16		-0.33	200	300	400	500	600	700	800
17	年固定经营成本（元）	12000	-0.71	-1.67	-5.00	25.00	5.00	3.18	2.50
18		14000	-0.56	-1.15	-2.50	-8.33	15.00	5.00	3.33
19		16000	-0.45	-0.88	-1.67	-3.57	-15.00	11.67	5.00
20		18000	-0.38	-0.71	-1.25	-2.27	-5.00	-35.00	10.00
21		20000	-0.33	-0.60	-1.00	-1.67	-3.00	-7.00	#DIV/0!

图6-12　经营杠杆系数的计算与分析模型

05 选取单元格区域 C12:I12，输入数组公式“=C5:I5”。

06 在单元格 B13 中输入公式“=G2*(B2-B3)/(G2*(B2-B3)-G3)”。

07 选取单元格区域 B12:I13，在【数据】选项卡【数据工具】功能组中单击【模拟分析】命令，然后在下拉菜单中选择【模拟运算表】命令，再在系统弹出的【模拟运算表】对话框中，在【输入引用行的单元格】栏中输入“$G$2”，最后单击【确定】按钮。

08 选取单元格区域 C16:I16，输入数组公式“=C5:I5”。

09 选取单元格区域 B17:B21，输入数组公式“=TRANSPOSE(C6:G6)”。

10 在单元格 B16 中输入公式“=G2*(B2-B3)/(G2*(B2-B3)-G3)”。

11 选取单元格区域 B16:I21，在【数据】选项卡【数据工具】功能组中单击【模拟分析】命令，然后在下拉菜单中选择【模拟运算表】命令，再在系统弹出的【模拟运算表】对话框中，在【输入引用行的单元格】栏中输入“$G$2”，在【输入引用列的单元格】栏中输入“$G$3”，最后单击【确定】按钮。

模型的运行结果如图 6-12 所示。由计算结果可以看出，当企业的实际销售量小于保本点销售量时，经营杠杆系数为负数；当实际销售量大于保本点销售量时，经营杠杆系数为正数；在固定成本一定时，随着销售量的增加，经营杠杆系数逐渐减小，表明经营风险也相应地减小；在产销量一定时，随着固定成本的升高，经营杠杆系数逐渐增大，表明经营风险也相应地增大；当企业的实际销售量等于保本点销售量时，经营杠杆系数计算公式的分母为零，在模拟运算表中返回的结果是除数为 0 的出错提示信息。因此，企业为了回避过高的经营风险，在销售水平一定的情况下，应千方百计降低固定经营成本，而在固定经营成本一定的条件下，应努力扩大产销量，远离盈亏平衡点经营，这样才能有助于降低经营风险。

6.2.2　财务杠杆系数的计算与分析模型

1. 财务杠杆作用的基本原理及相关函数介绍

财务杠杆是指企业由于筹资决策所引起的对固定性融资成本的利用程度。在企业资本结构一定的条件下，企业以借债方式或发行优先股方式筹资的融资成本一般是固定的，当息税前利润增大时，每 1 元盈利所负担的固定财务费用就会相对减少，从而给企业所有者带来额外的收益；反之，当息税前利润减少时，每 1 元盈利所负担的固定财务费用就会相对增加，从而使企业所有者的收益大幅度减少。这种由于债务及优先股的存在而导致所有者的收益增加或减少的作用即为财务杠杆作用。财务杠杆的作用程度大小可用财务杠杆系数来衡量，其计算公式为

$$DFL = \frac{\Delta EPS/EPS}{\Delta EBIT/EBIT} = \frac{EBIT}{EBIT - I - \frac{D_P}{1-T}} = \frac{Q(p-v)-F}{Q(p-v)-F-I-\frac{D_P}{1-T}}$$

$$EPS = \frac{1}{N}[(EBIT - I)(1-T) - D_P]$$

式中：DFL 为财务杠杆系数；I 为债务利息；D_P 为优先股股息；T 为所得税税率；EPS 为普通股每股利润；N 为普通股股份数；其他符号的含义如前所述。

财务杠杆系数反映了普通股每股利润对息税前利润变动的敏感程度，财务杠杆系数很高时，息税前利润微小的变动会导致普通股每股利润出现很大幅度的变动。

财务杠杆具有正负两种作用，这可以通过权益报酬率与投资报酬率之间的关系加以说明。假设企业没有优先股，总资本由债务资本和股东权益构成，则

$$R = \left[K + (K-i)\frac{B}{S}\right](1-T)$$

式中：R 为权益报酬率(净利润与股东权益的百分比)；K 为投资报酬率(息税前利润与资本总额的百分比)；i 为债务利率；B 为债务资本；S 为股东权益；T 为所得税税率。

由上式可以看出，当投资报酬率大于债务利息率时，$(K-i)>0$，随着负债权益比率 B/S 的增大，权益报酬率 R 会升高，即产生了正的财务杠杆作用，这种情况下负债经营使股东有可能享受到一定的好处；反之，当投资报酬率低于债务利率时，$(K-i)<0$，权益报酬率 R 会随着负债权益比率 B/S 的增大而降低，即产生了负的财务杠杆作用，这种情况下负债经营有损股东利益。无论出现哪种情况，借债都会使财务杠杆系数升高，财务风险增大，且债务利息越多，财务杠杆系数越大，财务风险也越大。

财务杠杆如同一把双刃剑，运用得当能使普通股股东享受到一定的利益，但同时也增大了财务风险，不利情况出现时会使普通股股东遭受更大损失。因此，财务管理人员在进行筹资决策时应充分考虑财务杠杆作用，只有在能产生正的财务杠杆作用的条件下，负债经营才可能是对企业和股东有利的。

在建立财务杠杆系数计算与分析模型过程中可以使用 IF 函数和 OR 函数。IF 函数的功能已在第 2 章做过介绍。下面介绍 OR 函数的功能。

OR 函数表示逻辑或，语法为

=OR(条件 1,条件 2…条件 N)

只要有一个条件满足时，OR 函数返回 TRUE，只有当所有条件都不满足时才返回 FALSE。该函数一般与 IF 函数结合使用。

2. 财务杠杆系数计算与分析模型的建立

【例 6-7】某公司的普通股、优先股、资产负债率、息税前利润等有关资料以及息税前利润和资产负债率的模拟运算数据如图 6-13 的【已知条件】区域所示。要求建立一个计算该企业

的财务杠杆系数和预计的普通股每股利润以及对财务杠杆系数进行模拟运算分析的模型。

建立模型的具体步骤如下所述。

01 设计模型的结构，如图 6-13 所示。

02 在单元格 B11 中输入公式 "=((F3-B3*B4*B5)*(1-F4)-F2)/B2"。

03 在单元格 B12 中输入公式 "=F3/(F3-B3*B4*B5-F2/(1-F4))"。

04 在单元格 F11 中输入公式 "=F5*B12"。

05 在单元格 F12 中输入公式 "=B11*(1+F11)"。

06 选取单元格区域 C15:G15，输入数组公式 "=B7:F7"。

07 选取单元格区域 B16:B20，输入数组公式 "=TRANSPOSE(B8:F8)"。

08 在单元格 B15 中输入公式 "=F3/(F3-B3*B4*B5-F2/(1-F4))"。

	A	B	C	D	E	F	G
1				已知条件			
2	普通股股份数（股）	2000000	优先股年股息（元）			40000	
3	资金总额（元）	5000000	本年息税前利润（元）			600000	
4	资产负债率	30%	所得税税率			25%	
5	负债利率	8%	预计息税前利润增长率			20%	
6				模拟运算数据			
7	息税前利润（元）	400000	500000	600000	700000	800000	
8	资产负债率	10%	20%	30%	40%	50%	
9							
10			普通股每股利润和财务杠杆系数的计算结果				
11	本年普通股每股利润（元/股）	0.16	预计普通股每股利润增长率			28.13%	
12	财务杠杆系数	1.41	预计普通股每股利润（元/股）			0.21	
13			财务杠杆系数的双因素模拟运算表				
14				息税前利润（元）			
15		1.41	400000	500000	600000	700000	800000
16		10%	1.30	1.23	1.18	1.15	1.13
17		20%	1.50	1.36	1.29	1.24	1.20
18	资产负债率	30%	1.76	1.53	1.41	1.33	1.28
19		40%	2.14	1.74	1.55	1.44	1.36
20		50%	2.73	2.03	1.73	1.57	1.46

图6-13 财务杠杆系数的计算与分析模型

09 选取单元格区域 B15:G20，在【数据】选项卡【数据工具】功能组中单击【模拟分析】命令，然后在下拉菜单中选择【模拟运算表】命令，再在系统弹出的【模拟运算表】对话框中，在【输入引用行的单元格】栏中输入 "$F$3"，在【输入引用列的单元格】栏中输入 "$B$4"，最后单击【确定】按钮。

模型的运行结果如图 6-13 所示。由计算结果可以看出，在息税前利润一定时，随着资产负债率的升高，财务杠杆系数逐步增大，表明财务风险也相应地增大；在资产负债率一定时，随着息税前利润的升高，财务杠杆系数逐步减小，表明财务风险也相应地降低。

【例 6-8】 甲、乙、丙这 3 家公司某年的息税前利润和总资本及其构成等有关资料如图 6-14 的【已知条件】区域所示。要求建立一个计算 3 家公司的普通股每股利润、投资报酬率、权益报酬率和财务杠杆系数以及对财务杠杆作用进行判断的模型。

建立模型的具体步骤如下所述。

01 设计模型的结构，如图 6-14 的【计算结果】区域所示。

02 在单元格 B13 中输入公式 "=B6*B7"。

03 在单元格 B14 中输入公式 "=B8-B13"。

04 在单元格 B15 中输入公式 "=B14*B9"。

05 在单元格 B16 中输入公式 "=B14-B15"。

06 在单元格 B17 中输入公式 "=B16/B5"。

	A	B	C	D
1	已知条件			
2	公司	甲	乙	丙
3	全部资本（元）	8000000	8000000	8000000
4	股东权益（元）	8000000	4000000	4000000
5	普通股股数（股）	800000	400000	400000
6	债务资本（元）	0	4000000	4000000
7	债务利率	0%	10%	12%
8	息税前利润（元）	900000	900000	900000
9	所得税税率	25%	25%	25%
10				
11	计算结果			
12	公司	甲	乙	丙
13	债务利息（元）	0	400000	480000
14	税前利润（元）	900000	500000	420000
15	所得税（元）	225000	125000	105000
16	净利润（元）	675000	375000	315000
17	普通股每股利润（元）	0.84	0.94	0.79
18	投资报酬率	11.25%	11.25%	11.25%
19	权益报酬率	8.44%	9.38%	7.88%
20	财务杠杆系数	1.00	1.80	2.14
21	财务杠杆作用判断	无财务杠杆作用	正财务杠杆作用	负财务杠杆作用

图6-14　财务杠杆作用分析模型

07 在单元格 B18 中输入公式“=B8/B3”。

08 在单元格 B19 中输入公式“=B16/B4”。

09 在单元格 B20 中输入公式“=B8/B14”。

10 在单元格 B21 中输入公式“=IF(OR(B7=0,B7=B18),"无财务杠杆作用",IF(B7<B18, "正财务杠杆作用","负财务杠杆作用"))”。

11 选取单元格区域 B13:B21，将其复制到单元格区域 C13:D21。

模型的运行结果如图 6-14 所示。由计算结果可以看出，甲公司没有负债和优先股，所以没有财务杠杆作用；乙公司债务利率低于投资报酬率，所以产生了正的财务杠杆作用，其普通股每股利润和权益报酬率均比无负债的甲公司更高；丙公司债务利率高于投资报酬率，所以产生了负的财务杠杆作用，其普通股每股利润和权益报酬率均比无负债的甲公司更低。

6.2.3　总杠杆系数的计算与分析模型

1. 总杠杆作用的基本原理

前述的经营杠杆反映了销售变动对营业利润变动的影响，财务杠杆反映了营业利润变动对普通股每股利润变动的影响。当企业存在固定经营成本和固定财务费用时，会同时存在经营杠杆和财务杠杆作用，这两种杠杆的共同作用就形成了总杠杆作用或复合杠杆作用，它反映了普通股每股利润变动对销售变动的敏感程度。总杠杆作用程度的大小可通过总杠杆系数来表示，其计算公式为

$$\mathrm{DTL}=\frac{\Delta\mathrm{EPS}/\mathrm{EPS}}{\Delta Q/Q}=\mathrm{DOL}\cdot\mathrm{DFL}$$

或

$$\mathrm{DTL}=\frac{S-\mathrm{VC}}{S-\mathrm{VC}-F-I-\dfrac{D_P}{1-T}}$$

式中：DTL 为总杠杆系数；其他符号的含义如前所述。

经营杠杆系数可用来衡量企业的经营风险大小，财务杠杆系数可用来衡量企业的财务风险

大小，总杠杆系数可用来衡量企业的总体风险大小。总杠杆的作用程度一般要比单一的经营杠杆或财务杠杆的作用程度更大。总杠杆系数很高时，销售额的微小变动会导致普通股每股利润发生很大幅度的变化。因此，为了避免过高的总风险，财务管理人员在做决策的过程中应注意避免同时使用过高的经营杠杆和财务杠杆，而应根据企业可承受风险的程度，来确定合适的经营杠杆和财务杠杆以及总杠杆，做出合理的经营决策和财务决策，使企业的总风险控制在适当的程度内。

2. 总杠杆系数的计算与分析模型的建立

【例 6-9】某公司某年的总资本及其构成的有关资料以及营业收入和成本等有关资料如图 6-15 的【已知条件】区域所示。要求建立一个计算该公司的普通股每股利润、经营杠杆系数、财务杠杆系数、总杠杆系数、预计下一年的息税前利润和普通股每股利润并根据给出的模拟数据对总杠杆系数进行模拟运算分析的模型。

建立模型的具体步骤如下所述。

01 设计模型的结构，如图 6-15 的【计算结果】区域所示。

02 在单元格 B11 中输入公式 "=G2*(1-G3)-G4"。

03 在单元格 B12 中输入公式 "=B2*B4*B5"。

04 在单元格 B13 中输入公式 "=((B11-B12)*(1-G5)-B6)/B3"。

05 在单元格 B14 中输入公式 "=G2*(1-G3)/B11"。

	A	B	C	D	E	F	G
1	已知条件						
2	总资产（万元）	3000	年营业收入（万元）				10000
3	普通股股数（股）	1000	变动成本率				60%
4	资产负债率	40%	年固定经营成本（万元）				2500
5	负债利率	8%	所得税率				25%
6	优先股年股息（万元）	25	预计下一年营业收入增长率				20%
7	模拟运算数据						
8	年营业收入（万元）	6000	8000	10000	12000	14000	
9							
10	计算结果						
11	息税前利润（万元）	1500	下一年预计				
12	债务利息（万元）	96	息税前利润增长率				53.33%
13	普通股每股利润（元/股）	1.03	普通股每股利润增长率				58.37%
14	经营杠杆系数	2.67	息税前利润（万元）				2300
15	财务杠杆系数	1.09	普通股每股利润（元/股）				1.63
16	总杠杆系数	2.92					
17	模拟运算表						
18	年营业收入（万元）		6000	8000	10000	12000	14000
19	总杠杆系数	0.00	-10.47	5.61	2.92	2.21	1.89

图6-15　总杠杆系数的计算与分析模型

06 在单元格 B15 中输入公式 "=B11/(B11-B2*B4*B5-B6/(1-G5))"。

07 在单元格 B16 中输入公式 "=B14*B15"。

08 在单元格 G12 中输入公式 "=G6*B14"。

09 在单元格 G13 中输入公式 "=G6*B16"。

10 在单元格 G14 中输入公式 "=B11*(1+G12)"。

11 在单元格 G15 中输入公式 "=B13*(1+G13)"。

12 选取单元格区域 C18:G18，输入数组公式 "=B8:F8"。

13 在单元格 B19 中输入公式 "=B18*(1-G3)/(B18*(1-G3)-G4-B2*B4*B5-B6/(1-G5))"。

14 选取单元格区域 B18:G19,在【数据】选项卡【数据工具】功能组中单击【模拟分析】命令,然后在下拉菜单中选择【模拟运算表】命令,再在系统弹出的【模拟运算表】对话框中,在【输入引用行的单元格】栏中输入"$B$18",最后单击【确定】按钮。

模型的运行结果如图 6-15 所示。由模拟运算的结果可以看出,在其他条件一定的情况下,随着每年营业收入的增加,总杠杆系数逐步减小,表明公司的总风险随之降低。

6.3 资本结构理论模型

6.3.1 MM模型

资本结构是指企业各种资本的构成及其比例关系,通常可用借入资本与自有资本的比率表示。资本结构的研究是企业筹资决策的核心问题。资本结构理论阐述了企业的负债比率与企业的价值和资本成本之间的关系,对企业进行筹资决策具有重要的指导意义。现代资本结构理论的创始人是美国的两位教授佛朗哥·莫迪格莱尼和莫顿·米勒。他们在一系列的假设条件下,建立并证明了资本结构理论——MM 理论。后人在此基础之上进行深入研究,得到了现代资本结构理论。

MM 模型的主要内容包括以下两个部分。

1. 无公司税的MM模型

在没有公司所得税等一系列理想的假定条件下,MM 证明了两个著名的命题。

命题1

$$V_L = V_U = \frac{\text{EBIT}}{K_W} = \frac{\text{EBIT}}{K_{SU}}$$

式中:V_L 为有负债公司的价值;V_U 为无负债公司的价值;EBIT 为预期各年的息税前利润;K_W 为有负债公司的加权平均资本成本;K_{SU} 为无负债公司的普通股成本。

命题 1 的含义是,在完善的资本市场条件下,举债公司的价值和无债公司的价值相等,公司的价值与其资本结构无关。

命题2

$$K_{SL} = K_{SU} + (K_{SU} - K_d) \cdot (D / S)$$

式中:K_{SL} 为有负债公司的股本成本;K_{SU} 为无负债公司的股本成本;K_d 为债务成本;D 为债务的市场价值;S 为普通股的市场价值。

命题 2 的含义是,权益的风险会因财务杠杆的使用而升高,因此,股东要求的投资报酬率也会因为使用财务杠杆而增加,但加权平均资本成本不会受到财务杠杆的影响。

无公司税的 MM 模型的基本结论是,无论公司负债多少,资本结构的变化既不影响公司的价值,也不影响公司的加权平均资本成本。

2. 有公司税的MM模型

在完善的资本市场等假定条件下，但有公司所得税存在时，MM 证明了以下两个命题。

命题 1

$$V_L = V_U + T_C \cdot D$$

式中：T_C 为公司所得税税率；其他符号的含义如前所述。

命题 1 表明，因公司的债务利息可作为费用抵税，所以财务杠杆的运用会减少公司的纳税支出，增加公司的价值，有负债公司的价值会随财务杠杆的升高而增大。有负债公司的价值等于同风险等级的无负债公司的价值加上因债务利息抵税而增加的价值，而债务利息抵税价值等于公司所得税税率乘以负债总额。

命题 2

$$K_{SL} = K_{SU} + (K_{SU} - K_d) \cdot (1 - T) \cdot (D / S)$$

命题 2 表明，在有公司所得税存在的情况下，因负债会使权益的风险增加，因此权益的资本成本会随财务杠杆的增大而升高，但加权平均资本成本却会随财务杠杆的增加而下降。

有公司税 MM 模型的基本结论是，负债会增加公司的价值，降低公司的加权平均资本成本。债务比率越高，公司的价值越大，加权平均资本成本越低。如果公司负债比率达到 100%，那么公司的价值就会达到最大，加权平均资本成本达到最低。

【例6-10】公司 U 和公司 L 的息税前利润和资本结构等有关资料如图 6-16 的【已知条件】区域所示。要求建立一个计算两家公司的权益资本成本和加权平均资本成本的模型。

建立模型的具体步骤如下所述。

01 设计模型的结构，如图 6-16 的【计算结果】区域所示。

02 在单元格 B12 中输入公式 "=B3*(1-B5)/B6"，并将其复制到单元格 D12。

03 在单元格 B13 中输入公式 "=B12"。

04 在单元格 D13 中输入公式 "=D12+(D12-D7)*(1-D5)*D4"。

05 在单元格 D14 中输入公式 "=B16*D7*(1-D5)+B17*D13"。

06 在单元格 B18 中输入公式 "=B16+B17"，并在单元格 D18 中输入 "100%"。

07 在单元格 B19 中输入公式 "=B16/B17"，在单元格 D19 中输入 "=D4"。

08 在单元格 B16 和 B17 中分别输入任意的两个不等于 0 的数作为规划求解的初值，然后在【数据】选项卡【分析】功能组中单击【规划求解】命令，打开【规划求解参数】对话框，在其中的【设置目标】栏中输入 "$B$18"，在【到】区域选择【目标值】单选按钮，并将目标值设置为 "1"，在【通过更改可变单元格】栏中输入 "$B$16:$B$17"，在【遵守约束】栏中添加约束条件 "$B$19=0.8"，设置完成的【规划求解参数】对话框如图 6-17 所示，单击【求解】按钮后，再在系统弹出的【规划求解结果】对话框中单击【确定】按钮。

模型的运行结果如图 6-16 所示。由模型的运行结果可以看出，公司有负债时的权益资本成本高于无负债时的权益资本成本，且加权平均资本成本低于个别资本成本。

	A	B	C	D
1		已知条件		
2	公司U		公司L	
3	息税前利润（元）	1500	息税前利润（元）	1500
4	负债/权益	0	负债/权益	0.8
5	所得税税率	25%	所得税税率	25%
6	公司价值（元）	5000	无债时的公司价值（元）	5000
7			负债利率	10%
8	两家公司经营风险相同			
9				
10		计算结果		
11	公司U		公司L	
12	权益资本成本率	22.50%	无债时的权益资本成本率	22.50%
13	加权平均资本成本率	22.50%	有债时的权益资本成本率	30.00%
14			加权平均资本成本率	20.00%
15		公司L规划求解结果		
16	负债/公司价值	0.44	可变单元格	
17	权益/公司价值	0.56		目标值
18	（负债+权益）/公司价值	1.00	目标函数（=）	100%
19	负债/权益	0.80	约束条件（约束值）	0.8

图6-16 权益资本成本和加权平均资本成本的计算模型

图6-17 【规划求解参数】对话框的设置

【例6-11】A和B两家公司的息税前利润和资本结构等有关资料如图6-18的【已知条件】区域所示。要求建立一个计算两家公司的内在价值并对其市场价值状态进行判断的模型。

建立模型的具体步骤如下所述。

01 设计模型的结构，如图6-18的【计算结果】区域所示。

02 在单元格B12中输入公式"=B3*(1-B5)/B6"，并将其复制到单元格D12。

03 在单元格D13中输入公式"=D12+D4*D5"。

	A	B	C	D
1		已知条件		
2	公司A		公司B	
3	息税前利润（万元）	500	息税前利润（万元）	500
4	负债金额	0	负债金额	2400
5	所得税税率	25%	所得税税率	25%
6	权益资本成本率	15%	无债时的权益资本成本率	15%
7	公司的市场价值（万元）	2600	负债利率	8%
8			公司的市场价值（万元）	2900
9				
10		计算结果		
11	公司A		公司B	
12	公司内在价值（万元）	2500.00	无负债时的公司内在价值（万元）	2500.00
13	公司的市场价值状态判断	市值被高估	有负债时的公司内在价值（万元）	3100.00
14			公司的市场价值状态判断	市值被低估

图6-18 公司价值的计算与判断模型

04 在单元格B13中输入公式"=IF(B7=B12,"市值正常",IF(B7<B12,"市值被低估","市值被高估"))"，并将其复制到单元格D14。

模型的运行结果如图6-18所示。

6.3.2 权衡模型

无公司税和有公司税的MM模型都是在很理想的假定条件下得出的,但现实中那些理想的假定条件并不存在。现实条件下,企业负债经营会引起财务危机成本和代理成本增加。财务危机成本是指企业因借债而引起的处于财务困境状态所发生的有关成本,如企业的所有者与债权人之间发生争执过程中导致的资产破损或过时、支付的律师费、法庭收费和行政开支等。代理成本是指为解决股东和债权人之间的矛盾而发生的监督债务契约的执行以保护债权人利益等有关的费用支出。在企业合理的负债限度内，财务危机成本和代理成本并不会明显地表现出来，但当企业超过合理的限度举债、负债比率很高时，财务危机成本和代理成本会明显地增加，从而抵销债务利息抵税给企业带来的利益，使负债企业的价值下降。现实条件下，经过修正后的 MM 模型是一种权衡模型，其表达式为

$$V_L = V_U + T_C \cdot D - \text{FA}$$

式中：FA 为财务危机成本和代理成本的现值；$T_C \cdot D$ 为债务利息抵税的现值(假设永久负债)。

权衡模型表明，企业的市场价值存在着一个最高点，同时加权平均资本成本存在着一个最低点，此点对应的资本结构即为最优资本结构。从理论上看每个企业都应存在最优的资本结构。

【例 6-12】某公司目前没有负债，总市场价值为 1000 万元。该公司正在考虑发行长期债券，以充分利用财务杠杆作用。随着负债水平的升高，预计破产和代理成本的现值也相应增加，有关数据如图 6-19 的【已知条件】区域所示。要求建立一个该公司选择最优负债水平的模型。

建立模型的具体步骤如下所述。

01 设计模型的结构，如图 6-19 的【计算与决策结果】区域所示。

	A	B	C	D	E	F	G	H	I
1				已知条件					
2	无债时公司的市场价值（万元）	1000	所得税税率	40%					
3	负债金额（万元）	100	200	300	400	500	600	700	800
4	代理与破产成本的现值（万元）	0	25	50	80	200	550	960	1200
5									
6				计算与决策结果（单位：万元）					
7	负债金额	100	200	300	400	500	600	700	800
8	无债时公司的市场价值	1000	1000	1000	1000	1000	1000	1000	1000
9	债务利息抵税现值	40	80	120	160	200	240	280	320
10	破产与代理成本的现值	0	25	50	80	200	550	960	1200
11	公司的价值	1040	1055	1070	1080	1000	690	320	120
12	公司价值的最大值	1080		最佳负债金额			400		

图6-19 最优负债水平选择模型

02 选取单元格区域 B7:I7，输入数组公式"=B3:I3"。

03 选取单元格区域 B8:I8，输入数组公式"=B2"。

04 选取单元格区域 B9:I9，输入数组公式"=B3:I3*E2"。

05 选取单元格区域 B10:I10，输入数组公式"=B4:I4"。

06 选取单元格区域 B11:I11，输入数组公式"=B8:I8+B9:I9-B10:I10"。

07 在合并单元格 B12 中输入公式"=MAX(B11:I11)"。

08 在合并单元格 G12 中输入公式"=INDEX(B7:I7,,MATCH(B12,B11:I11,0))"。

模型的运行结果如图 6-19 所示。

【例 6-13】某公司正在试图确定最优资本结构。已知随着财务杠杆的增加，负债的成本和普通股的成本都会升高，有关数据如图 6-20 的【已知条件】区域所示。要求建立一个确定该公司最优资本结构的模型。

建立模型的具体步骤如下所述。

01 设计模型的结构，如图 6-20 的【计算与决策结果】区域所示。

02 选取单元格区域 F4:F12，输入数组公式"=A4:A12"。

03 选取单元格区域 G4:G12，输入数组公式"=100%-F4:F12"。

04 选取单元格区域 H4:H12，输入数组公式"=F4:F12*B4:B12*(1-B13)+G4: G12*C4:C12"。

	A	B	C	D	E	F	G	H	I
1			已知条件				计算与决策结果		
2	债务/总资本	债务税前	普通股资本成本率			债务/总资本	股东权益/总资本	综合资本成本率	
3		资本成本率	无破产成本时	有破产成本时				无破产成本时	有破产成本时
4	0		12.00%	12.00%		0	100.00%	12.00%	12.00%
5	10%	10.00%	12.10%	12.15%		10%	90.00%	11.39%	11.44%
6	20%	10.50%	12.20%	12.30%		20%	80.00%	10.81%	10.89%
7	30%	11.00%	12.30%	12.50%		30%	70.00%	10.26%	10.40%
8	40%	12.00%	12.50%	13.80%		40%	60.00%	9.90%	10.68%
9	50%	13.00%	13.50%	15.60%		50%	50.00%	10.00%	11.05%
10	60%	15.50%	15.80%	18.20%		60%	40.00%	10.97%	11.93%
11	70%	17.00%	18.50%	20.50%		70%	30.00%	11.50%	12.10%
12	80%	19.00%	20.00%	22.60%		80%	20.00%	11.60%	12.12%
13	所得税税率	50%				最低的综合资本成本率		9.90%	10.40%
14						最佳的债务/总资本比率		40.00%	30.00%

图6-20　资本结构优化决策模型

05 选取单元格区域I4:I12，输入数组公式"=F4:F12*B4:B12*(1-B13)+G4:G12* D4:D12"。

06 在单元格H13中输入公式"=MIN(H4:H12)"，并将其复制到单元格I13。

07 在单元格H14中输入公式"=INDEX(F4:F12,MATCH(H13,H4:H12,0))"。

08 在单元格I14中输入公式"=INDEX(F4:F12,MATCH(I13,I4:I12,0))"。

模型的运行结果如图6-20所示。

第 7 章

筹资预测与决策分析

7.1 长期筹资决策分析

7.1.1 利用比较资本成本法选择筹资方案模型

比较综合资本成本法是指通过计算各备选筹资方案的综合资本成本率并加以比较，从中选择综合资本成本率最低的方案作为最优筹资方案的筹资决策方法。综合资本成本率的计算方法已在第 6 章做过介绍。

【例 7-1】某公司拟筹集 2000 万元资本，3 个备选筹资方案的有关数据如图 7-1 的【已知条件】区域所示。要求建立一个确定该公司最优筹资方案的模型。

建立模型的具体步骤如下所述。

01 设计模型的结构，如图 7-1 的【计算与决策结果】区域所示。

	A	B	C	D	E	F	G
1	已知条件（金额单位：万元）						
2	筹资方案	方案A		方案B		方案C	
3		筹资额	资本成本率	筹资额	资本成本率	筹资额	资本成本率
4	长期借款	300	6.5%	500	6.7%	200	6.8%
5	长期债券	400	7.0%	500	7.0%	600	7.2%
6	优先股	500	11.9%	400	12.5%	500	12.0%
7	普通股	800	14.8%	600	15.2%	700	15.0%
8	合计	2000		2000		2000	
9							
10	计算与决策结果						
11		权重系数的计算			决策结论		
12	筹资方案	方案A	方案B	方案C	最低的综合		
13	长期借款	15.00%	25.00%	10.00%	资本成本率		
14	长期债券	20.00%	25.00%	30.00%	10.49%		
15	优先股	25.00%	20.00%	25.00%	最优的		
16	普通股	40.00%	30.00%	35.00%	筹资方案		
17	合计	100.00%	100.00%	100.00%	方案B		
18	综合资本成本率	11.27%	10.49%	11.09%			

图7-1 利用比较资本成本法选择筹资方案模型

02 选取单元格区域 B13:B17，输入数组公式 "=B4:B8/B8"。

03 选取单元格区域 C13:C17，输入数组公式 "=D4:D8/D8"。

04 选取单元格区域 D13:D17，输入数组公式 "=F4:F8/F8"。

05 在单元格 B18 中输入公式 "=SUMPRODUCT(B13:B16,C4:C7)"。

06 在单元格 C18 中输入公式 "=SUMPRODUCT(C13:C16,E4:E7)"。

07 在单元格 D18 中输入公式 "=SUMPRODUCT(D13:D16,G4:G7)"。

08 在单元格 E14 中输入公式 "=MIN(B18:D18)"。

09 在合并单元格 E17 中输入公式 "=INDEX(B12:D12,,MATCH(E14,B18:D18,0))"。

模型的运行结果如图 7-1 所示。

7.1.2 利用比较公司价值法选择筹资方案模型

1. 比较公司价值法的基本原理

比较公司价值法是指通过计算各个备选方案所对应的公司价值并进行比较，选择使公司价值达到最大的方案作为最优方案的筹资决策方法。这里的公司价值是指公司的股票市场价值和债券现值之和。因此，采用这种方法进行筹资决策，一般需要通过未来现金流贴现的方法估计股票和债券的价值。有关的计算公式为

$$K_S = K_F + \beta_i(K_m - K_F)$$

$$S = \frac{(\text{EBIT} - K_d \cdot D) \cdot (1 - T)}{K_S}$$

$$V = S + D$$

$$K_W = \frac{D}{V} \cdot K_d \cdot (1 - T) + \frac{S}{V} \cdot K_S$$

式中：K_S 为普通股的资本成本率；K_F 为无风险利率；β 为普通股的 β 值；K_m 为市场投资组合期望报酬率；S 为普通股的现值；K_d 为债务的利率；D 为债务的现值(等于面值)；T 为所得税税率；V 为公司的总价值；K_W 为公司的综合资本成本率。

2. 利用比较公司价值法选择筹资方案模型的建立

【例 7-2】某公司现有资本账面价值 1000 万元，全部为普通股。预计该公司每年的息税前利润为 300 万元，且保持稳定不变，公司的所得税税率为 25%，公司的税后净利将全部作为股利发放，股利增长率为 0。公司的财务管理人员计划改变现有的资本结构，拟增加负债并回购相应数额的股票以利用财务杠杆作用。经过测算认为，债务 D 的现值等于其面值，在不同的负债水平之下，债务的利率和普通股的 β 值、无风险利率、市场投资组合期望报酬率的有关数据如图 7-2 的【已知条件】区域所示。要求建立一个按公司价值最大和综合资本成本率最低两种方法确定该公司最优负债方案并绘制公司价值和综合资本成本率与负债水平之间的关系图的模型。

建立模型的具体步骤如下所述。

01 设计模型的结构，如图 7-2 的【计算与决策结果】区域所示。

02 选取单元格区域 B12:C17，输入数组公式 "=B3:C8"。

03 选取单元格区域 D12:D17，输入数组公式 "=G4+D3:D8*(G5-G4)"。

	A	B	C	D	E	F	G
1				已知条件			
2	方案	债务D（万元）	债务利率K_d	普通股β值	息税前利润 $EBIT$（万元）		300
3	1	0	0	1.12	所得税率 T		25%
4	2	100	5%	1.20	无风险利率 K_F		6%
5	3	200	8%	1.22	市场投资组合报酬率Km		12%
6	4	300	10%	1.48			
7	5	400	12%	1.85			
8	6	500	15%	2.2			
9							
10				计算与决策结果			
11	方案	D（万元）	K_d	K_S	S（万元）	V（万元）	K_w
12	1	0	0%	12.72%	1768.87	1768.87	12.72%
13	2	100	5%	13.20%	1676.14	1776.14	12.67%
14	3	200	8%	13.32%	1599.10	1799.10	12.51%
15	4	300	10%	14.88%	1360.89	1660.89	13.55%
16	5	400	12%	17.10%	1105.26	1505.26	14.95%
17	6	500	15%	19.20%	878.91	1378.91	16.32%
18	最大公司价值（万元）	1799.10	对应方案	3	最优负债金额（万元）		200
19	最小综合资本成本率	12.51%	对应方案	3	最优负债金额（万元）		200

图7-2　利用比较公司价值法选择筹资方案模型

04 选取单元格区域 E12:E17 区域，输入数组公式“=(G2-C12:C17*B12:B17)*(1-G3)/D12:D17”。

05 选取单元格区域 F12:F17，输入数组公式“=E12:E17+B12:B17”。

06 选取单元格区域 G12:G17，输入数组公式“=B12:B17/F12:F17*C12:C17*(1-G3)+E12:E17/F12:F17*D12:D17”。

07 在单元格 C18 中输入公式“=MAX(F12:F17)”。

08 在单元格 C19 中输入公式“=MIN(G12:G17)”。

09 在单元格 E18 中输入公式“=MATCH(C18,F12:F17,0)”。

10 在单元格 E19 中输入公式“=MATCH(C19,G12:G17,0)”。

11 在单元格 G18 中输入公式“=INDEX(B12:B17,E18)”。

12 在单元格 G19 中输入公式“=INDEX(B12:B17,E19)”。

模型的计算与决策结果如图 7-2 所示。

13 选取单元格区域 F11:G17，在【插入】选项卡【图表】功能组中单击【折线图】，然后在下拉列表中的【二维折线图】区域下选择【带数据标记的折线图】子图表类型，可得到初步绘制的图表，如图 7-3 所示。

14 将鼠标指针对准绘图区，单击右键，在快捷菜单中执行【选择数据】命令，则系统会弹出【选择数据源】对话框，如图 7-4 所示。

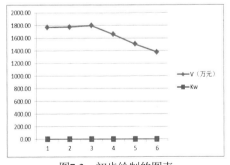

图7-3　初步绘制的图表

图7-4　【选择数据源】对话框

15 在【选择数据源】对话框中，单击右边【水平分类轴标签】下边的【编辑】按钮，则系统会弹出【轴标签】对话框，在【轴标签区域】栏中输入“=Sheet1!$B$12:$B$17”，如图 7-5

所示，单击【确定】按钮，回到【选择数据源】对话框，再单击该对话框中的【确定】按钮。

16 将鼠标指针对准综合边际资本成本数据系列，单击右键，在快捷菜单中执行【设置数据系列格式】命令，则系统会弹出【设置数据系列格式】对话框，在该对话框的【系列选项】选项卡中，在【系列绘制在】区域下选择【次坐标轴】单选按钮，如图7-6所示。

图7-5 【轴标签】对话框　　　　　图7-6 【设置数据系列格式】对话框

17 单击【关闭】按钮，得到将综合边际资本成本数据系列显示在次要纵坐标轴后的图表，如图7-7所示。

18 进一步编辑图表，包括删除网格线、添加图表标题以及横纵坐标轴标签，再将主要和次要纵坐标轴标签都设置为显示0位小数的格式，得到编辑完成的图表，如图7-8所示。

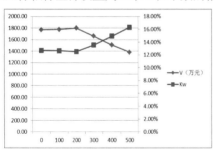

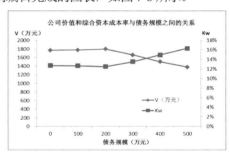

图7-7 两轴线图表　　　　　　　图7-8 编辑完成的图表

7.1.3 利用每股利润分析法选择筹资方案模型

1. 每股利润分析法的基本原理

每股利润分析法是指通过比较不同的备选筹资方案的普通股每股利润并选择普通股每股利润最大的方案作为最优方案的筹资决策方法。普通股每股利润的计算公式为

$$\text{EPS} = \frac{1}{n}\left[(\text{EBIT} - I)(1 - T) - D_P\right]$$

式中：EPS为普通股每股利润；n为普通股股数；EBIT为息税前利润；I为债务利息；D_P为优先股股息；T为所得税税率。

利用每股利润分析法选择最优筹资方案时通常需要首先计算每股利润无差别点，即两个筹资方案普通股每股利润相等时所对应的息税前利润，在此基础之上再选择最优筹资方案。对于同一家公司而言，在其他条件一定时，普通股每股利润越大，其股票的市场价格应该越高，公司的市场价值也就越大，所以这种决策方法也是建立在资本结构理论基础之上的。

2. 利用每股利润分析法选择筹资方案模型的建立

【例 7-3】某公司现有资本的有关资料以及 A、B 两个备选的筹资方案的有关数据如图 7-9 的【已知条件】区域所示。要求建立一个比较和选择最优筹资方案并绘制两个方案普通股每股利润与息税前利润之间的关系图的模型。

建立模型的具体步骤如下所述。

01 设计模型的结构，如图 7-9 的【计算与决策结果】区域所示。

02 选取单元格区域 B11:G11，输入数组公式 "=TRANSPOSE(F3:G8)"。

03 在单元格 B12 中输入公式 "=(B11-$B$6*$B$7)*(1-$B$8)/($B$5+$E$5)"。

04 在单元格 B13 中输入公式 "=(B11-$B$6*$B$7-$E$7*$E$8)*(1-$B$8)/$B$5"。

▲	A	B	C	D	E	F	G
1	已知条件					预计息税前利润模拟	
2	现有资本结构		追加筹资方案			数据（万元）	
3	现有资本（万元）	800	方案A			40	
4	股东权益（万元）	600	股票筹资额（万元）		200	60	
5	普通股份数（万股）	60	新增股份数（万股）		20	80	
6	债务（万元）	200	方案B			100	
7	债务利率	8%	债务筹资额（万元）		200	120	
8	所得税税率	25%	新增债务利率		10%	140	
9							
10	计算与决策结果						
11	预计息税前利润（万元）	40	60	80	100	120	140
12	方案A每股利润（元/股）	0.23	0.41	0.60	0.79	0.98	1.16
13	方案B每股利润（元/股）	0.05	0.30	0.55	0.80	1.05	1.30
14	最优筹资方案	方案A	方案A	方案A	方案B	方案B	方案B
15	普通股每股利润无差异点的计算						
16	方案A每股利润-方案B每股利润		0			（目标单元格）	
17	无差异点的息税前利润（万元）		96			无差异点每股利润（元/股）	0.75

图7-9　利用每股利润分析法选择筹资方案模型

05 在单元格 B14 中输入公式 "=IF(B12=B13,"两方案无差异",IF(B12>B13,"方案 A","方案 B"))"。

06 选取单元格区域 B12:B14，将其复制到单元格区域 C12:G14。

07 在单元格 C16 中输入公式 "=(C17-B6*B7)*(1-B8)/(B5+E5)-(C17-B6*B7-E7*E8)*(1-B8)/B5"。

08 在【数据】选项卡【数据工具】功能组中单击【模拟分析】命令，然后在下拉菜单中选择【单变量求解】命令，并在系统弹出的【单变量求解】对话框中，将目标单元格设置为$C$16，将目标值设置为 0，将可变单元格设置为$C$17，单击【确定】按钮后，再在系统弹出的【单变量求解状态】对话框中单击【确定】按钮。

09 在单元格 G17 中输入公式 "=(C17-B6*B7)*(1-B8)/(B5+E5)"。

模型的计算与决策结果如图 7-9 所示。

10 选取单元格区域 B12:G13，在【插入】选项卡【图表】功能组中单击【折线图】，然后在下拉列表中的【二维折线图】区域下选择【带数据标记的折线图】子图表类型，可得到初步绘制的图表，如图 7-10 所示。

11 将鼠标指针对准绘图区，单击右键，在快捷菜单中执行【选择数据】命令，则系统会弹出【选择数据源】对话框，如图 7-11 所示。

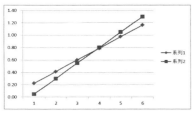

图7-10　初步绘制的图表

图7-11　【选择数据源】对话框

12 在【选择数据源】对话框中，在【图例项】列表框中选择【系列1】，然后单击【图例项】区域下的【编辑】按钮，再在系统弹出的【编辑数据系列】对话框中，在【系列名称】栏中输入"方案A"，如图7-12所示，单击【确定】按钮后，系统会返回【选择数据源】对话框。再按同样的方法将另外一个数据系列的名称设置为"方案B"。

13 在【选择数据源】对话框中，单击右边的【水平分类轴标签】区域下的【编辑】按钮，再在系统弹出的【轴标签】对话框中，在【轴标签区域】栏中输入"=Sheet1!\$B\$11:\$G\$11"，如图7-13所示。

图7-12　【编辑数据系列】对话框

图7-13　【轴标签】对话框

14 单击【确定】按钮后，系统会返回【选择数据源】对话框，设置完成的【选择数据源】对话框如图7-14所示。

15 单击【确定】按钮关闭【选择数据源】对话框。再进一步编辑图表，包括删除网格线、添加图表标题、添加横纵坐标轴标签等，得到最终编辑完成的图表，如图7-15所示。

由计算和图示结果可以看出，当预计的息税前利润为96万元时，两个方案的普通股每股利润无差异；当预计的息税前利润小于96万元时，A方案的普通股每股利润更高，应采用A方案筹资；而当息税前利润大于96万元时，B方案的普通股每股利润更高，应采用B方案筹资。

图7-14　设置完成的【选择数据源】对话框

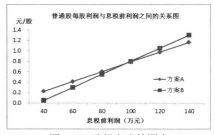

图7-15　编辑完成的图表

7.1.4　长期银行借款筹资分析模型

1. 长期银行借款的还本付息方式

长期银行借款的还本付息方式主要包括一次性偿付法、等额利息法、等额本金法及等额摊还法几种。

(1) 一次性偿付法

一次性偿付法是指在借款到期时一次性偿还本金和利息的方法。在这种还款方式下，期末一次偿还额的计算公式为

$$F = P(1+i)^n$$

式中：F 为期末一次偿还额；P 为借款金额；n 为借款期限；i 为借款年利率。

(2) 等额利息法

等额利息法是指借款期内每期末按借款利率偿还固定的利息，到期一次还本。在这种还款方式下，每期还本付息额的计算公式为

每期支付利息：$\text{INT}_t = P \cdot i$；$(t = 1, 2 \cdots n)$

每期偿还本金：$L_t = \begin{cases} 0; & (t = 1, 2, \cdots n-1) \\ P; & (t = n) \end{cases}$

式中：INT_t 为第 t 年偿还的利息；L_t 为第 t 年偿还的本金；其他符号的含义如前所述。

(3) 等额本金法

等额本金法是指借款期内每期偿还固定的本金及按借款余额计算的利息。在这种还款方式下，每期还本付息额的计算公式为

每期支付利息：$\text{INT}_t = i \cdot [P - \dfrac{P}{n}(t-1)]$；$(t = 1, 2 \cdots n)$

每期偿还本金：$L_t = \dfrac{P}{n}$；$(t = 1, 2 \cdots n)$

(4) 等额摊还法

等额摊还法是指借款期内每期偿还相等数额的款项。在这种还款方式下，每期偿还额 A 的计算公式为

$$A = \text{INT}_t + L_t = P \cdot \frac{i(1+i)^n}{(1+i)^n - 1} = P / (\text{PVIFA}_{i,n})；\quad (t = 1, 2 \cdots n)$$

式中：$\text{PVIFA}_{i,n}$ 为年金现值系数；其他符号的含义如前所述。

上述公式适用于给定年利率并且计息的情况。如果给定年利率但按月计息或按月还款，那么在上述公式中的利率应该用年利率除以 12 代入，总的还款期数应该用借款年数乘以 12 代入。

2. 相关函数介绍

在利用等额摊还法还本付息的情况下，计算各期的等额偿还额以及各期还本付息的金额时可以分别利用 PMT、PPMT 和 IPMT 函数。下面分别介绍这 3 个函数的功能。

(1) PMT 函数

PMT 函数的功能是基于固定利率及等额分期付款方式，返回投资或贷款的每期付款额。语法为

$$= \text{PMT(rate,nper,pv,fv,type)}$$

式中：rate 为贷款利率，是一固定值。

nper 为总投资(或贷款)期，即该项投资(或贷款)的付款期总数。

pv 为现值，即从该项投资(或贷款)开始计算时已经入账的款项，或一系列未来付款当前值的累积和，也称为本金。

fv 为未来值，或在最后一次付款后希望得到的现金余额，如果省略 fv，则假设其值为零，也就是一笔贷款的未来值为零。

type 为数字 0 或 1，用以指定各期的付款时间是在期初还是期末，type 为 0 表示期末，type 为 1 表示期初。如果省略 type，则假设其值为零。

(2) IPMT 函数

IPMT 函数的功能是基于固定利率及等额分期付款方式，返回投资或贷款在某一给定期次内的利息偿还额。语法为

$$=IPMT(rate,per,nper,pv,fv,type)$$

式中：per 为计算其本金数额的期次，必须在 1 至 nper 之间；其他各参数的含义如前所述。

(3) PPMT 函数

PPMT 函数的功能是基于固定利率及等额分期付款方式，返回投资或贷款在某一给定期次内的本金偿还额。语法为

$$= PPMT(rate,per,nper,pv,fv,type)$$

式中：per 为计算其本金数额的期次，必须在 1 至 nper 之间；其他各参数的含义如前所述。

3. 长期银行借款筹资分析模型的建立

【例 7-4】某公司准备从银行取得长期借款的有关资料以及拟考虑的还本付息方案如图 7-16 的【已知条件】及【还款方案】区域所示。要求建立一个计算在两种不同方案下每年还本付息数额的模型。

建立模型的具体步骤如下所述。

01 设计模型的结构，如图 7-16 的第 6 至 80 行单元格区域所示。

	已知条件			还款方案					
借款金额(元)	200000		方案1	分期等额还本余额计息					
借款年利率	6%		方案2	分期等额还本付息					
借款期限(年)	5								
				按年还款计算结果(单位：元)					
年	方案1 分期等额还本余额计息				每年还款额	方案2 分期等额还本付息			
	偿还本金	支付利息	期末剩余本金	还本付息合计		偿还本金	支付利息	期末剩余本金	还本付息合计
0			200000.00					200000.00	
1	40000.00	12000.00	160000.00	52000.00	47479.28	35479.28	12000.00	164520.72	47479.28
2	40000.00	9600.00	120000.00	49600.00	47479.28	37608.04	9871.24	126912.68	47479.28
3	40000.00	7200.00	80000.00	47200.00	47479.28	39864.52	7614.76	87048.16	47479.28
4	40000.00	4800.00	40000.00	44800.00	47479.28	42256.39	5222.89	44791.77	47479.28
5	40000.00	2400.00	0.00	42400.00	47479.28	44791.77	2687.51	0.00	47479.28
合计	200000.00	36000.00	-	236000.00	237396.40	200000.00	37396.40	-	237396.40
				按月还款计算结果(单位：元)					
月	方案1 分期等额还本余额计息				每年还款额	方案2 分期等额还本付息			
	偿还本金	支付利息	期末剩余本金	还本付息合计		偿还本金	支付利息	期末剩余本金	还本付息合计
0			200000.00					200000.00	
1	3333.33	1000.00	196666.67	4333.33	3866.56	2866.56	1000.00	197133.44	3866.56
2	3333.33	983.33	193333.33	4316.67	3866.56	2880.87	985.69	194252.55	3866.56
3	3333.33	966.67	190000.00	4300.00	3866.56	2895.30	971.26	191357.25	3866.56
59	3333.33	33.33	3333.33	3366.67	3866.56	3828.18	38.38	3847.32	3866.56
60	3333.33	16.67	0.00	3350.00	3866.56	3847.32	19.24	0.00	3866.56
合计	200000.00	30500.00	-	230500.00	231993.62	200000.00	31993.62	-	231993.62

图7-16　长期银行借款筹资分析模型

02 在单元格 D10 中输入公式 "=C2"，在单元格 I10 中输入公式 "=C2"。

03 在单元格区域 B10:J10 中分别输入下列公式。

单元格 B10："=$C$2/$C$4"。

单元格 C10："=D9*$C$3"。

单元格 D10："=D9-B10"。

单元格 E10："=B10+C10"。

单元格 F10："=PMT($C$3,$C$4,-$C$2)"。

单元格 G10："=PPMT($C$3,A10,$C$4,-$C$2)"。

单元格 H10："=IPMT($C$3,A10,$C$4,-$C$2)"。

单元格 I10："=I9-G10"。

单元格 J10："=G10+H10"。

04 选择单元格区域 B10:J10，执行复制命令，将其粘贴到单元格区域 B11:J14。

05 在单元格 B15 中输入公式 "=SUM(B10:B14)"，将其复制并粘贴到单元格 C15、J15 和单元格区域 E15:H15。

上述步骤完成后，即可得到两个方案按年还款的计算结果。

06 在单元格 D19 中输入公式 "=C2"，在单元格 I19 中输入公式 "=C2"。

07 在单元格区域 B20:J20 中分别输入下列公式。

单元格 B20："=$C$2/($C$4*12)"。

单元格 C20："=D19*($C$3/12)"。

单元格 D20："=D19-B20"。

单元格 E20："=B20+C20"。

单元格 F20："=PMT($C$3/12,$C$4*12,-$C$2)"。

单元格 G20："=PPMT($C$3/12,A20,$C$4*12,-$C$2)"。

单元格 H20："=IPMT($C$3/12,A20,$C$4*12,-$C$2)"。

单元格 I20："=I19-G20"。

单元格 J20："=G20+H20"。

08 选择单元格区域 B20:J20，执行复制命令，将其粘贴到单元格区域 B21:J79。

09 在单元格 B80 中输入公式 "=SUM(B20:B79)"，将其复制并粘贴到单元格 C80、J80 和单元格区域 E80:H80。

上述步骤完成后，即可得到两个方案按月还款的计算结果。

模型的运行结果如图 7-16 所示。

【例 7-5】某公司准备从银行取得 300000 万元的长期借款，借款年利率、借款期限和还本付息方式的有关资料如图 7-17 的【已知条件及还款方案】、【借款年利率模拟数据】和【借款年限模拟数据】区域所示。要求建立一个带有组合框控件的计算和模拟计算在各种不同情况下的每期还款额和总还款额的模型。

建立模型的具体步骤如下所述。

01 设计模型的结构，如图 7-17 所示。

02 选取单元格 B2，在名称框中输入 "借款金额" 并按回车键确认，从而将该单元格的名称重新定义为【借款金额】；再按类似的方法分别将单元格 B3、B4、B5、B6 和 B10 的名称定义为【借款年利率】【借款年限】【还款时点】【还款方式】和【总还款次数】。

已知条件及还款方案					借款年利率模拟数据	借款年限模拟数据	定义名称列表	
借款金额（元）	300000		还款时点方案	还款方式方案	3%	5	还款方式	=Sheet1!$B$6
借款年利率	5%	分期	期末	按年	4%	10	还款时点	=Sheet1!$B$5
借款年限（年）	5	等额	期初	按半年	5%	15	借款金额	=Sheet1!$B$2
还款时点选择	期末	还款		按季度	6%	20	借款年利率	=Sheet1!$D$3
还款方式选择	按月			按月	7%	25	借款年限	=Sheet1!$B$4
					8%	30	总还款次数	=Sheet1!$B$10
计算结果								
总还款次数（次）	60		每期偿还额（元）	5661.37	总还款额（元）		339682.21	
每期偿还额模拟运算表（单位：元）								
借款年限（年）		公式		借款年利率				
		5661.37	3%	4%	5%	6%	7%	8%
5		60	5390.61	5524.96	5661.37	5799.84	5940.36	6082.92
10	总还款次数（次）	120	2693.74	2760.40	2828.10	2896.82	2966.58	3037.35
15		180	1795.48	1839.81	1884.82	1930.53	1976.92	2023.99
20		240	1346.48	1379.68	1413.40	1447.64	1482.39	1517.65
25		300	1077.12	1103.66	1130.62	1157.98	1185.76	1213.96
30		360	897.57	919.67	942.12	964.92	988.06	1011.54
总还款额模拟运算表（单位：元）								
借款年限（年）				借款年利率				
			3%	4%	5%	6%	7%	8%
5		60	323436.43	331497.40	339682.21	347990.43	356421.57	364975.10
10	总还款次数（次）	120	323249.40	331248.43	339371.65	347618.68	355989.12	364482.50
15		180	323187.04	331165.42	339268.08	347494.70	355844.88	364318.18
20		240	323155.85	331123.90	339216.29	347432.69	355772.75	364236.00
25		300	323137.14	331098.99	339185.21	347395.49	355729.46	364186.69
30		360	323124.67	331082.38	339164.49	347370.08	355700.60	364153.81

图7-17　每期还款额和总还款额的计算模型

03 选取单元格 H2，在【公式】选项卡【定义的名称】功能组中单击【用于公式】命令，然后在其下拉列表中选择【粘贴名称】命令，再在系统弹出的【粘贴名称】对话框中单击【粘贴列表】按钮，则在 H2:I7 单元格区域会显示已定义的名称列表，如图 7-17 所示。

04 在【开发工具】选项卡【控件】功能组中单击【插入】命令，在展开的下拉列表中单击【表单控件】区域下的组合框控件按钮，然后用鼠标在单元格 B5 的位置拖拽出一个组合框控件。再将鼠标指针对准该组合框控件的边缘区域，单击右键，在系统弹出的快捷菜单中执行【设置控件格式】命令，在系统打开的【设置控件格式】对话框的【控制】选项卡中，在【数据源区域】栏中输入"$D$3:$D$4"，在【单元格链接】栏中输入"$B$5"，在【下拉显示项数】栏中输入"2"，并选择【三维阴影】复选框，如图 7-18 所示，最后单击【确定】按钮，从而建立还款时点的组合框控件。

05 按照与上述同样的方法在单元格 B6 的位置建立还款方式的组合框控件，但在该组合框控件的【设置控件格式】对话框的【控制】选项卡中，在【数据源区域】栏中输入"$E$3:$E$6"，在【单元格链接】栏中输入"$B$6"，在【下拉显示项数】栏中输入"4"，表示每年有 4 种可能的还款方式，即按年(每年 1 次)、按半年(每年 2 次)、按季度(每年 4 次)、按月(每年 12 次)，设置完成的【设置控件格式】对话框如图 7-19 所示，最后单击【确定】按钮，从而建立还款时点的组合框控件。

图7-18　还款时点控件格式设置

图7-19　还款方式控件格式设置

06 在单元格 B10 中输入公式 "=IF(还款方式=1,借款年限*1,IF(还款方式=2,借款年限*2,IF(还款方式=3,借款年限*4,借款年限*12)))"。

07 在单元格 E10 中输入公式 "=PMT(借款年利率/(总还款次数/借款年限),总还款次数,-借款金额,,IF(还款时点=1,0,1))"。

08 在单元格 H10 中输入公式 "=总还款次数*E10"。

09 选取单元格区域 D13:I13，输入数组公式 "=TRANSPOSE(F2:F7)"。

10 选取单元格区域 A14:A19，输入数组公式 "=G2:G7"。

11 在单元格 C14 中输入公式 "=IF(还款方式=1,A14*1,IF(还款方式=2,A14*2,IF(还款方式=3,A14*4,A14*12)))"，并将其复制到单元格区域 C15:C19。

12 在单元格 C13 中输入公式 "=PMT(借款年利率/(总还款次数/借款年限),总还款次数,-借款金额,,IF(还款时点=1,0,1))"。

13 选取单元格区域 C13:I19，在【数据】选项卡【数据工具】功能组中单击【模拟分析】命令，然后在下拉菜单中选择【模拟运算表】命令，再在系统弹出的【模拟运算表】对话框中，在【输入引用行的单元格】栏中输入 "$B$3" 或 "借款年利率"，在【输入引用列的单元格】栏中输入 "$B$10" 或 "总还款次数"，最后单击【确定】按钮。

14 选取单元格区域 D22:I22，输入数组公式 "=D13:I13"。

15 选取单元格区域 A23:A28，输入数组公式 "=A14:A19"。

16 选取单元格区域 C23:C28，输入数组公式 "=C14:C19"。

17 选取单元格区域 D23:I28，输入数组公式 "=C23:C28*D14:I19"。

这样，模型就建立好了。根据需要选择不同的还款时点和还款方式，就可以自动得到相应的计算结果。例如，在 B5 单元格的组合框控件中选择【期末】，在 B6 单元格的组合框控件中选择【按月】，所得到的模型的运行结果如图 7-17 所示。

7.1.5 租赁筹资决策分析模型

1. 每期应付租金计算模型

租赁是指出租人按照租赁合同，在一定期限内将资产提供给承租人使用，以收取租金的行为。租赁按其性质的不同，可分为经营租赁和融资租赁两大类。经营租赁是一种短期性的租赁形式，融资租赁又称财务租赁或资本租赁，是一种长期性的租赁形式。融资租赁是一种承租人以融资为主要目的、融资与融物相结合，以获得设备长期使用权为特征的租赁形式，它是企业筹集长期资金的一种有效方式。

融资租赁的租金可以根据租赁合同的约定采用不同的方式支付，如可以在租赁期内每期等额支付或不等额支付，支付租金的时间间隔可以确定为年、半年、季或月；每期应支付的租金可以在期初支付，也可以在期末支付。常用的计算每期应付租金的方法主要有以下两种。

(1) 平均分摊法

平均分摊法是以事先商定的利率和手续费率计算出租赁期间的利息和手续费，然后连同租赁资产的成本按支付租金的次数平均分摊每期的租金。每期应付租金的计算公式为

$$R = \frac{(C-S)+I+F}{N}$$

式中：R 为每期应付租金；C 为租赁资产的购置成本；S 为出租人回收的租赁资产的残值；I 为租赁期间的利息；F 为租赁的手续费；N 为租期。

(2) 等额年金法

等额年金法是指利用年金现值的计算原理计算每期应付租金的方法。采用等额年金法计算每次应付的租金时，应首先明确租赁合同中约定的支付租金的时间是在每期期初还是在每期期末，即各期租金是属于后付租金还是先付租金；然后以事先根据利率和手续费率确定的租费率为贴现率，分不同的情况，按照普通年金现值公式或先付年金现值公式求出每期应付的等额租金。

后付等额租金方式下每年末支付租金的计算公式为

$$R = \frac{P}{\mathrm{PVIFA}_{i,\,n}}$$

先付等额租金方式下每年初支付租金的计算公式为

$$R = \frac{P}{(1 + \mathrm{PVIFA}_{i,\,n-1})}$$

式中：R 为每期应付租金；P 为等额租金的现值；$\mathrm{PVIFA}_{i,n}$ 和 $\mathrm{PVIFA}_{i,n-1}$ 为年金现值系数；i 为租费率；n 为支付租金的期数。

在采用等额年金法支付租金的情况下，还可以进一步编制租金摊销计划表，计算出每期支付的租金总额中本金和利息各是多少。

【例7-6】某公司正在考虑租用甲、乙两台设备，有关资料如图 7-20 的【已知条件】区域所示。要求建立一个计算两种设备的年租金并编制乙设备租金摊销计划表的模型。

建立模型的具体步骤如下所述。

[01] 设计模型的结构，如图 7-20 的【计算结果】区域所示。

[02] 在单元格 B11 中输入公式 "=((B3-B5)+(B3*(1+B6)^B4-B3)+B3*B7)/B4"。

[03] 在单元格 D11 中输入公式 "=PMT(D5,D4,-D3)"。

	A	B	C	D
1			已知条件	
2		甲设备	乙设备	
3	设备价值（万元）	15	设备价值（万元）	20
4	租赁期限（年）	6	租赁期限（年）	5
5	残值（万元）	3	年综合租费率	10%
6	年利率	8%	租金支付方式	每年末等额支付
7	手续费率	2%		
8	租金支付方式	平均分摊法		
9				
10			计算结果	
11	甲设备年租金（万元）	3.52	乙设备年租金（万元）	5.28
12		乙设备租金摊销计划表（万元）		
13	年末	支付租金	应计租息	本金减少
14	1	5.28	2.00	3.28
15	2	5.28	1.67	3.60
16	3	5.28	1.31	3.96
17	4	5.28	0.92	4.36
18	5	5.28	0.48	4.80
19	合计	26.38	6.38	20.00

图7-20　租金摊销计划表的编制模型

04 选取单元格区域 B14:B18，输入数组公式 "=D11"。

05 选取单元格区域 C14:C18，输入数组公式 "=IPMT(D5,A14:A18,D4,-D3)"。

06 选取单元格区域 D14:D18，输入数组公式 "=PPMT(D5,A14:A18,D4,-D3)"。

07 在单元格 B19 中输入公式 "=SUM(B14:B18)"，并将其复制到单元格区域 C19:D19。模型的运行结果如图 7-20 所示。

2. 租赁设备及租金支付方式选择计算模型

【例 7-7】某公司正在考虑租赁甲设备或乙设备，有关资料如图 7-21 的【已知条件】区域和【租赁设备及租金支付方式方案】区域所示。要求建立一个可以选择租赁设备和租金支付方式的租金计算模型。

建立模型的具体步骤如下所述。

01 设计模型的结构，如图 7-21 的【计算结果】区域所示。

	A	B	C	D	E	F
1		已知条件			租赁设备及租金支付方式方案	
2	租赁资产	甲设备	乙设备	租赁资产	租金支付时点	租金支付频率
3	设备购置成本（元）	80000	120000	甲设备	期末	按年支付
4	租期（年）	5	6	乙设备	期初	按半年支付
5	年综合租费率	8%	10%			按季支付
6	租金支付方式		分期等额支付			按月支付
7						
8			计算结果			
9	租赁资产选择	乙设备 ▼	每年付款次数（次）	12	每期应付租金（元）	2204.73
10	租金支付时点选择	期初 ▼	总付款次数（次）	72	应付租金总额（元）	158740.40
11	租金支付频率选择	按月支付 ▼				

图7-21　租赁设备及租金支付方式选择计算模型

02 在【开发工具】选项卡【控件】功能组中单击【插入】命令，在展开的下拉列表中单击【表单控件】区域下的组合框控件按钮，然后将鼠标指针对准单元格 B9 的位置拖拽出一个组合框控件。再将鼠标指针对准该组合框控件的边缘区域，单击右键，在系统弹出的快捷菜单中执行【设置控件格式】命令，在系统打开的【设置控件格式】对话框的【控制】选项卡中，在【数据源区域】栏中输入 "$D$3:$D$4"，在【单元格链接】栏中输入 "$B$9"，在【下拉显示项数】栏中输入 "2"，并选择【三维阴影】复选框，最后单击【确定】按钮，从而建立租赁资产选择的组合框控件。

03 按照与上述同样的方法在单元格 B10 的位置建立租金支付时点选择的组合框控件，在该组合框控件的【设置控件格式】对话框中，在【数据源区域】栏中输入 "$E$3:$E$4"，在【单元格链接】栏中输入 "$B$10"，在【下拉显示项数】栏中输入 "2"，最后单击【确定】按钮，从而建立租金支付时点选择的组合框控件。

04 按照与上述同样的方法在单元格 B11 的位置建立租金支付频率选择的组合框控件，在该组合框控件的【设置控件格式】对话框中，在【数据源区域】栏中输入 "$F$3:$F$6"，在【单元格链接】栏中输入 "$B$11"，在【下拉显示项数】栏中输入 "4"，最后单击【确定】按钮，从而建立租金支付频率选择的组合框控件。

05 在单元格 D9 中输入公式 "=IF(B11=1,1,IF(B11=2,2,IF(B11=3,4,12)))"。

06 在单元格 D10 中输入公式 "=IF(B9=1,B4*D9,C4*D9)"。

07 在单元格 F9 中输入公式 "=IF(B9=1,IF(B10=1,PMT(B5/D9,D10,-B3), PMT(B5/D9,D10,-B3,,1)),IF(B10=1,PMT(C5/D9,D10,-C3),PMT(C5/D9,D10,-C3,,1)))"。

08 在单元格 F10 中输入公式"=D10*F9"。

这样，该模型就建立好了。分别在单元格 B9、B10 和 B11 中选择拟租赁的设备、租金支付时点以及租金支付频率，就可以得到相应的每期应付租金以及应付租金总额。例如，在单元格 B9 中选择【乙设备】，在单元格 B10 中选择【期初】，在单元格 B11 中选择【按月支付】，所得到的模型的运行结果如图 7-21 所示。

3. 租赁与借款筹资决策分析模型

租赁筹资方案可以看成是债务筹资方案的替代方案，评价租赁筹资方案是否具有经济上的可行性，应将其与债务筹资方案进行比较。一般采用的决策方法是：分别计算债务筹资方案和租赁筹资方案的税后成本，并比较两个方案的成本现值，选择成本现值最小的方案作为最优方案。下面举例说明这种决策方法。

【例 7-8】某公司需要一台设备，现有租赁设备和借款购置设备两个备选方案，有关资料如图 7-22 的【已知条件】区域所示。假定每期的租金可以全额抵减所得税。要求建立一个可以选择最优方案的决策分析模型。

建立模型的具体步骤如下所述。

01 设计模型的结构，如图 7-22 的【计算与决策结果】区域所示。

02 在单元格 A14 中输入公式"=PMT(B6,B4,-B3,B5)"。

03 在单元格 B14 中输入公式"=A14*B9"。

04 在单元格 C14 中输入公式"=A14-B14"。

05 在单元格 D14 中输入公式"=PV(E9,B4,-C14)"。

06 选取单元格区域 B17:B21，输入数组公式"=PMT(E6,E4,-E3)"。

07 选取单元格区域 C17:C21，输入数组公式"=IPMT(E6,A17:A21,E4,-E3)"。

08 选取单元格区域 D17:D21，输入数组公式"=(E3-E5)/E4"。

	A	B	C	D	E	F
1			已知条件			
2	租赁设备方案		借款购置设备方案			
3	租赁设备的购置成本(元)	100000	设备购置成本与借款金额(元)		100000	
4	租赁期限(年)	5	设备折旧年限与借款年限(年)		5	
5	出租人回收的设备残值(元)	5000	设备残值(元)		5000	
6	出租人要求的年利率	9.50%	借款年利率		8.00%	
7	租金支付方式	每年末等额支付	还款方式		每年末等额偿还	
8	租金抵税方式	年租金全额抵税	折旧方法		平均年限法	
9	所得税税率	25%	资本成本率		6%	
10						
11			计算与决策结果			
12		税后租金总现值的计算(元)			决策结论	
13	每年年末支付租金	租金抵税额	税后租金	租金的总现值	最优方案	租赁设备
14	25216.46	6304.11	18912.34	79665.68		
15		税后还款总现值的计算(元)				
16	年末	还款额	年利息	年折旧	年抵税额	税后现金流出量
17	1	25045.65	8000.00	19000	6750.00	18295.65
18	2	25045.65	6636.35	19000	6409.09	18636.56
19	3	25045.65	5163.60	19000	6040.90	19004.74
20	4	25045.65	3573.04	19000	5643.26	19402.39
21	5	25045.65	1855.23	19000	5213.81	19831.84
22	税后还款的总现值	79991.27				

图7-22 租赁与借款筹资决策分析模型

09 选取单元格区域 E17:E21，输入数组公式"=(C17:C21+D17:D21)*B9"。

10 选取单元格区域 F17:F21，输入数组公式"=B17:B21-E17:E21"。

11 在单元格 B22 中输入公式"=NPV(E9,F17:F21)"。

12 在合并单元格 F13 中输入公式"=IF(D14=B22,"两个方案都一样",IF(D14< B22,"租赁设备","借款购置设备"))"。

模型的运行结果如图 7-22 所示。

4. 盈亏平衡租金的计算与租赁决策分析模型

盈亏平衡租金是指企业可以接受的年租金的上限，若出租人要求的租金超过此盈亏平衡租金，则企业就不应该租赁设备，而应借款购置设备。

盈亏平衡租金可以通过分析租赁与借款购置设备的成本和收益而得到。企业在借款购置设备时，需要支付设备购买价款 P，但可获得各年折旧 D_t 及各年借款利息 I_t 的抵税收益 D_tT 和 I_tT，同时还可获得期满时设备的残值 S。而在租赁设备时，企业不必支付期初的设备购买价款，但要支付以后各期的租金 L_t，假定年租金可以全额抵减税负，则年租金的抵税收益为 L_tT，且损失了借款购买方式下的借款利息抵税收益以及租赁期末的设备残值。这里假设不论是租赁设备还是借款购买设备，设备的维修均由企业负责。这样，租赁设备相对于借款购买设备来说，各年的增量现金流入量等于节省的设备购买价款 P；各年的增量现金流出量包括支付的各年税后租金 $L_t(1-T)$、放弃的各年折旧抵税收益 D_tT、放弃的各年借款利息抵税收益 I_tT，以及放弃的设备残值 S。

租金、借款利息以及借款购买设备的折旧是同等风险的，它们需要用借款利率 i 作为贴现率(这里采用借款利率而不是税后的借款利率作为贴现率，是因为在计算现金流量时，已经将所得税考虑在内，若采用税后借款利率，就会造成重复计算)，而设备残值与整个项目的经营风险有关，反映的是更高的风险度，应采用项目的必要报酬率(或基准收益率)k 作为贴现率，从而租赁设备的增量净现值 NAL 为

$$\text{NAL} = P - \sum_{t=1}^{n} \frac{L_t \cdot (1-T) + (D_t + I_t) \cdot T}{(1+i)^t} - \frac{S}{(1+k)^n}$$

式中：n 为租赁设备(以及借款还本付息)的年限；其他符号的含义如前所述。

令 NAL 等于零，此时求得的年租金 L_t 即为盈亏平衡租金。利用单变量求解工具可以很方便地求出盈亏平衡租金并做出相应的决策。

【例 7-9】某公司需要一台设备，现有租赁设备和借款购置设备两个备选方案，有关资料如图 7-23 的【已知条件】区域所示。要求建立一个计算盈亏平衡租金并选择最优方案的决策分析模型。

建立模型的具体步骤如下所述。

01 设计模型的结构，如图 7-23 的【计算与决策结果】区域所示。

	A	B	C	D
1			已知条件	
2	租赁设备方案		借款购置设备方案	
3	租赁设备的购置成本（万元）	50	设备购买成本金额（万元）	50
4	租赁期限（年）	5	设备折旧年限与借款年限（年）	5
5	设备残值（万元）	3	设备残值（万元）	3
6	租金支付方式	每年末等额支付	借款年利率	7%
7	租金抵税方式	年租金全额抵税	还款方式	每年末等额偿还
8	出租人要求的年租金（万元）	13		
9	所得税税率	25%	基准收益率	12%
10				
11			计算与决策结果	
12	盈亏平衡租金（万元）	11.41	租赁设备的增量净现值（万元）	0.00
13	决策结论	借款购置设备		

图7-23　盈亏平衡租金的计算与租赁决策分析模型

02 在单元格 D12 中输入公式 "=B3-PV(D6,B4,-(B12*(1-B9)+((D3-D5)/D4+D3* D6)*B9))-

D5/(1+D9)^D4"。

03 在【数据】选项卡【数据工具】功能组中单击【模拟分析】命令，然后在下拉菜单中选择【单变量求解】命令，并在系统弹出的【单变量求解】对话框中，在【目标单元格】栏中输入"$D$12"，在【目标值】栏中输入"0"，在【可变单元格】栏中输入"$B$12"，单击【确定】按钮后，再在系统弹出的【单变量求解状态】对话框中再单击【确定】按钮。

04 在单元格 B13 中输入公式 "=IF(B8=B12,"两个方案都一样",IF(B8<B12,"租赁设备","借款购置设备"))"。

模型的运行结果如图 7-23 所示。

7.2 资金需要量预测

7.2.1 利用销售百分比法预测资金需要量模型

1. 利用销售百分比法预测资金需要量的基本原理

销售百分比法是指根据资金各个项目与销售收入之间的依存关系，并结合销售收入的增长情况来预测计划期企业需要从外部追加筹措资金的数额的方法。运用销售百分比法预测资金需要量的具体步骤如下。

01 对资产负债表上的项目进行分类。根据资产负债表上的项目与销售收入之间的依存关系，将其分为敏感性项目和非敏感性项目两大类。敏感性项目是指资产负债表中与销售收入增减有直接关系的项目，如货币资金、应收账款、存货、需扩充的固定资产、应付账款、应交税金等。非敏感性项目是指资产负债表中与销售收入增减没有直接关系的项目，如不需扩充的固定资产、无形资产、长短期借款、资本金等。

02 计算敏感性资产和负债项目占基期销售收入的百分比。

03 按下述公式确定计划期企业需要从外部追加筹措资金的数额。

$$M = \Delta(\frac{A}{S}) \cdot (S_1 - S_0) - \Delta(\frac{L}{S}) \cdot (S_1 - S_0) - S_1 \cdot R \cdot (1-D) + M_1$$

式中：M 为外部追加资金需求量；D 为股利支付率；S_0 为基期销售额；S_1 为计划销售额；$\Delta(A/S)$ 为基期敏感性资产占销售额百分比；$\Delta(L/S)$ 为基期敏感性负债占销售额百分比；R 为销售净利率；M_1 为计划期的其他资金需求，即不随销售额成正比例变动的其他资金需要量。

按销售百分比法预测资金需要量所依据的基本原理是资金占用与资金来源必然相等。在已知基期资产负债表的基础上，根据销售百分比法的原理，还可以进一步编制计划期预计的资产负债表。这种预测方法的优点是简便易行，财会人员直接根据资产负债表及销售收入等有关资料就可以进行预测；缺点是该方法以敏感性资产和敏感性负债项目与销售收入具有线性关系为基本的前提条件，而这样的假定条件可能会偏离实际情况，导致预测值具有较大的误差。

2. 利用销售百分比法预测资金需要量模型的建立

【例 7-10】某公司 2020 年年末简要的资产负债表以及 2020 年的销售收入和 2021 年预计

的销售收入等有关资料如图 7-24 的【已知条件】区域所示。要求建立一个预计该公司 2021 年外部追加资金需要量并编制 2021 年预计资产负债表的模型。

建立模型的具体步骤如下所述。

01 设计模型的结构，如图 7-24 的单元格区域 A12:I22 所示。

02 在单元格 B14 中输入公式 "=IF(C4="是",B4/$I$3,"不适用")"。

03 在单元格 C14 中输入公式 "=IF(C4="是",IF(A14="货币资金",I6*$B$14+I9,$I$6*B14),B4)"。

04 选取单元格区域 B14:C14，将其复制到单元格区域 B15:C19。

05 在单元格 E14 中输入公式 "=IF(F4="是",E4/$I$3,"不适用")"。

06 在合并单元格 F14 中输入公式 "=IF(F4="是",$I$6*E14,IF(F4="特殊",$E$9+$I$6*$I$7*(1-$I$8),E4))"。

07 在合并单元格 H14 中输入公式 "=IF(D14=$I$10,F14+$F$21,F14)"。

08 选取单元格区域 E14:I14，将其复制到单元格区域 E15:I19。

09 在单元格 B20 中输入公式 "=SUM(B14:B19)"，并将其复制到单元格 C20 和单元格区域 E20:I20。

10 在单元格 F21 中输入公式 "=C20-F20"。

11 在单元格 F22 中输入公式 "=(B20-E20)*(I6-I3)-I6*I7*(1-I8)+I9"。

模型的运行结果如图 7-24 所示。

	A	B	C	D	E	F	G	H	I
1	已知条件（金额单位：万元）								
2	2020年年末简要的资产负债表及各项目的敏感性						其他有关数据		
3	资产项目	金额	是否敏感项目	负债和所有者权益项目	金额	是否敏感项目	2020年销售收入		1000
4	货币资金	150	是	短期借款	180	是	2020年销售净利率		10%
5	应收账款	200	是	应付账款	260	是	2020年股利支付率		60%
6	存货	580	是	应交税金	90	是	2021年预计销售收入		1500
7	长期投资	400	否	长期负债	600	否	2021年预计销售净利率		10%
8	固定资产净值	1500	否	普通股本	1000	否	2021年预计股利支付率		60%
9	无形资产	100	否	留存收益	800	特殊	2021年其他资金需求		70
10	资产合计	2930		负债及所有者权益合计	2930		追加资金筹集的方式		长期负债
11									
12	2021年外部追加资金需要量的预测及预计的资产负债表（金额单位：万元）								
13	资产项目	占基期销售收入百分比	2021年预计	负债和所有者权益项目	占基期销售收入百分比	2021年追加筹资前预计数		2021年追加筹资后预计数	
14	货币资金	15.00%	295	短期借款	18.00%	270		270	
15	应收账款	20.00%	300	应付账款	26.00%	390		390	
16	存货	58.00%	870	应交税金	9.00%	135		135	
17	长期投资	不适用	400	长期负债	不适用	600		810	
18	固定资产净值	不适用	1500	普通股本	不适用	1000		1000	
19	无形资产	不适用	100	留存收益	不适用	860		860	
20	合计	93.00%	3465	合计	53.00%	3255		3465	
21	按预计资产负债表计算的2021年资金缺口或外部追加资金需要量					210			
22	直接按公式计算的2021年外部追加资金需要量					210			

图 7-24　利用销售百分比法预测资金需要量模型

7.2.2　利用资金习性法预测资金需要量模型

1. 利用资金习性法预测资金需要量的基本原理

资金习性是指资金的变动与产销量(或销售额)变动之间的依存关系。按照资金与产销量之间的依存关系,可以将全部资金划分为不变资金、变动资金和半变动资金。

不变资金是指在一定的产销量范围内,不受产销量变动的影响而保持固定不变的那部分资金。这部分资金主要包括:为维持营业而占用的最低数额的现金,原材料的保险储备,必要的成品储备,厂房、机器设备等固定资产占用的资金。

变动资金是指随产销量的变动而成比例变动的那部分资金。这部分资金主要包括:直接构成产品实体的原材料、外购件等占用的资金,在最低储备以外的现金、应收账款、存货等占用的资金。

半变动资金是指虽然受产销量变化的影响但不成比例变动的那部分资金。半变动资金可以采用一定的方法分解为不变资金和变动资金。

资金习性预测法是指根据资金习性预测未来资金需要量的一种方法。资金习性预测法中常用的一种方法是高低点法。高低点法又称为两点法,是指通过观察一定相关范围内各期产销量(或销售额)与资金占用量所构成的所有坐标点,从中选出产销量最高和最低两点坐标来建立线性预测方程,并据此来推算不变资金总额和单位变动资金从而预测资金需要量的一种方法。

运用高低点法预测资金需要量的具体步骤如下。

01 从各期产销量与相应的资金占用量的历史数据中找出产销量最高和最低的两点。

02 根据高低两点的数据计算单位变动资金,即公式为

$$单位变动资金=高低点资金占用量之差/高低点产销量之差$$

03 根据高点或低点的数据和单位变动资金计算不变资金总额,即公式为

$$不变资金总额=高点资金占用量-单位变动资金×高点产销量$$

或

$$不变资金总额=低点资金占用量-单位变动资金×低点产销量$$

04 根据下述模型预测某一时期的资金需要量,即公式为

$$预测期资金需要量=不变资金总额+单位变动资金×预测期产销量(或销售额)$$

利用高低点法预测资金需要量的优点是简单易行、便于理解,缺点是仅选择了历史资料中的两组数据建立预测模型,很可能不具有代表性,导致较大的预测误差。这种方法一般只适用于资金变化趋势比较稳定的企业使用。

2. 利用资金习性法预测资金需要量模型的建立

【例7-11】某公司2016年至2020年的产销量和资金占用量以及2021年预计产销量的有关资料如图7-25的【已知条件】区域所示。要求建立一个利用资金习性法预测该公司2021年资金需要量的模型。

建立模型的具体步骤如下所述。

01 设计模型的结构,如图7-25的【计算结果】区域所示。

02 在单元格B12中输入公式"=MAX(B3:B7)"。

03 在单元格B13中输入公式"=MIN(B3:B7)"。

04 在单元格C12中输入公式"=INDEX($C$3:$C$7,MATCH(B12,$B$3:$B$7,0))",并将其复制到单元格C13。

	A	B	C
1		已知条件	
2	年度	产销量（万件）	资金占用量（万元）
3	2016	8	97
4	2017	12	135
5	2018	15	168
6	2019	20	162
7	2020	25	205
8	2021年预计产销量（万件）		28
9			
10		计算结果	
11		产销量（万件）	资金占用量（万元）
12	高点	25	205
13	低点	8	97
14	单位变动资金（元/件）		6.35
15	不变资金总额（万元）		46.18
16	2021年预计资金需要量（万元）		224.06

图7-25　利用资金习性法预测资金需要量模型

05 在单元格 C14 中输入公式 "=(C12-C13)/(B12-B13)"。

06 在单元格 C15 中输入公式 "=C12-C14*B12"。

07 在单元格 C16 中输入公式 "=C15+C14*C8"。

模型的运行结果如图 7-25 所示。

7.2.3　利用因果关系法预测资金需要量模型

1. 利用因果关系法预测资金需要量的基本原理及相关函数介绍

因果关系预测法是指利用事物发展的因果关系来推测事物发展趋势，即根据历史资料找出需要预测的变量与其相关联的变量之间的依存关系，从而建立因果关系模型进行预测的方法。因果关系预测法中常用的预测方法是回归分析法。

回归分析法是指根据历史数据，按照数学上最小平方法的原理，确定能够正确反映自变量和因变量之间具有最小误差平方和的回归方程作为预测模型进行预测的方法。根据历史观测数据间的关系，回归方程可以是线性方程或非线性方程。对于非线性方程，往往可以通过数学变换将其转化为线性方程后再进行回归分析。

利用回归分析法预测资金需要量时，如果回归曲线为线性模型，可首先利用在第 5 章中介绍过的 INTERCEPT 函数和 SLOPE 函数分别估计回归直线的截距和斜率，然后再利用回归直线方程预测未来时期的资金需要量，也可以利用 TREND 函数直接预测未来时期的资金需要量。

TREND 函数的功能是返回一条线性回归拟合线的值，即找到适合已知数组 known_y's 和 known_x's 的直线(用最小二乘法)，并返回指定数组 new_x's 在直线上对应的 y 值。语法为

$$=TREND(known\_y's, known\_x's, new\_x's, const)$$

式中：known_y's 为关系表达式 y=mx+b 中已知的 y 值集合。如果数组 known_y's 在单独一列中，则 known_x's 的每一列被视为一个独立的变量；如果数组 known-y's 在单独一行中，则 known-x's 的每一行被视为一个独立的变量。

known_x's 为关系表达式 y=mx+b 中已知的可选 x 值集合。数组 known_x's 可以包含一组或

多组变量。如果只用到一个变量，只要 known_y's 和 known_x's 维数相同，它们可以是任何形状的区域。如果用到多个变量，known_y's 必须为向量(即必须为一行或一列)。如果省略 known_x's，则假设该数组为{1,2,3,...}，其大小与 known_y's 相同。

new_x's 为需要函数 TREND 返回对应 y 值的新 x 值。new_x's 与 known_x's 一样，每个独立变量必须为单独的一行(或一列)。因此，如果 known_y's 是单列的，known_x's 和 new_x's 应该有同样的列数；如果 known_y's 是单行的，known_x's 和 new_x's 应该有同样的行数；如果省略 new_x's，将假设它和 known_x's 一样；如果 known_x's 和 new_x's 都省略，将假设它们为数组{1,2,3,...}，大小与 known_y's 相同。

const 为一逻辑值，用于指定是否将常量 b 强制设为 0。如果 const 为 TRUE 或省略，b 将按正常计算；如果 const 为 FALSE，b 将被设为 0(零)，m 将被调整以使 y=mx。

2. 利用因果关系法预测资金需要量模型的建立

【例 7-12】某公司 2016 年至 2020 年的销售收入和资金占用量以及 2021 年预计销售收入的有关资料如图 7-26 的【已知条件】区域所示。要求建立一个利用因果关系法预测该公司 2021 年资金需要量的模型。

建立模型的具体步骤如下所述。

01 设计模型的结构，如图 7-26 的【计算结果】区域所示。

	A	B	C	D	E	F	G
1			已知条件（金额单位：万元）				
2	年度	销售收入	资金占用量	2021年预计销售收入		305	
3	2016	85	62				
4	2017	116	85				
5	2018	175	109				
6	2019	237	128				
7	2020	291	143				
8							
9			计算结果				
10	回归方程参数的估计			2021年资金需要量预测（万元）			
11	利用INTERCEPT函数计算截距（b）		36.94	利用回归方程（y=b+mx）预测			152.43
12	利用SLOPE函数计算斜率（m）		0.38	直接利用TREND函数预测			152.43

图7-26　利用因果关系法预测资金需要量模型

02 在单元格 C11 中输入公式 "=INTERCEPT(C3:C7,B3:B7)"。

03 在单元格 C12 中输入公式 "=SLOPE(C3:C7,B3:B7)"。

04 在单元格 G11 中输入公式 "=C11+C12*F2"。

05 在单元格 G12 中输入公式 "=TREND(C3:C7,B3:B7,F2)"。

模型的运行结果如图 7-26 所示。

第 8 章

流动资产管理

8.1　现金管理

8.1.1　现金预算表的编制模型

1. 现金预算表的构成

为了有计划地管好用好现金，并合理地估计未来的现金需求，企业应定期编制现金预算。通过现金预算，企业可以了解未来一定时期的现金收支状况，从而确定现金结余或短缺的数额及时间，为进一步做好投资和筹资决策提供依据。

现金预算应包括现金收入、现金支出、净现金流量和融资或投资等几个部分。

(1) 现金收入

现金收入主要来源于产品销售收入和其他现金收入。产品销售收入包括本期销售产品收到的现金和以前时期销售产品在本期收回的款项。其他销售收入通常有设备租赁收入、证券投资的利息收入和股利收入等。

(2) 现金支出

现金支出包括营业现金支出和其他现金支出。营业现金支出主要包括材料采购现金支出、工资支出、营业费用现金支出。其他现金支出包括固定资产投资支出、偿还债务本息支出、税款支出、股利支出等。

(3) 净现金流量

一定时期现金收入与现金支出的差额即为净现金流量。

(4) 投资或融资

期初现金余额加上本期现金收入，减去本期现金支出，可得预计的期末现金余额。一般情况下，企业应按一定的方法确定最佳现金余额，并按最佳现金余额持有现金。如果预计的期末现金余额低于最佳现金余额，企业当期应组织筹资；反之，如果预计的期末现金余额高于最佳现金余额，企业当期应将多余的现金进行投资。

现金预算可以按年度、季度或月度编制。

2. 现金预算表编制模型的建立

【例 8-1】某公司 2020 年实际以及 2021 年预计销售收入和各项费用等有关资料如图 8-1 的【已知条件】区域所示。要求建立一个为该公司编制现金预算表的模型。

建立模型的具体步骤如下所述。

01 设计模型的结构,如图 8-1 所示。

	A	B	C	D	E	F	G	H	I	J	K	L	M	N	O
1							已知条件								
2	年度	2020年实际						2021年预计							
3	月份	11	12	1	2	3	4	5	6	7	8	9	10	11	12
4	销售收入(万元)	160	150	170	190	200	210	220	230	260	280	240	210	190	180
5	直接材料费(万元)	45	51	57	60	63	66	69	78	84	72	63	57	54	81
6	直接人工费(万元)	30	34	38	40	42	44	46	52	56	48	42	38	36	54
7	销售收入当月收现比率	50%	各月直接材料费付款时间	次月			每月管理人员工资(万元)		50	2015年6月预付所得税(万元)					35
8	销售收入次月收现比率	30%	各月直接人工费付款时间	次月			每月租金费用(万元)		20	2012年12月购付所得税(万元)					45
9	销售收入第3个月收现比率	20%	2015年初现金余额(万元)			6	每月折旧费(万元)		10	2015年3月购置固定资产(万元)					200
10			目标现金余额(万元)			5	每月办公费(万元)		15	2015年8月购置固定资产(万元)					150
11															
12			2021年各月预计销售收入收现表(万元)												
13	月份	1	2	3	4	5	6	7	8	9	10	11	12		
14	回收当月销售收入	85	95	100	105	110	115	130	140	120	105	95	90		
15	回收上月销售收入	45	51	57	60	63	66	69	78	84	72	63	57		
16	回收1个月以前的销售收入	32	30	34	38	40	42	44	46	52	56	48	42		
17	现金收入小计	162	176	191	203	213	223	243	264	256	233	206	189		
18			2021年各月现金预算(万元)												
19	月份	1	2	3	4	5	6	7	8	9	10	11	12		
20	现金收入	162	176	191	203	213	223	243	264	256	233	206	189		
21	现金支出														
22	直接材料费	51	57	60	63	66	69	78	84	72	63	57	54		
23	直接人工费	34	38	40	42	44	46	52	56	48	42	38	36		
24	管理人员工资	50	50	50	50	50	50	50	50	50	50	50	50		
25	租金费用	20	20	20	20	20	20	20	20	20	20	20	20		
26	办公费	15	15	15	15	15	15	15	15	15	15	15	15		
27	所得税						35						45		
28	长期投资			200					150						
29	现金支出小计	170	180	385	190	195	235	215	375	205	190	180	220		
30	现金收支净额	-8	-4	-194	13	18	-12	28	-111	51	43	26	-31		
31	期初现金余额	6	5	5	5	5	5	5	5	5	5	5	5		
32	预计期末现金余额	-2	1	-189	18	23	-7	33	-106	56	48	31	-26		
33	投资(+)或融资(-)	-7	-4	-194	13	18	-12	28	-111	51	43	26	-31		
34	目标现金余额	5	5	5	5	5	5	5	5	5	5	5	5		

图8-1 现金预算表编制模型

02 在单元格 B14 中输入公式"=D4*$B$7"。

03 在单元格 B15 中输入公式"=C4*$B$8"。

04 在单元格 B16 中输入公式"=B4*$B$9"。

05 在单元格 B17 中输入公式"=SUM(B14:B16)"。

06 选取单元格区域 B14:B17,将其复制到单元格区域 C14:M17。

07 选取单元格区域 B20:M20,输入公式"=B17:M17"。

08 选取单元格区域 B22:M23,输入公式"=C5:N6"。

09 选取单元格区域 B24:M24,输入公式"=J7"。

10 选取单元格区域 B25:M25,输入公式"=J8"。

11 选取单元格区域 B26:M26,输入公式"=J10"。

12 在单元格 G27 中输入公式"=O7"。

13 在单元格 M27 中输入公式"=O8"。

14 在单元格 D28 中输入公式"=O9"。

15 在单元格 I28 中输入公式"=O10"。

16 在单元格 B29 中输入公式"=SUM(B22:B28)",并将其复制到单元格区域 C29:M29。

17 在单元格 B30 中输入公式 "=B20-B29"，并将其复制到单元格区域 C30:M30。

18 在单元格 B31 中输入公式 "=F9"。

19 在单元格 C31 中输入公式 "=B34"，并将其复制到单元格区域 D31:M31。

20 在单元格 B32 中输入公式 "=B31+B30"。

21 在单元格 B33 中输入公式 "=B32-B34"。

22 选取单元格区域 B32:B33，将其复制到单元格区域 C32:M33。

23 选取单元格区域 B34:M34，输入数组公式 "=F10"。

模型的运行结果如图 8-1 所示。

8.1.2　最佳现金余额的确定模型

1. 最佳现金余额的确定方法

现金是企业流动性最强的资产，持有一定量的现金可以降低企业的偿债风险。但现金的营利性很低，持有过多的现金也会使企业遭受损失。因此，企业应在对风险和收益权衡考虑的基础上，采用适当的方法确定最佳现金余额。

确定最佳现金余额的方法有多种，下面介绍其中比较常用的两种方法：成本分析模式和存货模式。

(1) 成本分析模式

成本分析模式是指通过对持有现金的有关成本进行分析，并将企业持有现金的总成本最低点对应的现金余额作为最佳现金余额的一种方法。

在利用成本分析模式确定最佳现金持有量时，一般只考虑因持有一定现金而产生的机会成本和短缺成本，而不考虑转换成本和管理费用。机会成本是指企业因持有一定数量的现金而丧失的再投资收益，它与现金持有量成正比，即：机会成本=现金持有量×投资收益率。短缺成本是指由于企业的现金持有量不足而又无法通过有价证券变现加以补充给企业造成的损失，包括直接损失和间接损失，它与现金持有量成反比。

(2) 存货模式

存货模式又称鲍曼模型，其着眼点是确定企业持有现金的总成本最低时的现金持有量。这里的持有现金的总成本包括机会成本和现金转换成本。机会成本是指由于持有现金而丧失的潜在投资收益，可用现金持有量乘以短期有价证券投资的利息率计算。现金转换成本是指短期有价证券转换成现金的变现费用，可根据一定时期证券转换成现金的次数乘以每次证券变现的费用计算。存货模式的有关计算公式为

$$C = \frac{T}{Q} \cdot F + \frac{Q}{2} \cdot K$$

$$Q_0 = \sqrt{\frac{2TF}{K}}$$

$$C_0 = \sqrt{2TFK}$$

$$N_0 = \frac{T}{Q}$$

$$D_0 = \frac{360}{N_0}$$

式中：C 为持有现金的全年相关总成本；Q 为现金持有量；T 为一个周期内的现金总需求量；F 为每次转换有价证券的固定成本；K 为有价证券的年利息率(机会成本率)；Q_0 为最佳现金余额；C_0 为全年持有现金的最低相关总成本；N_0 为全年最佳的有价证券交易次数；D_0 为全年最佳的有价证券交易间隔期。

在 Excel 工作表中利用存货模式确定最佳现金余额时，既可以利用上述公式直接计算，也可以利用规划求解工具计算。

2. 确定最佳现金余额模型的建立

【例 8-2】 甲、乙两家公司持有现金余额的有关资料如图 8-2 的【已知条件】区域所示。要求建立一个确定两家公司最佳现金余额的模型。

建立模型的具体步骤如下所述。

01 设计模型的结构，如图 8-2 所示。

	A	B	C	D	E	F	G	H	I
1	已知条件								
2	甲公司						乙公司		
3	备选方案	方案A	方案B	方案C	方案D	方案E	全年现金需求量 （元）	450000	
4	现金余额（元）	20000	40000	60000	80000	100000	有价证券转换成本（元/次）	900	
5	短缺成本（元）	12000	8000	4000	2000	0	有价证券年利率	10%	
6	机会成本率	12%	最佳现金余额确定方法		成本分析模式		最佳现金余额确定方法	存货模式	
7									
8	计算与决策结果								
9	甲公司						乙公司		
10	备选方案	方案A	方案B	方案C	方案D	方案E	计算方法	规划求解结果	利用公式计算
11	现金余额（元）	20000	40000	60000	80000	100000			
12	短缺成本（元）	12000	8000	4000	2000	0	最佳现金余额 （元）	90000	90000
13	机会成本（元）	2400	4800	7200	9600	12000	最低的持有现金相关总成本（元）	9000	9000
14	总成本（元）	14400	12800	11200	11600	12000	有价证券交易次数 （次）	5	
15	最优方案	方案C	最佳现金余额 （元）		60000		有价证券交易间隔期（天）	72	

图8-2 最佳现金余额模型

02 选取单元格区域 B11: F12，输入数组公式“=B4:F5”。

03 选取单元格区域 B13:F13，输入数组公式“=B4:F4*B6”。

04 选取单元格区域 B14:F14，输入数组公式“=B13:F13+B12:F12”。

05 在单元格 B15 中输入公式“=INDEX(B10:F10,MATCH(MIN(B14:F14),B14: F14,0))”。

06 在合并单元格 E15 中输入公式“=INDEX(B11:F11,MATCH(MIN(B14:F14), B14:F14,0))”。

07 在单元格 H12 中输入一个大于 0 的数作为初值，例如输入“50”。

08 在单元格 H13 中输入公式“=(H3/H12)*H4+(H12/2)*H5”。

09 在【数据】选项卡【分析】功能组中单击【规划求解】命令，打开【规划求解参数】对话框，在其中的【设置目标】栏中输入“$H$13”，在【到】区域选择【最小值】单选按钮，在【通过更改可变单元格】栏中输入“$H$12”，然后单击【添加】按钮，在系统弹出的【添加约束】对话框中添加约束条件“$H$12>=0”，单击【确定】按钮后，这个约束条件就被添加到了【规划求解参数】对话框的【遵守约束】列表框中，设置完成的【规划求解参数】对话框如图 8-3 所示，单击【求解】按钮以后，在系统弹出的【规划求解结果】对话框中再单击【确定】按钮。

图8-3　【规划求解参数】对话框的设置

10 在单元格 I12 中输入公式 "=SQRT(2*H3*H4/H5)"。

11 在单元格 I13 中输入公式 "=SQRT(2*H3*H4*H5)"。

12 在合并单元格 H14 中输入公式 "=H3/I12"。

13 在合并单元格 H15 中输入公式 "=360/H14"。

模型的运行结果如图 8-2 所示。

8.2　应收账款管理

8.2.1　应收账款信用标准决策模型

1. 应收账款信用标准决策的基本原理

信用标准是指企业建立的允许客户享受企业所提供信用的最低标准。信用标准通常可用客户的预计坏账损失率来表示。预计坏账损失率低于企业所确定标准的客户可以享受企业提供的赊销政策；反之，预计坏账损失率高于企业所确定标准的客户不能享受企业的赊销政策。

严格的信用标准有助于企业降低应收账款的相关成本，但同时也可能使企业在市场上失去竞争力，不利于企业扩大销售、增加利润。与之相反，宽松的信用标准有助于企业扩大销售、增加利润，但同时也会使应收账款的相关成本增加。

应收账款的相关成本主要包括机会成本、坏账成本、管理成本和现金折扣成本等。机会成本又称投资成本，是指应收账款上所占用资金的资金成本。坏账成本又称坏账费用，是指企业不能收回应收的账款所造成的损失。管理成本是指有关人员对应收账款进行管理、收账等活动所发生的成本。现金折扣成本是指因客户享受现金折扣而减少付款所增加的成本。

与应收账款成本有关的计算公式为

信用标准变化对利润的影响=由于信用标准变化增加或减少的销售额×销售利润率

信用标准变化对应收账款机会成本的影响=由于信用标准变化增加或减少的销售额/

360×增加或减少的销售额的平均收款期×

变动成本率×应收账款的机会成本率

其中：变动成本率=变动成本/销售额

信用标准变化对坏账损失的影响=由于标准变化增加或减少的销售额×增加或减少

的销售额的坏账损失率

信用标准变化带来的增量净收益=信用标准变化对利润的影响-信用标准变化对应

收账款机会成本的影响-信用标准变化对坏账损

失的影响

企业选择信用标准的决策的基本原则是：改变信用标准增加的利润应大于由此而增加的成本，这时改变信用标准的方案才是可行的。

2. 应收账款信用标准决策模型的建立

【例8-3】某公司目前采用的信用标准以及备选的信用标准方案的有关资料如图8-4的【已知条件】区域所示。要求建立一个对该公司选择信用标准方案做出决策的模型。

建立模型的具体步骤如下所述。

01 设计模型的结构，如图8-4的【计算与决策结果】区域所示。

02 在单元格B13中输入公式"=G5*$B$6"。

03 在单元格B14中输入公式"=(G5/$H$9)*G6*$E$9*$B$9"。

04 在单元格B15中输入公式"=G5*G7"。

	A	B	C	D	E	F	G	H
1	已知条件							
2	采用原来信用标准时的有关数据		采用备选信用标准方案时的有关数据					
3	预计的坏账损失率标准	8.0%	备选方案				甲方案	乙方案
4	信用期限（天）	30	预计的坏账损失率标准				5.0%	10.0%
5	年赊销收入（万元）	3500	年赊销额增加（万元）				-150	300
6	销售利润率	20%	增加销售额的平均收款期（天）				40	45
7	平均实际发生坏账损失率	9.0%	增加销售额的平均坏账损失率				6.0%	11.0%
8	平均收款期（天）	40	增加销售额引起的管理费用增加（万元）				-2	3
9	应收账款的机会成本率	8%	变动成本率		55%		一年的计算天数	360
10								
11	计算与决策结果（单位：万元）							
12	信用标准变化的影响	甲方案	乙方案					
13	对销售利润的影响	-30.00	60.00					
14	对机会成本的影响	-0.73	1.65					
15	对坏账成本的影响	-9.00	33.00					
16	对管理费用的影响	-2.00	3.00					
17	对净收益的综合的影响	-18.27	22.35					
18	决策结论：	采用乙方案						

图8-4 应收账款信用标准决策模型

05 在单元格B16中输入公式"=G8"。

06 在单元格B17中输入公式"=B13-SUM(B14:B16)"。

07 选取单元格区域B13:B17，将其复制到单元格区域C13:C17。

08 在单元格B18中输入公式"=IF(MAX(B17:C17)<=0,"采用原来的信用标准",IF(B17=C17,"甲乙方案都可以",IF(C17>B17,"采用乙方案","采用甲方案")))"。

模型的运行结果如图8-4所示。

8.2.2　应收账款信用条件决策模型

1. 应收账款信用条件决策的基本原理

信用条件是指企业同意客户支付赊销款项的具体条件，包括信用期限、折扣期限和现金折扣比率。例如，(2/30，N/60)这一信用条件的含义是：30 天内付款的客户可以享受 2% 的现金折扣，全部款项应在 60 天内付清，其中 60 为信用期限，30 为折扣期限，2 为现金折扣的百分率。

在进行信用条件决策时，一般要利用下面的各公式，即

信用条件变化对利润的影响=由于信用条件变化增加或减少的销售额×销售利润率

信用条件变化对应收账款机会成本的影响=[目前条件下的销售额/360×(新方案的平均收款期−目前的平均收款期)+由于信用条件变化增加或减少的销售额/360×新方案的平均收款期]×变动成本率×应收账款的机会成本率

信用条件变化对现金折扣成本的影响=(目前条件下的销售额+由于信用条件变化增加或减少的销售额)×需付现金折扣的销售额占总销售额的百分比×现金折扣率

信用条件变化对坏账损失的影响=由于信用条件变化增加或减少的销售额×增加或减少的销售额的坏账损失率

信用条件变化带来的增量净收益=信用条件变化对利润的影响−信用条件变化对应收账款机会成本的影响−信用条件变化对现金折扣成本的影响−信用条件变化对坏账损失的影响

在各种不同的信用条件方案中，企业应选择能带来最大净收益的方案作为最优方案。

2. 应收账款信用条件决策模型的建立

【例 8-4】某公司两个备选的信用条件方案的有关资料如图 8-5 的【已知条件】区域所示。要求建立一个对该公司选择信用条件方案做出决策的模型。

建立模型的具体步骤如下所述。

01 设计模型的结构，如图 8-5 的【计算与决策结果】区域所示。

02 在单元格 B10 中输入公式 "=E4*($B$3-$B$4)"。

03 在单元格 B11 中输入公式 "=(E4*$B$3/$B$6)*E3*($B$4/$B$3)*$B$5"。

04 在单元格 B12 中输入公式 "=E4*$B$3*E5"。

05 在单元格 B13 中输入公式 "=E6"。

06 在单元格 B14 中输入公式 "=B10-SUM(B11:B13)"。

07 选取单元格区域 B10:B14，将其复制到单元格区域 C10:C14。

已知条件					
基本数据		备选方案		方案A	方案B
销售单价（元/件）	120	信用期限（天）		30	45
单位变动成本（元/件）	72	预计销售量（件）		60000	70000
应收账款机会成本率	12%	预计坏账损失率		2%	3%
一年的计算天数（天）	360	预计收账费用（元）		3000	5000

计算与决策结果（单位：元）		
备选方案	方案A	方案B
边际贡献	2880000	3360000
应收账款机会成本	43200	75600
坏账损失	144000	252000
收账费用	3000	5000
净收益	2689800	3027400
决策结论：	采用B方案	

图8-5　应收账款信用条件决策模型

08 在单元格 B15 中输入公式“=IF(MAX(B14:C14)<=0,"两个方案都不可行",IF(B14=C14,"两个方案都可以",IF(B14>C14,"采用 A 方案","采用 B 方案")))”。

模型的运行结果如图 8-5 所示。

【例 8-5】某公司 3 个备选的信用条件方案的有关资料如图 8-6 的【已知条件】区域所示。要求建立一个对该公司选择信用条件方案做出决策的模型。

建立模型的具体步骤如下所述。

01 设计模型的结构，如图 8-6 的【计算与决策结果】区域所示。

已知条件			
备选方案	方案A	方案B	方案C
信用期限（天）	30	60	90
第1档折扣期限（天）	10	30	30
第1档现金折扣率	3.00%	2.00%	2.00%
取得第1档现金折扣的销售额的比例	80%	70%	45%
第2档折扣期限（天）	0	0	60
第2档现金折扣率	0	0	1%
取得第2档现金折扣的销售额的比例	0	0	35%
年赊销额（万元）	1000	1200	1500
应收账款平均收款天数（天）	40	68	92
坏账损失率	2%	3%	5%
年收账费用（万元）	80	100	150
变动成本率	65%		
资金成本率	20%		
一年的计算天数	360		

计算与决策结果（单位：万元）			
备选方案	方案A	方案B	方案C
年赊销额	1000.00	1200.00	1500.00
现金折扣成本	24.00	16.80	18.75
应收账款机会成本	14.44	29.47	49.83
坏账损失	20.00	36.00	75.00
收账费用	80.00	100.00	150.00
净收益	861.56	1017.73	1206.42
最优方案：	方案C		

图8-6　3个信用条件方案决策模型

02 在单元格 G3 中输入公式“=B10”。

03 在单元格 G4 中输入公式“=B10*(B6*B5+B9*B8)”。

04 在单元格 G5 中输入公式“=B10/$B$16*B11*$B$14*$B$15”。

05 在单元格 G6 中输入公式“=B10*B12”。

06 在单元格 G7 中输入公式“=B13”。

07 在单元格 G8 中输入公式“=G3-SUM(G4:G7)”。

08 选取单元格区域 G3:G8，将其复制到单元格区域 H3:I8。

09 在合并单元格 G9 中输入公式“=IF(MAX(G8:I8)<=0,"三个方案都不可行",INDEX(G2:I2,MATCH(MAX(G8:I8),G8:I8,0)))”。

模型的运行结果如图 8-6 所示。

8.2.3　应收账款收账政策决策模型

企业收回应收的账款往往要花费一定的费用。一般而言，收账越努力，花费的收账费用越多，收回账款的可能性越大。但是收账费用花费到一定的程度，继续增加收账费用可能会得不偿失，因此需要对花费多少收账费用去收回账款做出决策。

【例 8-6】某公司目前的收账政策和备选的收账政策的有关资料如图 8-7 的【已知条件】区域所示。要求建立一个对该公司选择收账政策方案做出决策的模型。

建立模型的具体步骤如下所述。

01 设计模型的结构，如图 8-7 的【计算与决策结果】区域所示。

02 在单元格 F3 中输入公式 "=B6/B9*B4"。

03 在单元格 F4 中输入公式 "=F3*B7"。

04 在单元格 F5 中输入公式 "=F4*B8"。

05 在单元格 F6 中输入公式 "=B6*B5"。

06 在单元格 F7 中输入公式 "=B3"。

07 在单元格 F8 中输入公式 "=SUM(F5:F7)"。

	A	B	C		E	F	G
1		已知条件				计算与决策结果（单位：万元）	
2	收账政策方案	目前的政策	备选的政策		收账政策方案	目前的政策	备选的政策
3	年收账费用（万元）	10	20		应收账款平均余额	70	40
4	平均收账天数（天）	60	30		应收账款的追加投资	42	24
5	坏账损失率	3%	2%		应收账款机会成本	6.3	3.6
6	赊销额（万元）	420	480		坏账损失	12.6	9.6
7	变动成本率	60%	60%		年收账费用	10	20
8	资金成本率	15%	15%		总成本	28.9	33.2
9	一年的计算天数	360	360		决策结论：	维持目前的收账政策	

图8-7　应收账款收账政策决策模型

08 选取单元格区域 F3:F8，将其复制到单元格区域 G3:G8。

09 在合并单元格 F9 中输入公式 "=IF(G8>=F8,"维持目前的收账政策","采用备选的收账政策")"。

模型的运行结果如图 8-7 所示。

8.2.4　应收账款信用政策方案的净现值计算与决策模型

以上所述的应收账款信用决策运用的是静态分析方法，即没有考虑资金的时间价值。为了使应收账款决策做得更为科学合理，也可以采用动态的分析方法，即充分考虑资金的时间价值因素，通过计算不同信用政策方案的净现值来进行决策。

1. 单期信用政策方案的净现值计算与决策模型

当企业仅在某一期实施一项信用政策方案时，净现值的计算公式为

$$\text{NPV} = \frac{S(1-D)}{1+(K/N) \cdot P} - S \cdot B$$

式中：NPV 为一个信用期收款额的净现值；S 为一个信用期的赊销额；D 为现金折扣率；K 为年资金成本率；N 为一年的日历天数；P 为客户实际的付款期；B 为变动成本率。

【例 8-7】某公司 A、B 两个信用政策方案的有关资料如图 8-8 的【已知条件】区域所示。要求建立一个计算该公司两个信用政策方案的净现值并选择最优方案的模型。

建立模型的具体步骤如下所述。

01 设计模型的结构，如图 8-8 的【计算与决策结果】区域所示。

	A	B	C	D	E	F	G
1	已知条件				计算与决策结果		
2	信用政策方案	A方案	B方案		信用政策方案	A方案	B方案
3	信用期限（天）	45	45		净现值（万元）	81.44	89.28
4	折扣期限（天）	0	30		决策结论：	采用B方案	
5	现金折扣率	0	2%				
6	每个信用期的赊销额（万元）	210	240				
7	全部客户的付款时间（天）	45	30				
8	变动成本率	60%	60%				
9	年资金成本率	10%	10%				
10	一年的计算天数（天）	365	365				

图8-8　单期信用政策方案的净现值计算与决策模型

02 在单元格 F3 中输入公式“=B6*(1-B5)/(1+B7*B9/B10)-B6*B8”，并将其复制到单元格 G3。

03 在合并单元格 F4 中输入公式“=IF(MAX(F3:G3)<=0,"两个方案都不可行", IF(F3=G3,"两个方案都一样",IF(F3>G3,"采用 A 方案","采用 B 方案")))”。

模型的运行结果如图 8-8 所示。

2. 永久信用政策方案的净现值计算与决策模型

在企业永久实施某种信用政策方案的情况下，净现值的计算公式为

$$\text{NPV}=\frac{[S\cdot(1-B)-S\cdot L-S\cdot R\cdot D]\cdot(1-T)}{K}-(\frac{S}{N}\cdot Q\cdot B+W)$$

式中：NPV 为永久信用政策方案的净现值；L 为坏账损失率；R 为取得折扣的销售额占全部销售额的比率；Q 为平均收款期；W 为追加的除应收账款以外的其他流动资产投资；T 为所得税税率；其他符号的含义如前所述。

【例 8-8】某公司甲、乙两个信用政策方案的有关资料如图 8-9 的【已知条件】区域所示。要求建立一个计算该公司两个信用政策方案的净现值并选择最优方案的模型。

建立模型的具体步骤如下所述。

01 设计模型的结构，如图 8-9 的【计算与决策结果】区域所示。

02 在单元格 F3 中输入公式“=B6*(1-$B$13)”。

03 在单元格 F4 中输入公式“=B6*B9”。

	A	B	C	D	E	F	G
1	已知条件				计算与决策结果（单位：万元）		
2	信用政策方案	甲方案	乙方案		信用政策方案	甲方案	乙方案
3	信用期限（天）	30	60		边际贡献	32.00	34.00
4	折扣期限（天）	10	15		坏账损失	0.80	1.70
5	现金折扣率	3%	2%		折扣成本	1.92	1.19
6	年赊销额（万元）	80	85		每年税后净现金流量	21.96	23.33
7	平均收款期（天）	20	30		初始现金流量	2.67	9.19
8	取得折扣的销售额比例	80%	70%		净现值	216.93	224.13
9	坏账损失率	1%	2%		决策结论：	采用乙方案	
10	追加存货投资（万元）	0	5				
11	资金成本率	10%					
12	所得税税率	25%					
13	变动成本率	60%					
14	一年的计算天数（天）	365					

图8-9　永久信用政策方案的净现值计算与决策模型

04 在单元格 F5 中输入公式“=B6*B8*B5”。

05 在单元格 F6 中输入公式“=(F3-F4-F5)*(1-$B$12)”。

06 在单元格 F7 中输入公式“=B6/$B$14*B7*$B$13+B10”。

07 在单元格 F8 中输入公式“=F6/$B$11-F7”。

08 选取单元格区域 F3:F8，将其复制到单元格区域 G3:G8。

09 在合并单元格 F9 中输入公式 "=IF(MAX(F8:G8)<=0,"两个方案都不可行",IF (F8=G8,"两个方案都一样",IF(F8>G8,"采用甲方案","采用乙方案")))"。

模型的运行结果如图 8-9 所示。

8.2.5　应收账款日常管理模型

1. 应收账款日常管理工作的主要内容及相关函数介绍

为了做好应收账款的日常管理，企业应建立应收账款台账，随时反映各客户的欠款情况。在此基础上，还可以对应收账款按一定的顺序进行排序或按照某种要求进行分类汇总分析，并进一步编制应收账款账龄分析表。

在建立应收账款日常管理模型的过程中，可以使用 IF、TODAY、HLOOKUP 和 SUMIF、SUMIFS 函数。IF 函数的功能已在第 2 章介绍过，下面介绍其他 4 个函数的功能。

(1) TODAY 函数

TODAY 函数的功能是返回当前日期的序列号。序列号是 Microsoft Excel 日期和时间计算使用的日期-时间代码。如果在输入函数前，单元格的格式为【常规】，则结果将设为日期格式。其语法为

$$=TODAY(\ )$$

该函数不需要参数。Microsoft Excel 可将日期存储为可用于计算的序列号。默认情况下，1900 年 1 月 1 日的序列号是 1，而 2020 年 1 月 1 日的序列号是 43831，这是因为它距 1900 年 1 月 1 日有 43831 天。

(2) HLOOKUP 函数

HLOOKUP 函数的功能是在数据表的首行查找指定的数值，并返回数据表中指定行的数值。其语法为

$$= HLOOKUP(lookup\_value,table\_array,row\_index\_num,range\_lookup)$$

式中：lookup_value 为要查找的值，它可以是数值、引用或文本字。

table_array 为需要在其中查找数据的数据表。

row_index_num 为 table_array 中待返回的匹配值的行序号。

range_lookup 为一逻辑值，指明函数 HLOOKUP 查找时是精确匹配，还是近似匹配。如果为 TURE 或者 1，则返回近似匹配值。也就是说，如果找不到精确匹配值，则返回小于 lookup_value 的最大数值。如果 range_lookup 为 FALSE 或 0，函数 HLOOKUP 将查找精确匹配值，如果找不到，则返回错误值#N/A。如果 range_lookup 省略，则默认为近似匹配。

HLOOKUP 函数与第 3 章中介绍过的 VLOOKUP 函数属于一类函数。二者的区别在于 HLOOKUP 是按行查找的横向查找函数，而 VLOOKUP 是按列查找的纵向查找函数。

(3) SUMIF 函数

SUMIF 函数的功能是根据指定条件对若干单元格求和。其语法为

$$=SUMIF(range,criteria,sum\_range)$$

式中：range 为用于条件判断的单元格区域；criteria 为确定哪些单元格将被相加求和的条件，其形式可以为数字、表达式或文本；sum_range 为需要求和的实际单元格。

值得注意的是，该函数只有在区域中相应的单元格符合条件的情况下，sum_range 中的单元格才求和。如果忽略了 sum_range，则对区域中的单元格求和。

(4) SUMIFS 函数

SUMIFS 函数的功能是根据指定的多个条件对若干单元格求和。其语法为

=SUMIFS(sum_range , criteria_range1, criteria1, [criteria_range2, criteria2], ...)

式中：sum_range 为一个或多个拟求和的单元格，包括数字或包含数字的名称、区域或单元格引用，空值和文本值将被忽略。

criteria_range1 为计算关联条件的第一个区域。

criteria1 为需要满足的第一个条件，可以为数字、表达式、单元格引用或文本。

criteria_range2 为计算关联条件的第二个区域。

criteria2 为需要满足的第二个条件，以此类推。

2. 建立应收账款台账

【例 8-9】甲公司共有 A、B、C、D、E、F、G 这 7 个客户，向这些客户赊销产品的信用期限如图 8-10 的【授予客户的信用期限】区域所示。要求为该公司建立一个应收账款台账模型，以便随时反映各客户欠款金额和欠款日期等信息。

具体操作步骤如下所述。

01 在名为"台账"的工作表中设计模型的结构，如图 8-10 所示。

授予各客户的信用期限							
客户名称	客户A	客户B	客户C	客户D	客户E	客户F	客户G
信用期限(天)	30	60	45	30	30	60	45
甲公司应收账款台账(金额单位：万元)							
统计日期				应收账款合计(万元)			
客户名称	应收账款	票据编号	开票日期	已欠款天数	信用期限	是否超过信用期	超过信用期的天数

图8-10　模型的结构设计

02 在单元格 B2 中输入需要对应收账款进行统计分析和制作账龄分析表的具体日期，如果希望对应收账款的统计分析和制作的账龄分析表总是以打开该文件的日期为基准来进行，那么可以在 B2 单元格中输入公式"=TODAY()"，这里在单元格 B2 中输入固定的日期"2020-12-31"。

03 在单元格区域 A9:D9 中输入已知的第一笔记录的基本信息，这里在单元格 A9 中输入"客户 A"，在单元格 B9 中输入"15"，在单元格 C9 中输入"1041"，在单元格 D9 中输入"2019/11/25"。

04 在单元格 E9 中输入公式"=$B$6-D9"。

05 在单元格 F9 中输入公式"=HLOOKUP(A9,$A$2:$H$3,2,0)"。

06 在单元格 G9 中输入公式"=IF(E9<=F9,"否","是")"。

07 在单元格 H9 中输入公式"=IF(G9="否","-",E9-F9)"。

到这里为止，第一条记录的基本信息和需要反映的已欠款天数等有关信息就已经得到了，模型的运行结果如图 8-11 所示。

	A	B	C	D	E	F	G	H
1	授予各客户的信用期限							
2	客户名称	客户A	客户B	客户C	客户D	客户E	客户F	客户G
3	信用期限（天）	30	60	45	30	30	60	45
4								
5	甲公司应收账款台账（金额单位：万元）							
6	统计日期	2020年12月31日		应收账款合计（万元）				1866
7								
8	客户名称	应收账款	票据编号	开票日期	已欠款天数	信用期限	是否超过信用期	超过信用期的天数
9	客户A	15	1041	2019/11/25	402	30	是	372
10								

图8-11　第一条记录输入完成后模型的运行结果

08 在【文件】菜单中执行【选项】命令，则系统会弹出【Excel 选项】对话框，在其中单击打开【快速访问工具栏】选项卡，在其中的【从下列位置选择命令】下拉列表中选择【所有命令】，并在下面所对应的列表框中选择【记录单】命令，如图 8-12 所示；单击【添加】按钮，则【记录单】命令就会被添加到右边的列表框中，如图 8-13 所示。

图8-12　选择【记录单】命令

图8-13　添加【记录单】命令

09 单击【确定】按钮后，在【快速访问工具栏】中就可以找到【记录单】按钮了。在A9:H9 单元格区域中任选一个单元格，单击【快速访问工具栏】中的【记录单】按钮，则系统会打开显示已输入的第一条数据的记录单，如图 8-14 所示。

10 单击【新建】按钮后，系统会打开一个新记录单，在其中输入第二条记录的前 4 项数据，如图 8-15 所示。

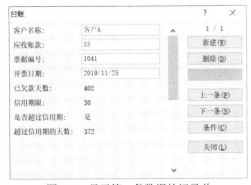

图8-14　显示第一条数据的记录单

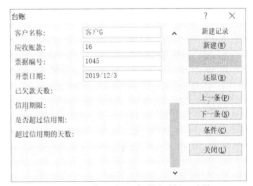

图8-15　输入第二条数据的记录单

11 再单击【新建】按钮以后，第二条记录的信息就输入到了单元格区域 A10:D10，同时在单元格区域 E10:H10 中自动得到了公式的计算结果，如图 8-16 所示，这样就省去了复制公式的麻烦。

	A	B	C	D	E	F	G	H
1				授予各客户的信用期限				
2	客户名称	客户A	客户B	客户C	客户D	客户E	客户F	客户G
3	信用期限(天)	30	60	45	30	30	60	45
4								
5				甲公司应收账款台账(金额单位:万元)				
6	统计日期	2020年12月31日				应收账款合计(万元)		1882
7								
8	客户名称	应收账款	票据编号	开票日期	已欠款天数	信用期限	是否超过信用期	超过信用期的天数
9	客户A	15	1041	2019/11/25	402	30	是	372
10	客户G	16	1045	2019/12/3	394	45	是	349
11								

图8-16　通过记录单输入第二条记录后模型的运行结果

12 按照与上述过程同样的步骤逐步操作，将其余各条记录的基本信息逐条输入，再在 H6 单元格中输入公式 "=SUM(B9:B77)"。数据输入完成以后模型的运行结果如图 8-17 所示。这里共输入了 69 条数据，并且在第 11 行下方插入了拆分条，以方便显示数据清单的最后几行数据。

	A	B	C	D	E	F	G	H
1				授予各客户的信用期限				
2	客户名称	客户A	客户B	客户C	客户D	客户E	客户F	客户G
3	信用期限(天)	30	60	45	30	30	60	45
4								
5				甲公司应收账款台账(金额单位:万元)				
6	统计日期	2020年12月31日				应收账款合计(万元)		1866
7								
8	客户名称	应收账款	票据编号	开票日期	已欠款天数	信用期限	是否超过信用期	超过信用期的天数
9	客户A	15	1041	2019/11/25	402	30	是	372
10	客户G	16	1045	2019/12/3	394	45	是	349
11	客户G	16	1045	2019/12/3	394	45	是	349
75	客户B	29	1162	2020/12/17	14	60	否	-
76	客户F	23	1165	2020/12/22	9	60	否	-
77	客户E	65	1167	2020/12/24	7	30	否	-
78								

台账 Sheet2 Sheet3

图8-17　通过记录单输入全部记录后模型的运行结果

13 建立台账数据表之后，如果需要查询或编辑数据，也可以通过记录单来操作。例如，若要查询客户 D 的记录，可选择 A9 单元格，单击【快速访问工具栏】中的【记录单】按钮 ▤，系统会打开如图 8-18 所示的对话框，单击其中的【条件】按钮，系统会打开一个空白的查询用的记录单，在其中的【客户名称】栏中输入 "客户 D"，如图 8-19 所示。

图8-18　打开记录单

图8-19　输入查询的条件

14 单击【下一条】按钮，则客户 D 的第一条数据就会在记录单中显示出来。按照类似的方法，可以逐步找到客户 D 的各条记录。若有需要修改的数据，可在所找到的那条数据的记录单对话框中直接修改；若需要删除某项数据，可通过记录单找到拟删除的数据后，单击记录单对话框中的【删除】按钮。

3. 应收账款的排序分析

【例 8-10】以【例 8-9】中的甲公司为例，根据已经建立的应收账款台账，以客户名称和超过信用期的天数分别作为主要和次要关键字对该公司的应收账款记录进行排序。

具体操作步骤如下所述。

01 在台账数据清单中任选一个非空单元格，然后在【数据】选项卡【排序和筛选】功能组中单击【排序】命令，则系统会弹出【排序】对话框，在该对话框的【主要关键字】栏的下拉列表中选择【客户名称】，在中间对应的【排序依据】栏中保持默认的【数值】不变，在右边对应的【次序】栏中保持默认的【升序】不变，对主要关键字设置排序规则后的【排序】对话框如图 8-20 所示。

02 单击【添加条件】按钮，再在系统展开的【次要关键字】栏的下拉列表中选择【已欠款天数】，在中间对应的【排序依据】栏中保持默认的【数值】不变，在右边对应的【次序】栏中选择【降序】，两个关键字的排序规则都设置完成后的【排序】对话框如图 8-21 所示。

图8-20　设置主要关键字规则后的【排序】对话框　　图8-21　设置完成的【排序】对话框

03 单击【确定】按钮，即可得到对应收账款台账记录表中的数据按指定关键字进行排序的结果，如图 8-22 所示。

	A	B	C	D	E	F	G	H
5	甲公司应收账款台账(金额单位: 万元)							
6	统计日期	2020年12月31日			应收账款合计(万元)			1866
8	客户名称	应收账款	票据编号	开票日期	已欠款天数	信用期限	是否超过信用期	超过信用期的天数
9	客户A	15	1041	2019/11/25	402	30	是	372
10	客户A	12	1068	2019/12/26	371	30	是	341
11	客户A	32	1075	2020/1/13	353	30	是	323
75	客户G	16	1192	2020/9/22	100	45	是	55
76	客户G	25	1145	2020/11/10	51	45	是	6
77	客户G	16	1155	2020/12/3	28	45	否	-

图8-22　排序后的应收账款台账数据表

04 由于原始的应收账款台账是按照开票日期逐笔登记的，所以在对数据表按照某种规则排序以后，若想重新回到原始数据清单的状态，可在数据表的"开票日期"一列中任选一个单元格，然后在【数据】选项卡【排序和筛选】功能组中单击升序排序按钮。

值得注意的是，在只需要按一个关键字对数据表进行排序的情况下，可以通过单击【数据】选项卡【排序和筛选】功能组中的升序排序按钮或降序排序按钮来实现。若需要按多个关键字多数据表进行排序，则必须打开【排序】对话框进行设置。

4. 应收账款的筛选分析

【例 8-11】 以【例 8-9】中的甲公司为例，根据已经建立的应收账款台账，对该公司的应收账款进行筛选分析。具体要求包括：①筛选出客户 D 的欠款记录；②筛选出客户 D 超过信用期限的天数大于 180 天的记录。

具体操作步骤如下所述。

01 在台账数据清单中任选一个非空单元格，然后在【数据】选项卡【排序和筛选】功能组中单击【筛选】命令，则在数据表各列标题的右边会出现下拉按钮。在 A8 单元格处单击列标题右边的下拉按钮，在展开的下拉列表中单击取消【全选】复选框中的√，再单击选中【客户 D】，使其对应的复选框中出现√，如图 8-23 所示。

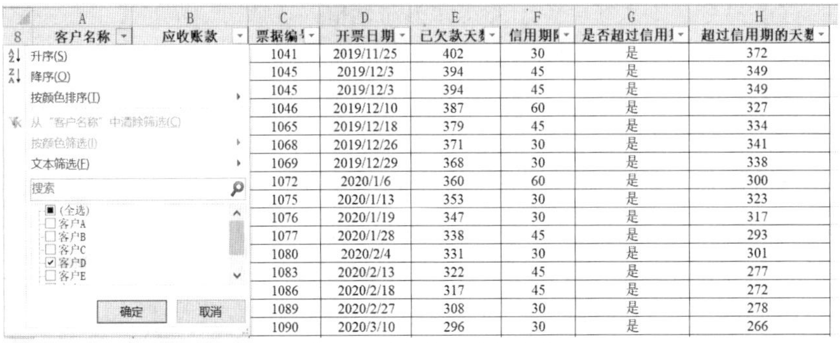

图8-23　在下拉列表中只选择【客户D】

02 单击【确定】按钮后，客户 D 的记录就会被自动筛选出来，如图 8-24 所示。

图8-24　自动筛选出的客户D的记录

03 为了进一步筛选出客户 D 超过信用期限的天数大于 180 天的记录，可在如图 8-24 所示的数据表中单击 H8 单元格列标题右边的下拉按钮，并在展开的下拉列表中单击取消【全选】复选框中的√，再单击选中大于 180 的数字使其对应的复选框中出现√，如图 8-25 所示，然后单击【确定】按钮；或者在展开的下拉列表中单击【数字筛选】子菜单中的【大于】命令，如图 8-26 所示，则系统会打开【自定义自动筛选方式】对话框，其中【超过信用期的天数】条件已被自动设置为【大于】，在右边对应的列表框中输入"180"，如图 8-27 所示。

图8-25　只选择大于180的数据

图8-26　执行【数字筛选】之【大于】命令

04 单击【确定】按钮后，满足条件的记录也会被筛选出来，如图 8-27 所示。

图8-27　【自定义自动筛选方式】对话框

05 在得到如图 8-28 所示的数据表后，如果希望回到显示客户 D 的全部记录的状态，可在如图 8-25 所示的下拉列表中单击选中【全选】复选框，再单击【确定】按钮；若进一步希望回到显示全部数据清单的状态，可在如图 8-23 所示的下拉列表中单击选中【全选】复选框，再单击【确定】按钮。若希望彻底清除筛选状态，可在如图 8-28 所示的数据表中任选一个单元格，然后在【数据】选项卡【排序和筛选】功能组中再次单击【筛选】命令。

8	客户名称	应收账款	票据编号	开票日期	已欠账天数	信用期	是否超过信用	超过信用期的天数
18	客户D	36	1076	2020/1/19	347	30	是	317
27	客户D	8	1094	2020/4/1	274	30	是	244
32	客户D	21	1112	2020/5/12	233	30	是	203

图8-28　客户D超过信用期限的天数大于180天的记录

06 上述过程是通过自动筛选方式得到同时满足两个条件的记录的。解决这类问题的另外一种方法是利用高级筛选功能来实现。为了利用高级筛选功能，首先需要建立筛选条件区域，并且所建立的筛选条件区域要与数据清单区域间隔至少一行或一列。在建立条件区域的过程中，需要同时满足的条件称为逻辑与条件，应放置在同一行中；无须同时满足的条件称为逻辑或条件，应放置在不同行中。例如，这里在单元格区域 J8:K9 建立高级筛选条件，如图 8-29 所示。

07 选取数据清单中的任意非空单元格，在【数据】选项卡【排序和筛选】功能组中单击【高级】命令，则系统会弹出【高级筛选】对话框，在其中的【列表区域】栏中保持系统默认的区域不变，然后将光标定位在【条件区域】栏中，用鼠标拾取已建立的条件区域，从而使条件区域设置为"台账!$J$8:$K$9"，如图 8-30 所示。

J	K
8	客户名称	超过信用期的天数
9	客户D	>180

图8-29　高级筛选条件区域

图8-30　【高级筛选】对话框的设置

08 单击【确定】按钮后，同样也能得到如图 8-27 所示的筛选结果。如果将如图 8-29 所示的条件区域中 K9 单元格的条件存放在 K10 单元格中，并且在如图 8-30 所示的【高级筛选】对话框中将【条件区域】设置为"台账!$J$8:$K$10"，单击【确定】按钮后，将会筛选出客户

D 的全部记录以及其他客户超过信用期的天数大于 180 天的全部记录，即满足两个条件之一的记录都会被筛选出来。

09 在通过高级筛选得到如图 8-28 所示的数据表后，如果希望清除高级筛选的结果，回到显示全部数据清单的状态，在【数据】选项卡【排序和筛选】功能组中单击【清除】命令即可。

显然，在对数据表进行筛选分析的过程中，如果需要满足的筛选条件比较多，或者各条件之间的关系比较复杂，那么利用高级筛选功能来实现会更为方便。

5. 应收账款的分类汇总分析

【例 8-12】 以【例 8-9】中的甲公司为例，根据已经建立的应收账款台账，对该公司的应收账款按客户类别进行分类汇总分析。

具体操作步骤如下所述。

01 在数据表的 A 列即客户名称一列中任选一个单元格，然后在【数据】选项卡【排序和筛选】功能组中单击升序排序按钮↓↑，得到如图 8-22 所示的按客户名称进行升序排列后的数据表。

这里需要注意的是，为了按某个字段进行分类汇总，首先需要对数据清单按该字段进行排序。由于只选择按一个关键字进行排序，所以可以直接通过单击升序排序按钮或降序排序按钮来实现。

图8-31　【分类汇总】对话框的设置

02 在排序后的数据清单中任选一个单元格，然后在【数据】选项卡【分级显示】功能组中单击【分类汇总】命令，则系统会弹出【分类汇总】对话框，在其中的【分类字段】栏中选择【客户名称】，在【汇总方式】栏中保持默认选择的【求和】不变，在【选定汇总项】栏中只选择【应收账款】复选框，并保持默认的【替换当前分类汇总】和【汇总结果显示在数据下方】两个复选框处于被选中的状态不变，如图 8-31 所示。

03 单击【确定】按钮以后，即可得到按客户名称进行分类汇总的结果，如图 8-32 所示。

04 在如图 8-32 所示的工作表的左上角有 3 个分级显示按钮，分别单击 3 个按钮，可得到对应的一级、二级和三级显示结果。图 8-32 显示的是三级分类汇总显示结果；若单击二级显示按钮，所得到的二级分类汇总显示结果如图 8-33 所示。

	客户名称	应收账款	票据编号	开票日期	已欠款天数	信用期限	是否超过信用期	超过信用期的天数
9	客户A	15	1041	2019/11/25	402	30	是	372
10	客户A	12	1068	2019/12/26	371	30	是	341
11	客户A	32	1075	2020/1/13	353	30	是	323
12	客户A	8	1080	2020/2/4	331	30	是	301
13	客户A	36	1089	2020/2/27	308	30	是	278
14	客户A	19	1152	2020/7/17	167	30	是	137
15	客户A	21	1160	2020/8/11	142	30	是	112
16	客户A	15	1172	2020/8/24	129	30	是	99
17	客户A 汇总	158						
18	客户B	20	1046	2019/12/10	387	60	是	327
19	客户B	27	1072	2020/1/6	360	60	是	300
20	客户B	45	1093	2020/3/24	282	60	是	222
81	客户G	16	1192	2020/9/22	100	45	是	55
82	客户G	25	1145	2020/11/10	51	45	是	6
83	客户G	16	1155	2020/12/3	28	45	否	-
84	客户G 汇总	203						
85	总计	1866						

图8-32　按客户名称分类汇总的结果

8	客户名称	应收账款	票据编号	开票日期	已欠款天数	信用期限	是否超过信用期	超过信用期的天数
17	客户A汇总	158						
30	客户B汇总	355						
43	客户C汇总	361						
56	客户D汇总	386						
67	客户E汇总	310						
72	客户F汇总	93						
84	客户G汇总	203						
85	总计	1866						

图8-33　二级分类汇总显示结果

05 如果希望进一步将二级分类汇总的结果复制粘贴到另外一个目标单元格区域，应首先在如图 8-33 所示的数据表中选择单元格区域 A8:B85，然后再在【开始】选项卡【编辑】功能组中单击【查找和筛选】命令，并在展开的下拉列表中执行【定位条件】命令，则系统会弹出【定位条件】对话框，在其中选择【可见单元格】单选按钮，如图 8-34 所示。

图8-34　【定位条件】对话框的设置

06 单击【确定】按钮后，所选择的单元格区域中的可见单元格即被选中了，而被隐藏起来的单元格不会被选中。按 Ctrl+C 组合键执行复制命令，然后选择某个单元格作为目标单元格，再按 Ctrl+V 组合键执行粘贴命令，则二级分类汇总结果就被粘贴到目标单元格区域了。如果在选择二级分类汇总结果后，不首先定位可见单元格再复制和粘贴，而是直接执行复制和粘贴命令，那么不仅二级分类汇总结果而且被隐藏起来的明细数据也会同时被粘贴过去。

07 在得到分类汇总表后，如果不再需要分类汇总结果，应再次打开如图 8-31 所示的【分类汇总】对话框，在其中单击【全部删除】按钮即可。

6. 编制应收账款账龄分析表

企业为了随时了解各客户的欠款情况，可以编制应收账款的账龄分析表。账龄分析表的主要作用在于反映不同客户欠款的分布情况以及不同欠款时间的分布情况，这些信息有助于财务管理人员制定合理的收账政策以便及时收回债权。

【例 8-13】以【例 8-9】中的甲公司的数据为例，假定表中记录的应收账款数据均为 2014 年 12 月 31 日的余额，要求为该公司建立一个编制两个应收账款账龄分析表的模型，其中一个账龄分析表不分客户类别只按账龄反映；另外一个账龄分析表需要分客户类别并按账龄反映，假定各笔应收账款的账龄均按已欠款天数计算。

建立模型的具体操作步骤如下所述。

01 在如图 8-17 所示的"台账"工作表中选择 A8:H77 单元格区域，在【公式】选项卡【定义的名称】功能组中单击【根据所选内容创建】命令，则系统会弹出【以选定区域创建名称】对话框，在该对话框中选择【首行】复选框，如图 8-35 所示，单击【确定】按钮后，数据表的每一列数据就分别以所在列的列标题的标签文字定义名称了。

02 选择 N9 单元格，在【公式】选项卡【定义的名称】功能组中单击【用于公式】命令，再在其下拉列表中选择【粘贴名称】命令，则系统会弹出【粘贴名称】对话框，如图 8-36 所示。

图8-35　【以选定区域创建名称】对话框　　　　　图8-36　【粘贴名称】对话框

03 单击【粘贴列表】按钮，则可在 N9:O16 单元格区域得到所定义的名称列表，再在单元格区域 J8:L16 和单元格区域 J18:R29 设计两个账龄分析表的结构，如图 8-37 所示。

账龄分析表1				名称列表	
账龄区间	金额(万元)	百分比		超过信用期的天数	=台账!$H$9:$H$77
1—30天	266	14.26%		开票日期	=台账!$D$9:$D$77
31—60天	291	15.59%		客户名称	=台账!$A$9:$A$77
61—90天	246	13.18%		票据编号	=台账!$C$9:$C$77
91—180天	384	20.58%		是否超过信用期	=台账!$G$9:$G$77
181—360天	560	30.01%		信用期限	=台账!$F$9:$F$77
360天以上	119	6.38%		已欠款天数	=台账!$E$9:$E$77
合计	1866	100.00%		应收账款	=台账!$B$9:$B$77

账龄分析表2（金额单位：万元）								
账龄区间	1—30天	31—60天	61—90天	91—180天	181—360天	360天以上	合计金额	百分比
客户A	0	0	0	55	76	27	158	8.47%
客户B	29	17	92	61	136	20	355	19.02%
客户C	75	47	36	89	88	26	361	19.35%
客户D	58	83	98	69	78	0	386	20.69%
客户E	65	119	20	41	51	14	310	16.61%
客户F	23	0	0	18	52	0	93	4.98%
客户G	16	25	0	51	79	32	203	10.88%
合计金额	266	291	246	384	560	119	1866	100.00%
百分比	14.26%	15.59%	13.18%	20.58%	30.01%	6.38%	100.00%	
应收账款平均账龄（天）			150.13					

图8-37　名称列表与账龄分析表的结构设计

04 在单元格区域 K10:K15 中分别输入下列公式。

单元格 K10："=SUMIFS(应收账款,已欠款天数,">=1",已欠款天数,"<=30")"。

单元格 K11："=SUMIFS(应收账款,已欠款天数,">=31",已欠款天数,"<=60")"。

单元格 K12："=SUMIFS(应收账款,已欠款天数,">=61",已欠款天数,"<=90")"。

在单元格 K13："=SUMIFS(应收账款,已欠款天数,">=91",已欠款天数,"<=180")"。

单元格 K14："=SUMIFS(应收账款,已欠款天数,">=181",已欠款天数,"<=360")"。

单元格 K15："=SUMIF(已欠款天数,">360",应收账款)"。

这里，只有在单元格 K15 中使用的是单条件求和函数 SUMIF，其余单元格的公式中均使用了多条件求和函数 SUMIFS。公式中所引用的单元格区域的名称可以采用 3 种方法输入，例如为了在公式中输入"应收账款"，一种方法是用鼠标拾取"应收账款"这个名称所对应的单元格区域即台账工作表中的$B$9:$B$77 单元格区域，第二种方法是直接在公式中输入汉字"应收账款"，第三种方法是在【公式】选项卡【定义的名称】功能组中单击【用于公式】命令，再在其下拉列表中选择【应收账款】这个已定义的名称。

为了简化输入公式的过程，在 K10 单元格输入公式以后，也可以选择该单元格并将其复制粘贴到单元格区域 K11:K14，再对单元格区域 K11:K14 中每个单元格的公式进行相应的修改，这样可以快速地在这些单元格中得到所需要的公式。

05 选择单元格 K16，单击【开始】选项卡【编辑】功能组中的【自动求和】命令，并按回车键确认自动求和公式，或直接在单元格 K16 中输入公式"=SUM(K10:K15)"。

06 选择单元格区域 L10:L16，输入数组公式"=K10:K16/K16"。

07 在单元格区域 K20:P20 中分别输入下列公式。

单元格 K20："=SUMIFS(应收账款,客户名称,$J20,已欠款天数,">=1",已欠款天数,"<=30")"。

单元格 L20："=SUMIFS(应收账款,客户名称,$J20,已欠款天数,">=31",已欠款天数,"<=60")"。

单元格 M20："=SUMIFS(应收账款,客户名称,$J20,已欠款天数,">=61",已欠款天数,"<=90")"。

单元格 N20："=SUMIFS(应收账款,客户名称,$J20,已欠款天数,">=91",已欠款天数,"<=180")"。

单元格 O20："=SUMIFS(应收账款,客户名称,$J20,已欠款天数,">=181",已欠款天数,"<=360")"。

单元格 P20："=SUMIFS(应收账款,客户名称,$J20,已欠款天数,">360")"。

08 在单元格 K27 中输入公式"=SUM(K20:K26)",并将其复制粘贴到单元格区域 L27:P27。

09 在单元格 Q20 中输入公式"=SUM(K20:P20)",并将其复制粘贴到单元格区域 Q21:Q27。

10 选择单元格区域 K28:Q28,输入数组公式"=K27:Q27/Q27"。

11 选择单元格区域 R20:R27,输入数组公式"=Q20:Q27/Q27"。

12 在单元格 M29 中输入公式"=SUMPRODUCT(应收账款/Q27,已欠款天数)",这里在计算应收账款平均账龄时,采用的是利用 SUMPRODUCT 函数对已欠款天数计算加权平均数的方法,其中的权重系数等于各笔应收账款占全部应收账款合计数的比重。

模型的运行结果如图 8-37 所示。

如果希望以各笔应收账款"超过信用期的天数"为基础制作账龄分析表,那么应增加一个"信用期内"的账龄区间,并且各计算公式中的"已欠款天数"应改为"超过信用期的天数",这里不再对此做详细介绍。

8.3 存货管理

存货是企业在生产经营过程中为销售或者耗用而储备的物资,包括原材料、在产品、产成品等。企业的存货一般在流动资产中占有较大的比重,存货管理水平的高低会对企业的财务状况和经营成果产生很大的影响,因此,加强存货管理具有重要的意义。

存货管理的主要内容包括做好存货决策和加强存货控制,其核心问题是对何时进货以及每次进货多少等问题做出选择。

8.3.1 基本的经济订货批量模型

1. 基本的经济订货批量模型的基本原理

存货的功能是满足生产经营的需要,而储存存货必然会发生相应的成本。经济订货批量是指使存货的相关总成本最低的一次订货批量。经济订货批量应根据不同的实际情况分别不同的公式来确定。

基本的经济订货批量模型建立在以下的假定条件之上:①订购的存货瞬时到货;②不允许缺货;③全年的存货需求没有不确定性;④存货的价格稳定,没有数量折扣;⑤存货的耗用比较均衡。

在上述假定条件之下,存货的相关成本包括订货成本和储存成本两项。

(1) 订货成本

订货成本是指为组织进货所发生的各种费用,包括采购人员的差旅费、通信费、运输费、检验费等。订货成本一般与订货的次数有关。在存货的全年需求量一定的情况下，一次订货量越多，全年的订货次数越少，订货成本越低，反之亦然。

(2) 储存成本

储存成本是指企业为持有存货而发生的费用，包括存货资金占用费或机会成本、仓储费用、存货保险费用等。储存成本一般与平均存货水平的高低成正比。在存货的全年需求量一定的情况下，一次订货量越多，全年的平均存货水平越高，储存成本越高，反之亦然。

基本的与经济订货批量有关的计算公式为

$$存货的相关总成本(总订储费用)T=\frac{D}{Q}\cdot A+\frac{Q}{2}\cdot P\cdot K$$

$$经济订货批量 Q^*=\sqrt{\frac{2DA}{PK}}$$

$$最佳的订货次数 N^*=\frac{D}{Q^*}$$

$$最低的总订储费用 T^*=\sqrt{2DAPK}$$

式中：Q 为一次订货批量；D 为一定时期存货的需求量；A 为一次订货费；P 为存货单价；K 为存货的存储费率；$P{\cdot}K$ 即为单位存储费用。

为了得到经济订货批量，既可以直接使用上述公式进行计算，也可以运用规划求解工具解决问题。

2. 基本的经济订货批量模型及其敏感性分析模型的建立

【例 8-14】某公司需要的甲材料的有关数据及模拟运算数据如图 8-38 的【初始已知条件】区域和【模拟运算数据】区域所示。要求为该公司建立一个模型，使其具有以下几项功能：①根据初始的已知条件计算甲材料的经济订货批量、全年最佳的订货次数和最低的订储成本；②根据甲材料一次订货批量的模拟运算数据计算年订货成本、储存成本和年订储总成本，并绘制各项成本与一次订货量之间的关系图；③根据甲材料的全年需求量和一次订货成本的模拟运算数据对经济订货批量进行双因素敏感性分析。

建立模型的具体步骤如下所述。

01 设计模型的结构，如图 8-38 中第 8 至 25 行所示。

	A	B	C	D	E	F	G	H
1	初始已知条件							
2	甲材料全年需要量（公斤）	36000	一次订货成本（元）		900	单位存货年储存成本（元）		5
3	模拟运算数据							
4	一次订货量（公斤）	2700	3000	3300	3600	3900	4200	4500
5	甲材料全年需要量（公斤）	30000	32000	34000	36000	38000	40000	
6	一次订货成本（元）	600	700	800	900	1000	1100	
7								
8	计算结果							
9	利用规划求解工具求解的结果			直接利用公式计算的经济订货批量（公斤）				3600
10	存货的相关总成本（元）—目标函数		18000	年最优订货次数（次）				10
11	经济订货批量（公斤）—可变单元格		3600	年最低订储成本（元）				18000
12	各项成本的模拟运算结果							
13	一次订货量（公斤）	2700	3000	3300	3600	3900	4200	4500
14	年订货成本（元）	12000	10800	9818	9000	8308	7714	7200
15	年储存成本（元）	6750	7500	8250	9000	9750	10500	11250
16	年订储总成本（元）	18750	18300	18068	18000	18058	18214	18450
17	经济订货批量的双因素模拟运算结果（公斤）							
18		计算公式	甲材料全年需要量（公斤）					
19		3600	30000	32000	34000	36000	38000	40000
20	一次订货成本（元）	600	2683	2771	2857	2939	3020	3098
21		700	2898	2993	3085	3175	3262	3347
22		800	3098	3200	3298	3394	3487	3578
23		900	3286	3394	3499	3600	3699	3795
24		1000	3464	3578	3688	3795	3899	4000
25		1100	3633	3752	3868	3980	4089	4195

图8-38 基本的经济订货批量模型及其敏感性分析模型

02 在单元格 C11 中输入任意大于 0 的初值，如输入 "100"，然后在单元格 C10 中输入公式 "=B2/C11*E2+C11/2*H2"。

03 在【数据】选项卡【分析】功能组中单击【规划求解】命令，打开【规划求解参数】对话框，在其中的【设置目标】栏中输入 "$C$10"，在【到】区域选择【最小值】单选按钮，在【通过更改可变单元格】栏中输入 "$C$11"，然后单击【添加】按钮，在系统弹出的【添加约束】对话框中添加约束条件 "$C$11>=0"，单击【确定】按钮后，这个约束条件就被添加到了【规划求解参数】对话框的【遵守约束】列表框中，设置完成的【规划求解参数】对话框如图 8-39 所示，单击【求解】按钮以后，在系统弹出的【规划求解结果】对话框中，再单击【确定】按钮。

04 在单元格 H9 中输入公式 "=SQRT(2*B2*E2/H2)"。

05 在单元格 H10 中输入公式 "=B2/H9"。

06 在单元格 H11 中输入公式 "=SQRT(2*B2*E2*H2)"。

07 选取单元格区域 B13:H13，输入数组公式 "=B4:H4"。

08 选取单元格区域 B14:H14，输入数组公式 "=B2/B13:H13*E2"。

09 选取单元格区域 B15:H15，输入数组公式 "=B13:H13/2*H2"。

10 选取单元格区域 B16:H16，输入数组公式 "=B14:H14+B15:H15"。

11 选取单元格区域 C19:H19，输入数组公式 "=B5:G5"。

12 选取单元格区域 B20:B25，输入数组公式 "=TRANSPOSE(B6:G6)"。

13 在单元格 B19 中输入公式 "=SQRT(2*B2*E2/H2)"。

14 选取单元格区域 B19:H25，在【数据】选项卡【数据工具】功能组中单击【模拟分析】命令，然后在下拉菜单中选择【模拟运算表】命令，再在系统弹出的【模拟运算表】对话框中，在【输入引用行的单元格】栏中输入 "$B$2"，在【输入引用列的单元格】栏中输入 "$E$2"，最后单击【确定】按钮。

上述步骤完成以后，模型的运行结果如图 8-38 所示。

15 选取单元格区域 A13:H16，在【插入】选项卡【图表】功能组中单击【散点图】，然后在下拉列表中选择【带平滑线和数据标记的散点图】子图表类型，得到初步绘制的图表，再进一步编辑图表，包括将纵坐标轴标签的主要刻度单位设置为 5000，将横坐标轴标签的最小值设置为 2500、最大值设置为 4500，删除网格线，添加图表标题，添加横纵坐标轴标签等，得到最终编辑完成的图表，如图 8-40 所示。

图8-39　【规划求解参数】对话框的设置

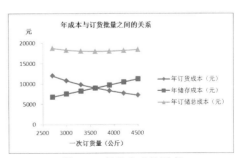

图8-40　最终完成的图表

8.3.2　存货的ABC分类模型

1. 存货ABC分类的基本原理及相关函数介绍

存货的 ABC 分类法是一种根据各种存货项目金额的大小将全部存货划分成 A、B、C 3 类的分类方法，在此基础上可以分别对于 3 类存货进行重点管理、次重点管理和一般管理。存货 ABC 分类的标准主要有两个，一是金额标准，二是品种数量标准。其中金额标准是最基本的，品种数量标准仅作为参考。常见的分类标准如下。

A 类存货：品种数约占 10%～15%，存货金额约占 80%。

B 类存货：品种数约占 20%～30%，存货金额约占 15%。

C 类存货：品种数约占 55%～80%，存货金额约占 5%。

A 类存货的特点是金额巨大，但品种数量较少，应进行重点管理；B 类存货金额一般，品种数量相对较多，应进行次重点管理；C 类存货品种数量繁多，但价值却很低，应进行一般管理。

对存货进行 ABC 分类的具体步骤如下。

01 根据每种存货在一定时期内的需求量及存货的价格计算出其资金占用额，然后对所有的存货按其金额从大到小进行排序。

02 按上述排定的顺序，依次计算每一种存货资金占用额占全部资金占用额的百分比及累计的金额百分比。

03 按上述排定的顺序，依次计算累计存货品种数占全部品种数的百分比。

04 按事先确定的标准将全部存货划分为 A、B、C3 类。

05 根据 ABC 分类的结果选择相应的方法，对各类存货进行控制。

在建立存货的 ABC 分类模型的过程中可以使用 SUMIF、COUNTIF、COUNTA 和 IF 等函数，这些函数的功能已在前面的章节中做过介绍。

2. 存货ABC分类模型的建立

【例 8-15】 某公司各种存货的金额以及 ABC 分类标准的有关数据存放在名称为"存货清单"的工作表中，如图 8-41 的【已知条件】区域所示。要求建立一个按照给定的标准对该公司存货进行 ABC 分类的模型。

建立模型的具体步骤如下所述。

01 将 Sheet2 工作表的名称改为"ABC 分类"，然后将"存货清单"工作表中单元格区域 C2:D6 的数据复制到"ABC 分类"工作表的单元格区域 A2:B6，将"存货清单"工作表中单元格区域 A2:B87 的数据复制到"ABC 分类"工作表的单元格区域 A9:B94，并在"ABC 分类"工作表中设计模型的结构，如图 8-42 所示。

02 在"ABC 分类"工作表的单元格区域 B10:B94 中选取任意一个单元格，然后在【数据】选项卡【排序和筛选】功能组中单击降序排序按钮 ，从而使各种存货按金额由大到小降序排列，再在单元格 A95 中输入"合计"，在单元格 B95 中输入公式"=SUM(B10:B94)"，这步操作完成后的"ABC 分类"工作表如图 8-43 所示。

图8-41 已知的存货清单和ABC分类标准　　　　图8-42 复制的已知数据及模型的结构设计

03 在单元格 C10 中输入公式 "=B10/$B$95"，并将其复制到单元格区域 C11:C95。

04 在单元格 D10 中输入公式 "=SUM($C$10:C10)"。

05 在单元格 E10 中输入公式 "=IF(D10<=$B$4,"A",IF(D10<=($B$4+$B$5),"B", "C"))"。

06 选取单元格区域 D10:E10，将其复制到单元格区域 D11:E94。

07 在单元格 E4 中输入公式 "=SUMIF($E$10:$E$94,D4,$C$10:$C$94)"。

08 在单元格 F4 中输入公式 "=COUNTIF($E$10:$E$94,D4)/COUNTA($E$10: $E$94)"。

09 选取单元格区域 E4:F4，将其复制到单元格区域 E5:F6。

10 在单元格 E7 中输入公式 "=SUM(E4:E6)"，并将其复制到单元格 F7。

模型的运行结果如图8-44所示。

图8-43 存货按金额降序排列后的结果　　　　图8-44 模型的运行结果

8.3.3 存货查询模型

企业为了满足生产经营的需要，经常会持有大量的各种存货。如果企业的存货种类繁多，那么建立一个专门的存货查询区域并根据某种存货的代码来查询其相关的信息就会很有必要。下面通过例题说明建立存货查询模型的方法。

【例8-16】某公司 2021 年 1 月 31 日的存货数据存放在如图 8-45 所示的单元格区域 A4:F23。要求建立一个模型从而可以在单元格区域 A2:F2 根据指定的存货代码查询相应的存货信息。

具体操作步骤如下。

01 选取单元格 A2，在【数据】选项卡【数据工具】功能组中单击【数据有效性】命令，在系统弹出的【数据有效性】对话框的【设置】选项卡中，在【允许】下拉列表中选择【序列】，在【来源】栏中输入 "=$A$5:$A$23"，如图 8-46 所示。

	A	B	C	D	E	F
1	查询代码	存货名称	进货单价	销货单价	库存量	计量单位
2						
3						
4	存货代码	存货名称	进货单价	销货单价	库存量	计量单位
5	A158	毛巾	10.50	15.70	50	条
6	A161	牙膏	8.00	12.20	80	盒
7	A164	香皂	7.50	11.50	150	块
8	A167	肥皂	6.80	9.50	175	块
9	A170	洗衣粉	9.50	14.30	180	袋
10	A173	洗发液	15.00	24.00	52	瓶
11	B176	面包	7.00	10.80	21	包
12	B179	蛋糕	8.00	12.00	15	包
13	B182	牛奶	3.00	5.00	30	袋
14	B185	酸奶	6.50	10.10	25	盒
15	B188	冰淇淋	4.50	6.40	38	桶
16	B191	饼干	8.00	12.20	75	包
17	C194	大米	20.00	31.00	40	袋
18	C197	面粉	25.00	38.00	50	袋
19	C200	精盐	2.20	3.50	68	包
20	C203	白糖	8.00	12.20	75	包
21	C206	酱油	2.10	3.50	50	瓶
22	C209	米醋	2.30	3.50	38	瓶
23	C212	香油	15.00	19.00	26	瓶

图8-45 存货数据表

图8-46 【数据有效性】对话框的设置

02 单击【确定】按钮，就完成了对单元格 A2 的数据有效性设置。这意味着在单元格 A2 中输入的数据必须满足一个条件，即与所指定的序列中的某个数据一样，不满足这个条件的数据无法输入到 A2 单元格中。设置完数据有效性之后，再选取单元格 A2，其右边就会出现一个倒三角形。单击这个倒三角形可展开一个下拉菜单，从中可以选择某种存货的代码，这里选择的存货代码是 B191，如图 8-47 所示，以这种方式输入数据可以省去输入存货代码的麻烦，也能避免输入代码有误的情况出现。

03 在单元格 B2 中输入公式"=VLOOKUP($A$2,$A$5:$F$23,COLUMN(),0)"，并将其复制到单元格区域 C2:F2。

这里，使用 VLOOKUP 函数的作用是在给定的存货数据表的首列查找指定的 A2 单元格的数据，然后返回指定列处的数据，而指定的列用嵌套的 COLUMN()来返回。COLUMN()的功能是返回公式所在列的列标，即在 B2 单元格的公式中 COLUMN()函数返回的结果是 2，在 C2 单元格的公式中 COLUMN()函数返回的结果是 3，以此类推。通过使用 COLUMN()函数可以省去在第 2 行其他各列单元格中逐个修改公式或重新设置公式的麻烦。VLOOKUP 函数的最后一个参数设置为 0，其含义是这里需要进行精确查找，如果找不到要查找的数据将返回错误值。

本例中查询到的 B191 存货的信息如图 8-48 所示。

	A	B	C	D	E	F
1	查询代码	存货名称	进货单价	销货单价	库存量	计量单位
2						
3	B176					
	B179					
4	B182	货名称	进货单价	销货单价	库存量	计量单位
	B185					
5	B188	巾	10.50	15.70	50	条
6	B191	膏	8.00	12.20	80	盒
7	C194	皂	7.50	11.50	150	块
8	C197					
	A167	肥皂	6.80	9.50	175	块

图8-47 在下拉菜单中选择存货代码

	A	B	C	D	E	F
1	查询代码	存货名称	进货单价	销货单价	库存量	计量单位
2	B191	饼干	8.00	12.20	75	包

图8-48 存货查询的结果

8.3.4 存货的收发存汇总及库存预警模型

企业在日常的存货管理工作中，经常需要记录各种存货的收发存信息，并且当存货的库存水平较低时发出预警信息也很有意义，这样可以避免出现因缺货或者存货不足对企业生产经营活动产生不利的影响。下面通过例题说明建立实用的记录存货入库、出库和收发存汇总信息的表格以及库存预警模型的方法。

【例 8-17】某公司 2020 年第二季度期初 10 种存货的库存量等有关信息存放在名为"期初库存量"的工作表中，如图 8-49 所示。要求如下。

(1) 在名为"本期入库量"的工作表中设计可以序时记录各种存货入库信息的表格。

(2) 在名为"本期出库量"的工作表中设计可以序时记录各种存货出库信息的表格。

(3) 在名为"收发存汇总"的工作表中建立可以反映该公司 2020 年第二季度各种存货收发存信息的汇总表。

(4) 在名为"收发存汇总"的工作表中建立该公司各种存货的库存预警模型。具体要求是：根据已知的各种存货的保险库存量，对于期末实际库存水平低于保险库存量一半的存货记录设置红色背景进行预警，对于期末实际库存水平高于保险库存量的一半但低于保险库存量的存货记录设置黄色背景进行预警。

具体操作步骤如下所述。

1. 制作本期入库量记录表

本期入库量记录表的设计效果如图 8-50 所示。

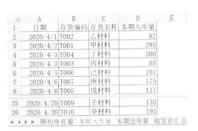

图8-49　期初库存量数据　　　　图8-50　本期入库量记录表

本例中制作的本期入库量记录表具有以下几个特点。

第一，A 列单元格设置了数据有效性，只能输入 2020 年的日期。

第二，B 列单元格也设置了数据有效性，只能输入与保存在 F 列(已被隐藏)的存货编码列表中的数据一致的数据。

第三，C 列的单元格中含有公式，可根据 B 列单元格的存货代码自动返回对应的存货名称。

第四，整个工作表不设置网格线，数据表的线是自动添加的，即在某一行输入数据的过程中，只有在 A 列的单元格输入了合法日期从而非空的情况下，该行的 A 到 D 列的单元格才出现边框线。

第五，该记录表可以序时地以流水账的形式记录数据，在此过程中，上述各项设置自动成立。

为了满足上述各项要求，可按以下步骤进行设置。

01 在 A 列选择若干可供记录数据的单元格，这里选择单元格区域 A2:A201，在【数据】选项卡【数据工具】功能组中单击【数据有效性】命令，在系统弹出的【数据有效性】对话框的【设置】选项卡中，在【允许】下拉列表中选择【日期】，在【数据】下拉列表中选择【介于】，在【开始日期】栏中输入"2020/1/1"，在【结束日期】栏中输入"2020/12/31"，如图 8-51 所示，然后单击【确定】按钮。

这项设置完成后，则在单元格区域 A2:A201 中只允许输入 2020 年的日期。

02 在 B 列选择若干可供记录数据的单元格，这里选择单元格区域 B2:B201，在【数据】选项卡【数据工具】功能组中单击【数据有效性】命令，在系统弹出的【数据有效性】对话框的【设置】选项卡中，在【允许】下拉列表中选择【序列】，在【来源】栏中输入"=$F$2:$F$11"，如图 8-52 所示，然后单击【确定】按钮。

这项设置完成后，则在单元格区域 B2:B201 中只能输入与存放在单元格区域$F$2:$F$11 的数据一样的数据，即各种存货的编码数据。

图8-51　日期数据的有效性设置

图8-52　存货编码数据的有效性设置

03 在单元格 C2 中输入公式" =IF(ISBLANK(B2),"",VLOOKUP(B2,期初库存量!A:B,2,0))"，并将其复制到单元格区域 C3:C201。

这个公式的含义是，首先利用 ISBLANK 函数判断 B2 单元格是否为空，如果条件成立，返回逻辑值 TRUE，否则返回逻辑值 FALSE；而执行 IF 函数的结果是，如果 B2 单元格为空的条件成立，那么 C2 单元格也返回空值，否则将利用 VLOOKUP 函数在期初库存量数据表的首列查找 B2 单元格的存货编码，并返回所对应的存货名称。如果在这里不使用 IF 函数和 ISBLANK 函数，而是直接使用 VLOOKUP 函数，那么在 A 列某个单元格没有输入数据的情况下，C 列对应的单元格将返回错误值，影响表格的美观。

04 选取单元格区域 A1:D201，在【开始】选项卡【样式】功能组中单击【条件格式】命令，然后在其下拉列表中选择【新建规则】命令，则系统会打开【新建格式规则】对话框，在该对话框的【选择规则类型】列表框中选择【使用公式确定要设置格式的单元格】，在【为符合此公式的值设置格式】栏中输入公式"=ISBLANK($A1)=FALSE"，如图 8-53 所示。

05 单击【格式】按钮，在系统打开的【设置单元格格式】对话框的【边框】选项卡中，将单元格设置为四周有边框线的格式，如图8-54所示。

图8-53　【新建格式规则】对话框

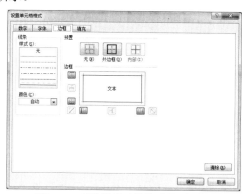

图8-54　【设置单元格格式】对话框

06 单击【确定】按钮后，系统会返回到【新建格式规则】对话框，再在该对话框中单击【确定】按钮。

值得注意的是，这里在条件格式对话框设置的公式中，引用 A1 单元格的方式应为绝对引用列相对引用行的形式，否则将无法达到预期的效果。

上述设置完成之后，在本期入库量记录表第 1 行至第 201 行输入数据的过程中，一旦 A 列的某个单元格输入了合法数据，那么该单元格所在行的 B 列至 D 列的单元格就会自动出现边框线。

2. 制作本期出库量记录表

本例中制作的本期出库量记录表与本期入库量记录表类似，同样具有以下几个特点。

第一，在单元格区域 A2:A201 设置了数据有效性，只能输入 2020 年的日期。

第二，在单元格区域 B2:B201 也设置了数据有效性，只能输入与保存在 F 列(已被隐藏)的存货编码列表中的数据一致的数据。

第三，在单元格区域 C2:C201 中含有公式，可根据 B 列单元格的存货代码自动返回对应的存货名称。

第四，整个工作表不设置网格线，只有在 A 列的某个单元格输入了合法日期从而非空的情况下，该行的 A 到 D 列的单元格才出现边框线。

第五，该记录表可以序时地以流水账的形式记录数据，在此过程中，上述各项设置自动成立。

本期出库量记录表的建立方法可参考与制作本期入库量记录表类似的步骤来进行。制作完成的本期出库量记录表如图 8-55 所示。

	A	B	C	D	E
1	日期	存货编码	存货名称	本期出库量	
2	2020/5/1	T002	乙材料	350	
3	2020/5/4	T003	丙材料	376	
4	2020/5/5	T005	戊材料	381	
5	2020/5/6	T004	丁材料	328	
6	2020/5/6	T008	辛材料	361	
7	2020/5/7	T006	己材料	326	
8	2020/5/8	T010	癸材料	350	
21	2020/5/27	T003	丙材料	392	
22	2020/5/28	T001	甲材料	210	
23	2020/5/29	T005	戊材料	362	

期初库存量　本期入库量　本期出库量　收发存汇总

图8-55　本期出库量记录表

3. 制作存货的收发存汇总表

01 在名为"收发存汇总"的工作表中设计存货的收发存汇总表的结构，如图 8-56 所示。其中 G 列的各种存货的保险库存量根据实际需要填写。

	A	B	C	D	E	F	G
1	存货编码	存货名称	期初库存量	本期入库总量	本期出库总量	期末库存量	保险库存量
2	T001	甲材料					300
3	T002	乙材料					450
4	T003	丙材料					300
5	T004	丁材料					300
6	T005	戊材料					450
7	T006	己材料					600
8	T007	庚材料					450
9	T008	辛材料					150
10	T009	壬材料					150
11	T010	癸材料					450

期初库存量　本期入库量　本期出库量　收发存汇总

图8-56　设计收发存汇总表的结构

02 在单元格 C2 中输入公式 "=SUMIF(期初库存量!A:A,A2,期初库存量!C:C)"。

03 在单元格 D2 中输入公式 "=SUMIF(本期入库量!B:B,A2,本期入库量!D:D)"。

04 在单元格 E2 中输入公式 "=SUMIF(本期出库量!B:B,A2,本期出库量!D:D)"。

05 在单元格 F2 中输入公式"=C2+D2-E2"。

制作完成的收发存汇总表如图8-57所示。

	A	B	C	D	E	F	G
1	存货编码	存货名称	期初库存量	本期入库总量	本期出库总量	期末库存量	保险库存量
2	T001	甲材料	359	1029	1254	134	300
3	T002	乙材料	759	249	698	310	450
4	T003	丙材料	538	283	768	53	300
5	T004	丁材料	230	450	328	352	300
6	T005	戊材料	820	803	1384	239	450
7	T006	己材料	715	296	606	405	600
8	T007	庚材料	721	305	311	715	450
9	T008	辛材料	287	346	361	272	150
10	T009	壬材料	343	217	327	233	150
11	T010	癸材料	509	318	638	189	450

期初库存量 / 本期入库量 / 本期出库量 / 收发存汇总

图8-57　完成的收发存汇总表

4. 建立库存预警模型

建立库存预警模型的步骤如下。

01 选取单元格区域A2:G11，在【开始】选项卡【样式】功能组中单击【条件格式】命令，然后在其下拉列表中选择【管理规则】命令，则系统会打开【条件格式规则管理器】对话框，如图8-58所示。

02 单击【新建规则】按钮，则系统会打开【新建格式规则】对话框，在该对话框的【选择规则类型】列表框中选择【使用公式确定要设置格式的单元格】，在【为符合此公式的值设置格式】栏中输入公式"=$F2<$G2"，然后单击【格式】按钮，在系统打开的【设置单元格格式】对话框的【填充】选项卡中选择黄色，单击【确定】按钮后返回到【新建格式规则】对话框，第一个条件格式设置完成后的【新建格式规则】对话框如图8-59所示。

图8-58　【条件格式规则管理器】对话框　　　　图8-59　【新建格式规则】对话框之1

03 单击【确定】按钮后，返回到【条件格式规则管理器】对话框，设置完成一个条件格式后的【条件格式规则管理器】对话框如图8-60所示。

04 再次单击【条件格式规则管理器】对话框中的【新建规则】按钮，则系统会再次打开【新建格式规则】对话框，在该对话框的【选择规则类型】列表框中选择【使用公式确定要设置格式的单元格】，在【为符合此公式的值设置格式】栏中输入公式"=$F2<$G2/2"，然后单击【格式】按钮，在系统打开的【设置单元格格式】对话框的【填充】选项卡中选择红色，单击【确定】按钮后返回到【新建格式规则】对话框，第二个条件格式设置完成后的【新建格式规则】对话框如图8-61所示。

图8-60 设置完成一个条件格式后

图8-61 【新建格式规则】对话框之2

05 单击【确定】按钮后，会返回到【条件格式规则管理器】对话框，两个条件格式设置完成后的【条件格式规则管理器】对话框如图8-62所示。

图8-62 两个条件格式设置完成后的【条件格式规则管理器】对话框

06 单击【确定】按钮后，就完成了库存预警模型的建立，模型的运行结果如图 8-63 所示。图中那些期末库存量低于保险库存量一半的存货记录所在行的单元格都以红色背景显示出来，而期末库存量高于保险库存量一半但低于保险库存量的存货记录所在行的单元格都以黄色背景显示出来。

	A	B	C	D	E	F	G
1	存货编码	存货名称	期初库存量	本期入库总量	本期出库总量	期末库存量	保险库存量
2	T001	甲材料	384	1024	1254	134	300
3	T002	乙材料	759	249	698	310	450
4	T003	丙材料	538	283	768	53	300
5	T004	丁材料	230	450	328	352	300
6	T005	戊材料	820	803	1384	239	450
7	T006	己材料	715	296	606	405	600
8	T007	庚材料	721	305	311	715	450
9	T008	辛材料	287	346	361	272	150
10	T009	壬材料	343	217	327	233	150
11	T010	癸材料	509	518	633	184	450

图8-63 完成的库存预警模型

第 9 章

销售收入管理

9.1 销售收入预测

9.1.1 利用相关函数预测销售收入模型

1. 相关函数介绍

在 Excel 中可用于进行销售预测的函数包括：适用于进行线性变动趋势预测的 LINEST、FORCAST、SLOPE、INTERCEPT、TREND 函数和适用于进行指数变动趋势预测的 LOGEST 和 GROWTH 函数。SLOPE、INTERCEPT 和 TREND 函数的功能已分别在第 5 章和第 7 章中做过介绍，下面介绍其余几个函数的功能。

(1) LINEST 函数

LINEST 函数的功能是使用最小二乘法对已知数据进行最佳直线拟合，并返回描述此直线的数组。直线的公式为

$$y = m \cdot x + b$$

或

$$y = m_1 x_1 + m_2 x_2 + \ldots + b \,(\text{如果有多个区域的} \, x \, \text{值})$$

式中：因变量 y 是自变量 x 的函数值。m 值是与每个 x 值相对应的系数，b 为常量。注意 y、x 和 m 可以是向量。

LINEST 函数返回的数组为 $\{m_n, m_{n-1} \cdots m_1, b\}$。LINEST 函数还可返回附加回归统计值。因为此函数返回数值数组，所以必须以数组公式的形式输入。此函数的语法格式为

=LINEST(known_y's,known_x's,const,stats)

式中：known_y's 是关系表达式 $y=mx+b$ 中已知的 y 值集合。如果数组 known_y's 在单独一列中，则 known_x's 的每一列被视为一个独立的变量。如果数组 known_y's 在单独一行中，则

known_x's 的每一行被视为一个独立的变量。

known_x's 是关系表达式 $y=mx+b$ 中已知的可选 x 值集合。数组 known_x's 可以包含一组或多组变量。如果只用到一个变量，只要 known_y's 和 known_x's 维数相同，它们可以是任何形状的区域。如果用到多个变量，则 known_y's 必须为向量(即必须为一行或一列)。如果省略 known_x's，则假设该数组为{1，2，3…}，其大小与 known_y's 相同。

const 为一逻辑值，用于指定是否将常量 b 强制设为 0。如果 const 为 TRUE 或省略，b 将按正常计算。如果 const 为 FALSE，b 将被设为 0，并同时调整 m 值使 $y = mx$。

stats 为一逻辑值，指定是否返回附加回归统计值。如果 stats 为 TRUE，则 LINEST 函数返回附加回归统计值；如果 stats 为 FALSE 或省略，LINEST 函数只返回系数 m 和常量 b。附加回归统计值返回的顺序如表9-1 所示。

表9-1　附加回归统计值返回的顺序

列 号 行 号	1	2	3	4	5	6
1	m_n	m_{n-1}	…	m_2	m_1	b
2	se_n	se_{n-1}	…	se_2	se_1	se_b
3	r^2	se_y				
4	F	df				
5	ss_{reg}	ss_{resid}				

附加回归统计值的含义如表 9-2 所示。

表9-2　附加回归统计值的有关说明

统 计 值	说　　明
se_1，se_2…se_n	系数 m_1，m_2…m_n 的标准误差值
se_b	常量 b 的标准误差值(当 const 为 FALSE 时，se_b = #N/A)
r^2	判定系数。Y 的估计值与实际值之比，范围在 0 到 1 之间。如果为 1，则样本有很好的相关性，Y 的估计值与实际值之间没有差别。如果判定系数为 0，则回归公式不能用来预测 Y 值
se_y	Y 估计值的标准误差
F	F 统计或 F 观察值。使用 F 统计可以判断因变量和自变量之间是否偶尔发生过可观察到的关系
df	自由度。用于在统计表上查找 F 临界值。所查得的值和 LINEST 函数返回的 F 统计值的比值可用来判断模型的置信度
ss_{reg}	回归平方和
ss_{resid}	残差平方和

当只有一个自变量 x 时，可直接利用下面公式得到斜率和 y 轴截距值。

$$斜率=INDEX(LINEST(known\_y's,known\_x's),1)$$

$$y 轴截距=INDEX(LINEST(known\_y's,known\_x's),2)$$

(2) FORECAST 函数

FORECAST 函数的功能是根据已有的数值计算或预测未来值。此预测值为基于给定的 x 值推导出的 y 值。已知的数值为已有的 x 值和 y 值,再利用线性回归对新值进行预测。可以使用该函数对未来销售额、库存需求或消费趋势进行预测。语法为

$$=FORECAST(x, known\_y's, known\_x's)$$

式中:x 为需要进行预测的数据点;known_y's 为因变量数组或数据区域;known_x's 为自变量数组或数据区域。

(3) LOGEST 函数

LOGEST 函数的功能是在回归分析中,计算最符合数据的指数回归拟合曲线,并返回描述该曲线的数值数组。因为此函数返回数值数组,故必须以数组公式的形式输入。此曲线的公式为

$$y = b \cdot m^x$$

或

$$y = b \cdot m_1^{x_1} \cdot m_2^{x_2} \cdot m_3^{x_3} \cdots (如果有多个 x 值)$$

式中:因变量 y 是自变量 x 的函数值。m 值是各指数 x 的底,而 b 值是常量值。注意:公式中的 y、x 和 m 均可以是向量,LOGEST 函数返回的数组为 $\{m_n, m_{n-1} \cdots m_1, b\}$。该函数的语法格式为

$$=LOGEST(known\_y's, known\_x's, const, stats)$$

式中:known_y's 为满足指数回归拟合曲线 $y = b \cdot m^x$ 的一组已知的 y 值。有关该参数的其他说明参见 LINEST 函数。

known_x's 为满足指数回归拟合曲线 $y = b \cdot m^x$ 的一组已知的 x 值,为可选参数。有关该参数的其他说明参见 LINEST 函数。

const 为一逻辑值,用于指定是否将常数 b 强制设为 1。如果 const 为 TRUE 或省略,b 将按正常计算。如果 const 为 FALSE,则常量 b 将设为 1,而 m 的值满足公式 $y = b \cdot m^x$。

stats 为一逻辑值,指定是否返回附加回归统计值。如果 stats 为 TRUE,函数 LOGEST 将返回附加的回归统计值,返回的数组见表9-1所示。如果stats 为FALSE 或省略,则函数 LOGSET 只返回系数 m 和常量 b。

有关附加回归统计值的详细信息,请参阅 LINEST 函数。

当仅有一个自变量 x 时,可直接用下面的公式计算出系数 m 和 b 的值。

$$系数 m = INDEX(LOGEST(known\_y's, known\_x's), 1)$$
$$系数 b = INDEX(LOGEST(known\_y's, known\_x's), 2)$$

(4) GROWTH 函数

GROWTH 函数的功能是根据现有的数据预测指数增长值。根据现有的 x 值和 y 值,GROWTH 函数返回一组新的 x 值对应的 y 值。可以使用 GROWTH 工作表函数来拟合满足现有 x 值和 y 值的指数曲线。该函数的语法格式为

$$=GROWTH(known\_y's, known\_x's, new\_x's, const)$$

式中：known_y's 为满足指数回归拟合曲线 $y=b\cdot m^x$ 的一组已知的 y 值。如果 known_ y's 中的任何数为零或为负数，GROWTH 函数将返回错误值#NUM!。有关该参数的其他说明参见 LINEST 函数。

known_x's 为满足指数回归拟合曲线 $y=b\cdot m^x$ 的一组已知的 x 值，为可选参数。有关该参数的其他说明参见 LINEST 函数。

new_x's 为需要通过 GROWTH 函数返回的对应 y 值的一组新 x 值。New_x's 与 known_x's 一样，对每个独立变量必须包括单独的一列(或一行)。因此，如果 known_y's 是单列的，known_x's 和 new_x's 应该有同样的列数。如果 known_y's 是单行的，known_x's 和 new_x's 应该有同样的行数。如果省略 new_x's，则假设它和 known_x's 相同。如果 known_x's 与 new_x's 都被省略，则假设它们为数组{1,2,3…}，其大小与 known_y's 相同。

const 为一逻辑值，用于指定是否将常数 b 强制设为 1。如果 const 为 TRUE 或省略，b 将按正常计算。如果 const 为 FALSE，b 将设为 1，m 值将被调整以满足 $y=m^x$。

2. 利用相关函数预测销售收入模型的建立

【例 9-1】某公司 2020 年各月彩电销售额的有关数据如图 9-1 的【已知条件】区域所示。根据以往的经验，该公司的销售额随着时间的推移有可能呈线性变动趋势或指数变动趋势。要求建立一个带有选择销售额变动趋势组合框控件的预测下一个月彩电销售额的模型。

建立模型的具体步骤如下所述。

01 设计模型的结构，如图 9-1 的【选择与计算区域】区域所示。

在【开发工具】选项卡【控件】功能组中单击【插入】命令，在展开的下拉列表中单击【表单控件】区域下的组合框控件按钮，然后将鼠标指针对准单元格 A11 的左上角，向右下方拖拽出一个组合框控件，再将鼠标指针对准组合框控件的边缘区域，单击右键，在系统弹出的快捷菜单中执行【设置控件格式】命令，在系统打开的【设置控件格式】对话框的【控制】选项卡中，在【数据源区域】栏中输入“$A$6:$A$7”，在【单元格链接】栏中输入“$A$11”，在【下拉显示项数】栏中输入“2”，并选择【三维阴影】复选框，最后单击【确定】按钮。

	A	B	C	D	E	F	G	H	I	J	K	L	M
1	已知条件												
2	年份	2020年实际											
3	月份	1	2	3	4	5	6	7	8	9	10	11	12
4	销售额（万元）	350	320	320	340	370	400	450	500	550	650	750	850
5	销售额可能的变动趋势		预测期		预测期的自变量								
6	线性趋势	y = m×x + b	2015年1月		13								
7	指数趋势	$y=b\cdot m^x$											
8													
9	选择与计算区域												
10	变动趋势的选择	利用LINEST或LOGEST函数计算					利用FORECAST或GROWTH函数计算						
11	指数趋势	系数m	1.09	2021年1月预计销售额（万元）		829.12	2021年1月预计销售额（万元）					829.12	
12		系数b	256.48										
13	返回的附加回归统计值												
14	1.09	256.48											
15	0.01	0.06											
16	0.92	0.10											
17	109.51	10.00											
18	1.16	0.11											

图9-1　利用相关函数预测销售收入模型(一元回归分析)

03 在单元格 C11 中输入公式“=IF($A$11=1,INDEX(LINEST(B4:M4,B3:M3),1), INDEX(LOGEST(B4:M4,B3:M3),1))”。

04 在单元格 C12 中输入公式 "=IF($A$11=1,INDEX(LINEST(B4:M4,B3:M3),2), INDEX (LOGEST(B4:M4,B3:M3),2))"。

05 在合并单元格 F11 中输入公式 "=IF($A$11=1,C12+C11*E6,C12*C11^E6)"。

06 在合并单元格 L11 中输入公式 "=IF($A$11=1,FORECAST(E6,B4:M4,B3:M3), GROWTH (B4:M4,B3:M3,E6))"。

07 选取单元格区域 A14:B18,输入数组公式 "=IF($A$11=1,LINEST(B4:M4,B3: M3,,TRUE), LOGEST(B4:M4,B3:M3,,TRUE))"。

这样,模型就建立好了。在单元格 A11 上的组合框控件中选择销售额的某种变动趋势,就可以得到相应的销售额预测的结果。为了合理地选择销售额的变动趋势,可以首先根据历史数据绘制散点图,根据图形的形状判断销售额变动的趋势。例如,在本例中,选取单元格区域 A3:M4,在【插入】选项卡【图表】功能组中单击【散点图】,然后在下拉列表中选择【仅带

数据标记的散点图】子图表类型,可得到初步绘制的图表,再对图表进行必要的编辑,包括删除图例和网格线、添加图表标题、添加横纵坐标轴标签等,得到最终编辑完成的图表,得到的散点图如图 9-2 所示。

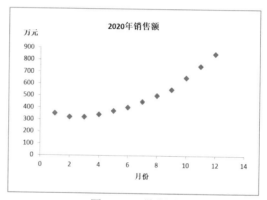

图9-2 XY散点图

从销售额的散点图中可以看出,该公司 2020 年 12 个月的销售额近似地呈指数变动趋势,所以可以在单元格 A11 的组合框控件中选择【指数趋势】,所得到的模型的运行结果如图 9-1 所示。

该公司以后在使用该模型进行销售预测时,可再根据新的历史数据的变动趋势在组合框控件中做出新的选择,就可以得到相应的新的计算结果。

【例 9-2】某公司 2020 年各月冰箱销售额的有关数据如图 9-3 的【已知条件】区域所示。根据以往的经验,该公司的冰箱销售额随着时间的推移与当地人口数和每户总收入数之间有可能呈线性变动趋势或指数变动趋势。要求建立一个带有选择销售额变动趋势组合框控件的预测下一个月冰箱销售额的模型。

建立模型的具体步骤如下所述。

01 设计模型的结构,如图 9-3 的【选择与计算区域】所示。

02 在【开发工具】选项卡【控件】功能组中单击【插入】命令,在展开的下拉列表中单击【表单控件】区域中的组合框控件按钮，然后将鼠标指针对准单元格区域 B12:C12 的左上角,向右下方拖动出一个组合框控件,再将鼠标指针对准组合框控件的边缘区域,单击右键,在系统弹出的快捷菜单中执行【设置控件格式】命令,在系统打开的【设置控件格式】对话框的【控制】选项卡中,在【数据源区域】栏中输入 "$A$8:$A$9",在【单元格链接】栏中输入 "$B$12",在【下拉显示项数】栏中输入 "2",并选择【三维阴影】复选框,最后单击【确定】按钮。

	A	B	C	D	E	F	G	H	I	J	K	L	M
1	已知条件												
2	年份	2020年实际											
3	月份	1	2	3	4	5	6	7	8	9	10	11	12
4	人口数（X_1，千人）	274	180	375	205	86	195	53	430	372	236	265	98
5	每户总收入（X_2，元）	2450	3254	3802	2838	2347	2137	2560	4020	4427	2660	3782	3008
6	冰箱销售额（Y，千元）	162	120	223	131	67	116	55	252	232	144	169	81
7	销售额可能的变动趋势			预测期			2021年1月						
8	线性趋势	$y=m_1x_1+m_2x_2+b$		预测期的人口数（千人）			157						
9	指数趋势	$y=b\cdot m_1^{x_1}\cdot m_2^{x_2}$		预测期的每户总收入（元）			2088						
10													
11	选择与计算区域												
12	变动趋势的选择	线性趋势											
13	返回的附加回归统计值			预测方程的系数									
14	0.0111	0.4860	-0.7325	m_1=	0.49								
15	0.0011	0.0068	2.5569	m_2=	0.0111								
16	1.00	1.84	#N/A	b=	-0.7325								
17	6747.46	9.00	#N/A	预计销售额（万元）									
18	45867.41	30.59	#N/A	98.81									

图9-3 利用相关函数预测销售收入模型(多元回归分析)

03 选取单元格区域 A14:C18，输入公式“=IF($B$12=1,LINEST(B6:M6,B4:M5,,TRUE),LOGEST(B6:M6,B4:M5,,TRUE))”。

04 在单元格 E14 中输入公式“=INDEX(A14:C18,1,2)”。

05 在单元格 E15 中输入公式“=INDEX(A14:C18,1,1)”。

06 在单元格 E16 中输入公式“=INDEX(A14:C18,1,3)”。

07 在单元格 E18 中输入公式“=IF($B$12=1,C14+B14*G8+A14*G9,C14*(B14^G8)*(A14^G9))”。

这样，模型就建立好了。在组合框控件中选择销售额的某种变动趋势，就可以得到相应的销售额预测的结果。例如，若在组合框控件中选择【线性趋势】，所得到的模型的运行结果如图 9-3 所示。

若在组合框控件中选择【指数趋势】，所得到的模型的运行结果如图 9-4 所示。

	A	B	C	D	E
11	选择与计算区域				
12	变动趋势的选择	指数趋势			
13	返回的附加回归统计值			预测方程的系数	
14	1.0000	1.0040	52.7015	m_1=	1.00
15	0.0001	0.0004	0.1479	m_2=	1.0000
16	0.96	0.11	#N/A	b=	52.7015
17	110.29	9.00	#N/A	预计销售额（万元）	
18	2.51	0.10	#N/A	98.43	

图9-4 选择【指数趋势】时模型的运行结果

由模型的运行结果可以看出，在两种情况下模型的运行结果相差不大，但在选择指数趋势进行预测时的残差平方和最小，故可以考虑将这种情况下模型的运行结果作为下期冰箱销售额的预测值。

9.1.2 利用数据分析工具预测销售收入模型

Excel 的数据分析工具库提供了 3 种统计观测分析工具，即移动平均法、指数平滑法和回归分析法预测工具，可以很方便地用于进行销售预测。

为了能够使用数据分析工具库，首先需要将其加载到【数据】选项卡上。加载的方法是，在【文件】菜单中执行【选项】命令，然后在系统打开的【Excel选项】对话框中单击打开【加载项】选项卡，并在其中的【加载项】列表框中选择【分析工具库】，如图9-5所示；再单击【转到】按钮，则系统会打开【加载宏】对话框，在其中的【可用加载宏】列表框中选择【分析工具库】，如图9-6所示；单击【确定】按钮后，就可以把【数据分析】工具加载到【数据】选项卡。

图9-5　【Excel选项】对话框

图9-6　【加载宏】对话框

值得注意的是，按上述步骤操作之后，如果在【数据】选项卡中找不到【数据分析】命令，或者上述操作步骤无法顺利完成，则说明用户所使用的电脑在安装Office系统的过程中Excel组件没有被完全安装。解决这个问题的方法是需要首先卸载Office系统，然后重新安装，并且在安装的过程中，在【安装选项】对话框的Microsoft Excel组件和【Office工具】组件的下拉菜单中都选择【从本机运行全部程序】命令。

下面通过具体例题分别介绍3种数据分析工具的使用方法。

1. 基于移动平均法的销售预测模型

移动平均法是指根据过去若干时期的销售数据，计算其平均数，并将计算平均数的时期不断往后推移，每次只用最近若干期的数据进行预测的销售预测方法。移动平均法是一种简单的平滑预测技术，当时间序列的数值由于受周期变动和随机波动的影响起伏较大，不易显示出事件的发展趋势时，使用移动平均法可以消除这些因素的影响，显示出事件的发展方向与趋势，然后依趋势线分析预测序列的长期趋势。

移动平均法可以分为简单移动平均和加权移动平均两种情况，其中简单移动平均法是最常用的一种方法。简单移动平均法的计算公式为

$$F_t=(A_{t-1}+A_{t-2}+A_{t-3}+\cdots+A_{t-n})/n$$

式中：F_t为对下一期的预测值；n为移动平均的时期个数；A_{t-1}为前期实际值；A_{t-2}、A_{t-3}和A_{t-n}分别表示前两期、前三期直至前n期的实际值。

【例9-3】某公司2020年各月彩电销售额的有关数据如图9-7的【已知条件】区域所示。要求建立一个利用移动平均法(按3期移动平均)预测下一个月彩电销售额的模型。

建立模型的具体步骤如下所述。

01 设计模型的结构，如图 9-7 的【预测过程与结果】区域所示。

	A	B	C	D	E	F	G	H	I	J	K	L	M
1							已知条件						
2	年度						2020						
3	月份	1	2	3	4	5	6	7	8	9	10	11	12
4	彩电销售额（万元）	50	52	60	65	58	55	66	72	75	83	85	86
5	移动平均的时期个数	3	预测期	2015年1月									
6													
7							预测过程与结果						
8	年度						2020						
9	月份	1	2	3	4	5	6	7	8	9	10	11	12
10	移动平均数（n=3）	#N/A	#N/A	54.00	59.00	61.00	59.33	59.67	64.33	71.00	76.67	81.00	84.67
11	标准误差	#N/A	#N/A	#N/A	5.1962	4.6108	4.7571	6.2628	6.1884	6.1884	4.9028	4.3928	
12	2021年1月预计彩电销售额（万元）	84.67											

图9-7　基于移动平均法的销售预测模型

02 单击【数据】选项卡【分析】功能组中的【数据分析】命令，在系统打开的【数据分析】对话框的【分析工具】列表框中选择【移动平均】命令，如图 9-8 所示。

03 单击【确定】按钮以后，在系统打开的【移动平均】对话框中，在【输入区域】栏中输入"$B$4:$M$4"，在【间隔】栏中输入"3"，在【输出区域】栏中输入"$B$10"，再选中【图表输出】和【标准误差】复选框，如图 9-9 所示。

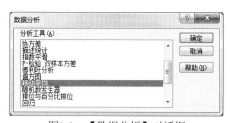

图9-8　【数据分析】对话框

图9-9　【移动平均】对话框的设置

04 单击【确定】按钮以后，即可得到移动平均数、相应的标准误差和输出的图表。

05 在单元格 D12 中输入公式"=M10"，即可得到所需要的预测结果。

模型运算的数据结果如图 9-7 所示，其中单元格区域 B10:C10 和 B11:E11 的返回值是"#N/A"，这是一种类型的错误值，表示这些单元格不适合进行相应计算。由于在如图 9-9 所示的【移动平均】对话框中选中了【图表输出】复选框，所以模型运行后会自动输出图表，如图 9-10 所示。

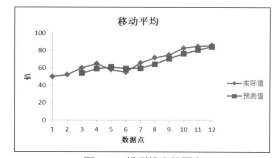

图9-10　模型输出的图表

2. 基于指数平滑法的销售预测模型

指数平滑法是指根据最近时期的实际数据和预测数据，并借助于平滑系数进行销售预测的方法。计算公式为

$$F_t = \alpha \cdot D_{t-1} + (1-\alpha) \cdot F_{t-1}$$

或

$$F_t = (1-\beta)\cdot D_{t-1} + \beta\cdot F_{t-1}$$

式中：F_{t-1} 为上期的预测销售数；F_t 为新一期(即计划期)的预测销售数；D_{t-1} 为上期的实际销售数；α 为平滑系数($0\leqslant\alpha\leqslant1$)；$\beta$ 为阻尼系数($0\leqslant\beta\leqslant1$)，$\beta=1-\alpha$。

平滑系数 α 的作用是适当消除偶然事件引起的实际数波动，使预测更为精确。平滑系数越大，或阻尼系数越小，近期实际数对预测结果的影响越大，反之，平滑系数越小，或阻尼系数越大，近期实际数对预测结果的影响越小。运用 Excel 的数据分析工具库中的指数平滑法进行销售预测时需要使用阻尼系数。

【例9-4】某公司 2020 年各月彩电销售额的有关数据如图 9-11 的【已知条件】区域所示。要求建立一个利用指数平滑法(阻尼系数=0.3)预测下一个月彩电销售额的模型。

建立模型的具体步骤如下所述。

01 设计模型的结构，如图 9-11 的【预测过程与结果】区域所示。

	A	B	C	D	E	F	G	H	I	J	K	L	M
1		已知条件											
2	年度						2020						
3	月份	1	2	3	4	5	6	7	8	9	10	11	12
4	彩电销售额（万元）	50	52	60	65	58	55	66	72	75	83	85	86
5	阻尼系数	0.3	预测期	2015年1月		预测方法		指数平滑法					
6													
7		预测过程与结果											
8	年度						2020						
9	月份	1	2	3	4	5	6	7	8	9	10	11	12
10	预测值	#N/A	50.00	51.40	57.42	62.73	59.42	56.33	63.10	69.33	73.30	80.09	83.53
11	标准误差	#N/A	#N/A	#N/A	#N/A	6.7185	7.1589	5.7535	6.7194	8.0077	8.2666	8.2769	7.0801
12	2021年1月预计彩电销售额（万元）	85.26											

图9-11 基于指数平滑法的销售预测模型

02 单击【数据】选项卡【分析】功能组中的【数据分析】命令，在系统打开的【数据分析】对话框的【分析工具】列表框中选择【指数平滑】命令，如图 9-12 所示。

03 单击【确定】按钮以后，在系统打开的【指数平滑】对话框中，在【输入区域】栏中输入"$B$4:$M$4"，在【阻尼系数】栏中输入"0.3"，在【输出区域】栏中输入"$B$10"，再选中【图表输出】和【标准误差】复选框，如图 9-13 所示。

图9-12 【数据分析】对话框

图9-13 【指数平滑】对话框的设置

04 单击【确定】按钮以后，即可得到各期的预测值、相应的标准误差和输出的图表。

05 在单元格 D12 中输入公式 "=M4*(1-B5)+M10*B5"，即可得到所需要的预测结果。

模型运算的数据结果如图 9-11 所示。由于在如图 9-13 所示的【指数平滑】对话框中选中了【图表输出】复选框，所以模型运行后会自动输出图表，如图 9-14 所示。

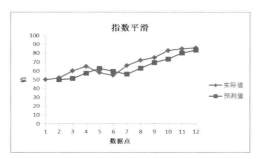

图 9-14　模型输出的图表

3. 基于回归分析法的销售预测模型

回归分析法是指在掌握大量观测数据的基础上，利用数理统计方法建立因变量与自变量之间的回归关系函数表达式并据此进行预测的方法。回归分析包括一元回归分析和多元回归分析以及线性回归分析和非线性回归分析这几种不同的情况。通常线性回归分析法是最基本的分析方法，遇到非线性回归问题时可以借助数学手段将其转化为线性回归问题进行处理。在建立非线性回归分析模型的过程中，可以使用 LN 函数和 EXP 函数，这两个函数的功能已分别在第 5 章和第 2 章中做过介绍。

下面举例说明在几种不同的情况下建立回归分析模型的方法。

【例 9-5】某公司 2020 年各月实际冰箱销售额和 2021 年 1 月预计的总人口及每户总收入的有关数据如图 9-15 的【已知条件】区域所示。要求建立一个利用回归分析法预测 2021 年 1 月冰箱销售额的模型。

建立模型的具体步骤如下所述。

01 设计模型的结构，如图 9-15 的【计算结果】区域所示。

月份	人口数 $(X_1,$ 千人$)$	每户总收入 $(X_2,$ 元$)$	冰箱销售额 $(Y,$ 千元$)$	销售收入变动趋势		
				已知条件		
1	274	2450	162	线性趋势：$y = m_1x_1 + m_2x_2 + b$		
2	180	3254	120	预测期		
3	375	3802	223	2021 年 1 月		
4	205	2838	131	预测期的人口数（千人）		
5	86	2347	67	157		
6	195	2137	116	预测期的每户总收入（元）		
7	53	2560	55	2088		
8	430	4020	252			
9	372	4427	232			
10	236	2660	144			
11	265	3782	169			
12	98	3008	81			
计算结果						
预计的冰箱销售额（千元）	98.81					

图 9-15　基于回归分析法的销售预测模型(线性回归分析)

02 单击【数据】选项卡【分析】功能组中的【数据分析】命令，在系统打开的【数据分析】对话框的【分析工具】列表框中选择【回归】命令，如图 9-16 所示。

03 单击【确定】按钮以后，在系统打开的【回归】对话框中，在【Y 值输入区域】栏中输入 "$D$3:$D$14"，在【X 值输入区域】栏中输入 "$B$3:$C$14"，在【输出区域】栏中输入 "$A$18"，如图 9-17 所示。

图9-16 【数据分析】对话框

图9-17 【回归】对话框的设置

04 单击【确定】按钮以后，即可在单元格 A18 的下方得到回归分析的有关参数。

05 在单元格 C17 中输入公式 "=B34+B35*E7+B36*E9"，即可得到所需要的预测结果。模型运算的数据结果如图 9-18 所示。

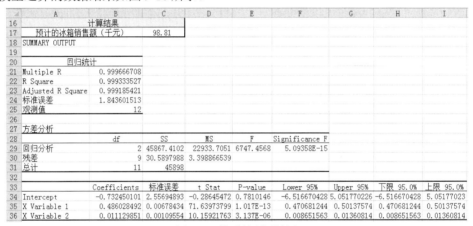

图9-18 模型的预测结果

【例 9-6】某公司 2020 年各月实际冰箱销售额和 2021 年 1 月预计的总人口及每户总收入等有关数据如图 9-19 的【已知条件】区域所示。要求建立一个利用回归分析法预测 2021 年 1 月冰箱销售额的模型。

建立模型的具体步骤如下所述。

01 设计模型的结构，如图 9-19 的【预测过程与结果】区域所示。

02 选取单元格区域 G4:I15，输入数组公式 "=LN(B4:D15)"。

03 单击【数据】选项卡【分析】功能组中的【数据分析】命令，在系统打开的【数据分析】对话框的【分析工具】列表框中选择【回归】命令，如图 9-20 所示。

04 单击【确定】按钮以后，在系统打开的【回归】对话框中，在【Y 值输入区域】栏中输入 "$G$4:$G$15"，在【X 值输入区域】栏中输入 "$H$4:$I$15"，在【输出区域】栏中输入 "$A$22"，如图 9-21 所示。

05 单击【确定】按钮以后，即可在单元格 A22 的下方得到回归分析的有关参数，如图 9-22 所示。

	A	B	C	D	E	F	G	H	I
1	已知条件(金额单位:千元)					预测过程与结果			
2	2020年数据					数据变换: $\ln Y = \ln a + b\ln X_1 + c\ln X_2$			
3	月份	销售额Y	广告支出X₁	人均月收入X₂		月份	lnY	lnX₁	lnX₂
4	1	3536	163	30		1	8.1708	5.0938	3.4012
5	2	4028	144	20		2	8.3010	4.9698	2.9957
6	3	3053	275	11		3	8.0239	5.6168	2.3979
7	4	2558	274	11		4	7.8470	5.6131	2.3979
8	5	3618	264	23		5	8.1937	5.5759	3.1355
9	6	4106	114	29		6	8.3202	4.7362	3.3673
10	7	3799	155	16		7	8.2425	5.0434	2.7726
11	8	3810	100	27		8	8.2454	4.6052	3.2958
12	9	3985	135	18		9	8.2903	4.9053	2.8904
13	10	3860	160	11		10	8.2584	5.0752	2.3979
14	11	3950	180	15		11	8.2815	5.1930	2.7081
15	12	4010	170	20		12	8.2965	5.1358	2.9957
16	销售额变动趋势: $Y = aX_1^{\,b}X_2^{\,c}$					估计的参数		预测期销售收入(千元)	
17	预测期			2021年1月		lna=	9.46	lnX₁	5.16
18	预测期的广告支出 (X₁, 千元)			175		b=	-0.27	lnX₂	2.89
19	预测期的人均月收入 (X₂, 千元)			18		c=	0.05	lnY	8.20
20								Y=	3627.02

图9-19 基于回归分析法的销售预测模型(非线性回归分析)

图9-20 【数据分析】对话框 图9-21 【回归】对话框的设置

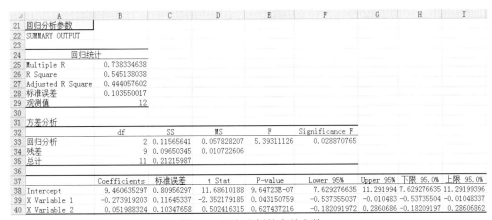

	A	B	C	D	E	F	G	H	I
21	回归分析参数								
22	SUMMARY OUTPUT								
23									
24	回归统计								
25	Multiple R	0.738334638							
26	R Square	0.545138038							
27	Adjusted R Square	0.444057602							
28	标准误差	0.103550017							
29	观测值	12							
30									
31	方差分析								
32		df	SS	MS	F	Significance F			
33	回归分析	2	0.11565641	0.057828207	5.39311126	0.028870765			
34	残差	9	0.09650345	0.010722606					
35	总计	11	0.21215987						
36									
37		Coefficients	标准误差	t Stat	P-value	Lower 95%	Upper 95%	下限 95.0%	上限 95.0%
38	Intercept	9.460635297	0.80956297	11.68610188	9.64723E-07	7.629276635	11.291994	7.629276635	11.29199396
39	X Variable 1	-0.273919203	0.11645337	-2.352179185	0.043150759	-0.537355037	-0.010483	-0.53735504	-0.01048337
40	X Variable 2	0.051988324	0.10347658	0.502416315	0.627437216	-0.182091972	0.2860686	-0.18209197	0.28606862

图9-22 回归分析的有关参数

06 选取单元格区域 G17:G19,输入数组公式 "=B38:B40"。

07 选取单元格区域 I17:I18,输入数组公式 "=LN(D18:D19)"。

08 在单元格 I19 中输入公式 "=G17+G18*I17+G19*I18"。

09 在单元格 I20 中输入公式 "=EXP(I19)"。

模型运算的数据结果如图 9-19 所示。

9.1.3 利用绘图工具预测销售收入模型

在利用回归分析法进行销售预测的过程中，如果涉及的自变量只有一个，那么除了可以利用数据分析工具进行预测以外，对于一元线性或非线性回归问题，还可以利用绘图工具来解决这类问题。下面举例对此加以说明。

【例9-7】某公司2020年各月彩电销售额的有关数据如图9-23的【已知条件】区域所示。要求建立一个利用绘图工具预测2021年1月彩电销售额的模型。

建立模型的具体步骤如下所述。

01 设计模型的结构，如图9-23的【预测结果】区域所示。

	A	B	C	D	E	F	G	H	I	J	K	L	M
1						已知条件							
2	年度					2020							
3	月份		1	2	3	4	5	6	7	8	9	10	11	12
4	彩电销售额（万元）		302	315	312	318	325	350	355	362	346	365	357	385
5	预测期		2021年1月	预测期自变量		13							
6													
7	预测结果												
8	预计彩电销售额（万元）												

图9-23 利用绘图工具预测销售收入模型

02 选取单元格区域A3:M4，在【插入】选项卡【图表】功能组中单击【散点图】，然后在下拉列表中选择【仅带数据标记的散点图】子图表类型，得到初步绘制的图表，如图 9-24 所示。

03 将鼠标指针对准图表中的数据点，单击右键，在系统弹出的快捷菜单中执行【添加趋势线】命令，然后在系统打开的【设置趋势线格式】对话框的【趋势线选项】选项卡中，根据销售收入散点图的变动趋势选择合适的趋势线类型，这里在【趋势预测/回归分析类型】区域中保持默认的选中【线性】单选按钮的状态不变，再选中下边的【显示公式】和【显示 R 平方值】复选框，如图 9-25 所示。

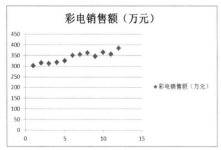

图9-24 初步绘制的散点图

图9-25 【设置趋势线格式】对话框

04 单击【关闭】按钮，即在图表中得到添加的趋势线和回归方程以及判定系数 R^2，再进一步编辑图表，包括删除图例和网格线、添加横坐标轴标签等，得到添加趋势线后的图表，如图 9-26 所示。

05 根据图 9-26 中显示的回归方程，在单元格 B8 中输入公式 "=6.7063*G5+ 297.41"，即可得到彩电销售额的预测结果。

模型的运行结果如图 9-27 所示。

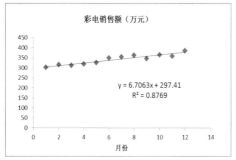

图9-26　添加趋势线后的图表

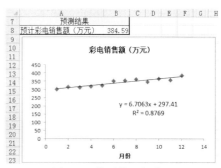

图9-27　模型的运行结果

9.2　销售增长率预测

9.2.1　销售增长与外部融资之间的关系分析模型

1. 销售增长与外部融资之间的基本关系

企业销售额的增长一般会引起资金需求量的增加。企业可以通过增加内部保留盈余或增加外部融资这两种途径来满足这种资金需求。企业从外部追加资金的数额与销售增长率之间的关系可用公式表示为

$$M = \Delta(A/S) \cdot S_0 \cdot g - \Delta(L/S) \cdot S_0 \cdot g - S_0 \cdot (1+g) \cdot R \cdot (1-D)$$
$$= [\Delta(A/S) - \Delta(L/S) - R \cdot (1-D)] \cdot S_0 \cdot g - S_0 \cdot R \cdot (1-D)$$

式中：M 为外部追加资金数额；$\Delta(A/S)$ 为基期经营资产销售百分比；$\Delta(L/S)$ 为基期经营负债销售百分比；S_0 为基期销售额；g 为销售额增长率；R 为销售净利率；D 为股利支付率。

由此可见，企业的外部融资需求可以根据销售增长率、销售净利率和股利支付率等参数来确定。

2. 销售增长与外部融资之间的关系分析模型的建立

【例 9-8】某公司 2020 年实际和 2021 年预计销售收入等有关数据以及销售增长率、销售净利率和股利支付率的模拟运算数据如图 9-28 中第 1 至 9 行单元格区域所示。要求建立一个计算该公司 2021 年外部融资需求数额的模型，并进行外部融资需求对销售增长率变动的单因素敏感性分析，以及外部融资需求对销售净利率和股利支付率变动的双因素敏感性分析，同时绘制相应的图表。

建立模型的具体步骤如下所述。

01 设计模型的结构，如图 9-28 中第 11 至 25 行单元格区域所示。

	A	B	C	D	E	F	G
1				已知条件			
2	2020年实际		2021年预计				
3	销售收入（万元）	2000	销售收入（万元）		2600		
4	经营资产（万元）	900	销售净利率		6.0%		
5	经营负债（万元）	150	股利支付率		60%		
6				模拟运算数据			
7	销售增长率	10%	20%	30%	40%	50%	
8	销售净利率	2%	4%	6%	8%	10%	
9	股利支付率	20%	40%	60%	80%	100%	
10							
11				计算结果			
12	基期经营资产销售百分比		45.00%	销售增长率		30.00%	
13	基期经营负债销售百分比		7.50%	外部融资需求（万元）		162.60	
14		外部融资需求对销售增长率变动的单因素敏感性分析（万元）					
15		计算公式		销售增长率			
16			10%	20%	30%	40%	50%
17	外部融资需求	162.6	22.20	92.40	162.60	232.80	303.00
18		外部融资需求对销售净利率和股利支付率变动的双因素敏感性分析（万元）					
19		计算公式		股利支付率			
20		162.6	20%	40%	60%	80%	100%
21	销售净利率	2%	183.40	193.80	204.20	214.60	225.00
22		4%	141.80	162.60	183.40	204.20	225.00
23		6%	100.20	131.40	162.60	193.80	225.00
24		8%	58.60	100.20	141.80	183.40	225.00
25		10%	17.00	69.00	121.00	173.00	225.00

图9-28 销售增长与外部融资之间的关系分析模型

02 在单元格 C12 中输入公式 "=B4/$B$3"，然后将其复制粘贴到 C13。

03 在单元格 F12 中输入公式 "=(E3-B3)/B3"。

04 分别在单元格 F13、B17 和 B20 中输入公式 "=(C12-C13-E4*(1-E5))*B3*F12-B3*E4*(1-E5)"。

05 选取单元格区域 C16:G16，输入数组公式 "=B7:F7"。

06 选取单元格区域 B16:G17，在【数据】选项卡【数据工具】功能组中单击【模拟分析】命令，然后在下拉菜单中选择【模拟运算表】命令，再在系统弹出的【模拟运算表】对话框中，在【输入引用行的单元格】栏中输入 "$F$12"，最后单击【确定】按钮。

07 选取单元格区域 C20:G20，输入数组公式 "=B9:F9"。

08 选取单元格区域 B21:B25，输入数组公式 "=TRANSPOSE(B8:F8)"。

09 选取单元格区域 B20:G25，在【数据】选项卡【数据工具】功能组中单击【模拟分析】命令，然后在下拉菜单中选择【模拟运算表】命令，再在系统弹出的【模拟运算表】对话框中，在【输入引用行的单元格】栏中输入 "$E$5"，在【输入引用列的单元格】栏中输入 "$E$4"，最后单击【确定】按钮。

模型的计算结果如图 9-28 所示。

10 选取单元格区域 C17:G17，在【插入】选项卡【图表】功能组中单击【折线图】，然后在下拉列表中的【二维折线图】区域中选择【带数据标记的折线图】子图表类型，得到初步绘制的图表，再进一步编辑图表，包括将横坐标轴标签设置为单元格区域$C$16:$G$16、删除图例和网格线、添加图表标题、添加横纵坐标轴标签等，得到编辑完成的外部融资需求与销售增长率之间的关系图，如图 9-29 所示。

11 选取单元格区域 C21:G25，在【插入】选项卡【图表】功能组中单击【折线图】，然后在下拉列表中的【二维折线图】区域中选择【带数据标记的折线图】子图表类型，得到初步绘制的图表，再进一步编辑图表，包括将横坐标轴标签设置为单元格区域$C$20:$G$20，将 5

个数据系列的名称分别设置为 "2%" "4%" "6%" "8%" "10%", 删除图例和网格线, 添加图表标题, 添加横纵坐标轴标签等, 得到编辑完成的外部融资需求与销售净利率和股利增长率之间的关系图, 如图 9-30 所示。

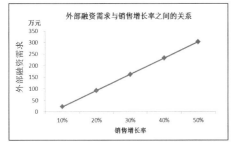

图9-29　外部融资需求与销售增长率之间的关系图

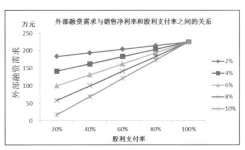

图9-30　外部融资需求的双因素敏感性分析图

由计算和图示结果可以看出, 在其他条件一定的情况下, 企业的销售增长率越高, 外部融资需求越大; 股利支付率越高, 外部融资需求越大; 销售净利率越高, 外部融资需求越少。

9.2.2　内含增长率及其敏感性分析模型

1. 内含增长率的概念和计算公式

内含增长率是指企业在不增外部融资、仅靠内部积累的情况下, 可以维持的销售额的最大增长率。根据前述的外部融资数额与销售增长率之间的关系式, 令外部融资需求等于 0, 可以求出内含增长率, 即根据公式

$$M = [\Delta(A/S) - \Delta(L/S) - R \cdot (1-D)] \cdot S_0 \cdot g - S_0 \cdot R \cdot (1-D) = 0$$

可得

$$g = \frac{R \cdot (1-D)}{\Delta(A/S) - \Delta(L/S) - R \cdot (1-D)}$$

式中: g 为内含增长率; 其他各符号的含义如前所述。

由上述公式可以看出, 如果企业未来预期的销售增长率等于内含增长率, 则外部融资等于 0; 如果企业未来预期的销售增长率大于内含增长率, 则外部融资大于 0, 这意味着企业必须依靠外部融资才能维持较高的预期销售增长率; 如果企业未来预期的销售增长率小于内含增长率, 则外部融资小于 0, 这意味着企业仅靠内部留存的资金即可维持预期的销售增长率, 但预期的销售增长率并没有达到企业在不增加外部融资的情况下可以维持的最高增长率水平, 表明企业的销售增长不足。

在 Excel 中计算销售增长率时, 既可以利用上面的公式直接计算, 也可以利用单变量求解工具计算。

2. 内含增长率及其敏感性分析模型的建立

【例 9-9】某公司 2020 年实际和 2021 年预计销售收入等有关数据以及销售净利率和股利支付率的模拟运算数据如图 9-31 中第 1 至 8 行单元格区域所示。要求建立一个计算该公司 2021

年内含增长率的模型，并进行内含增长率对销售净利率和股利支付率变动的双因素敏感性分析，同时绘制相应的图表。

建立模型的具体步骤如下所述。

01 设计模型的结构，如图 9-31 中第 10 至 22 行单元格区域所示。

02 在单元格 C11 中输入公式 "=B4/$B$3"，并将其复制粘贴到单元格 C12。

03 分别在单元格 C13 和 B17 中输入公式 "=E4*(1-E5)/(C11-C12-E4*(1-E5))"。

04 在单元格 G12 中输入公式 "=(C11-C12-E4*(1-E5))*B3*G13-B3*E4*(1-E5)"。

05 在【数据】选项卡【数据工具】功能组中单击【模拟分析】命令，然后在下拉菜单中选择【单变量求解】命令，并在系统弹出的【单变量求解】对话框中，在【目标单元格】栏中输入 "$G$12"，在【目标值】栏中输入 "0"，在【可变单元格】栏中输入 "$G$13"，单击【确定】按钮后，在系统弹出的【单变量求解状态】对话框中再单击【确定】按钮。

	A	B	C	D	E	F	G
1	已知条件						
2	2020年实际			2021年预计			
3	销售收入（万元）	2000	销售收入（万元）		2600		
4	经营资产（万元）	900	销售净利率		6.0%		
5	经营负债（万元）	150	股利支付率		60%		
6	模拟运算数据						
7	销售净利率	2%	4%	6%	8%	10%	
8	股利支付率	20%	40%	60%	80%	100%	
9							
10	计算结果						
11	基期经营资产销售百分比		45.00%	利用单变量求解工具计算内含增长率			
12	基期经营负债销售百分比		7.50%	外部融资需求（目标单元格）			0
13	利用公式计算的内含增长率		6.84%	内含增长率（可变单元格）			6.84%
14	2021预计的销售额增长率			30.00%			
15	内含增长率的双因素敏感性分析（万元）						
16		计算公式		股利支付率			
17		6.84%	20%	40%	60%	80%	100%
18	销售净利率	2%	4.46%	3.31%	2.18%	1.08%	0.00%
19		4%	9.33%	6.84%	4.46%	2.18%	0.00%
20		6%	14.68%	10.62%	6.84%	3.31%	0.00%
21		8%	20.58%	14.68%	9.33%	4.46%	0.00%
22		10%	27.12%	19.05%	11.94%	5.63%	0.00%

图9-31　内含增长率及其敏感性分析模型

06 在合并单元格 D14 中输入公式 "=(E3-B3)/B3"。

07 选取单元格区域 C17:G17，输入数组公式 "=B8:F8"。

08 选取单元格区域 B18:B22，输入数组公式 "=TRANSPOSE(B7:F7)"。

09 选取单元格区域 B17:G22，在【数据】选项卡【数据工具】功能组中单击【模拟分析】命令，然后在下拉菜单中选择【模拟运算表】命令，再在系统弹出的【模拟运算表】对话框中，在【输入引用行的单元格】栏中输入 "$E$5"，在【输入引用列的单元格】栏中输入 "$E$4"，最后单击【确定】按钮。

模型的运算结果如图 9-31 所示。

10 选取单元格区域 C18:G22，在【插入】选项卡【图表】功能组中单击【折线图】，然后在下拉列表中的【二维折线图】区域中选择【带数据标记的折线图】子图表类型，得到初步绘制的图表，再进一步编辑图表，包括将横坐标轴标签设置为单元格区域$C$17:$G$17，将 5 个数据系列的名称分别设置为 "2%" "4%" "6%" "8%" "10%"，删除图例和网格线，添加图表标题，添加横纵坐标轴标签等，得到编辑完成的内含增长率与销售净利率和股利增长率之间的关系图，如图 9-32 所示。

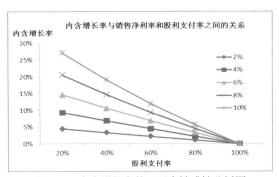

图9-32　内含增长率的双因素敏感性分析图

由模型的运行结果可以看出，该公司 2021 年预计的销售增长率大于内含增长率，表明公司必须从外部筹措资金才能维持销售额的增长。由计算和图示结果还可以看出，在其他条件一定的情况下，公司的销售净利率越高，内含增长率越高；股利支付率越高，内含增长率越低。

9.2.3　可持续增长率及其敏感性分析模型

1. 可持续增长率的概念和计算公式

可持续增长率是指企业在不增发新股并保持目前经营效率和财务政策的条件下可以维持的最大的销售额增长率。

可持续增长率通常是基于一系列假设条件计算的，这些假设条件包括：①企业的资本结构保持不变；②企业的股利支付率保持不变；③企业不发行新股，但可以通过增加债务的方式来取得外部资金；④企业的销售净利率保持不变；⑤企业的资产周转率保持不变。

企业的可持续增长率既可以根据期初股东权益计算，也可以根据期末股东权益计算。

(1) 根据期初股东权益计算的可持续增长率

在企业保持资本结构和经营效率等财务比率不变的情况下，根据期初股东权益计算可持续增长率的公式为

$$可持续增长率=销售净利率 \times 总资产周转次数 \times 收益留存率 \times 期初权益期末总资产乘数$$

或

$$可持续增长率=(本期净利/本期销售) \times (本期销售/期末总资产) \times 本期收益留存率 \times (期末总资产/期初股东权益)$$

(2) 根据期末股东权益计算的可持续增长率

在企业保持上述的资本结构和资产周转率等财务比率不变并且不对外发行新股的情况下，根据期末股东权益计算可持续增长率的有关公式为

$$可持续增长率 = \frac{收益留存率 \times 销售净利率 \times (1+负债/股东权益)}{资产/销售额 - 收益留存率 \times 销售净利率 \times (1+负债/股东权益)}$$

或

$$可持续增长率 = \frac{收益留存率 \times 销售净利率 \times 权益乘数 \times 总资产周转率}{1 - 收益留存率 \times 销售净利率 \times 权益乘数 \times 总资产周转率}$$

通过将企业未来预计的销售增长率与可持续增长率进行对比，可以了解企业未来将会出现超速增长还是增长不足的状况，并进一步分析在未来将会出现超速增长的情况下通过哪些方式筹措必要的资金，以及在未来将会出现增长不足的情况下应采取哪些相应的理财措施。

2. 可持续增长率及其敏感性分析模型的建立

【例9-10】某公司2020年实际和2021年预计的销售收入和利润等有关数据以及销售净利率和收益留存率的模拟运算数据如图9-33中第1至10行单元格区域所示。要求建立一个计算该公司2021年可持续增长率的模型，并进行可持续增长率对销售净利率和收益留存率变动的双因素敏感性分析，同时绘制相应的图表。

建立模型的具体步骤如下所述。

01 设计模型的结构，如图9-33中第12至27行单元格区域所示。

	A	B	C	D	E	F	G
1	已知条件						
2	简要的财务报表数据			模拟运算数据			
3	年度	2020年实际	2021年预计	销售净利率	收益留存率		
4	销售收入（万元）	3000	3240	2%	20%		
5	税后利润（万元）	180	210	4%	40%		
6	股利（万元）	108	126	6%	60%		
7	留存利润（万元）	72	84	8%	80%		
8	股东权益（万元）	990	1080	10%	100%		
9	负债（万元）	180	210				
10	总资产（万元）	1170	1290				
11							
12	计算结果						
13	相关的财务比率		增长率的计算				
14	销售净利率	6.48%		按期初股东权益计算	8.48%		
15	销售/总资产	2.5116	可持续增长率				
16	总资产/期初股东权益	1.3030		按期末股东权益计算	8.43%		
17	收益留存率	40%					
18	负债/期末股东权益	0.1944	2021年预计的销售增长率		8.00%		
19	资产/销售额	0.3981					
20	可持续增长率的双因素敏感性分析						
21	计算公式		收益留存率				
22	8.48%		20%	40%	60%	80%	100%
23	销售净利率	2%	1.31%	2.62%	3.93%	5.24%	6.55%
24		4%	2.62%	5.24%	7.85%	10.47%	13.09%
25		6%	3.93%	7.85%	11.78%	15.71%	19.64%
26		8%	5.24%	10.47%	15.71%	20.95%	26.18%
27		10%	6.55%	13.09%	19.64%	26.18%	32.73%

图9-33　可持续增长率及其敏感性分析模型

02 在单元格B14中输入公式"=C5/C4"。

03 在单元格B15中输入公式"=C4/C10"。

04 在单元格B16中输入公式"=C10/B8"。

05 在单元格B17中输入公式"=C7/C5"。

06 在单元格B18中输入公式"=C9/C8"。

07 在单元格B19中输入公式"=C10/C4"。

08 在合并单元格E14和单元格B22中分别输入公式"=B14*B15*B17*B16"。

09 在合并单元格E16中输入公式"=B14*B17*(1+B18)/(B19-B14*B17*(1+B18))"。

10 在合并单元格 E18 中输入公式 "=(C4-B4)/B4"。

11 选取单元格区域 C22:G22，输入数组公式 "=TRANSPOSE(E4:E8)"。

12 选取单元格区域 B23:B27，输入数组公式 "=D4:D8"。

13 选取单元格区域 B22:G27，在【数据】选项卡【数据工具】功能组中单击【模拟分析】命令，然后在下拉菜单中选择【模拟运算表】命令，再在系统弹出的【模拟运算表】对话框中，在【输入引用行的单元格】栏中输入 "$B$17"，在【输入引用列的单元格】栏中输入 "$B$14"，最后单击【确定】按钮。

模型的运算结果如图 9-33 所示。

14 选取单元格区域 C23:G27，在【插入】选项卡【图表】功能组中单击【折线图】，然后在下拉列表中的【二维折线图】区域中选择【带数据标记的折线图】子图表类型，得到初步绘制的图表，再进一步编辑图表，包括将横坐标轴标签设置为单元格区域 $C$22:$G$22，将 5 个数据系列的名称分别设置为 "2%" "4%" "6%" "8%" "10%"，删除图例和网格线，添加图表标题，添加横纵坐标轴标签等，得到编辑完成的可持续增长率与销售净利率和收益留存率之间的关系图，如图 9-34 所示。

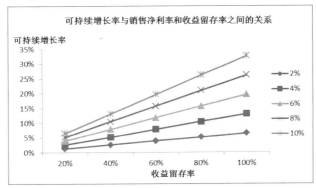

图9-34　可持续增长率的双因素敏感性分析图

由模型的运行结果可以看出，该公司 2021 年预计的销售增长率等于可持续增长率，表明公司不必对外发行新股就能维持销售额的增长。由计算和图示结果还可以看出，在其他条件一定的情况下，公司的销售净利率越高，可持续增长率越高；收益留存率越高，可持续增长率也越高。

9.3　销售数据的透视分析

9.3.1　建立销售数据透视表

在 Excel 中可以很方便地建立数据透视表。数据透视表是一种交互式报表，可以快速地合并和比较大量数据。在数据透视表中，可以通过旋转行和列来查看对源数据的不同方式的汇总结果，而且还可以只显示所需要区域的明细数据。为了建立数据透视表，要保证数据源是一个数据清单或数据库，即数据表的每列必须有列标题。下面举例说明建立和使用数据透视表的具体方法。

【例 9-11】甲公司 2019 和 2020 年的销售数据清单如图 9-35 的第 1 至第 86 行单元格区域所示。要求建立一个销售数据透视表，以便能够很快捷地查看对源数据的不同方式的汇总结果。

	A	B	C	D	E	F
1	甲公司销售数据清单					
2	销售日期	商品名称	销售量（台）	销售收入（元）	销售地点	销售人员
3	2019/1/13	彩电	57	54,891	北京	刘新
4	2019/1/18	空调	44	97,768	南京	高玉
5	2019/1/23	冰箱	45	83,160	上海	王华
83	2020/12/2	电风扇	66	36,432	南京	高玉
84	2020/12/7	彩电	66	63,624	上海	王华
85	2020/12/16	电脑	45	189,585	天津	李颖
86	2020/12/26	空调	66	148,038	沈阳	唐旭

图9-35　甲公司的销售数据清单

建立数据透视表的具体步骤如下所述。

01 在单元格区域 A2:F86 的数据表中任选一个单元格，然后在【插入】选项卡【表格】功能组中单击【数据透视表】命令，则系统会打开【创建数据透视表】对话框，如图 9-36 所示。

02 在【创建数据透视表】对话框保持默认的设置不做任何修改，单击【确定】按钮，则系统会在新插入的一张新工作表中建立一个空的数据透视表，如图 9-37 所示，同时在该工作表的右边弹出【数据透视表字段列表】，如图 9-38 所示，从中可以看出，数据透视表可分为【报表筛选】【行标签】【列标签】和【数值】4 个区域，其中的【报表筛选】区域又可称为页字段区域，【行标签】和【列标签】区域又可分别称为行字段区域和列字段区域。

图9-36　【创建数据透视表】对话框

图9-37　已创建的空白数据透视表

03 在【数据透视表字段列表】中，将鼠标指针指向【选择要添加到报表的字段】列表框中的【销售日期】字段，按住鼠标左键不放，将其拖放到【报表筛选】栏中；再按照类似的方法，分别将【销售地点】和【商品名称】字段拖放到【行标签】栏和【列标签】栏中，再将【销售量(台)】和【销售收入(元)】字段都拖放到【数值】栏中，如图 9-39 所示，在拖放字段的过程中，已创建的数据透视表会随之发生变化，设置完成字段列表的布局后所得到的数据透视表如图 9-40 所示。

图9-38　【数据透视表字段列表】

图9-39　设置布局后的【数据透视表字段列表】

图9-40　设置布局完成后所得到的数据透视表

9.3.2　编辑和使用销售数据透视表

如图 9-40 所示的数据透视表虽然能够反映不同城市不同商品销售量和销售收入数据的汇总情况，但表格的形式很不美观，不能很清晰地反映所需要的汇总信息。在使用数据透视表的过程中可以根据需要对其进行编辑，具体步骤如下。

01 选择单元格 B5，在公式编辑栏中将【求和项：销售量(台)】改为【销售量】，再选择单元格 C5，在公式编辑栏中将【求和项：销售收入(元)】改为【销售收入】，然后适当调整数据透视表的列宽，得到修改字段名称后的数据透视表，如图 9-41 所示。

销售日期	(全部)											
	列标签											
	冰箱		彩电		电风扇		电脑		空调		销售量汇总	销售收入汇总
行标签	销售量	销售收入	销售量	销售收入	销售量	销售收入	销售量	销售收入	销售量	销售收入		
北京	29	53574	291	276385			198	919476			518	1249435
南京					313	169922	120	532216	44	97768	477	799906
上海	105	192840	256	245980	144	78953					505	517773
沈阳	167	311172			80	42026	180	845458	66	148038	493	1346694
太原	73	136474	119	110734			25	109450	238	537377	455	894035
天津	82	152480	84	77384			207	892871	110	247590	483	1370325
武汉	11	20592					307	1397355	95	216321	413	1634268
长春			83	81272	279	157788	113	538015			475	777135
总计	467	867132	833	791755	816	448689	1150	5234901	553	1247094	3819	8589571

图9-41　修改字段名称后的数据透视表

02 在数据透视表中任选一个单元格，单击鼠标右键，在快捷菜单中执行【数据透视表选项】命令，然后在系统弹出的【数据透视表选项】对话框的【布局和格式】选项卡中，选中【合并且居中排列带标签的单元格】复选框，如图9-42所示。

若不希望数据透视表更新时自动调整列宽，可在如图9-42所示的对话框中单击取消【更新时自动调整列宽】复选框。

03 单击【确定】按钮之后，得到各种商品名称标签居中显示后的数据透视表，如图9-43所示。

图9-42 选中【合并且居中排列带标签的单元格】复选框

行标签	冰箱		彩电		电风扇		电脑		空调		销售量汇总	销售收入汇总
	销售量	销售收入	销售量	销售收入	销售量	销售收入	销售量	销售收入	销售量	销售收入		
北京	29	53574	291	276385			198	919476			518	1249435
南京					313	169922	120	532216	44	97768	477	799906
上海	105	192840	256	245980	144	78953					505	517773
沈阳	167	311172			80	42026	180	845458	66	148038	493	1346694
太原	73	136474	119	110734			25	109450	238	537377	455	894035
天津	82	152480	84	77384			207	892871	110	247590	483	1370325
武汉	11	20592					307	1397355	95	216321	413	1634268
长春			83	81272	279	157788	113	538075			475	777135
总计	467	867132	833	791755	816	448689	1150	5234901	553	1247094	3819	8589571

图9-43 商品名称标志合并居中显示后的效果

04 在如图9-43所示的数据透视表中，每行的销售量汇总数据显然没有意义。若不希望在数据透视表中显示行总计和列总计，可在数据透视表中任选一个单元格，单击鼠标右键，在快捷菜单中执行【数据透视表选项】命令，然后在系统弹出的【数据透视表选项】对话框的【汇总和筛选】选项卡中，单击取消【显示行总计】和【显示列总计】复选框，如图9-44所示。

05 单击【确定】按钮之后，得到不显示行总计数和列总计数的数据透视表，如图9-45所示。

图9-44 设置不显示行总计和列总计

图9-45 不显示行总计数和列总计数的数据透视表

06 如果不再需要在数据透视表中查看销售量的汇总数据，可在【数据透视表字段列表】中单击【数值】栏中【销售量】字段右边的倒三角形下拉按钮，然后在下拉菜单中执行【删除字段】命令，或者直接将鼠标指针对准【数值】栏中的【销售量】字段，按住鼠标左键不放，将其拖回【选择要添加到报表的字段】列表框中，这步操作完成后所得到的数据透视表如图 9-46 所示。

07 在如图 9-46 所示的数据透视表中，所有的数据都是销售收入，所以行列总计数是有意义的。若希望显示行列总计数，可再次打开如图 9-44 所示的对话框，并在其中选中【显示行总计】和【显示列总计】复选框，这步操作完成后所得到的数据透视表如图 9-47 所示。

销售日期	(全部)				
销售收入 行标签	列标签 冰箱	彩电	电风扇	电脑	空调
北京	53574	276385		919476	
南京			169922	532216	97768
上海	192840	245980	78953		
沈阳	311172		42026	845458	148038
太原	136474	110734		109450	537377
天津	152480	77384		892871	247590
武汉	20592			1397355	216321
长春			81272	157788	538075

图9-46　只显示销售收入数据的数据透视表

销售日期	(全部)					
销售收入 行标签	列标签 冰箱	彩电	电风扇	电脑	空调	总计
北京	53574	276385		919476		1249435
南京			169922	532216	97768	799906
上海	192840	245980	78953			517773
沈阳	311172		42026	845458	148038	1346694
太原	136474	110734		109450	537377	894035
天津	152480	77384		892871	247590	1370325
武汉	20592			1397355	216321	1634268
长春			81272	157788	538075	777135
总计	867132	791755	448689	5234901	1247094	8589571

图9-47　重新显示行总计数和列总计数的数据透视表

08 制作数据透视表以后，若希望重新调整数据透视表的布局，可以在数据透视表中任选一个单元格，则工作表的右边就会出现【数据透视表字段列表】，在其中根据需要拖放字段进行布局调整即可。在 Excel 2010 中，默认情况下是不能像在 Excel 2003 中一样直接通过在数据透视表中拖放字段来调整布局的。如果希望实现这个目标，可以在数据透视表中任选一个单元格，然后单击鼠标右键，并在出现的快捷菜单中选择【数据透视表选项】命令，则系统会打开【数据透视表选项】对话框，在该对话框的【显示】选项卡中，选中【经典数据透视表布局(启用网格中的字段拖放)】复选框，如图 9-48 所示。

图9-48　设置经典数据透视表布局

09 单击【确定】按钮之后，数据透视表中的报表筛选、行标签、列标签和数值区域都会被蓝色的框线所包围，在这种状态下就可以直接在数据透视表中通过拖放字段来调整布局了，也可以在数据透视表与字段列表之间拖放字段来调整布局。例如，将如图 9-47 所示数据透视表中的行字段和列字段的位置对调，所得到的数据透视表如图 9-49 所示。

销售日期	(全部)								
销售收入 商品名称	销售地点 北京	南京	上海	沈阳	太原	天津	武汉	长春	总计
冰箱	53574		192840	311172	136474	152480	20592		867132
彩电	276385		245980		110734	77384		81272	791755
电风扇		169922	78953	42026				157788	448689
电脑	919476	532216		845458	109450	892871	1397355	538075	5234901
空调		97768		148038	537377	247590	216321		1247094
总计	1249435	799906	517773	894035	1370325	1634268	777135	8589571	

图9-49　调整布局后的数据透视表

10 如果在如图 9-47 所示的数据透视表中，将【销售人员】字段也拖放到行字段区域，并且放在【销售地点】字段右边的位置，所得到的包含两个行字段的数据透视表如图 9-50 所示。

销售地点	销售人员	冰箱	彩电	电风扇	电脑	空调	总计
北京	李玲	53574	221494				275068
	刘新		54891		919476		974367
北京 汇总		53574	276385		919476		1249435
南京	程静			133490			133490
	高王			36432	532216	97768	666416
南京 汇总				169922	532216	97768	799906
上海	韩松		112356	25705			138061
	王华	192840	133624	53248			379712
上海 汇总		192840	245980	78953			517773
沈阳	唐旭	37700		42026	546992	148038	774756
	杨梅	273472			298466		571938
沈阳 汇总		311172		42026	845458	148038	1346694
太原	戴军	136474			109450	326773	572697
	田雪		110734			210604	321338
太原 汇总		136474	110734		109450	537377	894035
天津	李颖				429198	247590	676788
	刘立	152480	77384		463673		693537
天津 汇总		152480	77384		892871	247590	1370325
武汉	叶晨	20592			716184		736776
	张琴				681171	216321	897492
武汉 汇总		20592			1397355	216321	1634268
长春	李翔		81272	38521	538075		657868
	袁龙			119267			119267
长春 汇总			81272	157788	538075		777135
总计		867132	791755	448689	5234901	1247094	8589571

图9-50　包含两个行字段的数据透视表

11 在如图 9-50 所示的数据透视表中，每个城市的下方有一个对该城市销售人员的销售数据进行汇总的汇总行。如果不需要这个汇总行，可以将其删去，方法是双击 A4 单元格上的【销售地点】字段，然后在系统弹出的【字段设置】对话框的【分类汇总和筛选】选项卡中，选择【分类汇总】区域下方的【无】单选按钮，如图 9-51 所示。

12 单击【确定】按钮后，即可得到删除分类汇总行之后的数据透视表，如图 9-52 所示。

图9-51　【字段设置】对话框

销售地点	销售人员	冰箱	彩电	电风扇	电脑	空调	总计
北京	李玲	53574	221494				275068
	刘新		54891		919476		974367
南京	程静			133490			133490
	高王			36432	532216	97768	666416
上海	韩松		112356	25705			138061
	王华	192840	133624	53248			379712
沈阳	唐旭	37700		42026	546992	148038	774756
	杨梅	273472			298466		571938
太原	戴军	136474			109450	326773	572697
	田雪		110734			210604	321338
天津	李颖				429198	247590	676788
	刘立	152480	77384		463673		693537
武汉	叶晨	20592			716184		736776
	张琴				681171	216321	897492
长春	李翔		81272	38521	538075		657868
	袁龙			119267			119267
总计		867132	791755	448689	5234901	1247094	8589571

图9-52　删除分类汇总行之后的数据透视表

13 如果希望对数据透视表中数值的汇总方式进行修改，可在数据透视表中的数值区域任选一个单元格，单击鼠标右键，并在快捷菜单中执行【值字段设置】命令，则系统会打开【值字段设置】对话框，在该对话框的【值汇总方式】选项卡中，可根据需要选择值字段的汇总方式，如图 9-53 所示。

14 如果希望对数据透视表中的数字格式进行设置，可在如图 9-53 所示的【值字段设置】对话框中，单击【数字格式】按钮，则系统会打开【设置单元格格式】对话框，如图 9-54 所示，根据需要在其中进行相应的设置即可。

图9-53　【值字段设置】对话框

图9-54　【设置单元格格式】对话框

9.3.3　在数据透视表中分组查看数据

在建立好数据透视表之后,还可以根据需要按照某种标准分组查看数据。例如,在如图 9-52 所示的数据透视表的基础之上,现在希望制作一张按照年、季、月分组查看各种商品销售收入数据的透视表,具体操作步骤如下。

01 在如图 9-52 所示的数据透视表中,将原来的【销售人员】页字段拖放到表外,将原来的【销售地点】行字段拖放到页字段区域,将【销售日期】字段拖放到行字段区域,得到的数据透视表如图 9-55 所示(其中在第 8 行的上方插入了拆分条)。

销售收入 销售日期 ▼	商品名称 ▼ 冰箱	彩电	电风扇	电脑	空调	总计
2019/1/13		54891				54891
2019/1/18					97768	97768
2019/1/23	83160					83160
2020/11/30	14840			109450		124290
2020/12/2			36432			36432
2020/12/7		63624				63624
2020/12/16				189585		189585
2020/12/26					148038	148038
总计	867132	791755	448689	5234901	1247094	8589571

图9-55　反映不同日期各种商品销售收入汇总数据的透视表

02 选取数据透视表中 A 列的某个日期数据,单击右键,在快捷菜单中选择【创建组】命令,然后在系统弹出的【分组】对话框的【步长】列表框中选择【月】【季度】和【年】,如图 9-56 所示。

03 单击【确定】按钮,即可得到按年、季度和月分组显示销售收入汇总数据的透视表,如图 9-57 所示。

04 如果希望显示北京地区按年和月分组显示的各种商品销售收入的汇总数据,可以在 B2 单元格处单击右边的倒三角形,在展开的下拉列表中选择【北京】,并单击确定按钮,然后将数据透视表中的【季度】字段拖放到表外,再将 B4 单元格处的【销售日期】字段名修改为【月份】,即可得到如图 9-58 所示的数据透视表。

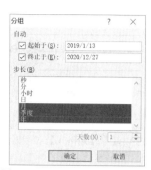

图9-56 【分组】对话框的设置

销售地点	(全部)							
销售收入			商品名称					
年	季度	销售日期	冰箱	彩电	电风扇	电脑	空调	总计
2019年	第一季	1月	83160	54891			97768	235819
		2月		138256	29910	239613		407779
		3月	146624			373386	83324	603334
	第二季	4月		86016	42480	266048	26868	421412
		5月		8604	50232	533480		592316
		6月	28080			48818		76898
	第三季	7月	64090	10109	72857	297594	159324	603974
		8月	137640		13000	243550		394190
		9月		31647	26826	325640	139141	523254
	第四季	10月	20592			421743	135110	577445
		11月	37700	37474	13133	681171	75140	844618
		12月	40414	56974				97388
2020年	第一季	1月	109680	59264			61398	230342
		2月		56109	20748			76857
		3月	86434	82548	38885	513685	77180	798732
	第二季	4月		60720		134865		195585
		5月			7785	294525	108339	410649
		6月		16286	13312	452408		482006
	第三季	7月	25494		40248	109340		175082
		8月		29233				29233
	第四季	10月	72384		17453		135464	225301
		11月	14840		25388	109450		149678
		12月		63624	36432	189585	148038	437679
总计			867132	791755	448689	5234901	1247094	8589571

图9-57 按年、季度和月分组显示销售收入数据透视表

销售地点	北京				
销售收入		商品名称			
年	月份	冰箱	彩电	电脑	总计
2019年	1月		54891		54891
	2月		68256		68256
	3月			373386	373386
	4月		67896		67896
	5月			249755	249755
	6月	28080			28080
2020年	2月		56109		56109
	3月			296335	296335
	7月	25494			25494
	8月		29233		29233
总计		53574	276385	919476	1249435

图9-58 北京地区按年和月分组显示的各种商品销售数据透视表

如果不再需要分组查看数据，只需在如图9-58所示的数据透视表的行字段区域中选择某个单元格，单击鼠标右键，并在快捷菜单中执行【取消组合】命令即可。

9.3.4 制作明细数据表

在制作完成的数据透视表中，每个数据都是一个汇总数。如果希望了解某个汇总数据是由哪些明细记录汇总起来的，可以制作明细数据表。例如，在如图9-47所示的数据透视表中，要想了解北京地区彩电数据对应的明细记录，可以用鼠标指针对准C5单元格双击，则系统会自动插入一张新工作表显示C5单元格对应的明细记录，如图9-59所示，表中的筛选状态是系统自动建立的，实际上所建立的这张明细表同时也自动被创建了列表，在这种状态下，在数据表的底部陆续添加新数据的过程中，隔行着色的表格样式将会自动向下扩展。

销售日期	商品名称	销售量（台）	销售收入（元）	销售地点	销售人员
2019/1/13	彩电	57	54891	北京	刘新
2020/8/9	彩电	31	29233	北京	李玲
2020/2/11	彩电	59	56109	北京	李玲
2019/2/1	彩电	72	68256	北京	李玲
2019/4/25	彩电	72	67896	北京	李玲

图9-59 北京地区彩电商品销售数据明细表

9.3.5　更新数据透视表

如果制作数据透视表所用的原始数据清单中的数据发生了变化，已经制作完成的数据透视表不会自动随之更新，但这并不意味着每当原始数据清单中的数据做了修改都要将原来的数据透视表删掉并重新做数据透视表。在这种情况下，只要选中数据透视表中的任意一个单元格，然后在系统出现的【数据透视表工具】之下的【选项】选项卡中，单击【数据】功能组中的【刷新】命令，或者在选中数据透视表中的任意单元格之后单击鼠标右键，并在快捷菜单中执行【刷新】命令，这样即可得到更新数据之后的新的数据透视表。

9.3.6　绘制销售数据透视图

在建立了销售数据透视表以后，还可以进一步绘制销售数据透视图。仍以【例 9-11】的有关数据为例，假定在制作完成如图 9-47 所示的数据透视表以后，要进一步绘制数据透视图，具体方法是：在数据透视表中任选一个单元格，然后在系统出现的【数据透视表工具】之下的【选项】选项卡中，单击【工具】功能组中的【数据透视图】命令，则系统会打开【插入图表】对话框，如图 9-60 所示，在其中可选择拟绘制的数据透视图的图表类型。例如这里选择默认的【柱形图】，单击【确定】按钮后，系统就会自动在当前工作表中插入一个数据透视图，如图 9-61 所示。

图9-60　【插入图表】对话框

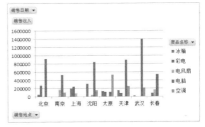

图9-61　自动插入的数据透视图

在所建立好的数据透视图的行、列和页字段上各有一个倒三角形按钮，单击这些按钮可以展开下拉菜单，从中选择所需要的项目即可得到相应的数据透视图。例如，单击如图 9-61 所示的数据透视图右边【商品名称】字段右边的倒三角形，在展开的下拉菜单中，首先单击取消【全选】复选框，从而使各项目左边的复选框全部取消选中，如图 9-62 所示，单击【确定】按钮之后，即可得到反映各地区彩电销售数据的透视图，如图 9-63 所示。

图9-62　只选中【彩电】项目

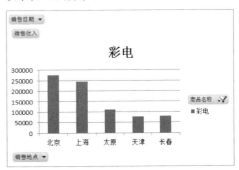

图9-63　反映各地区彩电销售数据的透视图

在数据透视图只显示如图 9-63 所示的各地区彩电销售数据的情况下,原来制作的数据透视表也随之发生相应变化,即数据透视表也变成只显示各地区彩电销售数据的汇总表。由此可见,数据透视图和数据透视表之间是具有联动效应的。

9.3.7　在数据透视表中使用切片器

切片器是 Excel 2010 中的新增功能,是显示在工作表中的浮动窗口,使用切片器能够方便快捷地实现数据透视表中数据的筛选。仍以【例 9-11】的有关数据为例,在数据透视表中插入和使用切片器的具体步骤如下所述。

01　以【例 9-11】的数据清单为基础制作如图 9-64 所示的数据透视表,其中的行标签已按年和季设置分组。

	销售收入		商品名称					
	年	销售日期	冰箱	彩电	电风扇	电脑	空调	总计
		第一季	229784	193147	29910	612999	181092	1246932
	2019年	第二季	28080	94620	92712	848346	26868	1090626
		第三季	201730	41756	112683	866784	298465	1521418
		第四季	98706	94448	13133	1102914	210250	1519451
		第一季	196114	197921	59633	513685	138578	1105931
	2020年	第二季		77006	21097	881798	108339	1088240
		第三季	25494	29233	40248	109340		204315
		第四季	87224	63624	79273	299035	283502	812658
	总计		867132	791755	448689	5234901	1247094	8589571

图9-64　行标签按年和季分组的数据透视表

02　在数据透视表中任选一个单元格,在【数据透视表工具】之下的【选项】选项卡的【排序和筛选】功能组中选择【插入切片器】命令,然后在系统弹出的【插入切片器】对话框中选中【销售地点】复选框,如图 9-65 所示,即可在工作表中按销售地点插入切片器,如图 9-66 所示。

图9-65　【插入切片器】对话框

图9-66　按销售地点插入的切片器

03　为了使用方便可以设置切片器按钮显示的列数,例如这里准备把切片器按钮设置成分两列显示的格式,操作方法是:单击选中切片器,然后在【切片器工具】选项卡的【按钮】功能组中,把"列"的参数值设置成"2",即可得到分两列显示按钮的切片器,如图 9-67 所示。

图9-67　数据透视表和销售地点分两列显示的切片器

04 在切片器中单击某个城市按钮，可以得到将该城市销售数据进行汇总的数据透视表。例如，在切片器中单击"北京"，得到将北京的销售数据进行汇总的数据透视表，如图 9-68 所示。

销售地点	北京				
销售收入		商品名称			
年	季度	冰箱	彩电	电脑	总计
⊟ 2019年	第一季		123147	373386	496533
	第二季	28080	67896	249755	345731
⊟ 2020年	第一季		56109	296335	352444
	第三季	25494	29233		54727
总计		53574	276385	919476	1249435

图9-68　将北京的销售数据进行汇总的数据透视表

05 若要查看将多个城市的销售数据进行汇总的数据透视表，可按住 Ctrl 键在切片器中依次单击希望选择的城市按钮。例如，按住 Ctrl 键后在切片器中依次单击"北京"和"天津"，得到将北京和天津的销售数据进行汇总的数据透视表，如图 9-69 所示。

销售地点	(多项)					
销售收入		商品名称				
年	季度	冰箱	彩电	电脑	空调	总计
⊟ 2019年	第一季		123147	612999	26868	736146
	第二季	28080	86016	249755		390719
	第三季	137640			159324	296964
	第四季			232617		232617
⊟ 2020年	第一季		115373	296335	61398	473106
	第二季			231056		231056
	第三季	25494	29233			54727
	第四季	14840		189585		204425
总计		206054	353769	1812347	247590	2619760

图9-69　将北京和天津的销售数据进行汇总的数据透视表

06 单击切片器右上角漏斗旁边的红叉按钮，可清除筛选回到销售地点全选状态，数据透视表也会相应调整为如图 9-67 所示的全部销售地点对应的数据透视表。如果不再需要切片器，只需单击选中切片器，然后按 Delete 键将其删除即可。

切片器与数据透视图搭配起来使用，能够具有动态交互图表的效果，即根据切片器中所做选择的不同，数据透视图会相应地发生变化，对此感兴趣的读者可以自行练习这项操作。

第 10 章

成本费用管理

10.1 成本预测

10.1.1 成本预测的常用方法

成本预测的常用方法主要包括以下 3 种。

1. 加权平均法

加权平均法是指根据已有的固定成本和单位变动成本的历史数据和权重系数确定预测方程的截距和斜率，再根据所得到的线性方程预测成本的方法。权重系数需要事先确定，通常近期的数据权重系数大一些，而远期的数据权重系数小一些。

在根据历史数据确定出固定成本和单位变动成本之后，预测产品成本的公式为

$$产品成本 = 固定成本 + 单位变动成本 \times 产量$$

2. 高低点法

高低点法是指通过在历史成本数据中寻找产量最高和产量最低的两点及其所对应的成本并据此确定固定成本和单位变动成本的方法。有关的计算公式为

$$单位变动成本 = \frac{高点的成本 - 低点的成本}{高点产量 - 低点产量}$$

$$固定成本 = 高点的成本 - 单位变动成本 \times 高点产量$$

或

$$固定成本 = 低点的成本 - 单位变动成本 \times 低点产量$$

$$产品成本 = 固定成本 + 单位变动成本 \times 产量$$

3. 回归直线法

利用回归直线法预测成本是指以历史成本数据为基础，采用最小二乘法的基本原理建立预测方程，然后利用此方程来预测成本。

采用回归分析法预测成本时，可以直接使用 SLOPE 函数和 INTERCEPT 函数或使用 LINEST 函数计算预测方程的有关参数，这些函数的功能已在前面的章节中做过介绍。

10.1.2　成本预测模型的建立

【例 10-1】某公司 2016 年至 2020 年产品产量和成本以及 2021 年预计产量等有关资料如图 10-1 的【已知条件】区域所示。要求建立一个分别采用加权平均法、高低点法和回归直线法预测 2021 年产品总成本的模型。

建立模型的具体步骤如下所述。

01 建立模型的结构，如图 10-1 的【计算结果】区域所示。

	A	B	C	D	E	F
1				已知条件		
2	年度	2016	2017	2018	2019	2020
3	产量（件）	230	260	300	310	350
4	总成本（元）	273000	250000	305000	325000	368000
5	其中：固定成本（元）	85500	86000	87000	88000	90000
6	权重系数	0.03	0.07	0.2	0.3	0.4
7	2021年预计产量（件）	420				
8						
9				计算结果		
10	年度	2016	2017	2018	2019	2020
11	单位变动成本（元）	815.22	630.77	726.67	764.52	794.29
12				按高低点法预测		
13	项目	高点	低点	单位变动成本（元）		791.67
14	产量（件）	350	230	固定总成本（元）		90916.67
15	总成本（元）	368000	273000	2021年预计总成本（元）		423416.67
16		按加权平均法预测		按回归分析法预测		
17	单位变动成本（元）	761.01		单位变动成本（元）		901.16
18	固定总成本（元）	88385.00		固定总成本（元）		42862.79
19	2021年预计总成本（元）	408010.39		2021年预计总成本（元）		421351.16

图10-1　成本预测模型

02 选取单元格区域 B11:F11，输入数组公式"=(B4:F4-B5:F5)/B3:F3"。

03 在单元格 B14 中输入公式"=MAX(B3:F3)"。

04 在单元格 B15 中输入公式"=INDEX(B4:F4,MATCH(B14,B3:F3,0))"。

05 在单元格 C14 中输入公式"=MIN(B3:F3)"。

06 在单元格 C15 中输入公式"=INDEX(B4:F4,MATCH(C14,B3:F3,0))"。

07 在单元格 F13 中输入公式"=(B15-C15)/(B14-C14)"。

08 在单元格 F14 中输入公式"=B15-B14*F13"。

09 在单元格 F15 中输入公式"=F14+B7*F13"。

10 在合并单元格 B17 中输入公式"=SUMPRODUCT(B11:F11,B6:F6)"。

11 在合并单元格 B18 中输入公式"=SUMPRODUCT(B5:F5,B6:F6)"。

12 在合并单元格 B19 中输入公式"=B18+B7*B17"。

13 在单元格 F17 中输入公式"=SLOPE(B4:F4,B3:F3)"。

14 在单元格 F18 中输入公式"=INTERCEPT(B4:F4,B3:F3)"。

15 在单元格 F19 中输入公式"=F18+B7*F17"。

模型的运行结果如图 10-1 所示。

10.2 制作成本费用汇总表

10.2.1 利用合并计算工具汇总同一工作簿的成本数据

企业在成本费用的日常管理工作中，经常需要对成本费用数据按不同的标准进行汇总计算编制各种汇总表，利用 Excel 的合并计算工具可以很方便地解决这类问题。

【例 10-2】某企业 3 个生产车间 2020 年 1 月至 12 月的产品成本报表分别存放在同一个工作簿的名为“一车间”“二车间”“三车间”的 3 个工作表中，分别如图 10-2、图 10-3 和图 10-4 所示。要求在同一个工作簿中制作一张全厂产品成本汇总表。

一车间产品成本报表									
月份	甲产品				乙产品				总计
	直接材料费	直接人工费	制造费	合计	直接材料费	直接人工费	制造费	合计	
1月	8631.00	5178.60	4315.50	18125.10	14731.00	17677.20	5892.40	38300.60	56425.70
2月	9649.00	5789.40	4824.50	20262.90	14657.00	17588.40	5862.80	38108.20	58371.10
3月	7437.00	4462.20	3718.50	15617.70	16141.00	19369.20	6456.40	41966.60	57584.30
4月	8168.00	4900.80	4084.00	17152.80	10535.00	12642.00	4214.00	27391.00	44543.80
5月	5736.00	3441.60	2868.00	12045.60	11134.00	13360.80	4453.60	28948.40	40994.00
6月	5108.00	3064.80	2554.00	10726.80	19386.00	23263.20	7754.40	50403.60	61130.40
7月	8524.00	5114.40	4262.00	17900.40	16614.00	19936.80	6645.60	43196.40	61096.80
8月	6983.00	4189.80	3491.50	14664.30	18994.00	22792.80	7597.60	49384.40	64048.70
9月	8253.00	4951.80	4126.50	17331.30	16539.00	19846.80	6615.60	43001.40	60332.70
10月	9610.00	5766.00	4805.00	20181.00	18140.00	21768.00	7256.00	47164.00	67345.00
11月	6200.00	3720.00	3100.00	13020.00	19239.00	23086.80	7695.60	50021.40	63041.40
12月	7066.00	4239.60	3533.00	14838.60	14599.00	17518.80	5839.60	37957.40	52796.00
合计	91365.00	54819.00	45682.50	191866.50	190709.00	228850.80	76283.60	495843.40	687709.90

图10-2 一车间的成本报表

二车间产品成本报表									
月份	甲产品				乙产品				总计
	直接材料费	直接人工费	制造费	合计	直接材料费	直接人工费	制造费	合计	
1月	6904.80	4142.88	3452.40	14500.08	11784.80	14141.76	4713.92	30640.48	45140.56
2月	7719.20	4631.52	3859.60	16210.32	11725.60	14070.72	4690.24	30486.56	46696.88
3月	5949.60	3569.76	2974.80	12494.16	12912.80	15495.36	5165.12	33573.28	46067.44
4月	6534.40	3920.64	3267.20	13722.24	8428.00	10113.60	3371.20	21912.80	35635.04
5月	4588.80	2753.28	2294.40	9636.48	8907.20	10688.64	3562.88	23158.72	32795.20
6月	4086.40	2451.84	2043.20	8581.44	15508.80	18610.56	6203.52	40322.88	48904.32
7月	6819.20	4091.52	3409.60	14320.32	13291.20	15949.44	5316.48	34557.12	48877.44
8月	5586.40	3351.84	2793.20	11731.44	15195.20	18234.24	6078.08	39507.52	51238.96
9月	6602.40	3961.44	3301.20	13865.04	13231.20	15877.44	5292.48	34401.12	48266.16
10月	7688.00	4612.80	3844.00	16144.80	14512.00	17414.40	5804.80	37731.20	53876.00
11月	4960.00	2976.00	2480.00	10416.00	15391.20	18469.44	6156.48	40017.12	50433.12
12月	5652.80	3391.68	2826.40	11870.88	11679.20	14015.04	4671.68	30365.92	42236.80
合计	73092.00	43855.20	36546.00	153493.20	152567.20	183080.64	61026.88	396674.72	550167.92

图10-3 二车间的成本报表

三车间产品成本报表									
月份	甲产品				乙产品				总计
	直接材料费	直接人工费	制造费	合计	直接材料费	直接人工费	制造费	合计	
1月	12946.50	7767.90	6473.25	27187.65	22096.50	26515.80	8838.60	57450.90	84638.55
2月	14473.50	8684.10	7236.75	30394.35	21985.50	26382.60	8794.20	57162.30	87556.65
3月	11155.50	6693.30	5577.75	23426.55	24211.50	29053.80	9684.60	62949.90	86376.45
4月	12252.00	7351.20	6126.00	25729.20	15802.50	18963.00	6321.00	41086.50	66815.70
5月	8604.00	5162.40	4302.00	18068.40	16701.00	20041.20	6680.40	43422.60	61491.00
6月	7662.00	4597.20	3831.00	16090.20	29079.00	34894.80	11631.60	75605.40	91695.60
7月	12786.00	7671.60	6393.00	26850.60	24921.00	29905.20	9968.40	64794.60	91645.20
8月	10474.50	6284.70	5237.25	21996.45	28491.00	34189.20	11396.40	74076.60	96073.05
9月	12379.50	7427.70	6189.75	25996.95	24808.50	29770.20	9923.40	64502.10	90499.05
10月	14415.00	8649.00	7207.50	30271.50	27210.00	32652.00	10884.00	70746.00	101017.50
11月	9300.00	5580.00	4650.00	19530.00	28858.50	34630.20	11543.40	75032.10	94562.10
12月	10599.00	6359.40	5299.50	22257.90	21898.50	26278.20	8759.40	56936.10	79194.00
合计	137047.50	82228.50	68523.75	287799.75	286063.50	343276.20	114425.40	743765.10	1031564.85

图10-4 三车间的成本报表

具体操作步骤如下。

01 在当前工作簿中插入一张新的工作表，将工作表的名称修改为"汇总表"，并在该工作表中设计全厂产品成本汇总表的结构，如图 10-5 所示。

	甲产品				乙产品				总计
月份	直接材料费	直接人工费	制造费	合计	直接材料费	直接人工费	制造费	合计	
1月									
2月									
3月									
4月									
5月									
6月									
7月									
8月									
9月									
10月									
11月									
12月									
合计									

图10-5　设计全厂成本汇总表的结构

02 在"汇总表"工作表中选择 B4 单元格，然后在【数据】选项卡【数据工具】功能组中单击【合并计算】命令，再在系统打开的【合并计算】对话框中，在【函数】栏中保持默认的【求和】不变；在【引用位置】栏中，首先用鼠标拾取"一车间"工作表中的数据区域【一车间!$B$4:$J$16】，单击【添加】按钮后，该引用区域会被添加到【所有引用位置】列表框中；再按同样的方法依次将"二车间"和"三车间"工作表中的数据区域添加到【所有引用位置】列表框中。如果希望在合并计算的汇总表中能够选择查看明细数据，可以在【合并计算】对话框中选中【创建指向源数据的链接】复选框。设置完成的【合并计算】对话框如图 10-6 所示。

图10-6　【合并计算】对话框的设置

值得注意的是，在本例的【合并计算】对话框中，无论按怎样的顺序引用和添加 3 个车间的产品成本数据区域，这 3 个工作表中的数据区域添加到【所有引用位置】列表框中的排列顺序都会是如图 10-6 中所示的顺序，即二车间、三车间、一车间的顺序，这是系统默认的按工作表名首字母的汉语拼音升序排列的顺序。

03 单击【确定】按钮之后，即可得到合并计算后的全厂产品成本汇总表，如图 10-7 所示。

在如图 10-7 所示的汇总表中，左边有 1 和 2 两级显示按钮，单击 2 级显示按钮可以展开汇总表中原来隐藏的全部数据，并且原来在 1 级显示按钮下方的加号【+】会变成减号【-】，如图 10-8 所示。

	甲产品				乙产品				总计
月份	直接材料费	直接人工费	制造费	合计	直接材料费	直接人工费	制造费	合计	
1月	28482.30	17089.38	14241.15	59812.83	48612.30	58334.76	19444.92	126391.98	186204.81
2月	31841.70	19105.02	15920.85	66867.57	48368.10	58041.72	19347.24	125757.06	192624.63
3月	24542.10	14725.26	12271.05	51538.41	53265.30	63918.36	21306.12	138489.78	190028.19
4月	26954.40	16172.64	13477.20	56604.24	34765.50	41718.60	13906.20	90390.30	146994.54
5月	18928.80	11357.28	9464.40	39750.48	36742.20	44090.64	14696.88	95529.72	135280.20
6月	16856.40	10113.84	8428.20	35398.44	63973.80	76768.56	25589.52	166331.88	201730.32
7月	28129.20	16877.52	14064.60	59071.32	54826.20	65791.44	21930.48	142548.12	201619.44
8月	23043.90	13826.34	11521.95	48392.19	62680.20	75216.24	25072.08	162968.52	211360.71
9月	27234.90	16340.94	13617.45	57193.29	54578.70	65494.44	21831.48	141904.62	199097.91
10月	31713.00	19027.80	15856.50	66597.30	59462.00	71834.40	23944.80	155641.20	222238.50
11月	20460.00	12276.00	10230.00	42966.00	63488.70	76186.44	25395.48	165070.62	208036.62
12月	23317.80	13990.68	11658.90	48967.38	48176.70	57812.04	19270.68	125259.42	174226.80
合计	301504.50	180902.70	150752.25	633159.45	629339.70	755207.64	251735.88	1636283.22	2269442.67

图10-7　完成的全厂成本汇总表

图10-8　展开的全厂成本汇总表

在如图 10-8 所示的展开显示的汇总表中，每个月的汇总数据的上方都有 3 个数字，例如 B7 单元格的 28482.30 这个数字的上方有 B4 单元格的 6904.80、B5 单元格的 12946.50 和 B6 单元格的 8631.00 这 3 个数字，其含义是 B7 单元格的数据是由 B4:B6 单元格区域的数据汇总计算得到的，而 B4:B6 单元格的数据依次应为二车间、三车间和一车间甲产品 1 月份直接材料费用的数据，这里车间的排列顺序与如图 10-6 中所示的【合并计算】对话框的【所有引用位置】列表框中车间的排列顺序一致。

再次单击如图 10-8 所示的汇总表中的 1 级显示按钮可以隐藏汇总表中的明细数据，并且在 1 级显示按钮下方的减号【-】会变成加号【+】，当然也可以根据需要在如图 10-7 所示的汇总表中单击 1 级显示按钮下方的某个加号【+】，从而展开显示该加号上方原来隐藏的几行数据。

如果在如图 10-6 所示的【合并计算】对话框中不选中【创建指向源数据的链接】复选框，那么所得到的合并计算汇总表的左边就不会有 1 级和 2 级显示按钮，也就不能在汇总表中选择查看明细数据。

10.2.2　利用合并计算工具汇总不同工作簿的成本数据

10.2.1 节的内容介绍了利用合并计算工具汇总存放在同一工作簿的不同工作表中的产品成本数据的方法。即使准备汇总的产品成本数据存放在几个不同的工作簿中，而且每个工作簿中的产品成本数据区域的结构不完全相同，也同样可以利用合并计算工具来制作产品成本汇总表。下面举例说明。

【例 10-3】某工厂的 3 个分厂某个会计期间产品成本费用的有关数据分别存放在名为"一分厂""二分厂"和"三分厂"的 3 个不同工作簿各自的 Sheet1 工作表中，而且 3 个分厂产品成本数据的区域不完全相同，如图 10-9、图 10-10 和图 10-11 所示。要求制作一张总厂的产品成本费用汇总表。

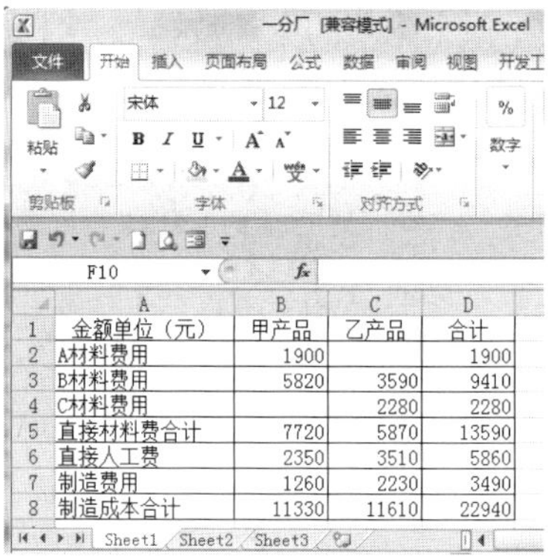

图10-9　一分厂的成本数据

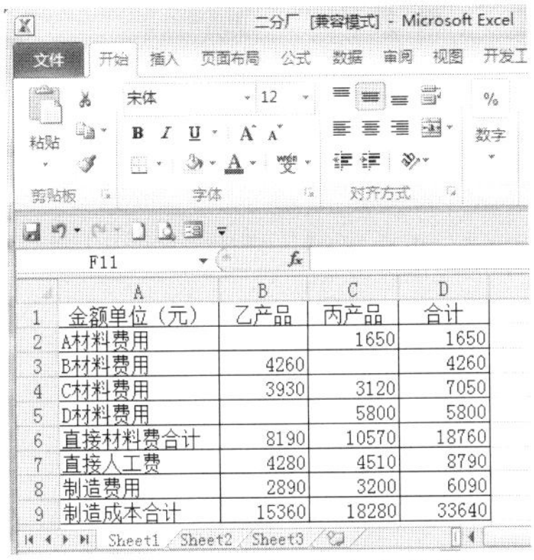

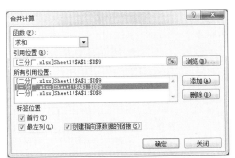

金额单位（元）	乙产品	丙产品	合计
A材料费用		1650	1650
B材料费用	4260		4260
C材料费用	3930	3120	7050
D材料费用		5800	5800
直接材料费合计	8190	10570	18760
直接人工费	4280	4510	8790
制造费用	2890	3200	6090
制造成本合计	15360	18280	33640

图10-10 二分厂的成本数据

金额单位（元）	甲产品	丙产品	合计
A材料费用	6200	3940	10140
B材料费用	5100		5100
C材料费用		4800	4800
D材料费用		6210	6210
直接材料费合计	11300	14950	26250
直接人工费	5520	6500	12020
制造费用	3950	4850	8800
制造成本合计	20770	26300	47070

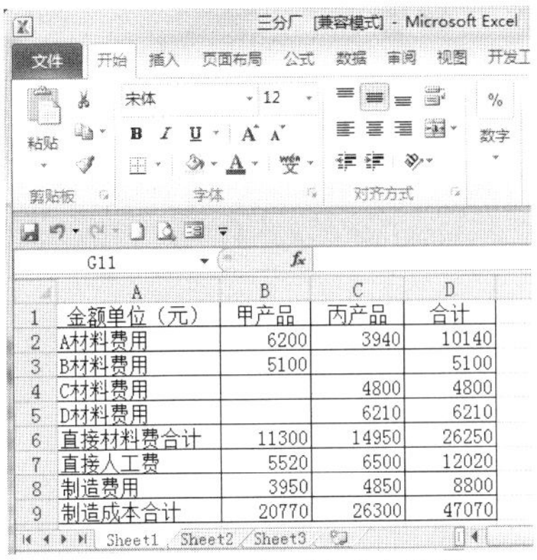

图10-11 三分厂的成本数据

具体操作步骤如下所述。

01 打开名为“一分厂”“二分厂”和“三分厂”的 3 个工作簿。

02 新建一个名为“总厂汇总表”的工作簿，在该工作簿的 Sheet1 工作表中选取 A1 单元格，然后在【数据】选项卡【数据工具】功能组中单击【合并计算】命令，再在系统打开的【合并计算】对话框中，在【函数】栏中保持默认的【求和】不变；在【引用位置】栏中，首先用鼠标拾取“一分厂”工作簿中的数据区域，单击【添加】按钮后，该引用区域会被添加到【所有引用位置】列表框中；然后按同样的方法依次将“二分厂”和“三分厂”工作簿中的数据区域添加到【所有引用位置】列表框中；再在【标签位置】区域中选中【首行】复选框和【最左列】复选框，同时选中【创建指向源数据的链接】复选框。设置完成的【合并计算】对话框如图 10-12 所示。

03 单击【确定】按钮，即可得到合并计算后的总厂汇总表，如图 10-13 所示。

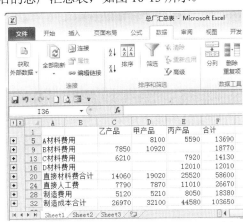

图10-12 设置完成的【合并计算】对话框

行	A	C 乙产品	D 甲产品	E 丙产品	F 合计
5	A材料费用		8100	5590	13690
9	B材料费用	7850	10920		18770
13	C材料费用	6210		7920	14130
16	D材料费用			12010	12010
20	直接材料费合计	14060	19020	25520	58600
24	直接人工费	7790	7870	11010	26670
28	制造费用	5120	5210	8050	18380
32	制造成本合计	26970	32100	44580	103650

图10-13 制作完成的总厂产品成本费用汇总表

04 单击如图 10-13 所示的汇总表中的 2 级显示按钮，可以展开汇总表中原来隐藏的全部数据，如图 10-14 所示。而如果在如图 10-13 所示的【合并计算】对话框中不选中【创建指向源数据的链接】复选框，那么所得到的合并计算汇总表的左边就不会有 1 级和 2 级显示按钮，也就不能在汇总表中选择查看明细数据。

图10-14　展开显示的总厂产品成本费用汇总表

10.3　绘制成本费用分析图表

10.3.1　绘制费用预算完成情况分析组合图表

利用 Excel 的图表工具可以绘制各种不同类型的成本费用分析图表。有些情况下，为了更清晰直观地反映数据包含的信息，可以在同一张图表上对几个不同的数据系列分别用不同类型的图形来表示，即绘制组合图表。下面举例说明绘制组合图表的方法。

【例 10-4】某公司 2020 年各月管理费用实际数、预算数以及二者之间的差异数如图 10-15 所示。要求绘制一张如图 10-16 所示的组合图表以便清晰直观地反映该公司管理费用预算的执行情况。

月份	实际	预算	差异
管理费用预算执行情况分析（万元）			
1月	72.10	60.00	12.10
2月	75.00	80.00	-5.00
3月	60.00	75.00	-15.00
4月	72.32	80.00	-7.68
5月	73.00	62.00	11.00
6月	83.00	75.00	8.00
7月	75.63	70.00	5.63
8月	42.00	55.00	-13.00
9月	55.00	62.00	-7.00
10月	79.00	70.00	9.00
11月	75.00	60.00	15.00
12月	66.80	65.00	1.80

图10-15　已知数据

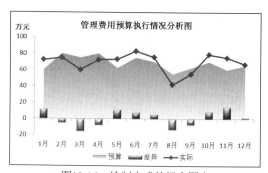

图10-16　绘制完成的组合图表

由图 10-16 可以看出，该图表中的管理费用实际数、预算数和二者之间的差异数 3 个数据系列的图表类型分别是数据点折线图、面积图和柱形图，而且差异数的柱形图中，正的差异和负的差异分别设置为不同的背景颜色。绘制这个图表的具体步骤如下所示。

01 选取单元格区域 A2:D14，在【插入】选项卡【图表】功能组中单击【折线图】，然后在下拉列表中的【二维折线图】区域中选择【带数据标记的折线图】子图表类型，可得到初步绘制的图表，如图 10-17 所示。

02 将鼠标指针对准图表中的【预算】数据系列，单击鼠标右键，在快捷菜单中执行【更改系列图表类型】命令，则系统会弹出【更改图表类型】对话框，在其中的【面积图】选项卡中选择第一种子图表类型，如图 10-18 所示。

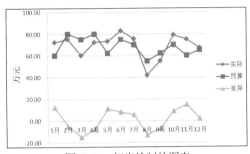

图10-17　初步绘制的图表

图10-18　【更改图表类型】对话框

03 单击【确定】按钮后，【预算】数据系列即从原来的折线图修改为面积图。再按类似的方法将图表中的【差异】数据系列从原来的折线图修改为柱形图，子图表类型选择【簇状面积图】。修改后的图表如图 10-19 所示。

04 选择图表中的【预算】数据系列，单击鼠标右键，在快捷菜单中执行【设置数据系列格式】命令，然后在系统打开的【设置数据系列格式】对话框的【填充】选项卡中，选中【渐变填充】单选按钮，再单击【预设颜色】右边的下拉按钮，在展开的下拉列表中选择第 1 行第 4 个即【雨后初晴】渐变填充颜色，如图 10-20 所示，最后单击【关闭】按钮。

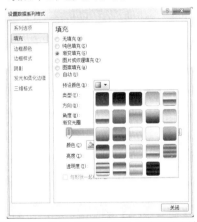

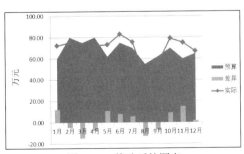

图10-19　修改后的图表

图10-20　设置【雨后初晴】渐变填充颜色

05 选择图表中的【实际】数据系列，单击鼠标右键，在快捷菜单中执行【设置数据系列格式】命令，然后在系统打开的【设置数据系列格式】对话框的【线条颜色】选项卡中，选中

【实线】单选按钮，再单击【颜色】右边的下拉按钮，并从展开的下拉列表中选择【红色】，如图 10-21 所示。

06 单击打开【线型】选项卡，在【宽度】栏中将线型宽度设置为【2 磅】，如图 10-22 所示。

图10-21　设置线条颜色

图10-22　设置线型

07 单击打开【数据标记填充】选项卡，在其中选择【纯色填充】单选按钮，再单击【颜色】右边的下拉按钮，并从展开的下拉列表中选择【红色】，如图 10-23 所示。

08 单击打开【标记线颜色】选项卡，在其中选择【实线】单选按钮，再单击【颜色】右边的下拉按钮，并从展开的下拉列表中选择【红色】，如图 10-24 所示，最后单击【关闭】按钮，完成对【实际】数据系列格式的设置。

图10-23　设置数据标记填充颜色

图10-24　设置标记线颜色

09 选择图表中的【差异】数据系列，单击鼠标右键，在快捷菜单中执行【设置数据系列格式】命令，然后在系统打开的【设置数据系列格式】对话框的【填充】选项卡中，选中【渐变填充】单选按钮，再单击【预设颜色】右边的下拉按钮，在展开的下拉列表中选择第 2 行第 4 个即【熊熊火焰】渐变填充颜色，如图 10-25 所示。

10 单击打开【三维格式】选项卡，在其中单击【顶端】右边的下拉按钮，并从展开的下拉列表中选择【棱台】，如图 10-26 所示，最后单击【关闭】按钮。

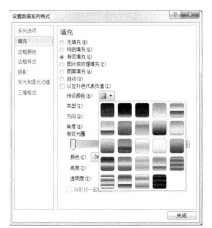

图10-25 设置【熊熊火焰】渐变填充颜色

图10-26 设置【棱台】三维格式

11 选择【差异】数据系列后，再选择其中差异数为负数的某个数据点，单击鼠标右键，在快捷菜单中执行【设置数据点格式】命令，然后在系统弹出的【设置数据点格式】对话框的【填充】选项卡中，选择【渐变填充】单选按钮，再单击【预设颜色】右边的下拉按钮，并从展开的下拉列表中选择第 3 行第 1 个即【茵茵绿原】渐变填充颜色，如图 10-27 所示，最后单击【关闭】按钮。再按照同样的方法逐个将【差异】数据系列中所有差异数为负数的数据点都设置成同样的格式。

12 将鼠标指针对准图表中的横坐标轴，单击鼠标右键，在快捷菜单中执行【设置坐标轴格式】命令，则系统会弹出【设置坐标轴格式】对话框，在其中的【坐标轴选项】选项卡中，单击【坐标轴标签】右边的倒三角形下拉按钮，并从展开的下拉列表中选择【低】，如图 10-28所示，最后单击【关闭】按钮。

图10-27 【设置数据点格式】对话框

图10-28 【设置坐标轴格式】对话框

13 进一步编辑图表，包括将纵坐标轴标签设置为显示 0 位小数的格式、将图例设置为在图表底部显示的格式、删除网格线、添加图表标题以及纵坐标轴标签等，最终可得到如图 10-16所示的编辑完成的组合图表。

10.3.2 制作产品成本动态分析图表

动态图表是一种可以根据使用者的选择能够进行动态反映的交互图表。通过绘制动态图表可以灵活地选择需要绘制的图表，避免将所有的数据系列都绘制在同一张图表上所可能产生的图表传递的信息比较混乱的情况。下面举例说明绘制动态图表的方法。

【例10-5】A 公司 2020 年上半年各月份 5 种产品的成本数据如图 10-29 所示。要求绘制一个带有组合框控件的可以选择绘制不同月份各种产品成本柱形图的动态交互图表。

具体操作步骤如下所述。

01 在单元格 A10 中输入文本"组合框控件返回值"，在单元格 B10 中输入 1 至 6 之间的任意一个整数，这里输入"5"，以后这个单元格的数值将通过组合框控件返回。

02 在单元格 A11 中输入公式"=INDEX(A3:A8,$B$10)"，并将其复制到单元格区域 B5:F5，从而为绘图动态图表准备好需要的数据区域，如图 10-30 所示。

图10-29　A公司的产品成本数据表

图10-30　准备绘图用的数据区域

03 同时选择单元格区域 A2:F2 和 A11:F11，在【插入】选项卡【图表】功能组中单击【柱形图】，然后在下拉列表中的【二维柱形图】区域中选择【簇状柱形图】子图表类型，则可得到绘制的图表，如图 10-31 所示。

04 选择绘制完成的图表，在【开发工具】选项卡【控件】功能组中单击【插入】命令，在展开的下拉列表中单击【表单控件】区域中的组合框控件按钮　，再将鼠标指针对准图表中的适当位置，向右下方拖曳出一个组合框控件，再将鼠标指针对准组合框控件边缘的位置，单击鼠标右键，在快捷菜单中执行【设置对象格式】命令，并在系统打开的【设置对象格式】对话框中，将【数据源区域】设置为$A$3:$A$8，将【单元格链接】设置为$B$10，将【下拉显示项数】设置为 6，并选中【三维阴影】复选框，如图 10-32 所示。

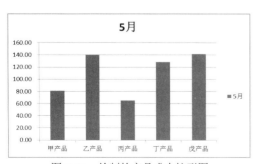

图10-31　绘制的产品成本柱形图

图10-32　【设置对象格式】对话框

05 单击【确定】按钮后，用鼠标单击工作表中的任意位置以退出控件的编辑状态，这样控件的格式就设置完成了。单击图表中的组合框控件右边的下拉按钮，从中选择某个月份，则所选择的月份及该月的成本数据会自动显示在单元格区域 A11:F11，动态图表也会自动绘制出来。再对图表进行必要的编辑，包括删除网格线和图例、修改图表标题、添加纵坐标轴标题、将纵坐标轴标签设置为显示 0 位小数的格式、添加数据系列标签、将数据系列格式设置为【碧海青天】渐变填充颜色并设置【棱台】三位格式等，即绘制完成了精美的产品成本动态图表。图 1-33 和图 10-34 显示的分别是在组合框中选择【3 月】和【5 月】情况下所对应的产品成本图表。

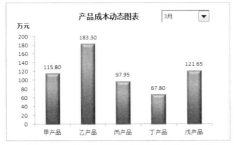

图10-33　选择3月份时的产品成本图表

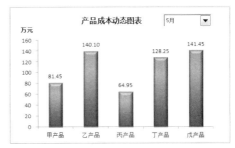

图10-34　选择5月份时的产品成本图表

06 按上述步骤绘制完成图表后，挪动图表的位置时组合框控件不会随之一起挪动，即二者是处于分离状态的。若希望将二者组合在一起，可单击选中图表，然后按住 Ctrl 键再选中组合框控件，再单击鼠标右键，在快捷菜单中执行【组合】子菜单中的【组合】命令，这样就可以实现组合框与图表一起挪动位置。不再需要这种组合时，可选中图表，单击鼠标右键，在快捷菜单中执行【组合】子菜单中的【取消组合】命令。

第 11 章

利 润 管 理

11.1 利润预测

11.1.1 利润预测的一般方法

利润预测是指在销售预测的基础上,根据各种有关资料,采用适当的方法对企业未来一定时期的利润做出科学的预计和推测。利润预测的方法主要包括以下 3 种。

1. 比率预测法

比率预测法是指根据各种不同的利润率指标来预测利润的方法。通常可首先根据基期的利润和销售收入、成本费用、资金总额等有关指标计算出基期的销售收入利润率、成本费用利润率和资金利润率等利润率指标,再结合预测期的销售收入、成本费用、资金总额来预计利润。其计算公式为

$$预计销售利润=预计销售收入×销售收入利润率$$

$$=预计成本费用×成本费用利润率$$

$$=预计资金总额×资金利润率$$

2. 经营杠杆系数预测法

经营杠杆系数反映了息税前利润变动率和销售变动率之间的关系。根据基期的有关资料计算出经营杠杆系数,再结合预测期销售额的变动率,即可以得到预测的利润。计算公式为

$$经营杠杆系数=基期销售量×(单价-单位变动成本)/基期息税前利润$$

$$预测期息税前利润=基期息税前利润×(1+经营杠杆系数×销售额变动率)$$

$$预测期税前利润=预测期息税前利润-预测期债务利息$$

3. 本量利分析预测法

本量利分析预测法是指根据成本、产销量和利润之间的关系预测未来一定时期目标利润的方法。所谓目标利润是指企业在未来一定时期内必须达到而且经过努力应该能够达到的利润水平，它是企业经营目标的重要组成部分。

在企业的成本费用按性态进行分类的情况下，预测目标利润的计算公式为

目标利润=预计销售量×(单位产品售价−单位变动成本)−固定成本

在企业的成本费用按经济用途进行分类的情况下，预测目标利润的计算公式为

目标利润=预计销售量×(单位产品售价−单位产品制造成本)−预计期间费用

11.1.2 利润预测模型的建立

【例11-1】A、B、C 这 3 家公司利润预测的有关资料如图 11-1 的【已知条件】区域所示。要求建立一个分别利用比率预测法、经营杠杆系数法和本量利分析法预测 3 家公司利润的模型。

建立模型的具体步骤如下所述。

01 设计模型的结构，如图 11-1 的【计算过程与结果】区域所示。

	A	B	C	D	E	F	G	H
1	已知条件（金额单位：万元）							
2	A公司			B公司		C公司		
3	时期	基期	预测期	基期销售量（件）	600	产品名称	甲	乙
4	销售收入	150	180	产品单价	2.8	目标销售量（件）	500	600
5	成本费用	80	95	单位变动成本	1.5	目标销售单价	3	4
6	资金总额	280	320	固定经营成本	1	目标单位生产成本	2	3
7	税前利润	30		预测期销售额增长率	20%	预计期的期间费用	450	
8				预测期利息费用	40			
9								
10	计算过程与结果（金额单位：万元）							
11	A公司预计利润			B公司预计利润				
12	销售收入利润率		20.00%	基期息税前利润	480			
13	成本费用利润率		37.50%	经营杠杆系数	1.625			
14	资金利润率		10.71%	预测期息税前利润	636.00			
15	按销售收入利润率预计的销售利润		36.00	预计税前利润	596.00			
16	按成本费用利润率预计的销售利润		35.63	C公司预计利润				
17	按资金利润率预计的销售利润		34.29					
18	平均的预计税前利润		35.30	目标税前利润	650			

图11-1 利润预测模型

02 在合并单元格 B12 中输入公式 "=$B$7/B4"，并将其复制到单元格区域 B13:C14。

03 在单元格 C15 中输入公式 "=C4*B12"，并将其复制到单元格区域 C16:C17。

04 在单元格 C18 中输入公式 "=AVERAGE(C15:C17)"。

05 在单元格 E12 中输入公式 "=E3*(E4-E5)-E6"。

06 在单元格 E13 中输入公式 "=E3*(E4-E5)/E12"。

07 在单元格 E14 中输入公式 "=E12*(1+E13*E7)"。

08 在单元格 E15 中输入公式 "=E14-E8"。

09 在单元格 E18 中输入公式 "=SUMPRODUCT(G4:H4,(G5:H5-G6:H6))-G7"。

模型的运行结果如图 11-1 的【计算过程与结果】区域所示。

11.2　确保实现目标利润的措施分析

　　企业根据有关资料预测目标利润以后，如何采取必要的措施确保目标利润的完成显得极为重要。影响目标利润完成的因素包括销售量、单价、单位变动成本、固定成本、产品结构等，企业既可以从某个影响因素入手，通过采取单项措施实现目标利润，也可以同时考虑几个因素的共同影响，制定有效的综合措施实现目标利润。

11.2.1　通过采取单项措施确保实现目标利润的分析模型

　　【例11-2】某公司2020年的销售量和息税前利润等实际数据以及所确定的2021年的息税前利润目标增长率数据如图11-2的【已知条件】区域所示。要求建立一个对于采取单项措施确保目标利润的完成情况进行分析的模型。

　　建立模型的具体步骤如下所述。

　　01 设计模型的结构，如图11-2的【计算过程与结果】区域所示，其中E4:E7单元格区域中每个单元格的初值为空值。

	已知条件			计算过程与结果			
	项目	2020年实际数		项目	2021年应达到的数值	与基期相比		目标函数
						增减变动	变动幅度	息税前利润
销售量（件）	2000		销售量（件）	2188	188	9.38%	300000
产品单价（元/件）	800		产品单价（元/件）	830.00	30.00	3.75%	300000
单位变动成本（元/件）	480		单位变动成本（元/件）	450.00	−30.00	−6.25%	300000
固定成本（元）	400000		固定成本（元）	340000.00	−60000.00	−15.00%	300000
息税前利润（元）	240000		息税前利润（元）	300000	60000.00	25.00%	
2015年息税前利润目标增长率	25%						

图11-2　通过采取单项措施确保实现目标利润的分析模型

　　02 在单元格E8中输入公式"=B8*(1+B9)"。

　　03 在单元格H4中输入公式"=E4*(B5-B6)-B7"。

　　04 在【数据】选项卡【数据工具】功能组中单击【模拟分析】命令，然后在下拉菜单中选择【单变量求解】命令，并在系统弹出的【单变量求解】对话框中，在【目标单元格】栏中输入"$H$4"，在【目标值】栏中输入"300000"，在【可变单元格】栏中输入"$E$4"，单击【确定】按钮后，再在系统弹出的【单变量求解状态】对话框中单击【确定】按钮。

　　05 在单元格H5中输入公式"=B4*(E5-B6)-B7"。

　　06 在【数据】选项卡【数据工具】功能组中单击【模拟分析】命令，然后在下拉菜单中选择【单变量求解】命令，并在系统弹出的【单变量求解】对话框中，在【目标单元格】栏中输入"$H$5"，在【目标值】栏中输入"300000"，在【可变单元格】栏中输入"$E$5"，单击【确定】按钮后，再在系统弹出的【单变量求解状态】对话框中单击【确定】按钮。

　　07 在单元格H6中输入公式"=B4*(B5-E6)-B7"。

　　08 在【数据】选项卡【数据工具】功能组中单击【模拟分析】命令，然后在下拉菜单中选择【单变量求解】命令，并在系统弹出的【单变量求解】对话框中，在【目标单元格】栏中输入"$H$6"，在【目标值】栏中输入"300000"，在【可变单元格】栏中输入"$E$6"，单击【确定】按钮后，再在系统弹出的【单变量求解状态】对话框中单击【确定】按钮。

09 在单元格 H7 中输入公式 "=B4*(B5-B6)-E7"。

10 在【数据】选项卡【数据工具】功能组中单击【模拟分析】命令，然后在下拉菜单中选择【单变量求解】命令，并在系统弹出的【单变量求解】对话框中，在【目标单元格】栏中输入 "$H$7"，在【目标值】栏中输入 "300000"，在【可变单元格】栏中输入 "$E$7"，单击【确定】按钮后，再在系统弹出的【单变量求解状态】对话框中单击【确定】按钮。

11 选取单元格区域 F4:F8，输入数组公式 "=E4:E8-B4:B8"。

12 选取单元格区域 G4:G8，输入数组公式 "=F4:F8/B4:B8"。

模型的运行结果如图 11-2 的【计算过程与结果】区域所示。

11.2.2　通过调整产销结构实现目标利润的决策模型

在企业同时生产多种产品的情况下，除了可以通过采取如上所述的各种单项措施实现利润目标以外，还可以通过调整产销结构来实现目标利润。

【例 11-3】某公司 2020 年生产甲、乙、丙这 3 种产品，其中的乙产品属于政府订购的特种物资，订单无法改变，且 2021 年乙产品的订单与 2020 年相同。2021 年该公司预定的目标利润总额为 25 万元，其他有关资料如图 11-3 的【已知条件】区域所示。该公司准备在产品销售收入总额保持不变的前提下，通过调整甲、丙产品的产销结构来实现 2021 的目标利润。要求建立一个通过调整甲、丙产品的产销结构来实现 2021 年目标利润的决策模型。

建立模型的具体步骤如下所述。

01 设计模型的结构，如图 11-3 的【计算过程与结果】区域所示。

02 选取单元格 B11:D11，输入数组公式 "=B4:D4/E4"。

03 选取单元格 B12:D12，输入数组公式 "=B6:D6/B4:D4"。

由计算结果可以看出，甲产品的销售收入比重最高，但其边际贡献率低；丙产品的销售收入比重最低，但其边际贡献率高。因此，在乙产品维持现状的条件下，为实现目标利润，应适当降低甲产品的销售收入比重，相应增加丙产品的销售收入比重。

04 在单元格 H10 中输入公式 "=(B7+F5)/E4"。

05 在单元格 H11 中输入公式 "=(B11-H12)*B12+C11*C12+(D11+H12)*D12-H10"。

这里采用的实际综合边际贡献率的计算公式为

实际综合边际贡献率 = $\sum$(某种产品的边际贡献率×该产品调整后的销售收入比重)

	A	B	C	D	E	F	G	H	I
1	已知条件（单位：元）								
2	年度	2020年实际				2021年			
3	产品名称	甲产品	乙产品	丙产品	合计	预计			
4	销售收入	850000	360000	200000	1410000	目标利润			
5	变动成本	700000	285000	130000	1115000	250000			
6	边际贡献	150000	75000	70000	295000				
7	固定成本	150000							
8									
9	计算过程与结果								
10	产品名称	甲产品	乙产品	丙产品	2021年目标综合边际贡献率			28%	
11	销售收入比重	60%	26%	14%	实际与目标综合边际贡献率之差			0	目标函数
12	边际贡献率	18%	21%	35%	丙产品销售收入比重增加幅度			43%	可变单元格
13	甲产品2021年的销售收入比重		17%	丙产品2021年的销售收入比重				57%	

图 11-3　通过调整产销结构实现目标利润的决策模型

06 在【数据】选项卡【数据工具】功能组中单击【模拟分析】命令，然后在下拉菜单中选择【单变量求解】命令，并在系统弹出的【单变量求解】对话框中，在【目标单元格】栏中输入"$H$11"，在【目标值】栏中输入"0"，在【可变单元格】栏中输入"$H$12"，单击【确定】按钮后，再在系统弹出的【单变量求解状态】对话框中单击【确定】按钮。

07 在单元格 D13 中输入公式"=B11-H12"。

08 在单元格 H13 中输入公式"=D11+H12"。

模型的运行结果如图 11-3 的【计算过程与结果】区域所示。

11.3 非确定型利润决策

11.3.1 非确定型利润决策的常用方法

非确定型决策是指决策者对所需决策问题的未来发展有一定程度了解，但无法确定各种自然状态发生概率的情况下的决策。非确定型决策的常用方法包括以下几种。

1. 悲观决策法

悲观决策法又称为坏中求好法或最大最小法，是一种保守的决策方法，其基本思路是认为在最悲观的自然状态下具有最大效益值的方案为最佳方案。这种决策方法仅以最差的自然状态下的结果为决策依据，而不考虑较好的自然状态下的结果，因此是一种悲观的决策方法。

利用这种方法进行决策的具体步骤是：首先求出每个行动方案在各种自然状态下的最小效益值，然后求出各个最小效益值中的最大值，该最大值对应的方案就是最佳方案。

2. 乐观决策法

乐观决策法又称为好中求好法或最大最大法，其基本思路是认为在最乐观的自然状态下具有最大效益值的方案为最佳方案。这种决策仅以最好的自然状态下的结果为决策依据，而不考虑较差的自然状态下的结果，因此是一种乐观的决策方法。

利用这种方法进行决策的具体步骤是：首先求出每个行动方案在各种自然状态下的最大效益值，然后求出各个最大效益值中的最大值，并将该最大值对应的方案作为最佳方案。

3. 乐观系数法

乐观系数法又称为折中决策准则，这种方法的决策准则介于乐观法和悲观法这两种极端的态度之间。利用这种方法进行决策的具体步骤是，首先确定一个乐观系数(介于 0 和 1 之间)，然后以乐观系数作为权重系数，计算出各方案的最乐观结局与最悲观结局的折中值。其计算公式为

$$效益折中值=乐观系数×最大效益+(1-乐观系数)×最小效益$$

显然，当乐观系数等于 0 时，该方法就是悲观决策法；当乐观系数等于 1 时，该方法就是乐观决策法。

4. 拉普拉斯决策法

拉普拉斯决策法又称为平均主义算法。在不确定型利润决策问题中，各种自然状态出现的可能性是未知的，拉普拉斯决策法假设所有自然状态出现的可能性都是相同的。设有 n 种可能发生的自然状态，假定每种自然状态发生的概率均相等，则每种自然状态发生的概率等于 $1/n$，由此可以计算出各方案的期望效益，其中期望效益最大的方案即为最优方案。

5. 最小的最大后悔值法

采用最小的最大后悔值法进行决策的基本原理是，首先计算由于未来选择最优方案而造成的后悔值或机会损失，然后在各方案中选择具有最小后悔值的方案作为最优方案。其计算公式为

某方案在某一自然状态下的后悔值=在该自然状态下的最大效益−在该自然状态下的效益
某方案的最大后悔值=MAX{该方案在各种自然状态下的后悔值}
最优方案=具有最小的最大后悔值的方案

11.3.2　非确定型利润决策模型的建立

【例 11-4】某公司只生产一种甲产品。预计这种产品的 4 种不同的定价方案在 3 种不同市场状况下的年利润等有关资料如图 11-4 的【已知条件】区域所示。要求建立一个分别利用几种不同的方法进行利润决策的模型。

建立模型的具体步骤如下所示。

01 设计模型的结构，如图 11-4 的【计算与决策结果】区域所示。

02 在单元格 B12 中输入公式 "=MIN(C4:E4)"。

03 在单元格 C12 中输入公式 "=MAX(C4:E4)"。

	A	B	C	D	E	F
1				已知条件		
2	价格	单价	不同市场状况下的年利润（万元）			乐观系数
3	方案	（元/件）	畅销	正常	滞销	
4	A方案	21	200	150	100	0.6
5	B方案	22	300	180	50	
6	C方案	23	400	140	−20	
7	D方案	24	500	150	−100	
8						
9			计算与决策结果（单位：万元）			
10	决策方法	悲观决策法	乐观决策法	拉普拉斯决策法	决策方法	乐观系数法
11	价格方案	最小年利润	最大年利润	年利润期望值	价格	折衷值
12	A方案	100	200	150.00	A方案	160
13	B方案	50	300	176.67	B方案	200
14	C方案	−20	400	173.33	C方案	232
15	D方案	−100	500	183.33	D方案	260
16	最大年利润	100	500	183.33	最大折衷值	260
17	最优方案	A方案	D方案	D方案	最优方案	D方案
18	决策方法：最小的最大后悔值决策方法					
19			后悔值表			
20	价格	不同市场状况下的后悔值			最大	最小的最大
21	方案	畅销	正常	滞销	后悔值	后悔值
22	A方案	300	30	0	300	120
23	B方案	200	0	50	200	
24	C方案	100	40	120	120	最优方案
25	D方案	0	30	200	200	C方案

图11-4　非确定型利润决策模型

04 在单元格 D12 中输入公式 "=AVERAGE(C4:E4)"。

05 选取单元格区域 B12:D12，将其复制到单元格区域 B13:D15。

06 在单元格 F12 中输入公式 "=$F$4*C12+(1-$F$4)*B12"，并将其复制到单元格区域 F13:F15。

07 在单元格 B16 中输入公式 "=MAX(B12:B15)"，并将其复制到单元格 C16、D16 和 F16。

08 在单元格 B17 中输入公式 "=INDEX($A$12:$A$15,MATCH(B16,B12:B15,0))"，并将其复制到单元格 C17、D17 和 F17。

09 在单元格 B22 中输入公式 "=MAX($C$4:$C$7)-C4"。

10 在单元格 C22 中输入公式 "=MAX($D$4:$D$7)-D4"。

11 在单元格 D22 中输入公式 "=MAX($E$4:$E$7)-E4"。

12 在单元格 E22 中输入公式 "=MAX(B22:D22)"。

13 选取单元格区域 B22:E22，将其复制到单元格区域 B23:E25。

14 在单元格 F22 中输入公式 "=MIN(E22:E25)"。

15 在单元格 F25 中输入公式 "=INDEX(A22:A25,MATCH(F22,E22:E25,0))"。

模型的运行结果如图 11-4 的【计算与决策结果】区域所示。

11.4   本量利分析

11.4.1   保本点的计算模型

1. 单品种生产情况下保本点的计算模型

在企业仅生产一种产品的情况下，其成本、业务量、利润之间的关系可用下面的公式来描述，即

$$R=Q \cdot (p-v)-F$$

式中：Q 为销售量，p 为单价，v 为单位变动成本，F 为固定成本。

保本点又可称为盈亏平衡点，是指企业的利润为 0 的那一点。令上面的公式中的利润为 0，那么可以在已知销售量、单价、单位变动成本、固定成本这 4 个参数中的任意 3 个参数的情况下，求出用另外一个参数表示的保本点的数值，即

$$保本点的销售量=F/(p-v)$$
$$保本点的单价=F/Q+v$$
$$保本点的单位变动成本=p-F/Q$$
$$保本点的固定成本=Q \cdot (p-v)$$

在 Excel 中计算保本点时，可利用单变量求解工具来解决问题。

【例 11-5】 某公司只生产和销售一种 A 产品，预计的销售量、单价和成本等数据如图 11-5 的【已知条件】区域所示。要求建立一个计算分别用销售量、单价、单位变动成本和固定成本表示的保本点的模型。

建立模型的具体计算步骤如下所述。

01 设计模型的结构，如图11-5的【计算过程与结果】区域所示。

	A	B	C	D	E	F	G	H
1		已知条件				计算过程与结果		
2	项目		预测值		保本点的计算		可变单元格	目标函数
3	已知四个参数	销售量（件）	8000		保本点的销售量（件）		8750	0
4	中的三个参数	单价（元/件）	100		保本点的单价（元/件）		103.75	0
5	预测值	单位变动成本（元/件）	60		保本点的单位变动成本（元/件）		56.25	0
6		固定成本（元）	350000		保本点的固定成本（元）		320000	0

图11-5 单品种生产时保本点的计算模型

02 在单元格 H3 中输入公式 "=G3*(C4-C5)-C6"。

03 在【数据】选项卡【数据工具】功能组中单击【模拟分析】命令，然后在下拉菜单中选择【单变量求解】命令，并在系统弹出的【单变量求解】对话框中，在【目标单元格】栏中输入 "$H$3"，在【目标值】栏中输入 "0"，在【可变单元格】栏中输入 "$G$3"，单击【确定】按钮后，再在系统弹出的【单变量求解状态】对话框中单击【确定】按钮。

04 在单元格 H4 中输入公式 "=C3*(G4-C5)-C6"。

05 在【数据】选项卡【数据工具】功能组中单击【模拟分析】命令，然后在下拉菜单中选择【单变量求解】命令，并在系统弹出的【单变量求解】对话框中，在【目标单元格】栏中输入 "$H$4"，在【目标值】栏中输入 "0"，在【可变单元格】栏中输入 "$G$4"，单击【确定】按钮后，再在系统弹出的【单变量求解状态】对话框中单击【确定】按钮。

06 在单元格 H5 中输入公式 "=C3*(C4-G5)-C6"。

07 在【数据】选项卡【数据工具】功能组中单击【模拟分析】命令，然后在下拉菜单中选择【单变量求解】命令，并在系统弹出的【单变量求解】对话框中，在【目标单元格】栏中输入 "$H$5"，在【目标值】栏中输入 "0"，在【可变单元格】栏中输入 "$G$5"，单击【确定】按钮后，再在系统弹出的【单变量求解状态】对话框中单击【确定】按钮。

08 在单元格 H6 中输入公式 "=C3*(C4-C5)-G6"。

09 在【数据】选项卡【数据工具】功能组中单击【模拟分析】命令，然后在下拉菜单中选择【单变量求解】命令，并在系统弹出的【单变量求解】对话框中，在【目标单元格】栏中输入 "$H$6"，在【目标值】栏中输入 "0"，在【可变单元格】栏中输入 "$G$6"，单击【确定】按钮后，再在系统弹出的【单变量求解状态】对话框中单击【确定】按钮。

模型的运行结果如图11-5的【计算过程与结果】区域所示。

2. 多品种生产情况下保本点的计算模型

在企业生产多种产品的情况下，计算保本点有几种不同的方法，这里只介绍其中的一种方法，即根据综合边际贡献率计算保本点的方法。这种方法的基本原理是，首先根据各种产品的销售额和边际贡献率计算综合边际贡献率，然后再计算综合保本点的销售额及保本点各种产品的销售额。有关的计算公式为

综合边际贡献率=各种产品边际贡献总额/各种产品销售收入总额

综合保本点的销售额=固定成本/综合边际贡献率

保本点某种产品的销售额=该产品销售收入的比重×综合保本点的销售额

【例11-6】某公司生产和销售甲、乙、丙这3种产品，预计的产销量、单价和成本等数据如图11-6的【已知条件】区域所示。要求建立一个计算综合保本点销售额以及保本点各产品销售额和销售量的模型。

建立模型的具体计算步骤如下所述。

01 设计模型的结构，如图11-6的【计算过程与结果】区域所示。

	A	B	C	D	E
1			已知条件		
2	产品名称	甲产品	乙产品	丙产品	
3	预计产销量（件）	5000	6000	7000	
4	单位产品售价（元/件）	20	25	30	
5	单位变动成本（元/件）	12	16	21	
6	固定成本（元）		600000		
7					
8			计算过程与结果		
9	产品名称	甲产品	乙产品	丙产品	合计
10	销售收入（元）	100000	150000	210000	460000
11	各产品销售收入的比重	21.74%	32.61%	45.65%	100.00%
12	变动成本（元）	60000	96000	147000	303000
13	边际贡献（元）	40000	54000	63000	157000
14	边际贡献率	40.00%	36.00%	30.00%	34.13%
15	综合保本点的销售额（元）		1757961.78		
16	保本点各产品的销售额（元）	382165.61	573248.41	802547.77	
17	保本点各产品的销售量（件）	19108	22930	26752	

图11-6　多品种生产时保本点的计算模型

02 选取单元格区域B10:D10，输入数组公式"=B3:D3*B4:D4"。

03 在单元格E10中输入公式"=SUM(B10:D10)"，并将其复制到单元格区域E11:E13。

04 选取单元格区域B11:D11，输入数组公式"=B10:D10/E10"。

05 选取单元格区域B12:D12，输入数组公式"=B3:D3*B5:D5"。

06 选取单元格区域B13:D13，输入数组公式"=B10:D10-B12:D12"。

07 选取单元格区域B14:E14，输入数组公式"=B13:E13/B10:E10"。

08 在合并单元格B15中输入公式"=B6/E14"。

09 选取单元格区域B16:D16，输入数组公式"=B15*B11:D11"。

10 选取单元格区域B17:D17，输入数组公式"=B16:D16/B4:D4"。

模型的运行结果如图11-6的【计算过程与结果】区域所示。

11.4.2　利润敏感性分析模型

企业一定时期的利润受到销售量、单价、单位变动成本和固定成本4个因素的影响。为了随时分析各种因素的变化对利润指标的影响，可以通过建立利润敏感性分析模型来对利润变化的情况进行动态分析。

【例11-7】某公司只生产和销售一种产品，其销售量、单价和成本数据的初始预测值如图11-7的【已知条件】区域所示。要求建立一个带有可以选择各因素变动率的滚动条控件按钮的利润单因素和多因素敏感性分析模型。

建立模型的具体步骤如下所述。

01 设计模型的结构，如图11-7的【各参数预测值的变动情况】区域和【计算过程与结果】区域所示。

已知条件		各参数预测值的变动情况		
项目	基础的预测值	变动后数值	因素变动率	因素变动率选择控件
销售量(件)	8000	8800.00	10.00%	
产品单价(元/件)	95	90.25	-5.00%	
单位变动成本(元/件)	60	56.40	-6.00%	
固定成本(元)	60000	58200.00	-3.00%	
计算过程与结果				
按基础的预测值计算的保本点销售量和预计利润				
保本点销售量(件)	1714	基础情况的预计利润(元)		220000.00
单因素变动对保本点销售量和利润的影响				
项目	因素变动率	变动后保本点销售量(件)	对利润的影响(金额单位:元) 变动后利润	利润变动额	利润变动率
销售量(件)	10.00%	1714	248000.00	28000.00	12.73%
产品单价(元/件)	-5.00%	1983	182000.00	-38000.00	-17.27%
单位变动成本(元/件)	-6.00%	1554	248800.00	28800.00	13.09%
固定成本(元)	-3.00%	1663	221800.00	1800.00	0.82%
多因素同时变动对保本点销售量和利润的综合影响(元)				
变动后的保本销售量(件)	1719	变动后的利润(元)		239680.00
利润变动额(元)	19680.00	利润变动率		8.95%

图 11-7　利润敏感性分析模型

02　在【开发工具】选项卡【控件】功能组中单击【插入】命令,在展开的下拉列表中单击【表单控件】区域中的滚动条按钮,然后在单元格区域 E3:F3 的位置拖拽出一个销售量的【滚动条】控件;再用鼠标指针对准该滚动条控件,单击右键,在系统弹出的快捷菜单中执行

【设置控件格式】命令,再在系统打开的【设置控件格式】对话框的【控制】选项卡中,在【当前值】栏中输入"50",在【最小值】栏中输入"0",在【最大值】栏中输入"100",在【步长】栏中输入"1",在【页步长】栏中输入"5",在【单元格链接】栏中输入"E3",如图 11-8 所示,最后单击【确定】按钮。

图11-8　销售量滚动条控件的格式设置

03　按照与步骤二相同的方法分别建立单价、单位变动成本和固定成本的滚动条控件,并且在这 3 个滚动条控件的【设置控件格式】对话框的【控制】选项卡中的【单元格链接】栏中分别输入 E4、E5 和 E6。

04　选取单元格区域 D3:D6,输入数组公式"=E3:E6/100-50%",从而在该单元格区域中建立因素变动率与滚动条控件之间的联系,即每次单击某个滚动条两端的某个按钮,则与该滚动条链接的单元格中的数值将变化 1,而单元格区域 D3:D6 中相应因素的数值将变化 1%;而每次单击某个滚动条两端之间的某个位置时,与该滚动条链接的单元格中的数值将变化 5,而单元格区域 D3:D6 中相应因素的数值将变化 5%;当某个滚动条的滑动按钮处于滚动条的中间位置时,单元格区域 D3:D6 中相应因素的变动数值为零。

05　在单元格 B10 中输入公式"=B6/(B4-B5)"。

06　在单元格 F10 中输入公式"=B3*(B4-B5)-B6"。

07　选取单元格区域 B14:B17,输入数组公式"=D3:D6"。

08　在单元格 C14 中输入公式"=B6/(B4-B5)"。

09　在单元格 C15 中输入公式"=B6/(C4-B5)"。

10　在单元格 C16 中输入公式"=B6/(B4-C5)"。

11 在单元格 C17 中输入公式 "=C6/(B4-B5)"。

12 在单元格 D14 中输入公式 "=C3*(B4-B5)-B6"。

13 在单元格 D15 中输入公式 "=B3*(C4-B5)-B6"。

14 在单元格 D16 中输入公式 "=B3*(B4-C5)-B6"。

15 在单元格 D17 中输入公式 "=B3*(B4-B5)-C6"。

16 选取单元格区域 E14:E17，输入数组公式 "=D14:D17-F10"。

17 选取单元格区域 F14:F17，输入数组公式 "=E14:E17/F10"。

18 在单元格 C19 中输入公式 "=C6/(C4-C5)"。

19 在单元格 C20 中输入公式 "=F19-F10"。

20 在单元格 F19 中输入公式 "=C3*(C4-C5)-C6"。

21 在单元格 F20 中输入公式 "=C20/F10"。

这样，利润敏感性分析模型就建立好了。通过单击滚动条控件来改变各因素的变动率，就可以自动得到相应的利润单因素敏感性分析和多因素敏感性分析的结果。例如，图 11-7 显示的是当销售量增加 10%、单价降低 5%、单位变动成本降低 6%、固定成本降低 3%时模型的运行结果。

11.4.3 非线性条件下的本量利分析模型

前述几节对本量利关系的研究是建立在销售收入、成本总额和利润与产销量之间具有线性关系的基础之上的。但是现实条件下，有时销售收入、成本总额和利润与产销量之间可能并不具有线性关系，而是具有非线性关系。在这种情况下，可以通过绘制反映本量利之间关系的散点图来观察因变量和自变量之间的变动趋势，然后通过添加趋势线并显示公式的方式来反映自变量和因变量之间关系的函数式，在此基础之上可计算保本点和利润最高点对应的产销量。下面举例对此加以说明。

【例 11-8】某公司只生产和销售一种产品，产品的销售单价为 820 元/件，预计在不同的产销量水平下成本总额的有关数据如图 11-9 的【已知条件】区域所示。要求建立一个计算该公司保本点产销量和最高利润及其对应的产销量的模型。

建立模型的具体步骤如下所述。

01 设计模型的结构，如图 11-9 的【计算过程与结果】区域所示。

	已知条件				计算过程与结果			
	产销量（件）	成本总额（元）		产销量（件）	销售收入（元）	利润（元）	保本点销售量的计算	
	0	150000		0	0	-150000	扭亏为盈时	
	200	178450		200	164000	-14450	保本产销量（件）	目标函数
	400	248500		400	328000	79500	226	0.00
	600	360150		600	492000	131850	由盈转亏时	
	800	513400		800	656000	142600	保本产销量（件）	目标函数
	1000	708250		1000	820000	111750	1278	0.00
	1200	944700		1200	984000	39300	利润最高点的确定	
	1400	1222750		1400	1148000	-74750	最高的利润（元）	利润最高点的产销量（件）
	1600	1542400		1600	1312000	-230400		
	1800	1903650		1800	1476000	-427650		
	2000	2306500		2000	1640000	-666500	143814	752
	产品单价（元/件）	820						

图11-9 非线性本量利分析模型

02 选取单元格区域 D3:D13，输入数组公式 "=A3:A13"。

03 选取单元格区域 E3:E13，输入数组公式 "=B14*D3:D13"。

04 选取单元格区域 F3:F13，输入数组公式"=E3:E13-B3:B13"。

05 选取单元格区域 D2:F13，在【插入】选项卡【图表】功能组中单击【散点图】，然后在下拉列表中选择【带平滑线和数据标记的散点图】子图表类型，可得到初步绘制的图表，如图 11-10 所示。

06 将鼠标指针对准绘图区，单击鼠标右键，在快捷菜单中执行【选择数据】命令，则系统会弹出【选择数据源】对话框，如图 11-11 所示。

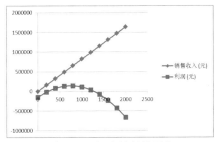

图11-10　初步绘制的图表

图11-11　【选择数据源】对话框

07 单击【添加】按钮，在系统弹出的【编辑数据系列】对话框中，在【系列名称】栏中输入"=Sheet1!$B$2"，在【X 轴系列值】栏中输入"=Sheet1!$A$3:$A$13"，在【Y 轴系列值】栏中输入"=Sheet1!$B$3:$B$13"，如图 11-12 所示。

08 单击【确定】按钮返回到【选择数据源】对话框后，再单击【确定】按钮。添加数据系列后的图表如图 11-13 所示。

图11-12　【标题】选项卡的设置

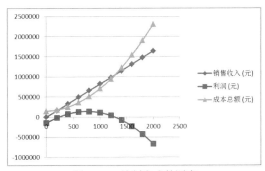

图11-13　绘制完成的图表

09 由图 11-13 可以看出，销售收入与产销量之间具有线性关系，而成本总额与产销量之间具有非线性关系。为了得到成本总额与产销量之间的函数关系表达式，将鼠标指针对准图表中的成本总额数据系列，单击右键，在系统弹出的快捷菜单中执行【添加趋势线】命令，在系统弹出的【设置趋势线格式】对话框中，在【趋势线选项】选项卡中，在【趋势预测/回归分析类型】区域下，根据成本总额曲线的形状选择与其变动趋势比较符合的【多项式】单选按钮，并且在【顺序】栏中保持默认的选择 2 不变，再在该对话框的下边选中【显示公式】和【显示 R 平方值】复选框，如图 11-14 所示。

10 单击【关闭】按钮，即可在已绘制的图表上得到成本总额与产销量之间的函数关系，即 $y=0.52x^2+38.25x+150000$，同时得到 R 平方值为 1，如图 11-15 所示。

图11-14　【设置趋势线格式】对话框

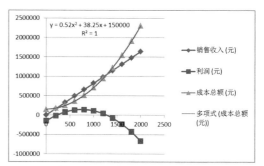

图11-15　添加趋势线后的图表

⑪ 进一步编辑图表，包括将横坐标轴的最大值设置为2000、删除网格线、添加图表标题、添加横纵坐标轴标题、将图例设置在图表底部显示等，得到最终编辑完成的图表，如图 11-16 所示。

⑫ 在单元格 H5 中输入公式 "=0.52*G5^2+38.25*G5+150000-B14*G5"。

⑬ 在【数据】选项卡【分析】功能组中单击【规划求解】命令，打开【规划求解参数】对话框，在其中的【设置目标】栏中输入 "$H$5"，在【到】区域选择【目标值】单选按钮，并在【目标值】栏中输入 "0"，在【通过更改可变单元格】栏中输入 "$G$5"，然后单击【添加】按钮，在系统弹出的【添加约束】对话框中添加约束条件 "$G$5<=500"，单击【确定】按钮后，这个约束条件就被添加到了【规划求解参数】对话框的【遵守约束】列表框中，设置完成的【规划求解参数】对话框如图 11-17 所示。这里之所以添加 "$G$5<=500" 这个约束条件，是因为在绘制完成的图表中可以观察到扭亏为盈时的保本点销售量小于 500 件。设置好约束条件以后，单击【求解】按钮，再在系统弹出的【规划求解结果】对话框中单击【确定】按钮，即可在单元格 G5 中得到规划求解的结果。

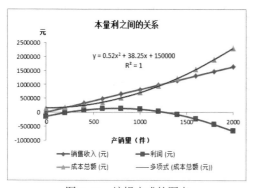

图11-16　编辑完成的图表

图11-17　【规划求解参数】对话框的设置之一

⑭ 在单元格 H8 中输入公式 "=B14*G8-(0.52*G8^2+38.25*G8+150000)"。

15 在【数据】选项卡【分析】功能组中单击【规划求解】命令,打开【规划求解参数】对话框,在其中的【设置目标】栏中输入"$H$8",在【到】区域选择【目标值】单选按钮,并在【目标值】栏中输入"0",在【通过更改可变单元格】栏中输入"$G$8",然后单击【添加】按钮,在系统弹出的【添加约束】对话框中添加约束条件"$G$8>=1000",单击【确定】按钮后,这个约束条件就被添加到了【规划求解参数】对话框的【遵守约束】列表框中,设置完成的【规划求解参数】对话框如图 11-18 所示。这里之所以添加"$G$8>=1000"这个约束条件,是因为在绘制完成的图表中可以观察到由盈转亏时的保本点销售量大于 1000 件。设置好约束条件以后,单击【求解】按钮,再在系统弹出的【规划求解结果】对话框中单击【确定】按钮,即可在单元格 G8 中得到规划求解的结果。

16 在单元格 G13 中输入公式"=B14*H13-(0.52*H13^2+38.25*H13+150000)"。

17 在【数据】选项卡【分析】功能组中单击【规划求解】命令,打开【规划求解参数】对话框,在其中的【设置目标】栏中输入"$G$13",在【到】区域选择【最大值】单选按钮,在【通过更改可变单元格】栏中输入"$H$13",然后单击【添加】按钮,在系统弹出的【添加约束】对话框中添加约束条件"$H$13>=0",单击【确定】按钮后,这个约束条件就被添加到了【规划求解参数】对话框的【遵守约束】列表框中,设置完成的【规划求解参数】对话框如图 11-19 所示。这里之所以添加"$H$13>=0"这个约束条件,是因为产销量应该是非负的数值。设置好约束条件以后,单击【求解】按钮,再在系统弹出的【规划求解结果】对话框中单击【确定】按钮,即可在单元格 H13 中得到规划求解的结果。

图11-18 【规划求解参数】对话框的设置之二

图11-19 【规划求解参数】对话框的设置之三

模型的运行结果如图 11-9 的【计算过程与结果】区域所示。

第 12 章

财务报表分析与预测

12.1 财务报表分析模型

财务报表是企业财务会计系统的最终工作成果，其中包含着大量有关企业经营活动过程和结果的高度浓缩的会计信息。企业的财务报表主要包括资产负债表、利润表和现金流量表，这些财务报表所提供的数据和有关指标只能概括地反映企业的财务状况和经营成果。要想透彻地理解公司的财务状况、经营过程和经营成果，还必须对各项有关会计数据进行加工、联系和对比，并对此进行分析和评价。通过对财务报表进行分析，可以全面地了解和评价企业的偿债能力、盈利能力、资产管理能力和发展能力，为有关各方做决策提供有用的依据。

12.1.1 资产负债表分析模型

资产负债表是反映企业某一特定日期财务状况的报表。对资产负债表进行分析，可以深入了解企业某一时刻所拥有的经济资源及其构成情况、企业的资金来源及其构成情况、企业的短期偿债能力和长期偿债能力，也可以了解企业不同时期财务状况的变动情况。

对资产负债表的分析包括比较分析和结构分析。比较分析是指将前后两期的资产负债表数据进行对比计算增减变动额和增减变动幅度；结构分析一般是以资产总额为 100%，计算资产负债表上的各项目占资产总额的百分比。

在建立资产负债表分析模型的过程中可以使用 IF、AND、ISBLANK 等函数。IF 函数和 AND 函数的功能已在以前的章节中做过介绍，下面介绍 ISBLANK 函数的功能。

ISBLANK 函数的功能是检验数值或引用的类型并根据参数取值返回 TRUE 或 FALSE。其语法格式为

$$=ISBLANK(value)$$

式中：value 为需要进行检验的数值。如果数值为对空白单元格的引用，则函数 ISBLANK 返回逻辑值 TRUE，否则返回 FALSE。

下面通过实例说明建立资产负债表分析模型的具体方法。

【例 12-1】L 公司 2020 年资产负债表年初和年末的有关数据存放在“财务报表分析模型”工作簿中名为“资产负债表分析模型”的工作表的单元格区域 A1:F20，如图 12-1 所示。要求建立一个对该公司资产负债表进行比较分析和结构分析的模型。

L公司资产负债表					
2020-12-31			单位：亿元		
项目	年末数	年初数	项目	年末数	年初数
流动资产：			流动负债：		
货币资金	45	26	短期借款	50	7
交易性金融资产	1	1	应付票据	0	0
应收账款	12	8	应付账款	205	93
存货	81	60	流动负债合计	255	100
流动资产合计	139	95	非流动负债：		
非流动资产：			长期借款	72	80
可供出售金融资产	3	3	应付债券	68	0
长期应收款	0	0	非流动负债合计	140	80
长期股权投资	55	5	负债合计	395	180
固定资产净值	281	216	股东权益：		
在建工程	173	79	股本（面值1元）	78	78
无形资产	2	2	资本公积	58	58
非流动资产合计	514	305	盈余公积	35	29
			未分配利润	87	55
			股东权益合计	258	220
资产总计	653	400	负债与股东权益总计	653	400

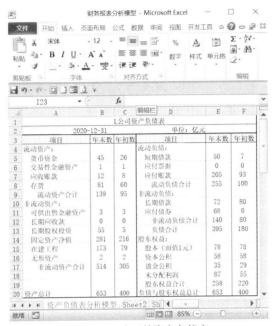

图12-1　L公司的资产负债表

建立模型的具体步骤如下所述。

01 在“财务报表分析模型”工作簿的名为“资产负债表分析模型”的工作表中设计模型的结构，如图 12-2 所示。

L公司2020年资产负债表分析（金额单位：亿元）									
项目	年末与年初比较		结构分析		项目	年末与年初比较		结构分析	
	增减额	增减幅度	年末结构	年初结构		增减额	增减幅度	年末结构	年初结构
流动资产：					流动负债：				
货币资金	19	73.08%	6.89%	6.50%	短期借款	43	614.29%	7.66%	1.75%
交易性金融资产	0	0.00%	0.15%	0.25%	应付票据	0	无意义	0.00%	0.00%
应收账款	4	50.00%	1.84%	2.00%	应付账款	112	120.43%	31.39%	23.25%
存货	21	35.00%	12.40%	15.00%	流动负债合计	155	155.00%	39.05%	25.00%
流动资产合计	44	46.32%	21.29%	23.75%	非流动负债：				
非流动资产：					长期借款	-8	-10.00%	11.03%	20.00%
可供出售金融资产	0	0.00%	0.46%	0.75%	应付债券	68	无意义	10.41%	0.00%
长期应收款	0	无意义	0.00%	0.00%	非流动负债合计	60	75.00%	21.44%	20.00%
长期股权投资	50	1000.00%	8.42%	1.25%	负债合计	215	119.44%	60.49%	45.00%
固定资产净值	65	30.09%	43.03%	54.00%	股东权益：				
在建工程	94	118.99%	26.49%	19.75%	股本	0	0.00%	11.94%	19.50%
无形资产	0	0.00%	0.31%	0.50%	资本公积	0	0.00%	8.88%	14.50%
非流动资产合计	209	68.52%	78.71%	76.25%	盈余公积	6	20.69%	5.36%	7.25%
					未分配利润	32	58.18%	13.32%	13.75%
					股东权益合计	38	17.27%	39.51%	55.00%
资产总计	253	63.25%	100.00%	100.00%	负债与股东权益总计	253	63.25%	100.00%	100.00%

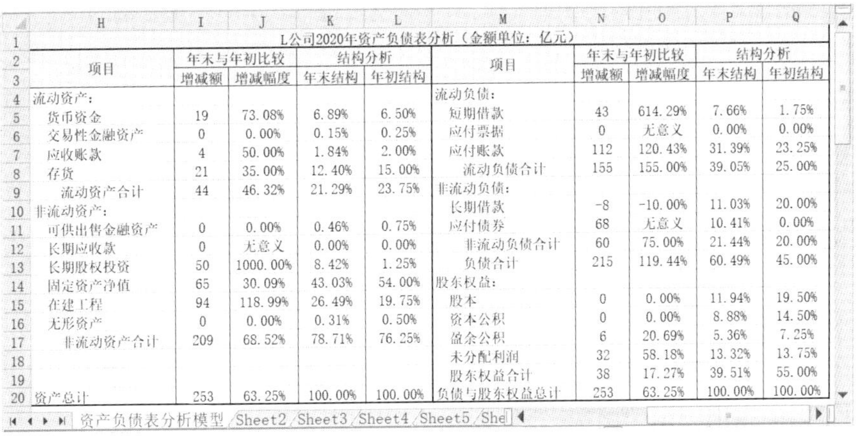

图12-2　L公司的资产负债表分析模型

02 在单元格 I5 中输入公式“=IF(AND(ISBLANK(B5),ISBLANK(C5)),"",B5-C5)”。

这里同时使用 IF 函数、AND 函数和 ISBLANK 函数的作用是，首先判断 B5 和 E5 单元格是否同时为空白单元格，如果条件成立，则在 I5 单元格中返回空白，否则返回单元格 B5 与单元格 C5 中的数值之差。

03 在单元格 J5 中输入公式 "=IF(AND(ISBLANK(B5),ISBLANK(C5)),"",IF(C5=0,"无意义",(B5-C5)/C5))"。

这里除了使用 AND 函数和 ISBLANK 函数以外，还使用了两个 IF 函数。使用第一个 IF 函数和使用 AND 函数及 ISBLANK 函数的功能如上所述，即只有在单元格 B5 和单元格 C5 都不是空白的情况下才进行正常的计算，否则返回空白。使用第二个 IF 函数的作用是判断作为分母的单元格 C5 中的数值是否为 0，若条件成立则返回文本"无意义"，否则按公式(B5-C5)/C5计算 J5 单元格中的数值，从而可以避免在除数为 0 的情况下在选定的单元格中返回出错信息。

04 在单元格 K5 中输入公式 "=IF(ISBLANK(B5),"",B5/$B$20)"。

05 在单元格 L5 中输入公式 "=IF(ISBLANK(C5),"",C5/$C$20)"。

06 选取单元格区域 I5:L5，将其复制到单元格区域 I6:L20。

07 在单元格 N5 中输入公式 "=IF(AND(ISBLANK(E5),ISBLANK(F5)),"",E5-F5)"。

08 在单元格 O5 中输入公式

"=IF(AND(ISBLANK(E5),ISBLANK(F5)),"",IF(F5=0,"无意义",(E5-F5)/F5))"。

09 在单元格 P5 中输入公式 "–IF(ISBLANK(E5),"",E5/$E$20)"。

10 在单元格 Q5 中输入公式 "=IF(ISBLANK(F5),"",F5/$F$20)"。

11 选取单元格区域 N5:Q5，将其复制到单元格区域 N6:Q20。

模型的运行结果如图 12-2 所示。

12.1.2 利润表分析模型

利润表是反映企业一定时期经营成果的报表。对利润表进行分析，可以了解企业一定时期经营成果的形成情况及获利能力，判断企业未来的发展趋势，从而做出正确的决策。

对利润表进行的分析包括比较分析和结构分析。比较分析是指将前后两期的利润表数据进行对比计算增减变动额和增减变动幅度；结构分析一般是以营业收入为 100%，计算利润表上的各项目占营业收入的百分比。下面通过实例说明建立利润表分析模型的具体方法。

【例 12-2】L 公司 2020 年利润表的有关数据存放在"财务报表分析模型"工作簿中名为"利润表分析模型"的工作表的单元格区域 A1:C17，如图 12-3 所示。要求建立一个对该公司利润表进行比较分析和结构分析的模型。

建立模型的具体步骤如下所述。

01 在"财务报表分析模型"工作簿的名为"利润表分析模型"的工作表的单元格区域 E1:I17 设计模型的结构，如图 12-3 所示。

02 在单元格 F4 中输入公式 "=B4-C4"。

03 在单元格 G4 中输入公式 "=IF(C4=0,"无意义",F4/C4)"。

04 选取单元格区域 F4:G4，将其复制到单元格区域 F5:G17。

	A	B	C
1	L公司利润表		
2	2020年度	单位：亿元	
3	项目	本期金额	上期金额
4	一、营业收入	534	416
5	减：营业成本	422	338
6	营业税金及附加	3	2
7	销售费用	4	3
8	管理费用	14	13
9	财务费用	2	1
10	资产减值损失	0	0
11	加：公允价值变动收益	0	0
12	二、营业利润	89	59
13	加：营业外收入	1	0
14	减：营业外支出	1	1
15	三、利润总额	89	58
16	减：所得税	27	19
17	四、净利润	62	39

	E	F	G	H	I
1	L公司2020年利润表分析（金额单位：亿元）				
2	项目	与上期比较分析		结构分析	
3		增减金额	增减幅度	本期结构	上期结构
4	一、营业收入	118	28.37%	100.00%	100.00%
5	减：营业成本	84	24.85%	79.03%	81.25%
6	营业税金及附加	1	50.00%	0.56%	0.48%
7	销售费用	1	33.33%	0.75%	0.72%
8	管理费用	1	7.69%	2.62%	3.13%
9	财务费用	1	100.00%	0.37%	0.24%
10	资产减值损失	0	无意义	0.00%	0.00%
11	加：公允价值变动收益	0	无意义	0.00%	0.00%
12	二、营业利润	30	50.85%	16.67%	14.18%
13	加：营业外收入	1	无意义	0.19%	0.00%
14	减：营业外支出	0	0.00%	0.19%	0.24%
15	三、利润总额	31	53.45%	16.67%	13.94%
16	减：所得税	8	42.11%	5.06%	4.57%
17	四、净利润	23	58.97%	11.61%	9.38%

资产负债表分析模型　利润表分析模型　Sheet3　Sheet4

图 12-3　L 公司的利润表分析模型

05 选取单元格区域 H4:I17，输入数组公式“=B4:C17/B4:C4”。

模型的运行结果如图 12-3 所示。

12.1.3　现金流量表分析模型

现金流量表是反映企业一定时期经营活动、投资活动和筹资活动产生的现金流量信息的报表，是以现金制为基础编制的财务状况变动表。通过对现金流量表进行分析，可以了解企业一定时期现金流量的发生及其构成情况，评价利润的含金量，并进一步分析企业的偿债能力，预测企业未来产生现金流量的能力。

对现金流量表的分析包括比较分析和结构分析。比较分析是指将前后两期的现金流量表数据进行对比计算增减变动额和增减变动幅度；结构分析包括现金流入量结构分析、现金流出量结构分析和现金流量净额结构分析，通过这些分析可以反映企业的现金流入量、现金流出量和现金流量净额的构成情况。下面通过实例说明建立现金流量表分析模型的具体方法。

【例 12-3】L 公司 2020 年资产负债表年初和年末的有关数据存放在“财务报表分析模型”工作簿的名为“现金流量表分析模型”的工作表中，如图 12-4 所示。要求建立一个对该公司现金流量表进行比较分析和结构分析的模型。

	A	B	C
1	L公司现金流量表		
2	2020年度	单位：亿元	
3	项目	本期金额	上期金额
4	一、经营活动产生的现金流量		
5	销售商品、提供劳务收到的现金	474	473
6	经营活动现金流入小计	474	473
7	购买商品、接收劳务支付的现金	365	399
8	支付给职工以及为职工支付的现金	15	12
9	经营活动现金流出小计	380	411
10	**经营活动产生的现金流量净额**	94	62
11	二、投资活动产生的现金流量		
12	投资活动现金流入小计	0	0
13	投资支付的现金	139	74
14	支付其他与投资活动有关的现金	2	3
15	投资活动现金流出小计	141	77
16	**投资活动产生的现金流量净额**	-141	-77
17	三、筹资活动产生的现金流量		
18	发行债券所收到的现金	73	0
19	取得借款收到的现金	89	27
20	筹资活动现金流入小计	162	27
21	支付其他与筹资活动有关的现金	96	35
22	筹资活动现金流出小计	96	35
23	**筹资活动产生的现金流量净额**	66	-8
24	四、汇率变动对现金及现金等价物的影响	0	0
25	**五、现金及现金等价物净增加额**	19	-23

现金流量表分析模型　Sl

图12-4　L公司的现金流量表

建立模型的具体步骤如下所述。

01 在“财务报表分析模型”工作簿的名为“现金流量表分析模型”的工作表中设计模型的结构，如图 12-5 所示。

02 在单元格 F5 中输入公式“=IF(AND(ISBLANK(B5),ISBLANK(C5)),"",B5-C5)”。

L公司2020年现金流量表分析（金额单位：亿元）								
项目	与上期比较分析		本期结构分析			上期结构分析		
	增减金额	增减幅度	流入结构	流出结构	净额结构	流入结构	流出结构	净额结构
一、经营活动产生的现金流量								
销售商品、提供劳务收到的现金	1	0.21%						
经营活动现金流入小计	1	0.21%	74.53%			94.60%		
购买商品、接收劳务支付的现金	-34	-8.52%						
支付给职工以及为职工支付的现金	3	25.00%						
经营活动现金流出小计	-31	-7.54%		61.59%			78.59%	
经营活动产生的现金流量净额	32	51.61%			494.74%			-269.57%
二、投资活动产生的现金流量								
投资活动现金流入小计	0	无意义	0.00%			0.00%		
投资支付的现金	65	87.84%						
支付其他与投资活动有关的现金	-1	-33.33%						
投资活动现金流出小计	64	83.12%		22.85%			14.72%	
投资活动产生的现金流量净额	-64	83.12%			-742.11%			334.78%
三、筹资活动产生的现金流量								
发行债券所收到的现金	73	无意义						
取得借款收到的现金	62	229.63%						
筹资活动现金流入小计	135	500.00%	25.47%			5.40%		
支付其他与筹资活动有关的现金	61	174.29%						
筹资活动现金流出小计	61	174.29%		15.56%			6.69%	
筹资活动产生的现金流量净额	74	-925.00%			347.37%			34.78%
四、汇率变动对现金及现金等价物的影响	0	无意义	合计	合计	合计	合计	合计	合计
五、现金及现金等价物净增加额	42	-182.61%	100.00%	100.00%	100.00%	100.00%	100.00%	100.00%

资产负债表分析模型 | 利润表分析模型 | 现金流量表分析模型

图12-5　L公司的现金流量表分析模型

03 在单元格 G5 中输入公式“=IF(AND(ISBLANK(B5),ISBLANK(C5)),"",IF(C5=0,"无意义",F5/C5))”。

04 选取单元格区域 F5:G5，将其复制到单元格区域 F6:G25。

05 在单元格 H6 中输入公式“=B6/SUM($B$6,$B$12,$B$20)”，并将其复制到单元格 H12 和单元格 H20。

06 在单元格 I9 中输入公式“=B9/SUM($B$9,$B$15,$B$22)”，并将其复制到单元格 I15 和单元格 I22。

07 在单元格 J10 中输入公式“=B10/SUM($B$10,$B$16,$B$23)”，并将其复制到单元格 J16 和单元格 J23。

08 在单元格 K6 中输入公式“=C6/SUM($C$6,$C$12,$C$20)”，并将其复制到单元格 K12 和单元格 K20。

09 在单元格 L9 中输入公式“=C9/SUM($C$9,$C$15,$C$22)”，并将其复制到单元格 L15 和单元格 L22。

10 在单元格 M10 中输入公式“=C10/SUM($C$10,$C$16,$C$23)”，并将其复制到单元格 M16 和单元格 M23。

11 在单元格 H25 中输入公式“=SUM(H6:H23)”，并将其复制到单元格区域 I25:M25。

模型的运行结果如图 12-5 所示。

12.1.4　财务比率分析模型

根据资产负债表、利润表和现金流量表的有关数据可以计算出很多财务比率指标。通常可以将常用的财务比率指标分为 4 大类，即偿债能力比率、获利能力比率、营运能力比率和发展能力比率。下面结合实例说明运用 Excel 计算各项财务比率指标的具体方法。

【例 12-4】L 公司 2020 年的资产负债表、利润表和现金流量表的有关数据分别存放在“财务报表分析模型”工作簿的名为“资产负债表分析模型”“利润表分析模型”和“现金流量表分析模型”的 3 张工作表中，如图 12-1、图 12-3 和图 12-4 所示。要求建立一个根据该公司的

3 张财务报表计算其 2020 年的各项财务比率指标的模型。

建立模型的具体步骤如下所述。

01 在“财务报表分析模型”工作簿的名为“财务比率计算模型”的工作表中设计模型的结构，如图 12-6 所示。各类比率所包括的具体比率指标以及各项比率指标的计算公式已在图 12-6 的 A 列至 D 列区域中给出。计算财务比率过程中的假定条件如图 12-6 的单元格区域 G1:H20 所示。

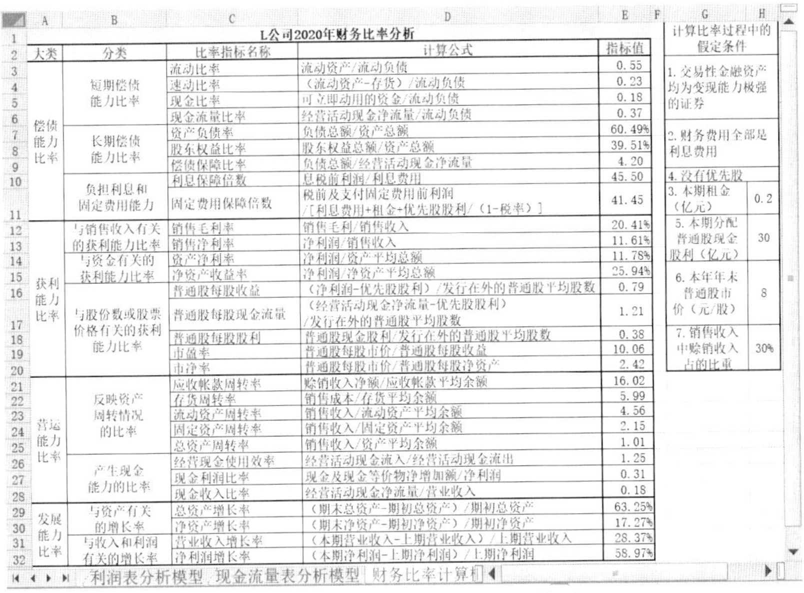

L公司2020年财务比率分析

大类	分类	比率指标名称	计算公式	指标值
偿债能力比率	短期偿债能力比率	流动比率	流动资产/流动负债	0.55
		速动比率	（流动资产-存货）/流动负债	0.23
		现金比率	可立即动用的资金/流动负债	0.18
		现金流量比率	经营活动现金净流量/流动负债	0.37
	长期偿债能力比率	资产负债率	负债总额/资产总额	60.49%
		股东权益比率	股东权益总额/资产总额	39.51%
		偿债保障比率	负债总额/经营活动现金净流量	4.20
	负担利息和固定费用能力	利息保障倍数	息税前利润/利息费用	45.50
		固定费用保障倍数	税前及支付固定费用前利润/[利息费用+租金+优先股股利/（1-税率）]	41.45
获利能力比率	与销售收入有关的获利能力比率	销售毛利率	销售毛利/销售收入	20.41%
		销售净利率	净利润/销售收入	11.61%
	与资金有关的获利能力比率	资产净利率	净利润/资产平均总额	11.78%
		净资产收益率	净利润/净资产平均总额	25.94%
	与股份数或股票价格有关的获利能力比率	普通股每股收益	（净利润-优先股股利）/发行在外的普通股平均股数	0.79
		普通股每股现金流量	（经营活动现金净流量-优先股股利）/发行在外的普通股平均股数	1.21
		普通股每股股利	普通股现金股利/发行在外的普通股平均股数	0.38
		市盈率	普通股每股市价/普通股每股收益	10.06
		市净率	普通股每股市价/普通股每股净资产	2.42
营运能力比率	反映资产周转情况的比率	应收帐款周转率	赊销收入净额/应收帐款平均余额	16.02
		存货周转率	销售成本/存货平均余额	5.99
		流动资产周转率	销售收入/流动资产平均余额	4.56
		固定资产周转率	销售收入/固定资产平均余额	2.15
		总资产周转率	销售收入/资产平均余额	1.01
	产生现金能力的比率	经营现金使用效率	经营活动现金流入/经营活动现金流出	1.25
		现金利润比率	现金及现金等价物净增加额/净利润	0.31
		现金收入比率	经营活动现金净流量/营业收入	0.18
发展能力比率	与资产有关的增长率	总资产增长率	（期末总资产-期初总资产）/期初总资产	63.25%
		净资产增长率	（期末净资产-期初净资产）/期初净资产	17.27%
	与收入和利润有关的增长率	营业收入增长率	（本期营业收入-上期营业收入）/上期营业收入	28.37%
		净利润增长率	（本期净利润-上期净利润）/上期净利润	58.97%

计算比率过程中的假定条件	
1. 交易性金融资产均为变现能力极强的证券	
2. 财务费用全部是利息费用	
4. 没有优先股	
3. 本期租金（亿元）	0.2
5. 本期分配普通股现金股利（亿元）	30
6. 本年年末普通股市价（元/股）	8
7. 销售收入中赊销收入占的比重	30%

图12-6 L公司的财务比率计算模型

02 在单元格区域 E3:E32 中分别输入相应的公式，如表 12-1 所示。

表 12-1 单元格区域 E3:E32 中分别输入的公式

单 元 格	计 算 公 式
E3	=资产负债表分析模型!B9/资产负债表分析模型!E8
E4	=(资产负债表分析模型!B9-资产负债表分析模型!B8)/资产负债表分析模型!E8
E5	=(资产负债表分析模型!B5+资产负债表分析模型!B6)/资产负债表分析模型!E8
E6	=现金流量表分析模型!B10/资产负债表分析模型!E8
E7	=资产负债表分析模型!E13/资产负债表分析模型!B20
E8	=资产负债表分析模型!E19/资产负债表分析模型!B20
E9	=资产负债表分析模型!E13/现金流量表分析模型!B10
E10	=(利润表分析模型!B17+利润表分析模型!B16+利润表分析模型!B9)/利润表分析模型!B9
E11	=(利润表分析模型!B17+利润表分析模型!B16+利润表分析模型!B9+财务比率计算模型!H11)/(利润表分析模型!B9+财务比率计算模型!H11)
E12	=(利润表分析模型!B4-利润表分析模型!B5-利润表分析模型!B6)/利润表分析模型!B4
E13	=利润表分析模型!B17/利润表分析模型!B4
E14	=利润表分析模型!B17/((资产负债表分析模型!B20+资产负债表分析模型!C20)/2)

(续表)

单 元 格	计 算 公 式
E15	=利润表分析模型!B17/((资产负债表分析模型!E19+资产负债表分析模型!F19)/2)
E16	=利润表分析模型!B17/资产负债表分析模型!E15
E17	=现金流量表分析模型!B10/资产负债表分析模型!E15
E18	=H12/资产负债表分析模型!E15
E19	=H15/E16
E20	=H15/(资产负债表分析模型!E19/资产负债表分析模型!E15)
E21	=利润表分析模型!B4*财务比率计算模型!H18/((资产负债表分析模型!B7+资产负债表分析模型!C7)/2)
E22	=利润表分析模型!B5/((资产负债表分析模型!B8+资产负债表分析模型!C8)/2)
E23	=利润表分析模型!B4/((资产负债表分析模型!B9+资产负债表分析模型!C9)/2)
E24	=利润表分析模型!B4/((资产负债表分析模型!B14+资产负债表分析模型!C14)/2)
E25	=利润表分析模型!B4/((资产负债表分析模型!B20+资产负债表分析模型!C20)/2)
E26	=现金流量表分析模型!B6/现金流量表分析模型!B9
E27	=现金流量表分析模型!B25/利润表分析模型!B17
E28	=现金流量表分析模型!B10/利润表分析模型!B4
E29	=(资产负债表分析模型!B20-资产负债表分析模型!C20)/资产负债表分析模型!C20
E30	=(资产负债表分析模型!E19-资产负债表分析模型!F19)/资产负债表分析模型!F19
E31	=(利润表分析模型!B4-利润表分析模型!C4)/利润表分析模型!C4
E32	=(利润表分析模型!B17-利润表分析模型!C17)/利润表分析模型!C17

模型的运行结果如图 12-6 所示。

12.1.5　杜邦系统分析模型

杜邦系统是由美国杜邦公司的管理人员在实践中总结出来的一种指标分解体系，即从综合性最强的净资产收益率指标出发，逐层进行指标分解，从而分析影响该指标的因素，以便找到提高净资产收益率的有效途径。下面结合实例说明运用 Excel 计算杜邦分析系统各项财务指标的具体方法。

【例 12-5】L 公司 2020 年的资产负债表、利润表和现金流量表的有关数据分别存放在"财务报表分析模型"工作簿的名为"资产负债表分析模型""利润表分析模型"和"现金流量表分析模型"的 3 张工作表中，如图 12-1、图 12-3 和图 12-4 所示。要求建立一个根据该公司的 3 张财务报表确定其 2020 年的杜邦分析系统指标的模型。

建立模型的具体步骤如下所述。

01 在"财务报表分析模型"工作簿的名为"杜邦系统图"的工作表中设计模型的结构，如图 12-7 所示。

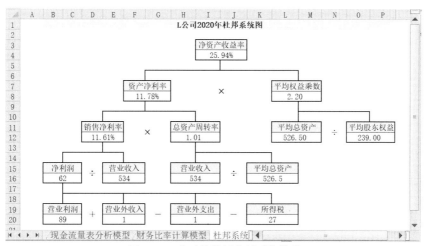

图12-7　L公司的杜邦分析系统模型

02 在合并单元格 B20 中输入公式 "=利润表分析模型!B12"。

03 在合并单元格 E20 中输入公式 "=利润表分析模型!B13"。

04 在合并单元格 H20 中输入公式 "=利润表分析模型!B14"。

05 在合并单元格 K20 中输入公式 "=利润表分析模型!B16"。

06 在合并单元格 B16 中输入公式 "=利润表分析模型!B17"。

07 在合并单元格 E16 中输入公式 "=利润表分析模型!B4"。

08 在合并单元格 H16 中输入公式 "=利润表分析模型!B4"。

09 在合并单元格 K16 中输入公式 "=(资产负债表分析模型!B20+资产负债表分析模型!C20)/2"。

10 在合并单元格 D12 中输入公式 "=B16/E16"。

11 在合并单元格 H12 中输入公式 "=H16/K16"。

12 在合并单元格 F8 中输入公式 "=D12*H12"。

13 在合并单元格 L12 中输入公式 "=(资产负债表分析模型!B20+资产负债表分析模型!C20)/2"。

14 在合并单元格 O12 中输入公式 "=(资产负债表分析模型!E19+资产负债表分析模型!F19)/2"。

15 在合并单元格 L8 中输入公式 "=L12/O12"。

16 在合并单元格 I4 中输入公式 "=F8*L8"。

模型的运行结果如图 12-7 所示。

12.1.6　综合财务分析模型

综合财务分析是指对企业的财务状况和经营成果等各方面情况进行综合的评价。常用的进行综合财务分析的方法是综合评分法，采用这种方法对企业进行综合财务分析时，首先应选择一套具有代表性的财务指标，然后确定各项财务指标的标准值和标准评分值，再用各指标的标准评分值乘以各指标的实际值与各指标的标准值的关系比例，得到各指标的实际得分值，最后将各指标的实际得分值进行加总得到综合分数，并根据综合分数的高低来对企业的财务状况进行综合评判。若综合分数大于 100，说明企业的财务状况比选定的标准水平更好，反之亦然。下面结合实例说明建立综合财务分析模型的具体方法。

【例 12-6】L 公司 2020 年的 3 张主要的财务报表等有关数据存放在"财务报表分析模型"工作簿中，如前所述。要求根据图 12-8 的【已知条件】区域所示的指标体系、各指标的标准评分值和行业标准值，建立一个计算 L 公司综合分数并做出综合评价的模型。

建立模型的具体步骤如下所述。

01 在"财务报表分析模型"工作簿的名为"综合评分表"的工作表中设计模型的结构，如图 12-8 所示。

		已知条件		计算结果	
指标类别	指标名称	标准评分值	行业标准值	实际值	实际得分值
偿债能力比率	流动比率	8	2	0.55	2.18
	利息保障倍数	8	20	45.50	18.20
	现金比率	8	0.3	0.18	4.81
获利能力比率	股东权益比率	12	50%	39.51%	9.48
	销售净利率	10	12%	11.61%	9.68
	资产净利率	10	15%	11.78%	7.85
	净资产收益率	16	20%	25.94%	20.75
营运能力比率	存货周转率	8	5	5.99	9.58
	应收帐款周转率	8	6	16.02	21.36
	总资产周转率	12	1	1.01	12.17
合计		100			116.06
财务状况综合评价的结论：			比行业平均水平好		

图12-8　L公司的综合财务分析模型

02 在单元格 E4 中输入公式"=财务比率计算模型!E3"。

03 在单元格 E5 中输入公式"=财务比率计算模型!E10"。

04 在单元格 E6 中输入公式"=财务比率计算模型!E5"。

05 在单元格 E7 中输入公式"=财务比率计算模型!E8"。

06 在单元格 E8 中输入公式"=财务比率计算模型!E13"。

07 在单元格 E9 中输入公式"=财务比率计算模型!E14"。

08 在单元格 E10 中输入公式"=财务比率计算模型!E15"。

09 在单元格 E11 中输入公式"=财务比率计算模型!E22"。

10 在单元格 E12 中输入公式"=财务比率计算模型!E21"。

11 在单元格 E13 中输入公式"=财务比率计算模型!E25"。

12 在单元格 F4 中输入公式"=C4*E4/D4"，并将其复制到单元格区域 F5:F13。

13 在单元格 F14 中输入公式"=SUM(F4:F13)"。

14 在合并单元格 C15 中输入公式"=IF(F14=100,"与行业平均水平一致", IF(F14>100,"比行业平均水平好","比行业平均水平差"))"。

模型的运行结果如图 12-8 所示。

12.1.7　绘制财务指标雷达图

雷达图是对企业财务状况进行综合分析的一种工具，它由若干个同心圆和若干条从原点出发的射线组成，通常有一个同心圆代表各指标的行业平均值，每条射线代表一个指标，同心圆与各条射线的交点相当于各条射线上的刻度。将某个企业各指标的实际值与行业平均值对比的比值画到雷达图的各条射线上的相应位置，并将各数据点连线，所得到的多边形代表企业的各项指标相对于行业平均值的高低程度，从而可以直观地对企业的财务状况做出综合的评价。

在运用雷达图对企业经济效益进行综合分析时，通常需要选取反映企业收益性、成长性、流动性、安全性及生产性的 5 类指标来绘制图表并进行分析。在本节中为了对企业的财务状况进行综合分析，只选择偿债能力、获利能力、营运能力和成长性 4 个方面的比率指标来绘制图表并进行分析。下面结合实例说明绘制财务指标雷达图的具体方法。

【例 12-7】L 公司 2020 年的 3 张主要的财务报表的有关数据存放在"财务报表分析模型"工作簿中，如前所述。要求根据图 12-9 的【已知条件】区域所示的指标体系和行业标准值，建立一个计算 L 公司雷达分析图主要指标并绘制财务指标雷达图的模型。

建立模型的具体步骤如下所述。

01 在"财务报表分析模型"工作簿的名为"雷达图"的工作表中设计模型的结构，如图 12-9 所示。

	L公司2020年雷达分析图的主要指标			
	已知条件		计算结果	
指标类别	指标名称	行业平均值	实际值	与行业平均对比值
偿债能力比率	流动比率	2	0.55	0.27
	速动比率	1	0.23	0.23
	资产负债率	50%	60%	1.21
	利息保障倍数	20	45.50	2.28
获利能力比率	销售净利率	12%	11.61%	0.97
	资产净利率	15%	11.78%	0.79
	净资产收益率	20%	25.94%	1.30
营运能力比率	存货周转率	5	5.99	1.20
	应收帐款周转率	6	16.02	2.67
	总资产周转率	1	1.01	1.01
成长性比率	营业收入增长率	20%	28%	1.42
	净利润增长率	30%	59%	1.97

图12-9　L公司的雷达分析图的主要指标的计算

02 在单元格 D4 中输入公式"=财务比率计算模型!E3"。

03 在单元格 D5 中输入公式"=财务比率计算模型!E4"。

04 在单元格 D6 中输入公式"=财务比率计算模型!E7"。

05 在单元格 D7 中输入公式"=财务比率计算模型!E10"。

06 在单元格 D8 中输入公式"=财务比率计算模型!E13"。

07 在单元格 D9 中输入公式"=财务比率计算模型!E14"。

08 在单元格 D10 中输入公式"=财务比率计算模型!E15"。

09 在单元格 D11 中输入公式"=财务比率计算模型!E22"。

10 在单元格 D12 中输入公式"=财务比率计算模型!E21"。

11 在单元格 D13 中输入公式"=财务比率计算模型!E25"。

12 在单元格 D14 中输入公式"=财务比率计算模型!E31"。

13 在单元格 D15 中输入公式"=财务比率计算模型!E32"。

14 在单元格 E4 中输入公式"=D4/C4"，并将其复制到单元格区域 E5:E15。L 公司雷达分析图主要财务指标的计算结果如图 12-9 所示。

⑮ 选取单元格区域 B4:B15 和 E4:E15，在【插入】选项卡【图表】功能组中单击【其他图表】，然后在下拉列表中选择【雷达图】中的【带数据标记的雷达图】子图表类型，则可得到初步绘制的雷达图，如图 12-10 所示。

⑯ 进一步编辑图表，包括删除图例、添加图表标题、将坐标轴主要刻度单位设置为 1、将坐标轴标签设置为显示 0 位小数的格式等，得到最终编辑完成的图表，如图 12-11 所示。

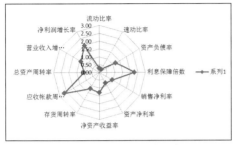

图12-10　初步绘制的图表

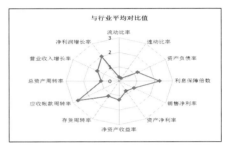

图12-11　L公司的财务指标雷达分析图

在图 12-11 中，射线上的刻度 1、2、3 以及由小到大的 3 个同心圆分别代表行业平均值、行业平均值的 2 倍和行业平均值的 3 倍。由图 12-11 可以看出，L 公司的流动比率、速动比率、资产净利率和销售净利率指标落在雷达图的最小的同心圆以内，表明该公司的这些指标值低于行业平均水平；其他指标都落在雷达图的最小的同心圆以外，表明该公司的这些指标值高于行业平均水平。

12.2　财务数据图解分析

12.2.1　财务数据变动趋势分析

Excel 中有多种不同类型的图表，可用于将主要财务数据或财务指标以图形化的方式展示出来，从而便于直观地了解财务数据的变动趋势或构成情况等。财务数据变动趋势分析可以反映财务数据或财务指标随着时间的推移发生变化的主要趋势和特点，从而有助于财务信息使用者做好相关的决策。绘制这类图表时一般可以选择使用柱形图、折线图、面积图等，也可以绘制由几种不同类型图表构成的组合图表。

【例 12-8】G 公司过去 10 年资产总额及增长率的数据资料如图 12-12 所示。要求绘制能够反映该公司资产总额变动情况的趋势分析图表。

下面分别绘制两种趋势分析图表：一种是带趋势线的总资产变动趋势分析图，另一种是总资产及其增长率变动趋势分析组合图表。

1. 绘制带趋势线的总资产变动趋势分析图

绘制图表的具体步骤如下所述。

⓪① 选择如图 12-12 所示的单元格区域 A2:B12，在【插入】选项卡【图表】功能组中单击【柱形图】，然后在下拉列表中的【二维柱形图】区域下选择【簇状柱形图】子图表类型，则

可得到初步绘制的图表，如图 12-13 所示。

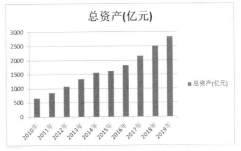

	A	B	C
1	G公司近10年总资产及增长率		
2	年末	总资产(亿元)	增长率
3	2010年	656.04	
4	2011年	852.12	29.89%
5	2012年	1075.67	26.23%
6	2013年	1337.02	24.30%
7	2014年	1562.31	16.85%
8	2015年	1616.98	3.50%
9	2016年	1823.70	12.78%
10	2017年	2149.68	17.87%
11	2018年	2512.34	16.87%
12	2019年	2829.72	12.63%

图12-12　G公司总资产数据

图12-13　初步绘制的柱形图

02 由于从初步绘制的柱形图中可以看出该公司过去 10 年的资产总额大致具有线性增长的变动趋势，所以可以在图表中添加线性类型的趋势线。单击选中柱形图系列后单击鼠标右键，在快捷菜单中执行【添加趋势线】命令，图表中即添加了趋势线，同时系统弹出【设置趋势线格式】对话框，如图 12-14 所示，保持该对话框中默认选中的【线性】单选按钮不做修改，在【线条颜色】选项卡中把趋势线的颜色设置为深红色，在【线形】选项卡中把趋势线的线型设置为 1.75 磅宽度的方点类型，在【阴影】选项卡中把趋势线的阴影设置为外部右下斜偏移类型，单击【关闭】按钮完成趋势线格式的设置。

03 单击选中柱形图系列后单击鼠标右键，在快捷菜单中执行【设置数据系列格式】命令，在系统弹出的【设置数据系列格式】对话框中单击打开【填充】选项卡，在其中选择【渐变填充】，然后在【预设颜色】展开的选项中选择某种喜欢的类型，这里选择"碧海青天"渐变颜色，单击【关闭】按钮完成柱形图系列格式的设置，再进一步编辑图表，包括添加图表标题、添加横坐标轴和纵坐标轴标签、删除图例等，得到编辑完成的图表，如图 12-15所示。

图12-14　【设置趋势线格式】对话框

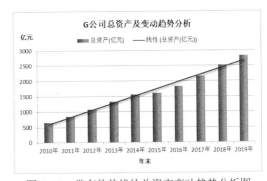

图12-15　带有趋势线的总资产变动趋势分析图

2. 绘制总资产及其增长率变动趋势分析组合图表

绘制图表的具体步骤如下所述。

01 选择如图 12-12 所示的单元格区域 A2:C12，在【插入】选项卡【图表】功能组中单击

【折线图】，然后在下拉列表中的【二维折线图】区域下选择【带数据标记的折线图】子图表类型，则可得到初步绘制的图表，如图 12-16 所示。

02 单击选中图中的总资产数据系列，单击鼠标右键，在快捷菜单中执行【更改系列图表类型】命令，在系统弹出的【更改图表类型】对话框中选择柱形图中的簇状柱形图，单击【确定】按钮后得到更改总资产系列图表类型后的图表，如图 12-17 所示。

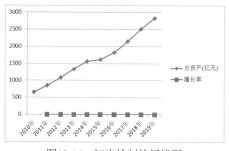

图12-16　初步绘制的折线图

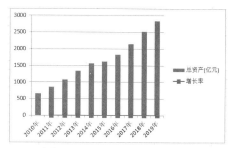

图12-17　改为柱形图后的图表

03 单击选中图中的增长率数据系列，单击鼠标右键，在快捷菜单中执行【设置数据系列格式】命令，在系统弹出的【设置数据系列格式】对话框的【系列选项】选项卡中，选中【次坐标轴】单选按钮，单击【关闭】按钮，得到柱形图与折线图两轴线组合图表，如图 12-18 所示。

04 进一步编辑图表，包括添加图表标题、添加横坐标轴标签、将图例设置在图表的上方、将柱形图数据系列设置成"碧海青天"渐变填充颜色等，得到编辑完成的图表，如图 12-19 所示。

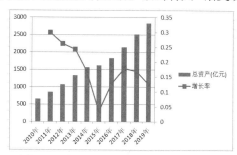

图12-18　柱形图与折线图两轴线组合图表

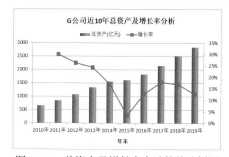

图12-19　总资产及增长率变动趋势分析图

12.2.2　财务数据结构分析

财务数据结构分析是指对主要财务数据的构成情况进行分析，例如资产总额的构成情况、销售收入的产品构成情况或地区构成情况分析等。进行财务数据结构分析可以选择的图表类型主要包括饼图、圆环图、堆积柱形图、堆积条形图等。

【例 12-9】甲公司 2020 年各产品销售额的数据资料如图 12-20 所示。要求绘制能够反映该公司各产品销售额构成情况的结构分析图表。

绘制图表的具体步骤如下所述。

01 选择如图 12-20 所示的单元格区域 A2:B10，在【插入】选项卡【图表】功能组中单击【饼图】，然后在下拉列表中的【二维饼图】区域下选择【饼图】子图表类型，则可得到初步绘制的图表，如图 12-21 所示。

图12-20　甲公司各产品销售额数据

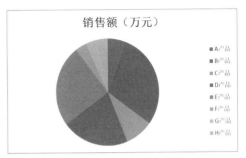

图12-21　初步绘制的饼图

02 从图 12-21 可以看出，由于甲公司的产品品种较多，并且各产品销售额的差异较大，所以直接绘制这样的饼图不够美观。一般而言，饼图比较适合数据点的个数较少且各数据点的值差异不是很大的情况使用。对于数据点的个数较多且各数据点的值差异较大的情况，可以选择饼图中的复合饼图或复合条饼图子图表类型来展示数据。

单击饼图中的数据系列，单击鼠标右键，在快捷菜单中执行【更改系列图表类型】命令，然后在系统弹出的【更改图表类型】对话框中选择饼图中的"复合饼图"子图表类型，如图 12-22 所示，再单击【确定】按钮，得到更改图表类型后的复合图表，如图 12-23 所示。

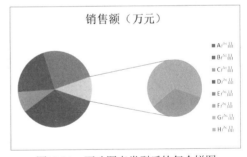

图12-22　【更改图表类型】对话框

图12-23　更改图表类型后的复合饼图

03 这个复合饼图中的两个绘图区中的数据点是按默认的数据表中数据点的位置自动划分的，这样有可能把一些数值较小的数据点留在了左边的第一绘图区，而数值较大的数据点被划分到了右边的第二绘图区，这种情况下的图表会显得不够美观，可以通过将数值较小的数据点调整到右边的第二绘图区的方法来美化图表。

单击图中的数据系列，单击鼠标右键，在快捷菜单中执行【设置数据系列格式】命令，打开如图 12-24 所示的【设置数据系列格式】对话框，在【系列选项】区域下的【系列分割依据】下拉列表中选择【百分比值】，则在【第二绘图区包含所有小于该值的值】对应的编辑框中会自动出现"10%"，保持这个默认值不做修改，在【分类间距】下边向左拖动滑块至100%的位置，或者直接在滑块下边的编辑框中输入"100%"，从而使两个绘图区之间的间距变得更小一些，从默认的150%调整为100%，设置完成后的【设置数据系列格式】对话框如图 12-25 所示，然后单击【关闭】按钮。

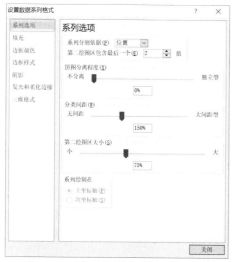

图12-24 【设置数据系列格式】对话框

图12-25 设置后的【设置数据系列格式】对话框

04 单击选中图表，在功能区出现的【图表工具】下边的【布局】选项卡的【标签】功能组中单击【数据标签】下边的下拉按钮，并选择其中的【其他数据标签选项】命令，然后在系统打开的【设置数据标签格式】对话框中，在【标签选项】区域下选择【系列名称】和【百分比】选项，在【标签位置】区域下选择【最佳匹配】选项，如图12-26所示，设置完成后单击【关闭】按钮关掉该对话框。

05 单击选中图表中的数据系列，在功能区出现的【图表工具】下边的【格式】选项卡的【形状样式】功能组中，分别展开【形状填充】和【形状轮廓】的下拉列表，对数据系列格式进行必要的设置，这里把图表的边框设置为1.5磅宽度的白色，把两个绘图区的数据点都填充为蓝色，然后把第一绘图区中的"其他"数据点以及第二绘图区的所有数据点均设置为橙色，再修改图表标题，适当挪动数据标签的位置，得到编辑完成的图表，如图12-27所示。

图12-26 【设置数据标签格式】对话框

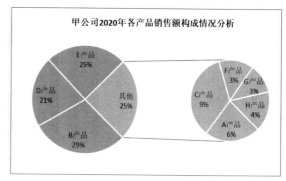

图12-27 编辑完成的复合饼图

12.2.3　财务数据对比分析

对比分析是财务分析的一种常用方法。单纯的财务数据本身往往并没有很大的意义，通过与某种选定的基础进行对比分析，才能使财务数据变得更有意义。作为财务数据对比分析基础的可以是同业公司数据、行业平均水平数据、本企业上期实际数据、本企业本期预算数据等。绘制财务数据对比分析图时可以选择的图表类型主要包括柱形图、条形图、折线图、雷达图等。

【例 12-10】丙公司 2020 年各分公司销售预算及实际完成情况的数据资料如图 12-28 所示。要求绘制能够反映该公司各分公司销售预算完成情况的对比分析图表。

绘制图表的具体步骤如下所述。

01 选择如图 12-28 所示的单元格区域 A2:C7，在【插入】选项卡的【图表】功能组中单击【柱形图】，然后在下拉列表中的【二维柱形图】区域下选择【簇状柱形图】子图表类型，则可得到初步绘制的图表，如图 12-29 所示。

	A	B	C	D
1	丙公司各分公司销售预算完成情况（万元）			
2	分公司	预算数	实际数	预算完成率
3	A分公司	511	563	110.18%
4	B分公司	638	688	107.84%
5	C分公司	601	545	90.68%
6	D分公司	686	643	93.73%
7	E分公司	659	709	107.59%

图12-28　丙公司各分公司销售数据

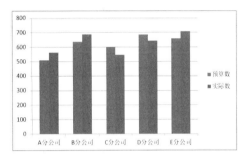

图12-29　初步绘制的柱形图

02 单击选中图中的实际数系列，单击鼠标右键，在快捷菜单中执行【设置数据系列格式】命令，在系统弹出的【设置数据系列格式】对话框的【系列选项】选项卡中，选中【次坐标轴】单选按钮，如图 12-30 所示，单击【关闭】按钮，得到实际数系列显示在次坐标轴后的图表，如图 12-31 所示。

图12-30　【设置数据系列格式】对话框

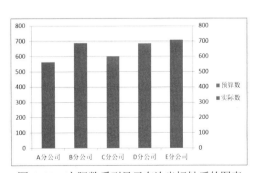

图12-31　实际数系列显示在次坐标轴后的图表

03 单击选中图中的预算数系列，单击鼠标右键，在快捷菜单中执行【设置数据系列格式】命令，在系统弹出的【设置数据系列格式】对话框中，将分类间距设置为90%，将边框颜色设置为蓝色，边框样式设置为2磅宽度的方点格式；再单击选中图中的实际数系列，打开【设置数据系列格式】对话框，将填充颜色设置为橙色，得到设置后的图表如图12-32所示。

04 将鼠标指针对准图表中的绘图区，单击鼠标右键，在快捷菜单中执行【选择数据】命令，则系统会弹出【选择数据源】对话框，如图12-33所示。

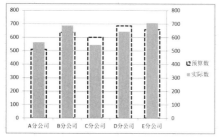

图12-32　对预算数系列设置格式后的图表

图12-33　【选择数据源】对话框

05 在【选择数据源】对话框中，单击左边【图例项】区域下的【实际数】，然后单击右边【水平(分类)轴标签】下边的【编辑】按钮，再在系统打开的【轴标签】对话框中将轴标签区域设置为"=Sheet1!$D$3:$D$7"，单击【确定】按钮关闭【轴标签】对话框回到【选择数据源】对话框，如图12-34所示，单击【确定】按钮关闭【选择数据源】对话框，即完成了对实际数系列轴标签的设置。

06 单击选中图表中的实际数系列，在功能区出现的【图表工具】下边的【布局】选项卡的【标签】功能组中单击【数据标签】下边的下拉按钮，并选择其中的【其他数据标签选项】命令，然后在系统打开的【设置数据标签格式】对话框中，在【标签包括】区域下选中【类别名称】复选框，在【标签位置】区域下选中【数据标签外】单选按钮，如图12-35所示。

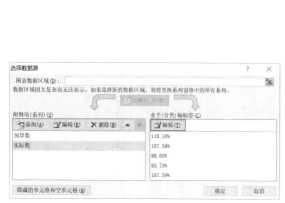

图12-34　设置完成的【选择数据源】对话框

图12-35　【设置数据标签格式】对话框

07 单击【关闭】按钮关闭【设置数据标签格式】对话框，得到添加数据标签后的图表，如图 12-36 所示。

08 进一步编辑图表，包括添加图表标题、添加纵坐标轴标签、删除网格线、将图例设置在图表的上方、适当调整数据标签的位置等，得到编辑完成的图表，如图 12-37 所示。

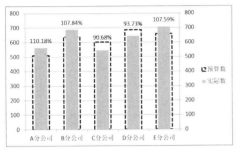

图12-36　添加数据标签后的图表

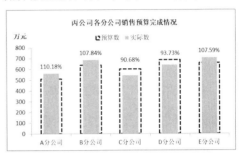

图12-37　编辑完成的预算完成情况分析图

12.3　预计财务报表模型

12.3.1　编制预计财务报表的基本原理

预计财务报表是指以企业期望的存在状况和将采取的措施为基础编制的可预测未来财务状况的报表，一般包括预计资产负债表和预计利润表。企业通过编制预计财务报表能够对利润表和资产负债表中所有项目的未来情况进行预测，从而为未来做好财务规划和实施财务控制提供重要的依据。

1. 编制预计利润表的基本原理

编制预计利润表的基本原理是，一般是以基期的利润表为基础，结合企业预计的有关财务比率指标，预测利润表的销售收入、各项成本和费用以及利润等各项目的未来 5 年的数值。销售收入一般可以根据基期的销售收入和预计的销售增长率来预测，销售成本和变动性期间费用通常被认为是随着销售收入自动成比率增长的敏感性项目，所以这些项目的预计数额可以根据本期预测的销售收入乘以基期这些项目的数额占销售收入的百分比来计算，其他各项目可根据实际情况通过分析加以预测。

在编制某期预计利润表的过程中，常用的基本公式为

$$销售收入=基期销售收入×(1+销售增长率)$$
$$销售成本=销售收入×(销售成本/销售收入)$$
$$负债的利息费用=负债的利息率×(期初长期负债+期末长期负债)/2$$
$$货币资金与交易性金融资产的利息收入=利息率×(该项目期初数+该项目期末数)/2$$
$$年折旧=固定资产年折旧率×(期初固定资产原值+期末固定资产原值)/2$$
$$其他变动性期间费用=本期销售收入×(其他变动性期间费用/销售收入)$$
$$其他固定性期间费用=上期其他固定性期间费用$$

税前利润=销售收入−销售成本−负债的利息费用+货币资金与交易性金融资产的利息

收入−年折旧−其他变动性期间费用−其他固定性期间费用

所得税=税前利润×所得税税率

税后净利=税前利润−所得税

支付股利=税后净利×股利支付率

未分配利润=税后净利−支付股利

2. 编制预计资产负债表的基本原理

编制预计资产负债表的基本原理是，一般是以基期的资产负债表为基础，结合企业预计的有关财务比率指标，预测资产负债表各项目的未来 5 年的数值。一般情况下，货币资金与交易性金融资产、其他流动资产和固定资产净值等资产项目以及流动负债项目被看作是随着销售收入自动成比率增长的敏感性项目，所以这些项目的预计数额可以根据本期预测的销售收入乘以基期这些项目的数额占销售收入的百分比来计算，而长期负债和股本项目一般被看作是不随销售收入的增加而变化的项目，所以这些项目的预计数额与基期的数额相等，其他各项目可根据实际情况通过分析加以预测。

在分别预测了资产、负债、股东权益各项目的金额以后，应将资产类项目的预测值加总，再将负债和股东权益类项目的预测值加总，然后还需要确定一个调节变量，以便使预计资产负债表保持资产总额等于负债与股东权益总额这个平衡关系。根据不同的情况，可以分别选择以货币资金与交易性金融资产为调节变量或以长期负债为调节变量，也可以将目标资本结构纳入考虑，根据目标资本结构的比率同时调节负债和股东权益的数额。

(1) 以货币资金与交易性金融资产为调节变量的情况

在以货币资金与交易性金融资产为调节变量的情况下，某期的资产负债表各项目预计的期末数的计算公式为

货币资金与交易性金融资产=负债和股东权益总计−固定资产净值−其他流动资产

其他流动资产=本期销售收入×(其他流动资产/销售收入)

固定资产原值=累计折旧+固定资产净值

累计折旧=期初累计折旧+固定资产年折旧率×(期初固定资产原值+

期末固定资产原值)/2

固定资产净值=本期销售收入×(固定资产净值/销售收入)

总资产=货币资金与交易性金融资产+其他流动资产+固定资产净值

流动负债=本期销售收入×(流动负债/销售收入)

长期负债=期初长期负债=上期期末长期负债

股本=期初股本=上期期末股本

累计未分配利润=上期期末未分配利润+本期期末未分配利润

负债和股东权益总计=流动负债+长期负债+股本+累计未分配利润

(2) 以长期负债为调节变量的情况

在以长期负债作为调节变量编制预计资产负债表的过程中，某期期末预计的长期负债可能出现以下两种情况。

第一种，资产总额>流动负债+上期期末的长期负债+股本+累计未分配利润。

在这种情况下，需要增加长期负债以筹措公司生产活动所需的资金，预计的长期负债应按以下公式计算，即

$$长期负债=资产总额-流动负债-股本-累计未分配利润$$

第二种，资产总额<流动负债+上期期末的长期负债+股本+累计未分配利润。

在这种情况下，是不需要增加长期负债的，而是需要增加货币资金与交易性金融资产，以保持资产总计与负债和股东权益总计相等的平衡关系，所以，预计的长期负债应按以下公式计算，即

$$长期负债=上期期末的长期负债$$

综合以上两种情况，某期期末的长期负债可以按以下公式进行计算，即

$$长期负债=MAX(资产总额-流动负债-股本-累计未分配利润，上期期末的长期负债)$$

其他各项目的计算公式与(1)的情况相同。

在以负债为调节变量的情况下，有时货币资金与交易性金融资产可能会出现负数，这往往是不合情理的。为了避免出现这种情况，可以首先按上述公式确定长期负债的数额，然后再按下面的公式确定货币资金与交易性金融资产的数额，即

$$货币资金与交易性金融资产=负债和股东权益合计-其他流动资产-固定资产净值$$

(3) 将目标资本结构纳入考虑的情况

在将目标资本结构纳入考虑的情况下，某期的长期负债和股本应根据以下公式计算，即

$$长期负债=目标负债权益比率×(股本+累计未分配利润)$$

$$股本=资产总额-流动负债-长期负债-累计未分配利润$$

12.3.2 以现金及其等价物为调节变量编制预计财务报表

【例 12-11】X 公司 2020 年的利润表和资产负债表以及相关的比率指标等有关数据存放在"预计财务报表模型"工作簿的名为"X 公司"的工作表中，如图 12-38 所示。图中的括号里的数字代表是负数。要求以 2020 年为基期，以货币资金与交易性金融资产为调节变量，建立一个编制该公司未来 5 年的预计利润表和预计资产负债表的模型。

		A	B	C	D	E	F	G	H	I
1				已知条件（金额单位：万元）						
2		X公司有关的比率指标		X公司基期的利润表（2020年）				X公司基期的资产负债表（2020年末）		
3		销售增长率	10%	销售收入			2000	货币资金与交易性金融资产		100
4		其他流动资产/销售收入	18%	减：销售成本			(1100)	流动资产		360
5		流动负债/销售收入	10%	负债的利息费用			(5)	固定资产原值		1333
6		固定资产净值/销售收入	60%	加：货币资金与交易性金融资			6	减：累计折旧		(133)
7		销售成本/销售收入	55%	减：年折旧			(180)	固定资产净值		1200
8		固定资产年折旧率	10%	其他变动性期间费用			(100)	资产总计		1660
9		长期负债的利息率	8%	其他固定性期间费用			(35)	流动负债（无息）		200
10		货币资金与交易性金融资产的利息率	6%	税前利润			586	长期负债		60
11		其他变动性期间费用/销售收入	5%	减：所得税			(147)	股本		1000
12		所得税税率	25%	税后净利			440	累计未分配利润		400
13		股利支付率	30%	减：支付股利			(132)	负债和股东权益总计		1660
14				未分配利润			308	调节变量：货币资金与交易性金融资产		

图12-38 X公司基期的财务报表及已知的财务比率指标

建立模型的具体步骤如下所述。

01 在当前工作表中设计模型的结构，如图 12-39 所示。

	A	B	C	D	E	F	G
16		X公司的预计利润表（金额单位：万元）					
17	年	0	1	2	3	4	5
18	销售收入	2000	2200	2420	2662	2928	3221
19	减：销售成本	(1100)	(1210)	(1331)	(1464)	(1611)	(1772)
20	负债的利息费用	(5)	(5)	(5)	(5)	(5)	(5)
21	加：货币资金与交易性金融资产的利息收入	6	13	28	44	62	82
22	减：年折旧	(180)	(147)	(175)	(208)	(246)	(290)
23	其他变动性期间费用	(100)	(110)	(121)	(133)	(146)	(161)
24	其他固定性期间费用	(35)	(35)	(35)	(35)	(35)	(35)
25	税前利润	586	707	781	861	948	1041
26	减：所得税	(147)	(177)	(195)	(215)	(237)	(260)
27	税后净利	440	530	586	646	711	781
28	减：支付股利	(132)	(159)	(176)	(194)	(213)	(234)
29	未分配利润	308	371	410	452	497	547
30		X公司的预计资产负债表（金额单位：万元）					
31	年	0	1	2	3	4	5
32	货币资金与交易性金融资产	100	335	595	883	1199	1546
33	其他流动资产	360	396	436	479	527	580
34	固定资产原值	1333	1600	1907	2261	2667	3133
35	减：累计折旧	(133)	(280)	(455)	(664)	(910)	(1200)
36	固定资产净值	1200	1320	1452	1597	1757	1933
37	资产总计	1660	2051	2483	2959	3483	4059
38	流动负债（无息）	200	220	242	266	293	322
39	长期负债	60	60	60	60	60	60
40	股本	1000	1000	1000	1000	1000	1000
41	累计未分配利润	400	771	1181	1633	2130	2677
42	负债和股东权益总计	1660	2051	2483	2959	3483	4059

图 12-39　X 公司的预计财务报表模型(以货币资金与交易性金融资产为调节变量)

02 选取单元格区域 B18:B29，输入数组公式 "=F3:F14"。

03 在单元格区域 C18:C29 中分别输入下面的公式。

单元格 C18："=B18*(1+$B$3)"。

单元格 C19："=-C18*$B$7"。

单元格 C20："=-$B$9*(B39+C39)/2"。

单元格 C21："=$B$10*(B32+C32)/2"。

单元格 C22："=-$B$8*(B34+C34)/2"。

单元格 C23："=-C18*$B$11"。

单元格 C24："=B24"。

单元格 C25："=SUM(C18:C24)"。

单元格 C26："=-C25*$B$12"。

单元格 C27："=C26+C25"。

单元格 C28："=-$B$13*C27"。

单元格 C29："=C28+C27"。

04 选取单元格区域 C18:C29，将其复制到单元格区域 D18:G29。

05 选取单元格区域 B32:B42，输入数组公式 "=I3:I13"。

06 在单元格区域 C32:C42 中分别输入下面的公式。

单元格 C32："=C42-C36-C33"。

单元格 C33："=C18*$B$4"。

单元格 C34："=C36-C35"。

单元格 C35："=B35-$B$8*(B34+C34)/2"。

单元格 C36："=C18*$B$6"。

单元格 C37："=C32+C33+C36"。

单元格 C38："=C18*$B$5"。

单元格 C39："=B39"。

单元格 C40："=B40"。

单元格 C41："=B41+C29"。

单元格 C42："=SUM(C38:C41)"。

07 选取单元格区域 C32:C42，将其复制到单元格区域 D32:G42。

如果在输入这些公式的过程中出现系统提示的出现循环引用问题的有关信息，可在【文件】菜单中执行【选项】命令，然后在系统弹出的【Excel 选项】对话框的【公式】选项卡中，在【计算选项】区域中选中【启用迭代计算】复选框，根据需要设置【最多迭代次数】和【最大误差】参数值，如图 12-40 所示，最后单击【确定】按钮。

模型的运行结果见图 12-39 所示。

图12-40 【公式】选项卡的设置

12.3.3 以长期负债为调节变量编制预计财务报表

【例 12-12】Y 公司 2020 年的利润表和资产负债表以及相关的比率指标等有关数据存放在"预计财务报表模型"工作簿的名为"Y 公司"的工作表中，如图 12-41 所示。图中的括号里的数字代表是负数。要求以 2020 年为基期，以长期负债为调节变量，建立一个编制该公司未来 5 年的预计利润表和预计资产负债表的模型。

	A	B	C	D	E	F	G	H	I
1					已知条件（金额单位：万元）				
2	Y公司有关的比率指标			Y公司基期的利润表（2020年）			Y公司基期的资产负债表（2020年末）		
3	销售增长率	20%	销售收入			3000	货币资金与交易性金融资产		100
4	其他流动资产/销售收入	35%	减：销售成本			(1650)	流动资产		1050
5	流动负债/销售收入	10%	负债的利息费用			(80)	固定资产原值		2667
6	固定资产净值/销售收入	80%	加：货币资金与交易性金融资产			6	减：累计折旧		(267)
7	销售成本/销售收入	55%	年折旧			(180)	固定资产净值		2400
8	固定资产年折旧率	10%	其他变动性期间费用			(150)	资产总计		3550
9	长期负债的利息率	8%	其他固定性期间费用			(35)	流动负债（无息）		300
10	货币资金与交易性金融资产的利息率	6%	税前利润			911	长期负债		1700
11	其他变动性期间费用/销售收入	5%	减：所得税			(228)	股本		1000
12	所得税税率	25%	税后净利			683	累计未分配利润		550
13	股利支付率	30%	减：支付股利			(205)	负债和股东权益总计		3550
14			未分配利润			478	调节变量：长期负债		

图12-41 Y公司基期的财务报表及已知的财务比率指标

建立模型的具体步骤如下所述。

01 在当前工作表中设计模型的结构，如图 12-42 所示。

02 在单元格区域 B18:G29 中，各单元格中输入的公式与【例 12-11】的名为"X 公司"的工作表中相应位置的单元格中的公式完全相同，所以可以按【例 12-11】给出的各有关单元格的公式进行输入。

	A	B	C	D	E	F	G
16	Y公司的预计利润表(金额单位：万元)						
17	年	0	1	2	3	4	5
18	销售收入	3000	3600	4320	5184	6221	7465
19	减：销售成本	(1650)	(1980)	(2376)	(2851)	(3421)	(4106)
20	负债的利息费用	(80)	(136)	(139)	(144)	(149)	(152)
21	加：货币资金与交易性金融资产的利息收入	6	3	0	(0)	(0)	(0)
22	减：年折旧	(180)	(251)	(252)	(289)	(334)	(389)
23	其他变动性期间费用	(150)	(180)	(216)	(259)	(311)	(373)
24	其他固定性期间费用	(35)	(35)	(35)	(35)	(35)	(35)
25	税前利润	911	1021	1302	1606	1971	2410
26	减：所得税	(228)	(255)	(326)	(402)	(493)	(602)
27	税后净利	683	766	977	1205	1478	1807
28	减：支付股利	(205)	(230)	(293)	(361)	(444)	(542)
29	未分配利润	478	536	684	843	1035	1265
30	Y公司的预计资产负债表(金额单位：万元)						
31	年	0	1	2	3	4	5
32	货币资金与交易性金融资产	100	6	(0)	(0)	(0)	(0)
33	其他流动资产	1050	1260	1512	1814	2177	2613
34	固定资产原值	2667	2362	2686	3088	3584	4191
35	减：累计折旧	(267)	(518)	(770)	(1059)	(1393)	(1781)
36	固定资产净值	2400	2880	3456	4147	4977	5972
37	资产总计	3550	4146	4968	5962	7154	8585
38	流动负债（无息）	300	360	432	518	622	746
39	长期负债	1700	1700	1766	1831	1884	1925
40	股本	1000	1000	1000	1000	1000	1000
41	累计未分配利润	550	1086	1770	2613	3648	4913
42	负债和股东权益总计	3550	4146	4968	5962	7154	8585

图12-42　Y公司的预计财务报表模型(以长期负债为调节变量)

03 在单元格区域 B32:G42 中，除了单元格区域 C39:G39 以外，其他各单元格中的公式也与【例 12-11】的名为"X 公司"的工作表的相应位置的单元格中输入的公式相同，所以可以首先在单元格区域 C32:C38 和单元格区域 C40:C42 中按【例 12-11】给出的有关单元格的公式来输入公式，然后在单元格 C39 中输入公式"=MAX(C37-C38-C40-C41,B39)"。为了避免货币资金与交易性金融资产出现负数情况的发生，可以首先选取单元格区域 C33:C42，将其复制到单元格区域 D33:G42，最后再选取单元格 C32，将其复制到单元格区域 D32:G32。

模型的运行结果如图 12-42 所示。

实际上，由于 Y 公司的预计财务报表模型与 X 公司的预计财务报表模型结构相同，并且大部分单元格中的计算公式也相同，只是已知条件的数据不同，并且由于所选择的调节变量不同，所以在单元格区域 C39:G39 的计算公式不同，因此，建立 Y 公司预计财务报表模型的简便方法是，将预计财务报表模型的名为"X 公司"的工作表复制一份，然后对已知条件的数据进行修改，对单元格区域 C39:G39 的计算公式进行修改，最后将公司的名称由 X 公司改为 Y 公司。通过这种方式建立 Y 公司的预计财务报表模型可以极大地减少建模的工作量。

12.3.4　将目标资本结构纳入预计财务报表

【例 12-13】Z 公司 2020 年的利润表和资产负债表以及相关的比率指标和目标长期负债权益比等有关数据存放在"预计财务报表模型"工作簿的名为"Z 公司"的工作表中，如图 12-43 所示。图中的括号里的数字代表是负数。要求以 2020 年为基期，以长期负债/权益为调节变量，建立一个编制该公司未来 5 年的预计利润表和预计资产负债表的模型。

	A	B	C	D	E	F	G	H	I	J	K
1			已知条件（金额单位：万元）								
2	Z公司有关的比率指标		Z公司基期的利润表（2020年）				Z公司基期的资产负债表（2020年末）			目标长期负债权益比	
3	销售增长率	10%	销售收入			3000	货币资金与交易性金融资产		100	年份	负债/权益
4	其他流动资产/销售收入	25%	减：销售成本			(1650)	流动资产		750	2020	0.57
5	流动负债/销售收入	10%	负债的利息费用			(80)	固定资产原值		2000	2021	0.5
6	固定资产净值/销售收入	60%	加：货币资金与交易性金融资产			6	减：累计折旧		(200)	2022	0.4
7	销售成本/销售收入	55%	减：年折旧			(180)	固定资产净值		1800	2023	0.35
8	固定资产年折旧率	10%	其他变动性期间费用			(150)	资产总计		2650	2024	0.3
9	长期负债的利息率	8%	其他固定性期间费用			(35)	流动负债（无息）		300	2025	0.3
10	货币资金与交易性金融资产的利息率	2%	税前利润			911	长期负债		850		
11	其他变动性期间费用/销售收入	5%	减：所得税			(228)	股本		1000		
12	所得税税率	25%	税后净利			683	累计未分配利润		500		
13	股利支付率	50%	减：支付股利			(342)	负债和股东权益总计		2650		
14			未分配利润			342	调节变量：长期负债/权益				

图12-43　Z公司基期的财务报表及其他已知条件

建立模型的具体步骤如下所述。

01 在当前工作表中设计模型的结构，如图 12-44 所示。

02 在单元格区域 B18:G29 中，各单元格中输入的公式与【例 12-11】的名为"X 公司"的工作表中相应位置的单元格中的公式完全相同，所以可以按【例 12-11】给出的各有关单元格的公式进行输入。

03 选取单元格区域 B43:G43，输入数组公式"=TRANSPOSE(K4:K9)"。

A	B	C	D	E	F	G
16	Z公司的预计利润表（金额单位：万元）					
17 年	0	1	2	3	4	5
18 销售收入	3000	3300	3630	3993	4392	4832
19 减：销售成本	(1650)	(1815)	(1997)	(2196)	(2416)	(2657)
20 　　负债的利息费用	(80)	(68)	(67)	(64)	(63)	(66)
21 加：货币资金与交易性金融资产的利息收入	6	6	6	6	6	6
22 减：年折旧	(180)	(220)	(263)	(313)	(370)	(435)
23 　　其他变动性期间费用	(150)	(165)	(182)	(200)	(220)	(242)
24 　　其他固定性期间费用	(35)	(35)	(35)	(35)	(35)	(35)
25 **税前利润**	911	1003	1093	1191	1295	1403
26 减：所得税	(228)	(251)	(273)	(298)	(324)	(351)
27 **税后净利**	683	752	820	893	971	1052
28 减：支付股利	(342)	(376)	(410)	(447)	(486)	(526)
29 **未分配利润**	342	376	410	447	486	526
30	Z公司的预计资产负债表（金额单位：万元）					
31 年	0	1	2	3	4	5
32 货币资金与交易性金融资产	100	100	100	100	100	100
33 其他流动资产	750	825	908	998	1098	1208
34 固定资产原值	2000	2400	2861	3391	4001	4699
35 减：累计折旧	(200)	(420)	(683)	(996)	(1365)	(1800)
36 固定资产净值	1800	1980	2178	2396	2635	2899
37 　资产总计	2650	2905	3186	3494	3833	4207
38 流动负债（无息）	300	330	363	399	439	483
39 长期负债	850	858	806	802	783	859
40 股本	1000	841	730	560	393	120
41 累计未分配利润	500	876	1286	1733	2218	2744
42 　负债和股东权益总计	2650	2905	3186	3494	3833	4207
43 目标长期负债/权益	0.57	0.5	0.4	0.35	0.3	0.3

图12-44　Z公司的预计财务报表模型(以负债/权益为调节变量)

04 在单元格区域 B32:G42 中，除了单元格区域 C39:G40 以外，其他各单元格中的公式也与例 12-11 的名为"X 公司"的工作表的相应位置的单元格中输入的公式相同，所以可以按例 12-11 给出的有关单元格的公式进行输入。而在单元格区域 C39:G40 中输入公式的方法如下。

- 在单元格C39中输入公式"=C43*(C40+C41)"，然后将其复制到单元格区域D39:G39。
- 在单元格C40中输入公式"=C37-C38-C39-C41"，然后将其复制到单元格区域D40:G40。

模型的运行结果如图 12-44 所示。

实际上，由于 Z 公司的预计财务报表模型与 X 公司和 Y 公司的预计财务报表模型结构基本相同，并且大部分单元格中的计算公式也相同，只是已知条件的数据不同，并且由于所选择的调节变量不同，所以在单元格区域 C39:G40 的计算公式不同，因此，建立 Z 公司预计财务报表模型的简便方法是，将预计财务报表模型的名为"X 公司"的工作表复制一份，或者将预计财务报表模型的名为"Y 公司"的工作表复制一份，然后对已知条件的数据进行修改，再对第39、第 40 和第 43 行的有关公式进行修改，最后将公司的名称改为 Z 公司。通过这种方式建立 Z 公司的预计财务报表模型可以极大地减少建模的工作量。

第 13 章

企业价值评估

企业价值评估是指对企业整体的经济价值进行评估。整体的经济价值是指企业作为一个整体的公平市场价值。企业的实体价值是指企业全部资产的总体价值，它等于企业的股权价值与债务价值之和。企业的股权价值和债务价值分别是股权和债务的公平市场价值。

企业的整体价值并不等于其各种单项资产价值的总和，而是其各部分的有机结合，所以需要利用专门的方法对企业的价值进行评估。常用的对企业价值进行评估的方法包括现金流量折现法、经济利润法和相对价值法。

13.1 利用现金流量折现法评估企业价值

13.1.1 现金流量折现法的基本原理

按照现金流量折现法计算企业实体价值的基本公式为

$$企业实体价值 = \sum_{t=1}^{\infty} \frac{企业实体自由现金流量_t}{(1 + 加权平均资本成本率)^t}$$

上述公式中，加权平均资本成本率等于企业的债务资本成本和权益资本成本的加权平均数。实体自由现金流量是企业全部现金流入扣除付现成本费用和必要的投资后的剩余部分，它是企业一定期间可以提供给所有投资人(包括股权投资人和债权投资人)的税后现金流量。企业未来各期的实体自由现金流量可以在编制预计资产负债表和预计利润表的基础上，按照下面的公式计算，即

$$企业实体自由现金流量 = 税后经营利润 - 经营营运资本增加 - 资本支出$$
$$= 税后利润 + 折旧与摊销 + 税后净利息支付 - 流动资产的$$
$$增加 + 流动负债的增加 - 固定资产原值的增加$$

在对企业价值进行评估的过程中，为了避免预测无限期的现金流量，通常可以将预测的时间分为两个阶段：第一个阶段是"详细预测期"，或称"预测期"，在此期间，需要对每年的现

金流量进行详细预测，并根据现金流量模型计算其预测期价值；第二个阶段是"后续期"，或称为"永续期"，在此期间，假设企业进入稳定状态，有一个稳定的增长率，可以用简便的方法直接估计后续期价值。假定详细预测期为 n 年，则企业的实体价值可按下面的公式计算，即

$$企业实体价值 = \sum_{t=1}^{n} \frac{企业实体自由现金流量_t}{(1+加权平均资本成本率)^t} + \frac{后续期现金流量在n年末的现值}{(1+加权平均资本成本率)^n}$$

$$后续期现金流量在n年末的现值 = \frac{n年末的自由现金流量 \times (1+销售增长率)}{加权平均资本成本率 - 销售增长率}$$

在按照上述公式求出企业的实体价值以后，还可以进一步计算企业的股权价值，计算公式为

$$股权价值 = 实体价值 - 债务价值$$

13.1.2　利用现金流量折现法评估企业价值模型的建立

【例 13-1】以例 12-9 中为 Z 公司建立的预计财务报表模型为基础，建立一个计算该公司的自由现金流量并进一步评估该公司的价值和公司的股权价值的模型。建立模型过程中的假定条件包括：已知该公司加权平均的资本成本率为 15%；公司的货币资金与交易性金融资产第 1 年初的余额可以被看作是一种盈余，既可以留下也可以支付给股东，因此与随后年度中的自由现金流量无关，不影响公司的未来经营能力。

建立模型的具体步骤如下所述。

01 打开"预计财务报表模型"工作簿的名为"Z 公司"的工作表，在单元格区域 A45:G62 设计模型的结构，如图 13-1 所示。

02 在单元格 B46 中输入已知的加权平均资本成本率"25%"。

03 在单元格 E46 中输入公式"=B3"。

04 在单元格 C49 中输入公式"=C27"。

05 在单元格 C50 中输入公式"=-C22"。

06 在单元格 C51 中输入公式"=-(C33-B33)"。

07 在单元格 C52 中输入公式"=C38-B38"。

08 在单元格 C53 中输入公式"= -(C34-B34)"。

09 在单元格 C54 中输入公式"= -(1-$B$12)*C20"。

10 在单元格 C55 中输入公式"= -(1-$B$12)*C21"。

11 在单元格 C56 中输入公式"=SUM(C49:C55)"。

12 在单元格 C57 中输入公式"=C56/(1+$B$46)^C48"。

13 选取单元格区域 C49:C57，将其复制到单元格区域 D49:G57。

14 在单元格 G58 中输入公式"=G56*(1+E46)/(B46-E46)"。

15 在单元格 B58 中输入公式"=G58/(1+B46)^G48"。

16 在单元格 B59 中输入公式"=SUM(C57:G57,B58)"。

17 在单元格 B60 中输入公式"=B32"。

18 在单元格 B61 中输入公式"= -B39"。

	A	B	C	D	E	F	G
45	Z公司价值评估（金额单位：万元）						
46	已知的加权平均资本成本率	25%	销售及股利增长率	10%			
47	Z公司自由现金流量的计算（金额单位：万元）						
48	**年**	**0**	**1**	**2**	**3**	**4**	**5**
49	税后净利		752	820	893	971	1052
50	加：年折旧		220	263	313	370	435
51	减：其他流动资产增加额		(75)	(83)	(91)	(100)	(110)
52	加：流动负债增加额		30	33	36	40	44
53	减：固定资产原值增加额		(400)	(461)	(530)	(609)	(699)
54	加：新增的债务税后利息		51	50	48	48	49
55	减：货币资金与交易性金融资产的税后利息		(5)	(5)	(5)	(5)	(5)
56	**自由现金流量**		574	618	665	715	768
57	预测期自由现金流量的现值		459	395	340	293	252
58	后续期现金流量在第5和第0期的价值	1844					5629
59	公司的价值	3584					
60	加：第1年初货币资金和交易性金融资产余额	100					
61	减：第1年初的长期负债	(850)					
62	公司的股权价值	2834					

图13-1　Z公司自由现金流量的计算及价值评估

⑲ 在单元格 B62 中输入公式“=SUM(B59:B61)”。

模型的运行结果如图 13-1 所示。

最后将当前工作簿中的“X 公司”工作表和“Y 公司”工作表删掉，然后存盘，再将文件名改为“例 13-1.xlsx”。

13.2　利用经济利润法评估企业价值

13.2.1　经济利润法的基本原理

1. 经济利润的概念和计算方法

经济利润是指一定时期的经济收入和经济成本的差额，即

经济利润=经济收入−经济成本

经济收入是指期末和期初同样富有的前提下，一定期间的最大花费。这里的收入是按财产法计量的。如果没有任何花费，则

经济收入=期末财产市值−期初财产市值

经济成本不仅包括会计上实际支付的成本，而且包括机会成本。

经济利润可按照下述的公式计算，即

经济利润=税后净利润−股权费用=息前税后经营利润−全部资本费用=期初投资资本×期初投资资本回报率−期初投资资本×加权平均资本成本率
=期初投资资本×(期初投资资本回报率−加权平均资本成本率)

期初投资资本回报率=息前税后营业利润/期初投资资本
=(税后净利+税后利息费用)/期初投资资本

上述公式中，投资资本是指企业在经营中投入的资金，它等于企业的所有者权益与有息债务之和，也等于总资产扣除无息负债后的净额，或称为“总资产净额”。

投资资本还可以根据营业资产和非营业资产来计算，其计算公式为

投资资本=营业资产+非营业资产

营业资产=营业流动资产+营业长期资产=(流动资产−无息流动
负债)+(长期资产净值−无息长期负债)

在忽略非营业资产的情况下，投资资本等于营业资产。

经济利润与会计利润的区别是它扣除了全部资本的费用，而会计利润仅仅扣除了债务利息。

2. 利用经济利润评估企业价值的方法

利用经济利润法评估企业价值的公式为

企业实体价值=预测期期初投资资本+预计未来各年的经济利润现值

经济利润模型与现金流量折现法在本质上是一致的。如果某一年的投资资本回报率等于加权平均资本成本率，则企业现金流量的净现值为零，在这种情况下，息前税后营业利润等于投资各方的期望报酬，经济利润也必然为零，企业的价值与期初相同，既没有增加也没有减少。如果某一年的投资资本回报率超过加权平均资本成本率，则企业现金流量有正的净现值，在这种情况下，息前税后营业利润大于投资各方期望的报酬，即经济利润大于零，企业的价值将增加。如果某一年的投资资本回报率小于加权平均资本成本率，则企业现金流量有负的净现值，在这种情况下，息前税后营业利润不能满足投资各方的期望报酬，即经济利润小于零，企业的价值将减少。

与现金流量折现法相比，经济利润法具有可以计量单一年份价值增加的优点，并且还避免出现投资决策用现金流量的净现值评价，而业绩考核用权责发生制的利润评价，决策与业绩考核的标准分离的问题，使投资决策与业绩考评统一起来。

13.2.2　利用经济利润法评估企业价值模型的建立

【例 13-2】T 公司以 2014 年为基期编制的未来 5 年预计财务报表的主要数据如图 13-2 的【已知条件】区域所示，假定该公司的财务费用全部为利息费用。要求建立一个计算该公司未来 5 年中各年的经济利润并计算目前的公司价值和股权价值的模型。

建立模型的具体步骤如下所述。

01 设计模型的结构，如图 13-2 的【公司价值的计算过程与结果】区域所示。

02 在单元格 C20 中输入公式 "=C10"。

03 在单元格 C21 中输入公式 "=C7*(1-$H$8)"。

04 在单元格 C22 中输入公式 "=C20+C21"。

05 在单元格 C23 中输入公式 "=B15"。

06 在单元格 C24 中输入公式 "=C22/C23"。

07 在单元格 C25 中输入公式 "=C23*(C24-$H$12)"。

08 在单元格 C26 中输入公式 "=C23*(C24-$H$12)"。

09 选取单元格区域 C20:C26，将其复制到单元格区域 D20:G26。

10 在单元格 G27 中输入公式 "=G25*(1+H5)/(H12-H5)"。

11 在单元格 B27 中输入公式 "=G27/(1+H12)^G19"。

已知条件（金额单位：万元）							5年后
年	0	1	2	3	4	5	的永久
销售增长率		20%	15%	10%	8%	6%	增长率
销售收入	1000	1200	1380.0	1518	1639.44	1737.81	5%
减：销售成本	450	540	621.0	683.1	737.75	782.01	所得税
营业和管理费用	150	180	207.0	227.7	245.92	260.67	税率
财务费用	60	72	82.8	91.08	98.37	104.27	25%
利润总额	340	408	469.2	516.12	557.41	590.86	加权平
减：所得税	85	102	117.3	129.03	139.35	147.71	均资本
净利润	255	306	351.9	387.09	418.06	443.14	成本率
期末短期借款	200	240	276.0	303.6	327.89	347.56	10%
期末长期借款	500	600	690.0	759	819.72	868.91	
期末负债合计	700	840	966.0	1062.6	1147.61	1216.47	
期末股东权益	800	960	1104.0	1214.4	1311.55	1390.25	
期末负债和股东权益	1500	1800	2070.0	2277	2459.16	2606.72	

公司价值的计算过程与结果（金额单位：万元）						
经济利润的计算						
年	0	1	2	3	4	5
净利润		306.00	351.90	387.09	418.06	443.14
加：税后利息费用		54.00	62.10	68.31	73.77	78.20
息前税后营业利润		360.00	414.00	455.40	491.83	521.34
投资资本（年初）		1500.00	1800.00	2070.00	2277.00	2459.16
投资资本回报率		24.00%	23.00%	22.00%	21.60%	21.20%
经济利润		210.00	234.00	248.40	264.13	275.43
预测经济利润的现值		191	193	187	180	171
后续期价值	3591.39					5783.97
经济利润的现值合计	4513.74					
期初投资资本	1500.00					
公司的价值	6013.74					
减：负债的价值	700.00					
股权价值	5313.74					

图13-2　T公司经济利润的计算及价值评估模型

12 在单元格 B28 中输入公式 "=SUM(C26:G26,B27)"。

13 在单元格 B29 中输入公式 "=B15"。

14 在单元格 B30 中输入公式 "=B29+B28"。

15 在单元格 B31 中输入公式 "=B13"。

16 在单元格 B32 中输入公式 "=B30-B31"。

模型的运行结果如图 13-2 所示。

13.3　利用相对价值法评估企业价值

13.3.1　相对价值法的基本原理

相对价值法是指以类似的可比企业为基准，利用可比企业的市场定价来确定目标企业价值的一种评估方法。按照这种方法所评估的目标企业的价值是一种相对于可比企业而言的相对价值，而非目标企业的内在价值。

利用相对价值法评估企业价值的基本做法是：首先，寻找一个影响企业价值的关键变量；其次，确定一组可以比较的类似企业，计算可比企业的市价/关键变量的平均值；然后，根据目标企业的关键变量乘以得到的平均值，计算目标企业的评估价值。

利用相对价值法评估企业价值可分为两种情况，一种情况是评估目标企业的股权价值，另一种情况是评估目标企业的实体价值。利用相对价值法评估企业股权价值的常用模型包括市盈率模型、市净率模型和收入乘数模型，这 3 种模型的基本原理如下所述。

1. 市盈率模型

运用市盈率模型评估目标企业价值的基本公式为

目标企业每股价值=可比企业平均市盈率×目标企业每股净利

其中

$$市盈率=每股市价/每股净利$$

市盈率指标会直接受到企业的增长率、股利支付率和风险(表现为股权资本成本)等因素的影响，其中关键的影响因素是增长率。由于现实条件下与目标企业的情况完全相同的可比企业是很难找到的，所以在运用市盈率模型评估目标企业价值的过程中，如果所找到的若干家可比企业的增长率与目标企业的增长率不一致，则应利用修正的市盈率来评估目标企业的价值。修正的市盈率的计算公式为

$$修正的市盈率=实际市盈率/(预期增长率×100)$$
$$修正平均市盈率=可比企业平均市盈率/(可比企业平均预期增长率×100)$$

利用修正的市盈率评估目标企业价值的公式为

$$目标企业每股价值=修正平均市盈率×目标企业增长率×100×目标企业每股净利$$

市盈率模型主要适用于评估连续盈利的企业的价值，而不适用于对亏损的企业进行估价。

2. 市净率模型

运用市净率模型评估目标企业价值的基本公式为

$$目标企业每股价值=可比企业平均市净率×目标企业每股净利$$

其中

$$市净率=每股市价/每股净资产$$

市净率指标会直接受到企业的增长率、股利支付率、风险和股东权益净利率等因素的影响，其中关键的影响因素是股东权益净利率。由于现实条件下与目标企业的情况完全相同的可比企业是很难找到的，所以在运用市净率模型评估目标企业价值的过程中，如果所找到的若干家可比企业的股东权益净利率与目标企业的股东权益净利率不一致，则应利用修正的市净率来评估目标企业的价值。修正市净率的计算公式为

$$修正的市净率=实际市净率/(股东权益净利率×100)$$
$$修正平均市净率=可比企业平均市净率/(可比企业平均股东权益净利率×100)$$

利用修正的市净率评估目标企业价值的公式为

$$目标企业每股价值=修正平均市净率×目标企业股东权益净利率×100×目标企业每股净资产$$

市净率模型主要适用于评估需要拥有大量资产并且净资产为正数的企业的价值，而不适用于对净资产为负数的企业进行估价。

3. 收入乘数模型

运用收入乘数模型评估目标企业价值的基本公式为

$$目标企业股权价值=可比企业平均收入乘数×目标企业的销售收入$$

其中

$$收入乘数=股权市价/销售收入=每股市价/每股销售收入$$

收入乘数指标会直接受到企业的增长率、股利支付率、风险和销售净利率等因素的影响，其中关键的影响因素是销售净利率。由于现实条件下与目标企业的情况完全相同的可比企业是很难找到的，所以在运用收入乘数模型评估目标企业价值的过程中，如果所找到的若干家可比企业的销售净利率与目标企业的销售净利率不一致，则应利用修正的收入乘数来评估目标企业的价值。修正收入乘数的计算公式为

$$修正的收入乘数=实际收入乘数/(销售净利率×100)$$

$$修正平均收入乘数=可比企业平均收入乘数/(可比企业平均销售净利率×100)$$

利用修正的收入乘数评估目标企业价值的公式为

$$目标企业每股价值=修正平均收入乘数×目标企业销售净利率×100×目标企业$$
$$每股销售收入$$

收入乘数模型主要适用于评估销售成本率较低的服务类企业或销售成本率趋同的传统行业的企业的价值。

13.3.2　利用相对价值法评估公司价值模型的建立

【例 13-3】X、Y、Z 这 3 家公司及其可比企业 2020 年的有关数据如图 13-3 的【已知条件】区域所示。要求建立一个分别利用市盈率模型、市净率模型和收入乘数模型对 X、Y、Z 公司的股权价值进行评估并判断 3 家公司的股票市价状态的模型。

建立模型的具体步骤如下所述。

01 设计模型的结构，如图 13-3 的【计算过程与结果】区域所示。

02 选取单元格区域 B21:G21，输入数组公式"=D4:I4/D5:I5"。

03 在单元格 B22 中输入公式"=AVERAGE(B21:F21)"。

04 在单元格 B23 中输入公式"=AVERAGE(D6:H6)"。

05 在单元格 D22 中输入公式"=B22/(B23*100)"。

06 在单元格 D23 中输入公式"=D22*I6*100*I5"。

07 在合并单元格 E23 中输入公式"=IF(I4>D23,"市价被高估",IF(I4<D23,"市价被低估","市价反映真实价值"))"。

08 选取单元格区域 B26:G26，输入数组公式"=D9:I9/D10:I10"。

09 选取单元格区域 B27:G27，输入数组公式"=D11:I11/D10:I10"。

10 在单元格 B28 中输入公式"=AVERAGE(B26:F26)"。

11 在单元格 B29 中输入公式"=AVERAGE(B27:F27)"。

12 在单元格 D28 中输入公式"=B28/(B29*100)"。

13 在单元格 D29 中输入公式"=D28*G27*100*I10"。

14 在合并单元格 E29 中输入公式"=IF(I9>D29,"市价被高估",IF(I9<D29,"市价被低估","市价反映真实价值"))"。

15 选取单元格区域 B32:G32，输入数组公式"=D14:I14/D15:I15"。

16 选取单元格区域 B33:G33，输入数组公式"=D16:I16/D15:I15"。

17 在单元格 B34 中输入公式"=AVERAGE(B32:F32)"。

18 在单元格 B35 中输入公式"=AVERAGE(B33:F33)"。

19 在单元格 D34 中输入公式"=B34/(B35*100)"。

20 在单元格 D35 中输入公式"=D34*G33*100*I15"。

21 在合并单元格 E35 中输入公式"=IF(I14>D35,"市价被高估",IF(I14<D35,"市价被低估","市价反映真实价值"))"。

模型的运行结果如图 13-3 所示。

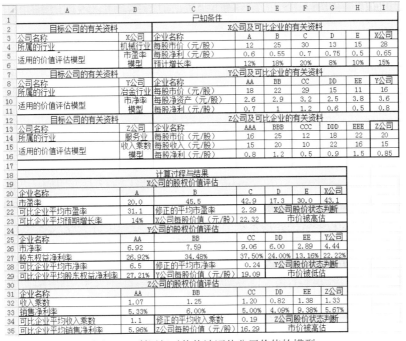

图13-3　利用相对价值法评估公司价值的模型

第 14 章

期权定价模型及其应用

14.1 期权的概念与种类

14.1.1 期权的概念

期权是一种合约，它赋予购买者一种权利，而不是义务，在一定的时期内，以约定的执行价格，买入或卖出某种标的资产。根据标的资产的不同，期权可分为商品期权、股票期权、债券期权、股票指数期货期权、债券指数期货期权、外汇现货或期货的期权等。

期权的几个相关术语如下。

- 基础(标的)资产：合约中规定的交易对象。
- 执行价格：合约规定的买卖基础资产的价格。
- 到期日：合约能执行的最后一天。
- 欧式期权：只能在到期日才可以执行的期权。
- 美式期权：在到期日或到期日之前的任何时刻都能执行的期权。实际交易中的期权大多是美式期权。

14.1.2 期权的种类

期权有两种基本类型。

(1) 看涨期权

看涨期权，又称买权，是赋予买方的一种权利，允许买方在规定的期限内，按约定的执行价格去购买某种标的资产。买权在一定期限内为期权的购买者提供了购买资产的价格上限。无论资产的市场价格发生怎样的波动，拥有买权的持约者购买资产时需要支付的最多价款是买权的执行价格，而不会更多。如果资产的市场价格降低到期权的执行价格以下，持约者可以放弃买权，而按市价直接购买；如果资产的市场价格升高到期权的执行价格以上，则持约者可以行使买权按执行价格买入。

(2) 看跌期权

看跌期权，又称卖权，是赋予买方的一种权利，允许买方在规定的期限内，按约定的执行价格出售某种标的资产。卖权在一定期限内为期权的购买者提供了出售资产的价格下限。无论资产的市场价格发生怎样的波动，拥有卖权的持约者出售资产的最低价格是卖价的执行价格。如果资产的市场价格降低到期权的执行价格以下，卖权的购买者可以行使卖权，按卖权的执行价格出售资产；如果资产的市场价格升高到期权的执行价格以上，则持卖权的购买者可以放弃卖权，按市场价格出售资产。

14.2　股票期权到期日的价值与损益分析

14.2.1　股票期权到期日的价值分析模型

假设某股票期权的执行价格为 E，到期日为 T，期权到期日股票的价格为 S_T，则看涨期权在到期日的价值 C_T 为

$$C_T = \text{MAX}(S_T - E, 0)$$

而看跌期权在到期日的价值 P_T 为

$$P_T = \text{MAX}(E - S_T, 0)$$

【例 14-1】已知 A 股票看涨期权的执行价格为 40 元，B 股票看跌期权的执行价格为 60 元，两种期权的期限均为 3 个月。试确定在期权到期日，A 股票和 B 股票的市价分别为 0、20、40、60、80、100、120 元的情况下，看涨期权和看跌期权的价值，并绘制看涨期权和看跌期权的价值与股票价格之间的关系图。

如图 14-1 所示，计算和绘图的具体步骤如下。

01　在单元格 B7 中输入公式"=MAX(A7-$B$3,0)"，并将其向下一直填充复制到单元格 B13，得到在不同的股票市价之下 A 股票看涨期权到期日的价值。

02　在单元格 D7 中输入公式"=MAX($D$3-C7,0)"，并将其向下一直填充复制到单元格 D13，得到在不同的股票市价之下 B 股票看跌期权到期日的价值。

	A	B	C	D
1	到期日期权的价值			
2	A股票看涨期权		B股票看跌期权	
3	执行价格（元）	40	执行价格（元）	60
4	期限（月）	3	期限（月）	3
5	期权到期日		期权到期日	
6	A股票市价（元）	看涨期权的价值（元）	B股票市价（元）	看跌期权的价值（元）
7	0	0	0	60
8	20	0	20	40
9	40	0	40	20
10	60	20	60	0
11	80	40	80	0
12	100	60	100	0
13	120	80	120	0

图14-1　看涨期权与看跌期权到期日的价值的计算

03　选取单元格区域 A6:B13，在【插入】选项卡【图表】功能组中单击【散点图】，然后

在下拉列表中选择【带平滑线和数据标记的散点图】子图表类型，得到初步绘制的图表，再对图表进行必要的编辑，即可得到 A 股票看涨期权到期日的价值与股票市价之间的关系图形，如图 14-2 所示。

04 选取单元格区域 C6:D13，在【插入】选项卡【图表】功能组中单击【散点图】，然后在下拉列表中选择【带平滑线和数据标记的散点图】子图表类型，得到初步绘制的图表，再对图表进行必要的编辑，即可得到 B 股票看跌期权到期日的价值与股票市价之间的关系图形，如图 14-3 所示。

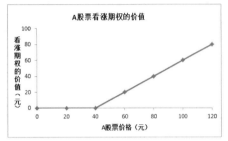

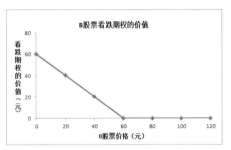

图14-2　看涨期权到期日的价值与股票市价的关系　　图14-3　看跌期权到期日的价值与股票市价的关系

由计算和图示结果可以看出，当股票市价高于执行价格时，看涨期权具有价值，股票市价越高，看涨期权的价值越大；当股票市价低于执行价格时，看跌期权具有价值，股票市价越低，看跌期权的价值越大。

14.2.2　股票期权到期日的损益分析模型

假设期初购买每股看涨期权的费用为 C，那么在不考虑交易费用和资金时间价值的情况下，到期日看涨期权买方的损益 y_T 为

$$y_T = \mathrm{MAX}(S_T - E - C, -C)$$

假设期初购买每股看跌期权的费用为 P，那么在不考虑交易费用和资金时间价值的情况下，到期日看跌期权买方的损益 y_T 为

$$y_T = \mathrm{MAX}(E - P - S_T, -P)$$

无论是看涨期权还是看跌期权，买方的盈利就是卖方的亏损，而买方的亏损就是就是卖方的盈利，买卖双方进行的是零和博弈。

【例 14-2】已知 M 股票的看涨期权的执行价格为 50 元，期限 3 个月，期初购买每股看涨期权的费用为 10 元；N 股票的看跌期权的执行价格为 60 元，期限 3 个月，期初购买每股看跌期权的费用为 15 元。试求当期权到期日 M 股票和 N 股票的价格在 0 到 100 元之间每次间隔10 元变动的情况下，看涨期权和看跌期权买卖双方的损益，并绘制期权的损益与股票价格之间的关系图。

如图 14-4 所示，计算和绘图的具体步骤如下。

01 在单元格 B7 中输入公式 "=MAX(A7-$A$4-$B$4,-$B$4)"，在单元格 C7 中输入公式 "=-B7"，然后选取单元格区域 B7:C7，将其向下填充复制一直到单元格区域 B17:C17，得到在 M 股票不同的市价之下其看涨期权到期日买卖双方的损益数据。

02 在单元格 E7 中输入公式"=MAX($D$4-D7-$E$4,-$E$4)",在单元格 F7 中输入公式"=-E7",然后选取单元格区域 E7:F7,将其向下填充复制一直到单元格区域 E17:F17,得到在 N 股票不同的市价之下其看跌期权到期日买卖双方的损益数据。

期权到期日的损益						
M股票的看涨期权			N股票的看跌期权			
执行价格（元）	每股期权费（元）	期限	执行价格（元）	每股期权费（元）	期限	
50	10	3个月	60	15	3个月	
到期日看涨期权的损益（元）			到期日看跌期权的损益（元）			
到期日股票市价	期权买方的损益	期权卖方的损益	到期日股票市价	期权买方的损益	期权卖方的损益	
0	-10	10	0	45	-45	
10	-10	10	10	35	-35	
20	-10	10	20	25	-25	
30	-10	10	30	15	-15	
40	-10	10	40	5	-5	
50	-10	10	50	-5	5	
60	0	0	60	-15	15	
70	10	-10	70	-15	15	
80	20	-20	80	-15	15	
90	30	-30	90	-15	15	
100	40	-40	100	-15	15	

图14-4 期权到期日买卖双方损益的计算

03 选取单元格区域 A6:C17,在【插入】选项卡【图表】功能组中单击【散点图】,然后在下拉列表中选择【带平滑线和数据标记的散点图】子图表类型,得到初步绘制的图表,再对图表进行必要的编辑,即可得到 M 股票看涨期权到期日买卖双方的盈亏与股票市价之间的关系图,如图 14-5 所示。

04 选取单元格区域 D6:F17,在【插入】选项卡【图表】功能组中单击【散点图】,然后在下拉列表中选择【带平滑线和数据标记的散点图】子图表类型,得到初步绘制的图表,再对图表进行必要的编辑,即可得到 N 股票看跌期权到期日买卖双方的盈亏与股票市价之间的关系图,如图 14-6 所示。

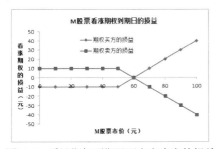

图14-5 看涨期权到期日买方和卖方的损益

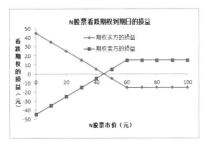

图14-6 看跌期权到期日买方和卖方的损益

由计算和图示的结果可以看出,看涨期权的买方的亏损是有限的,最大的损失是支付的期权费,而盈利是无限的,股票价格越高,盈利越多。看跌期权的买方的亏损是有限的,最大的损失是支付的期权费,而盈利也是有限的,最大的盈利是期权的执行价格减去每股的期权费。

14.3 布莱克-舒尔斯期权定价模型

14.3.1 基本的布莱克-舒尔斯期权定价模型

布莱克-舒尔斯模型和其他众多模型一样,是建立在假设的基础之上的。其假设条件如下。

- 对卖空不存在障碍和限制。
- 不支付股票红利。
- 交易成本与税收为零。
- 期权是欧式期权。
- 短期利率已知而且固定。
- 股票价格在连续时间内随机变化。
- 股票价格呈对数正态分布。
- 期权合约期内股票回报率方差为常数。

在上述的假设条件下，看涨期权的基本布莱克-舒尔斯定价模型表述为

$$C_0 = S \cdot N(d_1) - X \cdot e^{-rT} \cdot N(d_2)$$

$$d_1 = \frac{\ln(\frac{S}{X}) + (r + \frac{\sigma^2}{2})T}{\sigma\sqrt{T}}$$

$$d_2 = \frac{\ln(\frac{S}{X}) + (r - \frac{\sigma^2}{2})T}{\sigma\sqrt{T}} = d_1 - \sigma\sqrt{T}$$

式中：C_0 为看涨期权的价值；S 为标的资产(股票)的当前价格；X 为期权的执行价格；T 为距期权到期日的时间，以年为单位；r 为期权合约期内的年无风险利率；σ^2 为以连续复利计算的标的资产(股票)年收益对数的方差；$N(d_1)$、$N(d_2)$ 为在正态分布下，随机变量小于 d_1 和 d_2 时的累计概率。

看跌期权的基本布莱克-舒尔斯定价模型为

$$P_0 = -S \cdot N(-d_1) + X \cdot e^{-rT} \cdot N(-d_2)$$

式中：P_0 为看跌期权的价值。

布莱克-舒尔斯期权定价模型中涉及 5 个参数，其中有 4 个参数是可以直接观察到的，即股票当前的价格 S、期权的执行价格 X、到期期限 T 和年无风险利率 r，只有股票年收益率的标准差 σ 一个参数需要估计，所以该定价模型在实际应用中是比较简单的。

利用布莱克-舒尔斯期权定价模型确定期权价值的步骤如下。

01 计算 d_1 和 d_2。

02 计算 $N(d_1)$、$N(d_2)$ 或 $N(-d_1)$、$N(-d_2)$。

03 计算看涨期权或看跌期权的价值。

【例 14-3】建立一个可以选择期权种类的基本的布莱克-舒尔斯期权定价模型。

如图 14-7 所示，建立模型的具体步骤如下。

01 在单元格 B8 位置插入一个【组合框】控件，此控件的数据源区域为$F$3: $F$4，单元格链接为$B$8。并在单元格 F3 和 F4 中分别输入"看涨期权"和"看跌期权"。

02 将单元格 B3 命名为 S，将单元格 B4 命名为 A，将单元格 B5 命名为 rf，将单元格 B6 命名为 X，单元格 B7 命名为 T。

03 在单元格 B11 中输入公式"=(LN(S/X)+(rf+A^2/2)*T)/A/SQRT(T)"，计算 d_1。

04 在单元格 B12 中输入公式“=(LN(S/X)+(rf-A^2/2)*T)/A/SQRT(T)”，计算 d_2。

05 在单元格 D11 中输入公式“=IF($B$8=1,NORMSDIST(B11),NORMSDIST (-B11))”，计算 $N(d_1)$或 $N(-d_1)$，并将其复制到单元格 D12，计算 $N(d_2)$或 $N(-d_2)$。

06 在单元格 D3 中输入公式“=IF(B8=1,"看涨期权","看跌期权")”。

07 在单元格 D4 中输入公式“=IF(B8=1,S*D11-X*EXP(-rf*T)*D12,-S*D11+X*EXP(-rf*T)*D12)”，计算期权的价值。

这样，可以选择期权种类的基本的布莱克-舒尔斯期权定价模型就建立起来了。只要在有关的单元格内输入已知数据，并选择期权种类，即可立即计算出期权的价值。

例如，已知目前的股票价格为 80 元，年收益率的标准差为 26%，年无风险利率为 10%，期权的执行价格为 80 元，还有 6 个月到期，则看涨期权的价值为 7.88 元，看跌期权的价值为 3.98 元。

	A	B	C	D	E	F
1	布莱克-舒尔斯期权定价模型					
2	输入数据		期权价值的计算			期权种类列表
3	目前的股票价格（元，S）	80	期权种类	看涨期权		看涨期权
4	年收益率的标准差（A）	26%	期权价值（元）	7.88		看跌期权
5	年无风险利率（rf）	10%				
6	期权的执行价格（元，X）	80				
7	期权的到期时间（年，T）	0.5				
8	期权种类	看涨期权				
9						
10	中间变量计算结果					
11	d_1	0.3639	$N(d_1)$或$N(-d_1)$	0.6420		
12	d_2	0.1800	$N(d_2)$或$N(-d_2)$	0.5714		

图14-7 基本的布莱克-舒尔斯期权定价模型

14.3.2 考虑股利的布莱克-舒尔斯期权定价模型

1. 短期期权

在考虑股利的情况下，当期权快要到期时(一年之内)，可以估计出期权有效期内预期股利的现值。假定在期权到期之前，股票的股利现值为 D，则可以用调整后的股票价格现值$(S-D)$来代替 S，然后再利用基本的布莱克-舒尔斯期权定价模型计算期权的价值。其计算公式为

$$C_0=(S-D)\cdot N(d_1)-X\cdot \mathrm{e}^{-rT}\cdot N(d_2)$$

$$P_0=-(S-D)\cdot N(-d_1)+X\cdot \mathrm{e}^{-rT}\cdot N(-d_2)$$

$$d_1=\frac{\ln(\frac{S-D}{X})+(r+\frac{\sigma^2}{2})T}{\sigma\sqrt{T}}$$

$$d_2=d_1-\sigma\sqrt{T}$$

【例 14-4】建立一个可选择期权种类并考虑股利的布莱克-舒尔斯短期期权定价模型。

如图 14-8 所示，模型的建立步骤如下。

01 在单元格 B8 位置插入一个【组合框】控件，此控件的数据源区域为$F$3:$F$4，单元格链接为$B$8。并在单元格 F3 和 F4 中分别输入“看涨期权”和“看跌期权”。

02 将单元格 B3 命名为 S，将单元格 B4 命名为 A，将单元格 B5 命名为 rf，将单元格 B6

命名为X，单元格B7命名为T，单元格B8命名为D。

03 在单元格B12中输入公式"=(LN((S-D)/X)+(rf+A^2/2)*T)/A/SQRT(T)"，计算d_1。

04 在单元格B13中输入公式"=(LN((S-D)/X)+(rf-A^2/2)*T)/A/SQRT(T)"，计算d_2。

05 在单元格D12中输入公式"=IF($B$8=1,NORMSDIST(B13),NORMSDIST (-B13))"，计算$N(d_1)$或$N(-d_1)$。

06 将单元格D12复制到单元格D13，计算$N(d_2)$或$N(-d_2)$。

07 在单元格D3中输入公式"=IF(B8=1,"看涨期权","看跌期权")"。

08 在单元格D4中输入公式" =IF(B8=1,(S-D)*D13-X*EXP(-rf*T)*D14,-(S-D)*D13+X*EXP(-rf*T)*D14)"，计算期权的价值。

这样，可以选择期权种类并考虑股利的布莱克-舒尔斯短期期权定价模型就建立起来了。在有关单元格内输入已知数据，并选择期权种类，即可立即计算出期权价格。

例如，目前的股票价格为50元，年收益率标准差为20%，年无风险利率为8%，期权的执行价格为50元，还有6个月到期，股利的现值为5.6元，则看涨期权的价值为1.18元，看跌期权的价值为4.82元。

	A	B	C	D	E	F
1	考虑股利的布莱克-舒尔斯短期期权定价模型					期权种类列表
2	输入数据		期权价值的计算			
3	目前的股票价格（元，S）	50	期权种类	看跌期权		看涨期权
4	年收益率的标准差（A）	20%	期权价值（元）	4.82		看跌期权
5	年无风险利率（rf）	8%				
6	期权的执行价格（元，X）	50				
7	期权的到期时间（年，T）	0.5				
8	股利现值（元，D）	5.6				
9	期权种类	看跌期权 ▼				
10						
11	中间变量计算结果					
12	d_1	−0.4864	$N(d_1)$或$N(-d_1)$	0.6866		
13	d_2	−0.6278	$N(d_2)$或$N(-d_2)$	0.7349		

图14-8 考虑股利的布莱克-舒尔斯短期期权定价模型

2. 长期期权

当期权距离到期的时间较长(大于一年)时，运用现值方法处理股利来计算期权价值是比较困难的。如果在期权的有效期内股票的股利收益率y (y=股利/目前股票价格)保持不变，则可以将布莱克-舒尔斯期权定价模型调整为

$$C_0 = S \cdot e^{-yT} \cdot N(d_1) - X \cdot e^{-rT} \cdot N(d_2)$$

$$P_0 = -S \cdot e^{-yT} \cdot N(-d_1) + X \cdot e^{-rT} \cdot N(-d_2)$$

$$d_1 = \frac{\ln(\frac{S}{X}) + (r - y + \frac{\sigma^2}{2})T}{\sigma\sqrt{T}}$$

$$d_2 = d_1 - \sigma\sqrt{T}$$

【例14-5】建立一个可选择期权种类并考虑股利的布莱克-舒尔斯长期期权定价模型。如图14-9所示，模型的建立步骤如下。

01 在单元格B9位置插入一个【组合框】控件，此控件的数据源区域为$F$3:$F$4，单元格链接为$B$9。并在单元格F3和F4中分别输入"看涨期权"和"看跌期权"。

02　将单元格 B3 命名为 S，将单元格 B4 命名为 A，将单元格 B5 命名为 rf，将单元格 B6 命名为 X，单元格 B7 命名为 T，单元格 B8 命名为 y。

03　在单元格 B12 中输入公式 "=(LN(S/X)+(rf-y+A^2/2)*T)/A/SQRT(T)"，计算 d_1。

04　在单元格 B13 中输入公式 "=B12-A*SQRT(T)"，计算 d_2。

05　在单元格 D12 中输入公式 "=IF($B$9=1,NORMSDIST(B12),NORMSDIST (-B12))"，计算 $N(d_1)$ 或 $N(-d_1)$。

06　将单元格 D12 复制到单元格 D13，计算 $N(d_2)$ 或 $N(-d_2)$。

07　在单元格 D3 中输入公式 "=IF(B9=1,"看涨期权","看跌期权")"。

08　在单元格 D4 中输入公式 " =IF(B9=1,S*EXP(-y*T)*D12-X*EXP(-rf*T)*D13, -S*EXP(-y*T)*D12+X*EXP(-rf*T)*D13)"，计算期权的价值。

这样，可以选择期权种类并考虑股利的布莱克-舒尔斯长期期权定价模型就建立起来了。在有关单元格内输入已知数据，并选择期权种类，即可立即计算出期权的价值。

例如，目前的股票价格为 65 元，年收益率标准差为 35%，年无风险利率为 12%，期权的执行价格为 60 元，还有 5 年到期，预计在未来 5 年内的股利收益率为 5%并保持不变，则看涨期权的价值为 23.31 元，看跌期权的价值为 5.62 元。

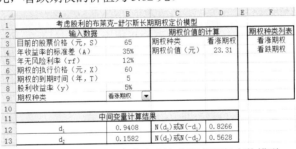

图14-9　考虑股利的布莱克-舒尔斯长期期权定价模型

14.3.3　布莱克-舒尔斯期权定价动态分析模型

由基本的布莱克-舒尔斯期权定价模型可以看出，影响期权价值的因素有股票的当前价格、期权的执行价格、距期权到期日的时间、期权合约期内的年无风险利率和股票年收益率分布的标准差。通过建立布莱克-舒尔斯期权定价动态分析模型，可以很方便地分析这些因素变动对期权价值的影响。

【例 14-6】建立一个布莱克-舒尔斯期权定价动态分析模型，并绘制期权价值与股票价格之间的关系图。

如图 14-10 所示，建立模型及绘图的具体步骤如下。

01　在单元格 C3 位置插入一个【组合框】控件，将控件的数据源区域设置为$E$3:$E$4，单元格链接为$C$3，下拉显示项目设置为 2，并在单元格 E3 和 E4 中分别输入"看涨期权"和"看跌期权"。

02　分别在单元格 C4、C5、C6、C7 的位置各插入一个【数值调节钮】控件，并分别将 4

个控件的单元格链接设置为$C$4、$C$5、$C$6 和$C$7，各控件中的其他参数值保持默认值不变。

03 在单元格 B3 中输入公式 "=IF(C3=1,"看涨期权","看跌期权")"。

04 在单元格 B4 中输入公式 "=C4"，并将此单元格命名为 X。

05 在单元格 B5 中输入公式 "=C5/100"，并将此单元格命名为 T。这样，每次在单元格 C5 中单击调节按钮时，单元格 B5 中的数值变动 0.01。

06 在单元格 B6 中输入公式 "=C6/1000"，并将此单元格命名为 rf。这样，每次在单元格 C6 中单击调节按钮时，单元格 B6 中的数值变动 0.1%。

07 在单元格 B7 中输入公式=C7/1000，并将此单元格命名为 A。这样，每次在单元格 C7 中单击调节按钮时，单元格 B7 中的数值变动 0.1%。

08 在单元格 B10:L10 中输入股票价格序列 "1" "20" "40" … "200"。

09 在单元格 B11 中输入公式 " =IF($C$3=1,B10*B16-X*EXP(-rf*T)*B17,-B10*B16+X*EXP(-rf*T)*B17)"。

10 在单元格 B12 中输入公式 "=IF($C$3=1,MAX(B10-X,0),MAX(X-B10,0))"。

11 在单元格 B14 中输入公式 "=(LN(B10/X)+(rf+A^2/2)*T)/A/SQRT(T)"。

12 在单元格 B15 中输入公式 "=B14-A*SQRT(T)"。

13 在单元格 B16 中输入公式 "=IF($C$3=1,NORMSDIST(B14),NORMSDIST (-B14))"，并将其复制到单元格 B17。

14 选取单元格区域 B11:B17，将其向右一直填充复制到单元格区域 L11:L17。

15 选取单元格区域 B10:L12，在【插入】选项卡【图表】功能组中单击【散点图】，然后在下拉列表中选择【带平滑线和数据标记的散点图】子图表类型，得到初步绘制的图表，再对图表进行必要的编辑，即可绘制完成期权价值与股票价格之间的关系图，如图 14-10 所示。

这样，就制作完成了布莱克-舒尔斯期权定价动态分析模型。通过单击各个影响因素微调项控件的上下箭头改变其返回数值的大小，即可通过图表直观地观察到期权价值的变化情况。

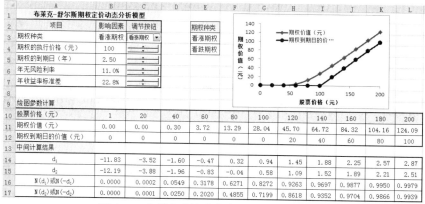

图14-10 布莱克-舒尔斯期权定价动态分析模型

14.3.4 布莱克-舒尔斯期权定价敏感性分析模型

在影响期权价值的各因素中，每个因素对期权价值的影响程度是不同的，通过建立布莱克-舒尔斯期权定价敏感性分析模型可以很方便地分析各因素变动对期权价值的影响程度。

【例 14-7】建立布莱克-舒尔斯期权定价敏感性分析模型。

布莱克-舒尔斯期权定价敏感性分析模型的建立步骤如下所述。

01 设计模型的结构，如图 14-11 所示。

02 在单元格 E3 的位置插入一个【组合框】控件，将控件的数据源区域设置为$J$4:$J$5，单元格链接为$E$3，下拉显示项目设置为 2，并在单元格 Y2 和 Y3 中分别输入"看涨期权"和"看跌期权"。

03 在合并单元格 B3 中输入公式"=IF(E3=1,"看涨期权","看跌期权")"。

04 在单元格 E5 处插入一个【滚动条】控件，然后将鼠标指针对准该控件单击右键，在快捷菜单中选择【设置控件格式】命令，在【设置控件格式】对话框的【控制】选项卡中，在【当前值】栏中输入"50"，【最小值】栏中输入"0"，【最大值】栏中输入"100"，【步长】栏中输入"1"，【页步长】栏中输入"10"，在【单元格链接】栏中输入"$E$5"，然后单击【确定】按钮，这样就建立了股票价格的【滚动条】控件。

05 按同样的方法分别在单元格 E6:E9 中建立其他各影响因素的【滚动条】控件。

06 选取单元格区域 D5:D9，输入数组公式"=E5:E9/100-50%"。由于滚动条控制控件值的变化范围为 0~100，将控制按钮的值除以 100 后再减去 50%，所以通过这个公式可以将各因素的变动范围设置为-50%~+50%，每次单击滚动条两端的箭头，单元格 D5:D9 中的变动百分比就变化 1%，每次单击滚动条与两端箭头之间的区域时，单元格 D5:D9 中的变动百分比就变化 10%，而当滚动条在中间位置时，变动百分比恰好为零。

07 选取单元格区域 C5:C9，输入各因素变动后数值的数组公式"=B5:B9*(1+ D5:D9)"。

08 设计中间变量计算表格，如图 14-11 的单元格区域 A13:E24 所示。

09 在单元格 B16 中输入公式"=(LN(C5/B6)+(B9+B8^2/2)*B7)/B8/SQRT(B7)"，在单元格 C16 中输入公式"=B16-B8*SQRT(B7)"，计算股票价格变动时 d_1 和 d_2 的数值。

10 在单元格 B17 中输入公式"=(LN(B5/C6)+(B9+B8^2/2)*B7)/B8/SQRT(B7)"，在单元格 C17 中输入公式"=B17-B8*SQRT(B7)"，计算期权执行价格变动时 d_1 和 d_2 的数值。

11 在单元格 B18 中输入公式"=(LN(B5/B6)+(B9+B8^2/2)*C7)/B8/SQRT(C7)"，在单元格 C18 中输入公式"=B18-B8*SQRT(C7)"，计算期权到期日变动时 d_1 和 d_2 的数值。

12 在单元格 B19 中输入公式"=(LN(B5/B6)+(B9+C8^2/2)*B7)/C8/SQRT(B7)"，在单元格 C19 中输入公式"=B19-C8*SQRT(B7)"，计算股票年收益率标准差变动时 d_1 和 d_2 的数值。

13 在单元格 B20 中输入公式"=(LN(B5/B6)+(C9+B8^2/2)*B7)/B8/SQRT(B7)"，在单元格 C20 中输入公式"=B20-B8*SQRT(B7)"，计算无风险利率变动时 d_1 和 d_2 的数值。

14 在单元格 D16 中输入公式"=IF($E$3=1,NORMSDIST(B16),NORMSDIST (-B16))"，并将其向右下方一直填充复制到单元格 E20，计算各因素变动情况下的 $N(d_1)$ 或 $N(-d_1)$、$N(d_2)$ 或 $N(-d_2)$的值。

15 在单元格 B22 中输入公式"=(LN(C5/C6)+(C9+C8^2/2)*C7)/C8/SQRT(C7)"，在单元格 C22 中输入公式"=B22-C8*SQRT(C7)"，计算全部因素都变动时 d_1 和 d_2 的数值。

16 在单元格 B24 中输入公式"=(LN(B5/B6)+(B9+B8^2/2)*B7)/B8/SQRT(B7)"，在单元格 C24 中输入公式"=B24-B8*SQRT(B7)"，计算全部因素未变动时(即初始值)d_1 和 d_2 的数值。

17 选取单元格区域 D20:E20，将其复制到单元格区域 D22:E22 和 D24:E24，计算全部因素都变动和全部因素未变动(即初始值)时 $N(d_1)$ 或 $N(-d_1)$ 以及 $N(d_2)$ 或 $N(-d_2)$ 的值。

18 选取单元格区域 F5:F9，输入数组公式"=IF($E$3=1,B5*D24-B6*EXP(-B9*B7)*E24,-B5*D24+B6*EXP(-B9*B7)*E24)"，计算各因素未变动时的期权价值。

19 在单元格 G5 中输入股票价格变动后的期权价值计算公式"=IF($E$3=1, C5*D16-B6*EXP(-B9*B7)*E16, -C5*D16+B6*EXP(-B9*B7)*E16)"。

20 在单元格 G6 中输入期权执行价格变动后的期权价值计算公式"=IF($E$3=1,B5*D17-C6*EXP(-B9*B7)*E17,-B5*D17+C6*EXP(-B9*B7)*E17)"。

21 在单元格 G7 中输入期权到期日变动后的期权价值计算公式"=IF($E$3=1,B5*D18-B6*EXP(-B9*C7)*E18, -B5*D18+B6*EXP(-B9*C7)*E18)"。

22 在单元格 G8 中输入年收益标准差变动后的期权价值计算公式"=IF($E$3=1, B5*D19-B6*EXP(-B9*B7)*E19, -B5*D19+B6*EXP(-B9*B7)*E19)"。

23 在单元格 G9 中输入年无风险利率变动后的期权价值计算公式"=IF($E$3=1, B5*D20-B6*EXP(-C9*B7)*E20, -B5*D20+B6*EXP(-C9*B7)*E20)"。

24 选取单元格区域 H5:H9，输入数组公式"=(G5:G9-F5:F9)/F5:F9"，计算各因素变动后的期权价值的变动率。

25 在单元格 F11 中输入多因素未变动时期权价值的计算公式(即初始值)"=IF($E$3=1,B5*D24-B6*EXP(-B9*B7)*E24, -B5*D24+B6*EXP(-B9*B7)*E24)"。

26 在单元格 G11 中输入多因素全部变动时期权价值的计算公式"=IF($E$3=1,C5*D22-C6*EXP(-C9*C7)*E22,-C5*D22+C6*EXP(-C9*C7)*E22)"。

27 在单元格 H11 中输入公式"=(G11-F11)/F11"，计算全部因素都变动时期权价值的变动率。

这样，布莱克-舒尔斯期权定价敏感性分析模型就建立起来了。在输入已知数据后，单击各因素的滚动条两端的箭头，改变其大小，即可观察各个因素的变化对期权价值的影响程度。

例如，目前的股票价格为 50 元，年收益率标准差为 35%，年无风险利率为 10%，期权的执行价格为 50 元，还有 1 年到期，则各因素变动率均为 0 时看涨期权的价值为 9.26 元，看跌期权的价值为 4.5 元。而在如图 14-11 所示的情况下，股票价格、股票期权的执行价格、期权到期日、年收益率标准差和年无风险利率的变动率分别为 20%、8%、-5%、-10% 和 8%，则各因素同时变动后看涨期权的价值变为 13.71 元，比原来的 9.26 元升高了 48.1%。

在本例所给的条件之下，当所有因素的数值均升高 1% 时，它们对看涨期权价值的影响程度由大到小依次为：股票价格、期权的执行价格、年收益率标准差、期权的到期日以及年无风险利率。其中期权的执行价格对看涨期权的价值产生负的影响，即该因素的数值越低，看涨期权的价值越大；其他 4 个因素对看涨期权价值产生正的影响，即这些因素的数值越大，看涨期权的价值越大。

同理也可以分析各因素变动对看跌期权的影响情况。

	A	B	C	D	E	F	G	H	I	J
1				布莱克-舒尔斯期权定价敏感性分析模型						
2			已知数据				计算分析			
3		期权种类	看涨期权		看涨期权 ▼	单因素变动对期权价值的影响			期权种类	
4		项目	初始值	变动后数值	变动率	调节按钮	初始值	变动后数值	变动率	看涨期权
5		股票价格（元）	50	60.00	20%		9.26	16.91	82.57%	看跌期权
6		期权执行价格（元）	50	54.00	8%		9.26	7.45	-19.53%	
7		期权到期日（年）	1.00	0.95	-5%		9.26	8.98	-3.05%	
8		年收益率标准差	35.0%	31.50%	-10%		9.26	8.63	-6.76%	
9		年无风险利率	10.0%	10.80%	8%		9.26	9.46	2.14%	
10						多因素变动对期权价值的综合影响				
11							9.26	13.71	48.10%	
12										
13		项目	单因素变动时中间值计算结果							
14			d_1	d_2	$N(d_1)$ 或	$N(d_2)$ 或				
15					$N(-d_1)$	$N(-d_2)$				
16		股票价格变动	0.9816	0.6316	0.8369	0.7362				
17		期权执行价格变动	0.2408	-0.1092	0.5952	0.4565				
18		期权到期日变动	0.4490	0.1079	0.6733	0.5430				
19		年收益率标准差变动	0.4750	0.1600	0.6826	0.5635				
20		年无风险利率变动	0.4836	0.1336	0.6857	0.5531				
21		全部因素变动时中间值计算结果								
22		全部因素变动时	0.8309	0.5238	0.7970	0.6998				
23		全部因素未变动时中间值计算结果								
24		全部因素未变动时	0.4607	0.1107	0.6775	0.5441				

图14-11　布莱克-舒尔斯期权定价敏感性分析模型

14.3.5　布莱克-舒尔斯期权定价模型的6变量系统

布莱克-舒尔斯期权定价模型中有 6 个变量，即标的资产(股票)的当前价格、期权的执行价格、距期权到期日的年数、年无风险利率和标的资产(股票)年收益率的标准差和期权价值。这 6 个变量彼此之间相互关联，只要知道其中的任意 5 个变量，剩余的第 6 个变量就可以计算出来。在已知期权价值的情况下，要计算其他几个变量中的某个变量，可以利用单变量求解工具或规划求解工具来解决问题。

【例 14-8】已知某看涨期权的执行价格为 60 元，期限为 0.5 年，期权的价值为 9.5 元，无风险利率为 12%，目前的股票价格为 65 元。求该股票收益率的隐含波动率。

如图 14-12 所示，这里利用【例 14-3】中建立的可以选择期权种类的基本布莱克-舒尔斯期权定价模型，首先输入已知数据，并且需要在 B4 单元格中输入一个大于 0 的百分数作为初值(例如可输入 1%)，以避免该单元格为空时 D4 等含有公式的单元格出现除数为 0 的错误，然后在【数据】选项卡【数据工具】功能组中单击【模拟分析】命令，再在下拉菜单中选择【单变量求解】命令，并在系统弹出的【单变量求解】对话框中，在【目标单元格】栏中输入"$D$4"，在【目标值】栏中输入"9.5"，在【可变单元格】栏中输入"$B$4"，如图 14-13 所示，单击【确定】按钮后，再在系统弹出的【单变量求解状态】对话框中单击【确定】按钮，即可立即求出该期权对应的股票收益率的隐含波动率为 22.53%。

图14-12　求解隐含波动率

图14-13　【单变量求解】对话框

14.3.6 波动率的估计

在布莱克-舒尔斯模型中，股票收益率的标准差又称为波动率，是一个需要估计的参数。该参数往往可以根据股票价格的历史数据来估计，下面通过例题说明估计该参数的方法。

【例14-9】某股票过去90天经过复权处理的股票收盘价格如图14-14的A列和B列所示，要求估计该股票收益率的每日波动率。

	A	B	C	D
1	股价历史数据		计算过程与结果	
2	日期（i）	收盘价(Si)	ln(Sᵢ/Sᵢ₋₁)	每日波动率
3	0	24.13		39.90%
4	1	24.05	-0.00332	
5	2	24.48	0.01772	
91	88	21.10	-0.00142	
92	89	21.10	0.00000	
93	90	20.63	-0.02253	

图14-14 波动率的估计

具体操作步骤如下所述。

01 在单元格 C4 中输入公式 "=LN(B4/B3)"，并将其往下一直填充复制到单元格 C93。

02 在单元格 D3 中输入公式 "=STDEV(C4: C93)/SQRT(1/250)"，即得该股票价格的每日波动率为39.9%。这里 STDEV 函数的功能是估算样本的标准偏差。

本例中观察数据的时间长度为日，按同样的道理也可以估计出股票收益率的年波动率。

14.4 期权定价模型的应用

14.4.1 认股权证的期权定价模型

认股权证是指公司为筹集资金或激励员工所发行的允许其持有者按约定的条件购买一定数量公司普通股的权利证书。认股权证实际上是一种看涨期权，在发行之时已确定好执行价格和有效期限。认股权证被行权后公司的股份将会增加，从而会对公司原有的股权产生稀释效应。认股权证价值可以利用布莱克-舒尔斯期权定价模型来计算，具体计算步骤如下。

01 首先计算认股权证执行后稀释效应对股票价格的影响，即

$$S' = \frac{S \cdot n_S + W \cdot n_W}{n_S + n_W}$$

式中：S'为稀释后的股票价格；S 为股票的当前价格；n_S 为公司原有的发行在外普通股股数；W 为认股权证的价值；n_W 为公司发行在外的认股权证的数量。

02 利用历史数据计算公司权益资本价值分布的标准差。

03 以稀释后的股票价格 S' 替代股票价格 S，利用布莱克-舒尔斯模型计算认股权证的看涨期权的价值。

04 对计算出的看涨期权的价值进行如下调整，计算认股权证的价值。

$$认股权证的价值 = 模型计算出的看涨期权的价值 \times \frac{n_S}{n_S + n_W}$$

【例 14-10】某公司目前有发行在外的普通股 8000 万股，市价为 36 元/股。现公司有 400 万股的认股权证，5 年后到期，执行价格为 38 元/股。在这 5 年内该公司的年股利收益率为 3%，无风险利率 8%。根据历史资料得到公司的权益资本价值分布的年标准差为 25%。要求计算该公司认股权证的价值。

具体计算步骤如下所述。

01 设计表格的结构，如图 14-16 所示。

02 在单元格 B12 中输入公式 "=(B3*B4+D3*B14)/(B3+D3)"，计算考虑稀释效应后的股票价格。

03 在单元格 B13 中输入公式 "=B12*EXP(-B5*D5)*D13-D4*EXP(-B7*D5)* D14"，计算看涨期权的价值。

04 在单元格 B14 中输入公式 "=B13*B3/(B3+D3)"，计算认股权证的价值。

05 在单元格 D11 中输入公式 "=(LN(B12/D4)+(B7-B5+D7^2/2)*D5)/D7/SQRT (D5)"。

06 在单元格 D12 中输入公式 "=D11-D7*SQRT(D5)"。

07 在单元格 D13 中输入公式 "=NORMSDIST(D11)"。

08 在单元格 D14 中输入公式 "=NORMSDIST(D12)"。

09 由于单元格 B14 中的认股权证价值为未知数，而单元格 B12 中的公式又引用了 B14 单元格，所以实质上造成了循环引用。若上述公式输入完毕之后，系统提示出现循环引用问题，可在【文件】菜单中执行【选项】命令，然后在系统打开的【Excel 选项】对话框的【公式】选项卡中，选择【计算选项】区域下的【启用迭代计算】复选框，并设置适当的最大迭代次数和最大误差值，如图 14-15 所示。

图14-15　迭代计算的设置

10 单击【确定】按钮之后，即可得到认股权证的价值，如图 14-16 所示。

	A	B	C	D
1	已知条件			
2	已知的股票数据		已知的认股权证数据	
3	发行在外的普通股股数（万股）	8000	认股权证数量（万股）	400
4	股票价格（元/股）	36	执行价格（元/股）	38
5	年股利收益率	3%	期限（年）	5
6	其他已知条件			
7	无风险利率	8.0%	权益资本价值的年标准差	25%
8				
9	计算过程与结果			
10	认股权证价值的计算		中间计算数据	
11	期权类型	看涨期权	d_1	0.5627
12	调整后的股票价格（元/股）	34.67	d_2	0.0037
13	看涨期权的价值（元/股）	8.51	$N(d_1)$	0.7132
14	认股权证的价值（元/股）	8.10	$N(d_2)$	0.5015

图14-16　认股权证价值的计算

14.4.2　含有延迟投资实物期权的投资项目决策模型

延迟投资实物期权是指项目的持有者有权延迟对项目的投资，从而可等待获取与项目有关的更多的信息或技能，以降低项目所面临的一些不确定性。延迟投资期权是实物期权中最重要的一类，它相当于看涨期权，其执行价格为投资成本。

【例 14-11】某公司研制出一项新技术，并已获得专利，准备将此项技术应用于公司一种新产品的生产。预计为生产该种新产品需投入 500 万元用于购建厂房和设备，产品投入市场后每年可以产生税后净现金流量 145 万元，并可以在无竞争条件下持续经营 5 年。经市场部门调研，该项目最大的不确定性来源于市场对新产品的反应，估计产品未来现金流量分布的标准差为 45%。考虑到可能的风险因素，该公司也可以在 3 年后再将新技术应用于新产品的生产。根据项目的风险性质，公司期望的投资回报率为 15%，假定无风险利率为 10%。问该公司是现在投资该项目还是 3 年后投资该项目更有利？

如图 14-17 所示，计算步骤如下。

01 在单元格 F2 中输入公式“=PV(B6,B4,-B3)-B2”，计算项目的净现值。

02 在单元格 D2 中输入公式“=PV(B6,B4,-B3)”，计算项目净现金流量的现值。

03 在单元格 D3 中输入公式“=1/B4”，计算项目的红利收益率。

04 在单元格 D4 中输入公式“=(LN(D2/B2)+(B7-D3+B5^2/2)*B8)/B5/SQRT(B8)”，计算 d_1。

05 在单元格 D5 中输入公式“=D4−B5*SQRT(B8)”，计算 d_2。

06 在单元格 D6 中输入公式“=NORMSDIST(D4)”，计算 $N(d_1)$。

07 在单元格 D7 中输入公式“=NORMSDIST(D5)”，计算 $N(d_2)$。

08 在单元格 D8 中输入公式“=D2*EXP(-D3*B8)*D6-B2*EXP(-B7*B8)*D7”，计算看涨期权的价值。

09 在单元格 F8 中输入公式“=F3+D8”，计算考虑延迟投资选择权时项目的价值。

计算结果表明，现在立即上新项目的净现值小于 0，是不可行的，而等待 3 年再上新项目的看涨期权价值较高，考虑延迟投资选择权时项目的净现值大于 0，所以该公司应等待 3 年后再投资会更有利。

	A	B	C	D	E	F
1	已知条件			计算结果		
2	项目初始投资（万元）	500	净现金流量现值（万元）	486.06	没有延迟投资选择权时	
3	年净现金流量（万元）	145	红利收益率	20.00%	项目净现值（万元）	-13.94
4	项目寿命期（年）	5	d_1	-0.0315		
5	现金流量标准差	45%	d_2	-0.8109		
6	公司期望报酬率	15%	$N(d_1)$	0.4875		
7	无风险利率	10%	$N(d_2)$	0.2087	考虑延迟投资选择权时	
8	项目等待期（年）	3	看涨期权的价值（万元）	52.72	项目净现值（万元）	38.78

图14-17 含有延迟投资实物期权的投资项目决策模型

14.4.3 含有扩张实物期权的投资项目决策模型

扩张投资实物期权是指项目的持有者有权根据项目实际进展情况在未来的时间内增大项目的投资规模，即在未来时间内，如果项目投资后进展情况良好，则投资者有权扩张投资规模。扩张投资期权是由市场状况好于预期情况时，企业扩展规模引起的，也是一种看涨期权。

【例 14-12】某公司正在考虑是否对 A 项目进行投资。A 项目的初始投资为 600 万元，未来 5 年中每年净现金流量为 185 万元。如果投产 A 项目，那么 2 年后可以继续对 B 项目进行投资，B 项目的初始投资为 800 万元，未来 5 年中每年的净现金流量为 275 万元。由于市场情况随时变化，B 项目的价值具有较大的不确定性，年标准差为 35%。假定无风险利率为 10%，两个项目经风险调整后的贴现率为 18%。要求对于是否接受 A、B 项目做出投资决策。

如图 14-18 所示，计算步骤如下。

01 在单元格 B12 中输入公式 "=PV(B8, B5,-B4)-B3"，得到项目 A 的净现值。

02 在单元格 B13 中输入公式 "=PV(B8, C5,-C4)/(1+B8)^C6"，计算项目 B 的总现值。

03 在单元格 B14 中输入公式 "=B13-C3/(1+B8)^C6"，计算项目 B 按传统方法计算的净现值。

04 在单元格 D13 中输入公式 "=(LN(B13/C3)+(B9+C7^2/2)*C6)/C7/SQRT(C6)"，计算 d_1。

05 在单元格 D14 中输入公式 "=D13-C7*SQRT(C6)"，计算 d_2。

	A	B	C	D
1	已知条件			
2	项目	项目A	项目B	
3	初始投资（万元）	600	800	
4	每年净现金流量（万元）	185	275	
5	项目寿命期（年）	5	5	
6	项目B延迟投资的年数		2	
7	年标准差		35%	
8	贴现率	18%		
9	无风险利率	10%		
10				
11	计算过程与结果			
12	项目A的净现值（万元）	-21.47	中间数据	
13	项目B的总现值（万元）	617.62	d_1	0.1288
14	项目B按传统方法计算的净现值（万元）	43.07	d_2	-0.3662
15	项目B按期权方法计算的价值（万元）	106.55	$N(d_1)$	0.5512
16	项目A和B的实际净现值（万元）	85.08	$N(d_2)$	0.3571

图14-18 含有扩张实物期权的投资
项目决策模型

06 在单元格 D15 中输入公式 "=NORMSDIST(D13)"，然后将其复制到单元格 D16，分别计算 $N(d_1)$ 和 $N(d_2)$。

07 在单元格 B15 中输入公式 "=B13*D15-C3*EXP(-B9*C6)*D16"，计算项目 B 按期权方法计算的价值。

08 在单元格 B16 中输入公式 "=B12+B15"，计算项目 A 和 B 的实际净现值。

计算结果表明，尽管项目 A 按传统方法计算的净现值为负数，但考虑到接受 A 项目以后，其后续项目 B 按期权方法计算的净现值较高，两个项目的实际净现值最终为 85.08 万元。因此，现在应接受 A 项目，两年后再安排 B 项目投资。

参考文献

[1] 韩良智. Excel 在财务管理中的应用[M]. 3 版. 北京：清华大学出版社，2015.

[2] John Walkenbach. 中文版 Excel 2010 宝典[M]. 崔婕、冉豪，译. 北京：清华大学出版社，2012.

[3] 韩良智. Excel 在财务管理中的应用[M]. 北京：人民邮电出版社，2004.

[4] 杜茂康. Excel 与数据处理[M]. 北京：电子工业出版社，2002.

[5] Stephen A. Ross，Randolph W. Westerfield，Jeffrey F. Jaffe. 公司理财(第 6 版)[M]. 吴世农，等，译. 北京：机械工业出版社，2004.

[6] 中国注册会计师协会编写. 财务成本管理[M]. 北京：经济科学出版社，2007.

[7] Simom Benninga. 财务金融建模——以 Excel 为工具[M]. 2 版. 邵建利，译. 上海：上海财经大学出版社，2003.

[8] 朱海芳. 管理会计学[M]. 北京：中国财政经济出版社，1989.

[9] 王化成. 公司财务管理[M]. 北京：高等教育出版社，2007.

[10] 石人瑾，林宝镶. 管理会计[M]. 上海：上海人民出版社，1989.

[11] 潘家辂，刘丽文. 现代生产管理学[M]. 北京：清华大学出版社，1994.

[12] 韩良智. Excel 在投资理财中的应用[M]. 北京：电子工业出版社，2005.

[13] Simom Benninga. 财务金融建模——以 Excel 为工具[M]. 3 版. 邵建利，译. 上海：上海人民出版社，2010.

[14] 斯蒂芬·罗斯,伦道夫·韦斯特菲尔德,布拉德福德乔丹. 公司理财精要[M]. 张建平，译. 北京：人民邮电出版社，2003.

[15] [美]詹姆斯·C. 范霍恩，小约翰·M. 瓦霍维奇. 现代企业财务管理[M]. 郭浩，译. 北京：经济科学出版社，2002.

[16] 中国注册会计师协会. 财务成本管理[M]. 北京：经济科学出版社，2007.

[17] 北京纵横 CPA 考试中心. 财务成本管理[M]. 北京：中华工商联合出版社，1999.

[18] 王德兴. 管理决策模型 55 例[M]. 上海：上海交通大学出版社，2000.

[19] 韩良智. Excel 在财务管理与分析中的应用[M]. 2 版. 北京：中国水利水电出版社，2008.